本书是国家社科基金一般项目"察合台文《突厥蛮世系》的汉译与研究"
（22BMZ113）的阶段性成果

库蛮民族史证
ÜBER DAS VOLKSTUM DER KOMANEN

〔德〕约瑟夫·马夸特（Josef Marquart） 著

陈 浩 译

本书根据柏林魏德曼书店（Weidmannsche Buchhandlung）1914年版译出

总　序

突厥的"祛魅"

商务印书馆编辑提议,由我主编一套以突厥语人群为主题的丛书,我欣然应允。思量再三,我们决定将丛书命名为"突厥学研究丛书"。

对于大多数读者来说,"突厥"是一个含混不清的概念。它犹如远山叠影一般,让人看不清本质。我们有必要廓清"突厥"和"突厥语人群"两个概念之间的差别,从而对"突厥"的认知误区进行澄清。

"突厥"一词最早见于汉文史料记载,是在西魏文帝的大统年间。学者们一般认为,汉文"突厥"的语源是 *Türküt,词尾的 -t 是某种(蒙古语或粟特语的)复数形式。在突厥碑铭中"突厥"有两种写法,分别是𐱅𐰆𐰺𐰰和𐱅𐰆𐰺𐰚,换写成拉丁字母则分别是 t²ẅr²k ͩ 和 t²ẅr²k²。根据如尼文的拼写规则,理论上它可以转写成 türk、türük 和 türkü 三种形式,其中第一种形式更被学术界所广泛接受。关于"突厥"一词的含义,最早的一种解释出自汉文史料。《周书·突厥传》:"(突厥)居金山之阳,为茹茹铁工。金山形似兜鍪,其俗谓兜鍪为'突厥',遂因以为号焉。"现代突厥学家一般将 Türk 释为"强有力的"。

公元 552 年,突厥首领土门推翻了柔然人的统治,自称"伊利可汗",正式肇建了以阿史那氏为核心的突厥汗国。不久,由于内乱,突厥汗国便形成了以西域为中心的西突厥和以漠北为中心的东突厥的东西分治格局。贞观四年（630年），东突厥汗国颉利可汗被唐朝大将李靖俘获，东突厥汗国灭亡。唐廷将东突厥降户安置在河套地区，并在此设立都督府州，以东突厥首领为都督、刺史。显庆三年（658年），唐朝派兵消灭了阿史那贺鲁，标志着西突厥的统治彻底终结。调露元年（679年），突厥降户阿史德温傅和阿史那奉职反唐，未果。永淳元年（682年），骨咄禄率众起义，复兴了东突厥汗国，史家一般称之为"第二突厥汗国"或"东突厥第二汗国"。天宝四载（745年），末任阿史那家族白眉可汗被回鹘击杀，东突厥第二汗国灭亡。突厥汗国的统治阶层几乎都迁到了唐朝境内，作为被统治阶层的草原部落，经过短暂的整顿，形成了新的政治体。

突厥汗国崩溃之后，漠北草原兴起了回鹘汗国。回鹘在北朝时期是高车或铁勒的一支，汉译"袁纥"，属于原生的漠北草原游牧势力，在唐朝是漠北"九姓"之一。中古时期，回鹘的音译除了"袁纥"之外，还有"韦纥"、"回纥"，其中"回纥"较为常用。安史之乱后，回鹘统治者要求唐朝廷把本族的族名从"回纥"改为"回鹘"，取"捷鸷犹鹘"之义。无论是从汉文史料来看，还是从回鹘汗国时期的漠北碑文来看，他们都是把前朝政权称为"突厥"，自称"回鹘"，这一区分是很明确的。

突厥汗国灭亡之后，在汉文史料中"突厥"一词几乎被废弃，历代的中原王朝也都同步地更新了各自时代内西域和漠北民族的称谓。"突厥"作为部族名，在汉文史料中年代最晚的例子是辽代的隗衍突厥和奥衍突厥。由于《辽史》中仅有只言片语，所以很难确定这个隗衍突厥与唐朝的突厥有何关系，可能是袭用了唐朝的旧名，因为《辽史·兵卫志》提到辽属国时，不仅列举了突厥，还提到了乌孙、吐谷浑等，这些显然都是历史上的旧称。宋以后史料中提到突厥的，多为类书从正史中摘录有关北朝、隋唐之际突厥汗国的内容。

虽然"突厥"在汉文史料中成为过时的历史名词,但它在中国以西的不同文化和历史语境中被继续使用着。自6世纪以来,拜占庭史料中就有关于突厥(Τούρκοι)的记载,它指代的对象当然是突厥汗国这一政治实体,具体应该是室点密系的西突厥。同时,"突厥"在东罗马的历史叙事传统中又被赋予了"异族""他者"的文化内涵,取代了"斯基泰"成为游牧民族的泛称。因此,随着突厥汗国的灭亡,拜占庭史料中"突厥"的指代对象也发生了变化。在9世纪的拜占庭历史编纂中,Τούρκοι一词一般是指哈扎尔人。10世纪拜占庭皇帝君士坦丁七世在《帝国行政录》中提到Τούρκοι,并且将其与其他突厥语人群诸如哈扎尔人、佩切涅格人和不里阿耳人区分开来。该语境中的"突厥"指的是马扎尔人,也就是匈牙利人。拜占庭关于"突厥"的看法,还影响到了穆斯林史家,10世纪穆斯林文献中的"突厥"概念,也包括马扎尔人。

早期穆斯林文献中的ترك指代的对象并不固定,包括马扎尔、吐蕃甚或基马克,要视具体的语境而定。总的来说,早期穆斯林文献(例如《世界境域志》)中的"突厥"(ترك),泛指欧亚草原上的非穆斯林游牧民,是信仰伊斯兰教的定居人群用以建构自我身份的"他者"。11世纪喀喇汗王朝的麻赫默德·喀什噶里为了让阿拉伯人更好地了解突厥语人群并学习他们的语言,特意用阿拉伯语编纂了一部《突厥语大词典》。喀什噶里在"导论"中列举的"突厥人和突厥诸部落"名单上,有许多不是讲突厥语的人群。这说明,喀什噶里观念中的"突厥",不单是一个语言学概念,更多的是一个政治文化的概念。

13世纪的漠北草原,兴起了一个以蒙古语人群为主体的帝国。在穆斯林文献中,蒙古只是"突厥"的一部。伊利汗国的宰相拉施特在《史集》中使用的ترك概念，就包括蒙古诸部落，而"蒙古"只是后起的一个族名，它本属于突厥部落。成吉思汗长孙拔都的西征，成为欧洲基督教世界的梦魇。西欧人用与"鞑靼"（Tatar）读音相似的Tartar（"地狱"）来称呼蒙古人。随着拔都在东欧建立金帐汗国，以及成吉思汗后裔在中亚统治，西欧语境中的"鞑靼"一词逐渐成为内陆亚洲民族的泛称，包括漠北的蒙古语人群和东欧、中亚的突厥语人群。东欧和中亚的蒙古统治阶层，在语言上经历了一个突厥语化的过程。例如，17世纪希瓦汗国的统治者阿布尔-哈齐-把阿秃儿汗，在血统上是成吉思汗的直系后裔，说的语言却是突厥语，他撰写的王统世系，也叫《突厥世系》。

近代早期西欧语境中的Turk，特指奥斯曼帝国境内安纳托利亚的突厥语人群。奥斯曼人的自称是"奥斯曼人"（Osmanli），所有臣服于奥斯曼帝国的人，也都被称为"奥斯曼人"。奥斯曼人反感欧洲人称他们为Turk，在奥斯曼人看来，Turk这一称呼只适用于中亚人以及在呼罗珊荒漠里过着单调生活的人。在19世纪以前，奥斯曼帝国没有任何把自己的祖先追溯到突厥汗国的尝试，甚至都不知道后者的存在。近代西欧的Turk概念在指涉对象上有一个延展，主要是因为学者发现了奥斯曼语与内陆亚洲所谓的"鞑靼语言"之间存在着联系。欧洲东方学家们借用比较语言学的方法，逐渐将安纳托利亚、中亚、中国新疆、东欧鞑靼、俄国西伯利亚等地的突厥语人群，归类于"突厥语族"的语言学范畴之下。这一语言学成果，被19世纪后期的突厥民族主义分子所利用，发展出了一套基于语言学概念的"泛突厥主义"政治话语。

19世纪末在蒙古鄂尔浑流域发现了后来命名为《阙特勤碑》和《毗伽可汗碑》的石碑，用汉文和突厥文两种文字镌刻。这种外形酷似北欧如尼文的突厥文字被释读之后,迅速在西欧学术界引起轰动。鄂尔浑碑铭之于突厥学的意义,不亚于罗塞塔碑之于埃及学的意义。在鄂尔浑碑铭释读的推动下,湮没于汉文史料中的"突厥汗国"得以重见天日。一些"泛突厥主义"理论的鼓吹者把突厥汗国视为土耳其人历史上的王朝,并从汉文史料中断章取义,试图重构昔日帝国的辉煌。"泛突厥主义"的理论家还企图建立一个囊括欧亚大陆所有操突厥语人群的政治共同体。

然而,正如上文所指出的,突厥汗国灭亡之后,"突厥"的概念虽然在拜占庭、穆斯林、西欧等语境中继续使用,但在不同历史时期和不同文化语境中它所指涉的对象都不一样,根本不存在一种连续的、统一的所谓"突厥民族"认同。19世纪以来,欧洲东方学家基于比较语言学发展出一套理论,把历时性和共时性的突厥语人群,都归类于"突厥语族"的范畴之下,我们可以称之为"突厥语人群"或"操突厥语的人群"(Turkic-speaking people),它是一个语言学范畴。汉文中的"突厥"是一个历史名词,专门指公元6—8世纪的草原游牧政权。

最后,我们衷心希望这套"突厥学研究丛书"能够普及有关突厥和突厥语人群的知识,从而在一定程度上让突厥"祛魅"(Entzauberung,韦伯语),还其本来面目。

陈浩

2019年于上海

译者的话

今天我们该如何阅读一部100年前的欧洲东方学著作？

约瑟夫·马夸特（Josef Marquart/Markwart），德国著名的东方学家，专长伊朗学和突厥学，治学兴趣集中于欧亚大陆的历史地理学。马夸特于1864年12月9日出生于德国莱亨巴赫（Reichenbach）的一个农家，早年在图宾根大学学习天主教神学，后来转读古典语文学和历史学。获博士学位后，他前往荷兰莱顿工作。1912年，马夸特受聘为柏林大学的伊朗语和亚美尼亚语的全职教授，此后一直在柏林教书，直至1930年2月4日去世。马夸特无疑是德国东方学谱系中一颗璀璨的星，他不仅在伊朗学领域内著作等身，甚至在突厥学，尤其是对突厥碑铭的纪年问题，也做出过划时代的贡献。

马夸特在《库蛮民族史证》一书中利用多语种史料，勾勒了公元10—11世纪发生在欧亚大陆上的一次规模宏大的民族迁徙。马夸特在书中提出了一个重要的观点，即中世纪穆斯林文献中的"昆"（即库蛮），甚至包括"凯伊"（即奥斯曼人传说中的先祖），可能源自中国东北的民族——鞑靼。后来在历史上出现的"钦察"，则是源自与契丹关系密切的奚。钦察西迁的历史背景，是辽、金的改朝换代之际。他们与马札尔人、库蛮人和哈喇契丹人一起前往里海以北地区，其中哈喇契丹人前往基马克和昆人的地盘。作者认为广义上的"钦察",其主体人口是乌古斯人,但吸收了昆人(库蛮)并采纳了他们的族名。于是,在某个历史阶段,汉文史料中的"钦察",与俄文史料中的"波罗维茨"(Половьци,单数形式 Половець),以及拉丁文史料中的"库蛮"(Koman/Coman)和阿拉伯语文献中的"昆"(Qūn/قون),指的其实是同一个人群。

马夸特精通多种东西方语言,在书中从阿拉伯语、波斯语、亚美尼亚语、叙利亚语、俄语文献中摘译了大量史料,例如拜占庭皇帝君士坦丁七世的《帝国行政论》,叙利亚主教米海尔的编年史,还有亚美尼亚史家乌玛窦,以及穆斯林史家诸如亚库特、穆罕默德·奥菲、伊本·阿西尔、加尔迪兹和拉施特等。此书译成汉文后,也为我们中国从事西北民族史的学者,提供了大量一手史料,且其中多数语言是我们不太熟悉的。尤为重要的是,马夸特还结合域外文献,对汉文史料中(例如《北史·勿吉传》《元史·土土哈传》和《元史·速不台传》)出现的地名、人名和族名进行了详尽的考订。所以,《库蛮民族史证》这部书的汉译,对于我国北方民族史的研究,无疑具有重要的推动作用。

马夸特的这部书于1901年1月动笔,7月完成初稿,只是第1—3节。初稿提交之后,作者又补写了第4—8节,以及附录部分。全书直到1914年7月才出版,时值第一次世界大战爆发。在本书写作的过程中,还爆发了两次巴尔干战争。作者没有脱离社会现实,在文中经常借题发挥,同情保加利亚人,鞭挞奥斯曼人——即便这种态度与当时德国的官方立场相左。马夸特用"刽子手""嗜血的野兽"等露骨字眼来形容奥斯曼苏丹哈米德二世,称他是与苏拉、尼禄、曼苏尔、皮萨罗和罗伯斯庇尔齐名的暴虐之君,是人类历史上最为恶劣和城府最深的卑鄙之徒。

在奥斯曼帝国内部,Turk 是一个极具贬抑色彩的称谓,指代"愚昧和野蛮的"安纳托利亚底层农民,而奥斯曼统治精英的自我认同是"奥斯曼人"。但是马夸特认为,恰恰相反,现实中的奥斯曼人反复无常、诡计多端、拐弯抹角和毫无底线,辅之以妄自尊大和无节制地越权。真正意义上的"突厥人"则是具有优等品质的民族,例如伏尔加河流域的不里阿耳人。马夸特指出,奥斯曼人把小亚细亚、亚美尼亚、东南欧和叙利亚的文明,淹没在血腥、犯罪和暴力所汇成的汪洋大海中长达六个多世纪。在马夸特的眼中,整个巴尔干半岛,从莱塔河和德拉瓦河,只有保加利亚人才是唯一诚实的民族——突厥语人群的直率和尚武的品性,与斯拉夫式的忍耐和对农事的热衷,在保加利亚人身上有幸得到了融合。他反对德国与奥斯曼帝国结盟对付保加利亚,并认为作为基督徒的保加利亚人应该是西欧的天然盟友。

马夸特对奥斯曼人的偏见和对保加利亚人的同情,源于他认为基督教文明要比伊斯兰教文明更加优越,是欧洲中心论的表现。爱德华·萨义德把浸润在东方学学术土壤中的欧洲优越感,批判得体无完肤,并重重地扣上了一顶"东方主义"的帽子。在萨义德写作《东方学》的 1970 年代,有同情巴勒斯坦人的政治和道德动力,但这种动力在当下已经式微了。被奉为后现代史学开山鼻祖的萨义德,似乎没有耐心去梳理东方学三百年的实证主义学术传统,更缺乏客观和专业的评论。

东方学从 17 世纪起逐渐发展成为一门专门的学术领域,19 世纪达到巅峰,二战以后影响力开始消退。在当下的学术体系中,东方学内部的各个分支渐次独立,或与区域研究,或与史学研究合流,更加符合当下人才培养的目标。东方学诞生于启蒙时代,其学术理路是揭示隐藏于事物背后的、不为人知的联系(Zusammenhang),以此创造出新的"知识"。这种以"联系"为核心的知识生产,或是把史料中两个不同名称的人物比定为同一个人,或是把不同时空内的民族或人群通过迁徙和起源叙事搭建起共同的纽带。法国东方学家德金在18世纪中叶就尝试过把匈奴与匈人、柔然与阿瓦尔人、突厥与土耳其人联系起来。他的这些假设，直到今天仍然是具有重要学术价值的课题。马夸特的这部书，则把中国东北的靺鞨与西方的库蛮联系了起来。此外，值得一提的是，德国汉学家夏德曾在《跋暾欲谷碑》中硬生生地把阿史德元珍和暾欲谷"揭示"为同一个历史人物，其实也是遵循了自启蒙时代以来的这条东方学思想脉络。

东方学所强调的具有启蒙色彩的"联系"，与近几十年来流行的全球史有异曲同工之处。全球史也强调"联系"。当代著名的全球史家于尔根·奥斯特哈默指出，全球史就是世界性体系内的互动史，处于其核心位置的不仅是全球性联系，也有在全球性结构条件下的联系。他在一次访谈中，对自我的定位就是一个"老派的启蒙主义辩护者"。康拉德也曾言简意赅地指出，全球史就是把历史进程、事件和人物，放置于全球互联的语境中考察。

我们该如何对待欧洲东方学的学术积累？中国有自身的史学传统，不能简单地用"落后多少年"这样的标准去衡量与西方学术的差距。人文学术的研究，更注重的是学者个体的修炼。如果我们在学术训练阶段，掌握足够多的工具语言，积极学习新的史学理论和方法，就可以站到学术的前沿。在尽可能掌握东方学研究成果的前提下，做到继往开来——既要对传统的"语文学"方法有所坚守，也要以诸如"全球史"的新学术范式来审视传统的学术议题，甚至开拓崭新的领域，方能推动学术的进步。

陈浩

2022年6月于上海

目 录

§ 1. 乌兹人与库蛮人 1

君士坦丁七世《帝国行政论》的史料。佩切涅格人与乌兹人的迁徙。[25]*库蛮人见于史料。[27]南俄草原的妥尔其、贝任第奇和波罗维茨人。[27]古兹与库蛮之间的关系。[30—38]叙利亚主教米海尔关于突厥人迁徙的叙述。[30]库蛮人和突厥人的宗教。[33]古兹的概念。[34]从十姓衍生出的古兹人。[35]十姓乌古斯和九姓乌古斯与拉施特《史集》中十姓回鹘和九姓回鹘的关系。[36]古兹人与十姓。[37]库蛮人非古兹人。[38]

§ 2. 库蛮与昆 21

贝鲁尼的相关叙述。[39]穆罕默德·奥菲关于突厥的记载。[39]古兹人与塞尔柱人,伊本·阿西尔关于塞尔柱起源的叙事。[42]11 世纪从契丹向西的大迁徙。昆和凯伊的迁徙。[46]花剌子模沙艾肯齐。[48、202]伊本·阿西尔关于花剌子模沙摩诃末王朝的记载。[50]昆王向萨里迁徙的时间。12 世纪塔巴里斯坦的民族关系。[52]奥菲把昆、凯伊与古兹区别对待;后来凯伊位于古兹人的上层。[53]昆人向南俄迁徙的时间点。乌

---

* 此处数字为原著页码,即本书边码。后同此。

玛窦的相关叙述。法尔本与乌兹人。₅₄ 哈扎尔汗国的衰落。撒哈辛城。₅₅ 昆的起源。西方史料中的库蛮与拉施特《史集》中关于回鹘起源的叙事。₅₇、₂₀₃ Qumlānču 和于都斤。₅₉ Ong 部和 Qoman aty 的部落。₆₄、₂₀₃ 昆的族名。₆₄ 与坚昆没有关系。₆₅ 可能与乌孙的昆莫有关。₆₈ 与 Κιδαρῖται 之 Κούγχαν 以及所谓的"白匈奴"的关系。₇₀ 滑与伪阿瓦尔人。₇₁ 滑与白匈奴。₇₄ 浑部。₇₇

§ 3. 库蛮与钦察 73

§ 4. 鞑靼与鞑鞨 77
鞑鞨一名中含有"昆"مرقه吗？作为鞑鞨遗存的鞑靼。₈₀ 关于鞑鞨的最早记载。₈₂ 鞑鞨、مرقه 和 Μουρί 之间的关系。₈₇ 鞑靼与室韦，蒙古本属于室韦。₈₈

§ 5. 鞑靼与基马克 86
加尔迪兹关于基马克起源的叙述。₈₉ 基马克的四至。₉₁、₂₀₅ 基马克的生活方式。₉₂ 加尔迪兹关于样磨人起源的叙述。₉₃ 基马克与鞑靼。₉₅

§ 6. 基马克与钦察 97
作为基马克一部的钦察。钦察与佩切涅格人。₉₈ 佩切涅格人的故土。₉₉ 古兹人与基马克。₁₀₀ 钦察与里海。伊德里西的行纪。₁₀₂ 菲尔多西《列王纪》中的基马克海与扎列泊。扎列泊与印度洋。₁₀₄ 扎列泊即里海。阿兰海与阿兰堡。英雄史诗中萨尔马特人和阿兰人的首领萨勒姆。₁₀₆—₁₀₈ 扎列泊即沃罗喀沙海（Wourukaša）。₁₀₈ 菲尔多西书中有关钦察的讹误。₁₀₉ 伊德里西关于基马克的记载。₁₁₁

§ 7. 钦察与库蛮..121

《元史·土土哈传》中关于钦察的史料。114 蔑里乞部的衰亡。117—136《元史·速不台传》的记载。119 志费尼的记载。120 纳萨维的记载。121 伊本·阿西尔的记载。126 术兹贾尼的记载。128 忽都败亡的时间与地点。130 蔑里乞部的末任首领。131 尤赤与花剌子模沙的战役。132 志费尼关于该役的叙述。133 蔑里乞部逃往谦谦州，以及关于当地的情况。134 钦察建国的时间。136 钦察的民族关系。137 钦察国的中央。钦察的部落和帝国。138 钦察、库蛮与古兹。139 波罗维茨人的驻地。钦察的起源。140 蒙古人第一次出征钦察和斡罗思。伊本·阿西尔的记载。141 亚库特的记载。146 罗斯编年史中的记载。147《元史·速不台传》的相关记载。152 12世纪的波罗维茨与罗斯人。孔查克和玉里吉汗。153 钦察的部落。157 钦察名号的词源学。158 7—13世纪伏尔加以东和以西草原上的民族情况。162 当代钦察与古代钦察之间的关系。163

§ 8. 康里、基马克和钦察..189

康里的驻地。163 康里和葛逻禄的混淆。作为菊儿汗派系的葛逻禄。164 康里首次在西辽和花剌子模王国中的出现。167 康里名称的词源：与 Kanggar、Kängäris 和康居区分开来。168 与高车不同。169 康里在基马克中的遗存。170 康里与钦察的混淆。171 在昆和凯伊人的入侵下基马克瓦解。172

附录1：对"法尔本"与"库蛮"关系的若干澄清..202

关于法尔本的名称。173 该名称的词源。174 泽斯、库恩和匈法维的观点。175 普林尼和托勒密书中的 Οὐαλοι 和 Valli。176 普林尼书中关于北高加索的民族。177 普林尼与梅拉。182 普林尼和伊尔久斯

（*Hirtius*）关于库蛮的记载。[185] 提格拉特帕拉沙尔一世（*Tiglat-Pilese I*）关于库蛮的记载。[186]

附录2：关于奥斯曼人的起源..................................226
　　奥斯曼起源传说中的凯伊。[187] 迁往亚美尼亚和小亚细亚的时间。[188]《塞尔柱史》奥斯曼语译本中有关凯伊的记载。凯伊部是奥斯曼人的先祖。[190] 波斯语原文。[191] 奥斯曼起源叙事的特点。文化上的负面关系。[191] 奥斯曼国家建构的残酷性和复杂性。[192]

附录3：札记..238

附录4：《列王纪》的历史地理学价值..................240

勘误与补正..245
跋..260
索　引..264
补　遗..340

§1. 乌兹人与库蛮人

中世纪晚期南俄草原的民族历史，主要依赖拜占庭皇帝君士坦丁七世《帝国行政论》第 37 章的内容。引文如下：

Ἰστέον ὅτι οἱ Πατζινακῖται τὸ ἀπ' ἀρχῆς εἰς τὸν ποταμὸν Ἀτὴλ τὴν αὐτῶν εἶχον κατοίκησιν, ὁμοίως δὲ καὶ εἰς τὸν ποταμὸν Γεήχ, ἔχοντες τούς τε Μαζάρους① συνοροῦντας καὶ τοὺς ἐπονομαζομένους Οὔζ. πρὸ ἐτῶν δὲ πεντήκοντα οἱ λεγόμενοι Οὔζ μετὰ τῶν Χαζάρων ὁμονοήσαντες καὶ πόλεμον συμβαλόντες πρὸς τοὺς Πατζινακίτας ὑπερίσχυσαν, καὶ ἀπὸ τῆς ἰδίας χώρας αὐτοὺς ἐξεδίωξαν, καὶ κατέσχον αὐτὴν μέχρι τῆς σήμερον οἱ λεγόμενοι Οὖζοι. Οἱ δὲ Πατζινακῖται φυγόντες περιήρχοντο ἀναψηλαφῶντες τόπον εἰς πὴν αὐτῶν κατασκήνωσιν καταλαβόντες δὲ τὴν σήμερον παρ' αὐτῶν κρατουμένην γῆν ... δεσπόζουσι τῆς τοιαύτης χώρας (马札尔人故地), ὡς εὔρηται, μέχρι τῆς σήμερον ἔτη πεντήκοντα πέντε.②

参 §9, p. 79, ₂₃③: Ὅτι οἱ Οὖζοι δύνανται τοῖς Πατζινακίταις πολεμεῖν; §10, p. 80: Ὅτι οἱ Οὖζοι δύνανται τολεμεῖν τοὺς Χαζάρους, ὡς αὐτοῖς

---

① 读作 Χαζάρους。
② 君士坦丁七世：《帝国行政论》第 37 章 , p. 164, 8-21, ed. Bonn.（译按：此段希腊语转译自英译本 Gy. Moravcsik ed., R. J. H. Jenkins tr., *Constantinus Porphyrogenitus de Administrando Imperio*, Washington, 1967, p. 167.）另，此处的 8—21 是指行数，下文同。
③ 译按：小字号的数字表示原文中的行数。

πλησιάζοντες; p. 166, ₁₂: ἀπώκισται δὲ ἡ Πατζινακία ἐκ μὲν Οὐζίας καὶ Χαζαρίας ὁδὸν ἡμερῶν πέντε, ἐκ δὲ Ἀλανίας ἡμερῶν ἕξ, ἀπὸ δὲ Μορδίας ὁδὸν ἡμερῶν δέκα.

佩切涅格人最初居住在伏尔加河流域以及乌拉尔河流域，与哈扎尔人和所谓的乌兹人为邻。但是五十年之前乌兹人与哈扎尔人结盟，加入了对付佩切涅格人的战争，战胜了佩切涅格人并将他们驱逐出原来的领地——至今还一直被所谓的乌兹人占领着。佩切涅格人逃离故土，四方游荡，寻找一个安身之处。当他们抵达今天他们所占领的那片土地时，发现突厥人居住在那里，他们打败并驱逐了突厥人，在那里定居了下来，成为了当地的主人，至今已经五十年了。

佩切涅格人直到公元 894[①] 年为止居住在亦的勒河（Atil，即伏尔加河）与札牙黑河（Jeïch/Jajyq，即乌拉尔河）之间，西边是哈扎尔人，东边是乌兹人（Uz，即乌古斯人 Oguz，O'uz）。他们的驻地被乌兹人（乌古斯人）夺走了，不得不渡过伏尔加河和顿河，他们曾在 862 年以前就已经抵达过顿河。[②] 这一史实，可以在阿拉伯地理学家尤其是马苏第（al Mas'ūdī）的书中得到证实。马苏第在《启示与验证之书》（*Kitāb at tanbīh wa'l išrāf* S. ١٨٠, 15-١٨٠, 2) 中提到："我们在'科学和历史'的书中讲述了四种突厥语人群——佩切涅格（بجناك, Pačanāk/Pečenegen）、佩切涅（بجنى, Pačanē）、马札尔（بجغرد, Baǧgard/Magyaren）和奴卡尔达（نوكرده, Nūkarda）——从东方迁徙的

[①] 君士坦丁七世《帝国行政论》作 948 年。
[②] 参考拙作《古代突厥碑铭的纪年》(*Chronologie der alttürkischen Inschriften*) 第 10 页；《东欧东亚纪程集丛》(*Osteuropäische Streifzüge*)（译按：全名 Osteuropäische und ostasiatische Streifzüge: Ethnologische und historisch-topographische Studien zur Geschichte des 9. und 10. Jahrhunderts [ca. 840-940]) 第 33 页等。

原因，以及他们和古兹（Guz）、葛逻禄及基马克人（Kīmāk）在咸海（Gurgānğ/Aralsee）一带发生的战争和劫掠。"① 这段话暴露了马苏第随意的行文风格。实际上，这里涉及的只有两个民族，即佩切涅格和马扎尔，另外两个名称是它们的变体形式。这两者中，只有佩切涅格人有可能跟咸海沿岸的古兹、葛逻禄和基马克人起冲突。这说明了，佩切涅格人的驻地曾达到了咸海和锡尔河下游，他们也被称为"康嘎尔"（Κάγγαρ）。其中三支主力部落投靠了君士坦丁七世，② 而佩切涅格人最终从咸海—里海一带撤出，一定是数十年斗争失利的结果。

从马苏第的书中我们进一步了解到，古兹人往往在冬季派遣骑兵渡过结冰的伏尔加河，去袭击哈扎尔人。③

我们再次从文献中听说佩切涅格人与乌兹人在南俄草原上交战的消息，已经是 11 世纪中叶了。那时，曾经位于第聂伯河东岸的四个佩切涅格省份已经把土地让给了乌兹人，现在又被朝着瓦拉几亚的方

---

① 《古代突厥碑铭的纪年》第 10 页，《东欧东亚纪程录丛》第 63 页。
② 《古代突厥碑铭的纪年》第 10 页。Κάγγαρ 这个名称往往是与不里阿耳－希腊语碑铭中出现的部族名联系在一起的。参考 Извѣстія Русскаго Археологическаго Института въ Константинополѣ томъ X. Софія 1905 S. 190 Nr. 2 Z. 7: ἤτ(ο) δὲ γενεᾶς Τζακαράρης. S. 191 Nr. 3 Z. 6-7: ἤτ[ο] δὲ γενεᾶς Κουβιάρης. S. 192 Nr. 7 Z. 3-4: ἤτο δὲ] γενεᾶς Ἐρ[μιά]ρης. Nr. 8 Z. 7-8: ἤτο δὲ γενεᾶς ... δουάρης. 又，硬腭元音见 S. 190 Nr. 1 Z. 5-6: ἤτον δὲ τὸ γένος αὐτοῦ Κυριγήρ. 其中的 Ἐρμιάρης 与不里阿耳贵族名号 Ermi 的勘同几乎是没有疑义的，表明此处的 -άρης 不是某个斯拉夫语词尾，例如 bolj-are，单数形式是 bolj-ar-in（参考 Constantin Jos. Jireček, Gesch. Der Bulgaren S. 110. Leskien, Grammatik der altbulgarischen Sprache. Heidelberg 1909, § 63, 1 S. 25），而是突厥语的 är 或 äri "人"，例如 Ἀκάτιροι = Aqačäri "林中之人"。于是，Kang-är 的意思就是"康族人"（位于锡尔河下游）。至于 Κάγγαρ 与古代突厥碑铭中的族名 Känäräs（或 Känäris）是否有关系，暂存疑。
这里又涉及另一个问题，古斯拉夫语复数形式的 bolj-are，是否来自突厥－不里阿耳语的集合名词形式 *bolja-äri < *bojla-äri = 拜占庭史料中的 βολιάδες, βοϊλάδες。参考拙作 "Die altbulgarischen Ausdrücke in der Inschrift von Čatalar und der altbulgarischen Fürstenliste" S. 13 A. 1, Извѣстія Русскаго Археологическаго Института въ Константинополѣ томъ XV. Софія, 1911. 勘误见 28./II. 1912.
③ al Mas'ūdī, Murūğ II 18, 译文见《东欧东亚纪程录丛》第 330 页。对应部分，请参考第 337—341 页。

向挤压。1065 年,比佩切涅格人更胜一筹的乌兹人在历史上第一次跨过多瑙河,以六万兵力①涌入不里阿耳人的地盘,其中相当一部分向塞萨洛尼基和希腊挺进。其中大多数乌兹人遭受了饥馑和瘟疫,还要受到不里阿耳人和佩切涅格人的反击。

1078 年,已经与佩切涅格人同化了的乌兹人,首次以"库蛮"(Κόμανοι)的名称在东罗马的史料中出现。这个名称的含义尚不明确。这一名称的改变,是否具有族属上的意义,东罗马的史家没有给出答案。无论如何,"乌兹"(Οὖζοι)一词早在阿莱克修斯一世(Alexios I. Komnenos)统治初期就已经从日常语言中消失了。②在匈牙利编年史家的笔下,"库蛮"被称为 Cuni,其马札尔语形式是 Kúnok(复数)。

俄罗斯的史家把南俄草原上的游牧民族分成了四种,除了佩切涅格人之外,还有妥尔克人(Torken,复数"妥尔其"[Торъци])、贝

---

① Zonaras 如此记载。Skylitzes 和 Glykas 记载的是 60 万!
② 安娜·科穆宁娜(Anna Komnena)在《阿莱克修斯传》中涉及一桩早期的事件时提到(Alex. VII 5 vol. I 242 ed. Reifferscheid),位于瓦拉几亚(Walachei)的 Ὀζολίμνη/Ozolimne 湖得名于"乌兹":Ὀζολίμνη δὲ κατωνόμασται... ὅτι Οὐννικῆς ποτε στρατιᾶς ἐπιφοιτησάσης τῇ λίμνῃ (τούτους δὲ τοὺς Οὔννους Οὔζους ἡ ἰδιῶτις ἀπεκάλεσε γλῶττα) καὶ περὶ τοὺς ὄχθους τῆς λίμνης αὐλισαμένης Οὐζολίμνην τὴν τοιαύτην προσηγορεύκασι λίμνην μετὰ προσθήκης οἶμαι καὶ τοῦ ν φωνήεντος. 策泽斯(J. Tzetzes)在提到 Οὖζοι 时,明显是参考了早期的史料。如果考虑到以下情况这一点就更明确了,他甚至认为他们还位于高加索附近的故地(Chil. VIII 779 hist. 224):
 Οἱ δέ γε (Σκύθαι) πρὸς τὸν Καύκασον τὸν Σκυθικὸν τὸ ὄρος
 Τὸ Ὑρκανίας ἔγγιστα, οὖπερ οἱ Οὖννοι, Οὖζοι,
 Ὅπου καὶ ὁ Μέσης ἄνεμος τὰς ἐκπνοὰς ποιεῖται,
 (Οὐ λέγω γὰρ τὸν Καύκασον τὸ τῆς Ἰνδίας ὄρος)
 Σκύθαι πάλιν Καυκάσιοι ἐσχήκασι τὴν κλῆσιν.
博学的策泽斯表明,他与安娜·科穆宁娜一样,把 Οὖννοι 与 Οὖζοι 当作一回事。Σκύθαι Καυκάσιοι 的说法来自于塞奥非拉克特·西摩卡塔(Theophylaktos Simokattes)。他在书中 VII 6, 6 把突厥人称为 Σκύθαι οἱ πρὸς τῷ Καυκάσῳ οἵ τε πρὸς βορρᾶν τετραμμένοι,在 VII 17, 41 处又称为 Σκυθία ἡ πρὸς τὸν Καύκασον。此外,他还用 Οὖννοι 来指代突厥人(I 8, 5; III, 6, 9ff; IV 6, 10),同一名称也用来指代阿瓦尔人(I 8, 2. 6. 8; 9, 1)。

任第奇人（Berendiči）和波罗维茨人（Polowci）。跟佩切涅格人一样，妥尔克人也代表了突厥语骑马民族的一个早期阶段。公元985年，他们协助罗斯的弗拉基米尔大公征讨不里阿耳人。[①] 1055年，妥尔克人被弗塞沃罗德人（Wsewolod）攻击。1060年，伊兹雅斯拉夫（Izjaslaw）、斯瓦雅特斯拉夫（Swjatoslaw）和弗塞沃罗德人联合，率大军攻打妥尔克人，不过后者没有迎战，而是选择了逃离。"他们再也没有返回，一部分人在逃亡中受天谴而毙命，另一部分人因为寒冷、饥饿和疾病以及命运的安排而死掉了。"1055年，波罗维茨人首次在文献中出现。弗塞沃罗德人通过一份条约逼退了波罗维茨人，但是后者于1061年再次返回并战胜了弗塞沃罗德人，这是罗斯第一次被草原民族打败。[②] 1080年，佩雷雅斯拉夫（Perejaslawl，在特鲁贝兹河[Trubež]——第聂伯河的一条左侧支流）的妥尔克人向罗斯逼近，却被弗塞沃罗德大公的儿子弗拉基米尔（Wladimir）击败了。[③] 从1095年至1105年之间，妥尔克人反复出现在史料中，多数情况下的身份是罗斯人的士卒和波罗维茨的敌人。[④] 有一次，贝任第奇、佩切涅格和妥尔克人联合起来攻打罗斯人，[⑤] 导致罗斯大公在1103年击败波罗维茨人之后，也掳掠了佩切涅格人和妥尔克人，后者被当作了战俘或兵役。[⑥] 罗斯的编年史家将妥尔克蛮人（Torkmen）（译按：即突厥蛮人）、佩切涅格人、妥尔克人、库蛮人或波罗维茨人视为以实

---

① Chronique dite de Nestor c. 40 trad. par L. Leger p. 68.
② Ib. c. 59 p. 137-138.
③ Ib. c. 71 p. 173.
④ Ib. c. 78 p. 190 a. 1095. Testament des Wladimir Monomach p. 254 a. 1096. c. 82 p. 204 a. 1097. c. 86 p. 221 a. 1105.
⑤ Ib. c. 82 p. 208 a. 1096/7.
⑥ Ib. c. 85 p. 220.

玛利的后裔，也就是说认为他们是穆斯林。①12 世纪的时候，"妥尔克"的名称在历史中消失了。

贝任第奇人首次出现在史料中是 1097 年，与佩切涅格人和妥尔克人一起，跟瓦西利科·罗斯蒂斯拉维奇（Wasilko Rostislawič）为敌。②1105 年，妥尔克和贝任第奇人被库蛮人的首领博恩雅克（Bonjak）袭击。③根据法国学者路易·勒格（Louis Leger）的说法，贝任第奇人（Berendiči/Берендичи）或贝任德伊人（Berenděi/БерендЂи）居住在第聂伯河左岸，被弗拉基米尔·莫诺马赫（Wladimir Monomach）击败，不得不向罗斯大公称臣纳贡。"贝任第奇"的名称于 13 世纪消失。④

有关"波罗维茨"的记载，则完全是另一副模样。就在 11 世纪的乌兹人和库蛮人四面出击时——既跟他们的同类，如妥尔克人和佩切涅格人，也跟罗斯人作战，波罗维茨人出现了。这释放了一个明确的信号，那就是他们以一个全新的民族个体开始在世界历史的舞台上登场了。后来，他们跟其他突厥语部族一样，也效力于互相较劲的罗斯大公。"波罗维茨"（Половьци，单数形式 Половець）的名称，显然不是族属意义上的称谓，而是基于他们的外貌而得名的——形容词 поло́вый，意思是"淡黄色"。⑤在波兰语的高卢编年史中"波

---

① Ib. c. 79 p. 195.
② Ib. c. 82 p. 208.
③ Ib. c. 86 p. 221.
④ Kap. 82 p. 204 a. 1096(7) 提到一名妥尔克人（系大公斯维亚托波尔克[Swajatopolk]的牧羊人）的名字是"贝任第奇"（Berendij）。
⑤ A. Kunik 如是，见于 Dorn, Caspia 239 A.
  在波兰编年史家的笔下（J. Jerney, Keleti utazás Bd. II, 1851, 由 Géza Kuun 引用，Codex Cumanicus p. LXIX s.），文森特·卡德乌贝克（Vincentius Kadłubek）(译按：1150—1223 年，波兰编年史家、克拉科夫主教）(†1223) 以及后来的 Heinrich von Lettland 都把波罗维茨称为 Parthi。它本来只不过是一种拉丁化的书面语形式，就像 Dani 和 Dania

罗维茨"的名称是 *Plauci*，捷克语是 *Plawci*，马扎尔语是 *Palócz*，德语是 *Falones, Phalagi, Valvi, Valewen, Valwen*。德语中最早的记载见于亚当·冯·不莱梅（Adam von Bremen，1076 年去世）的书，就我所知，这一点还没有人提出来过。根据冯·不莱梅的说法，在哥特人的边界之外，瑞典人统治着远及"女儿国"（即 *Kvenland*，位于波罗的海东岸）的地域，[1] 再往南是维茨人（*Wizzi*，又作 *Wesi*，在白河

拉丁化后变成了 *Daci* 和 *Dacia*，以及马扎尔语的 *jász* 和古代形式 *ijász* "弓箭手" 拉丁化后变成了 *Iazyges*（Rösler, Romänische Studien S. 333）一样，而 *Parthi* 中的 *th* 则如同 *Prussi, Pruzzi, Russi, Ruzzi* 拉丁语化后变成了 *Prutheni* 和 *Rutheni*。文森特·卡德乌贝克随意地将 *Parthi* 附会成古罗马史家查士丁尼（Justinus）笔下的帕提亚人（Parther）（参 A. v. Gutschmid, Kl. Schr. V 452, 468），又被奥托·布劳（Otto Blau）所沿袭，这个简单的文字游戏最后被英国历史学家乔治·罗林生（George Rawlinson, 1812—1902 年）当回事了。可以想见，当布劳涉及波罗维茨的族属问题的时候，便谬以千里了。他认为"毫无疑问，'库蛮'在俄语中的形式 Polow-zi，就是 Pahlav [= Parthava!] 加上斯拉夫语化的元音，也就是说它与巴列维（Pahlavi）同"。（Über Volkstum und Sprache der Kumanen. ZDMG 29, 1875, S. 586 f.）他更加坚定地认为，*Plauci, Falben* 和 *Parti* 等形式是"波罗维茨人就是中亚帕提亚人的证据"。布劳没有在定居的帕提亚人与游牧的帕尼人（Parner）之间做区分，他似乎没有听说过后者。帕提亚人（当作帕尼人）在他看来是"土兰人"，也就是突厥人，这样的话就从公元 1 世纪跳到 11 世纪了。布劳接下来的一段推测没有找到坚实的证据支撑："楔形文字（他指的是第二类阿契美尼德碑铭，Hüsing 等人称为'新埃兰语'[neuelamisch]，Scheil 更好地命名为'安善语'[anzanisch]）中的土兰语元素，到目前为止尚未得到充分研究和分析，将来有望借助于库蛮语及其方言的研究得到澄清，甚至有益于引导学界，通过新波斯语来解读古波斯语，以及通过阿拉伯语来解读亚述语的风气。"格拉夫·库恩（Graf Géza Kuun）沿袭了布劳的思路。（Codex Cumanicus ed. Comes Géza Kuun. Budapestini 1880 p. LVI-LXX）根据他的结论，今天的土库曼人就是"操土兰语的"Daher, Parner, Parhter，甚至是库曼人或波罗维茨人的直系后裔。如果读者内心足够强大到可以爬梳他那艰涩的匈式拉丁语的话，最好自己去复核。

匈牙利籍的万伯里·阿明（Vámbéry Ármin，原名 Hermann Bamberger），在《马札尔人的起源》*Der Ursprung der Magyaren* (Leipzig 1882) S. 102 A. 3 中再次回到了老的解释，即 *Polowci* 来自于 *polewoi*，系 *pole* "原野" 的形容词形式，意思是"旷野（草原）人群"。薄乃德（E. Bretschneider）（译按：又译"贝勒"、"布雷特施奈德"）在《基于东亚史料的中世纪研究》*Medieval Researches from Eastern Asiatic Sources*, vol. II, 1888, p. 70 中持相同的观点。

[1] 关于这一点，参考 Kustavi Grotenfelt, Über die alten Kvänen und Kvänland (SA. aus den Annales Academiae Scientiarum Fennicae Ser. B Tom. I Nr. 1), Helsinki 1909。感谢作者赐知。Korrekturnote 28./II. 1912.

[Bělo ozero]沿岸）、米儿利人（Mirri，又作 Меря、Меряне，即俄罗斯的罗斯托夫 [Rostov]）、剌米人（Lami，亦作 Iami，即芬兰的海梅 [Hämäläiset]）①、斯库狄人（Scuti, Čjudi, Чюдь，即东部芬兰人）和妥尔其人（Turci），一直绵延到罗斯境内。②依我之见，这个妥尔其人就是罗斯编年史中的"妥尔克"，只是他们不是居住在罗斯的北部边境，而是在南部边境。冯·不莱梅在第 19 章中讨论了波罗的海东岸的神秘民族，依次提到了阿玛宗人（他将其与女儿国 [Kvenland] 混为一谈了），犬头人（Cynocephali）（盎格鲁-撒克逊语 Hundingas，古挪威语 Hundingr）（其与"无头人"στερνόφϑαλμοι/Sternophthalmos [qui in pectore caput habent] 混合了），③然后是阿尔巴尼（Albani）或维茨人（他们与战犬作斗争），④接下来的记载是：Ibi sunt homines pallidi, virides et macrobii, quos appellant *Husos*; postremo illi qui dicuntur Antropofagi et humanis vescuntur carnibus. Ibi sunt alia monstra plurima, quae recitantur a navigantibus sepe inspecta, quamvis hoc nostris vix credibile putetur. 此处的 *Antropofagi* 显然是指莫尔多瓦（Mordwa），尤其是操厄尔兹亚语的莫尔多瓦（Erźa-Mordwinen），阿拉伯语形式是 الإرنائیّة（Istachrī ٢٢٦, 2-6 提到，他们把侵犯领土的所有敌人都消灭

---

① Karl Müllenhoff, DA II, 1887, S. 71f.
② Adami Gesta Hammaburgensis ecclesiae pontificum IV 14: supra eam (Sconiam) tenso limite Gothi habitant usque ad Bircam. Postea longis terrarum spatiis regnant Sueones usque ad terram feminarum. Supra illas Wizzi, Mirri, Lami, Scuti et Turci habitare feruntur usque ad Ruzziam, in qua denuo finem habet ille sinus（波罗的海）. Itaque latera illius ponti ab austro Sclavi, ab aquilone Suedi possederunt. 参照 Schol. 118: Usque hodie Turci, qui prope Ruzzos sunt, ita vivunt, et reliqui Scythiae populi.
③ 关于中世纪地理志中涉及西北欧阿玛宗人和犬头人的记载，参考拙作"Die Beninsammlung des Niederländischen Staatsmuseums für Völkerkunde", I. Prolegomena S. CCI ff. 和 A. 1 S. CCII. Korrekturnote.
④ 关于所谓的"阿尔巴尼"，参见前注所引拙作 S. CCVII A. 1.

了）。① 此处的 homines pallidi, virides 毫无争议就是波罗维茨（Polowci）和法罗恩（Falones）（译按，即波罗维茨在德语中的形式之一），他们被勘同为古兹人。关于这段文字中所影射的库蛮人长寿的现象，笔者没有找到其他史料佐证。

粗浅地了解史料之后，会形成一种印象，即库蛮人似乎属于古兹族的大家庭。这一见解，实际上通过叙利亚主教米海尔（Mār Michael）② 有关突厥语人群（即塞尔柱人）迁徙的记载得到了证实。原文如下：

当突厥人群移动和撤退时，遮蔽了大地。早期的突厥人③ 被他们挤压了，因为土地不能承受他们所有的人。然后他们追着早期的突厥人往西去了。当他们开始前进时，在他们面前出现了一个（神物），即引导早期突厥人迁徙的神物，外表跟狗一样，④ 来到他们的前头。不

---

① 参考 Tomaschek, Kritik der ältesten Nachrichten über den skyth. Norden II, 7-16. SBWA Bd. 117 Nr. 1, 1888.
② Patriarch von 1166-1199. 他的编年史截止于公元 1196 年。
③ 米海尔区分了三波迁徙的突厥人：第一波是先知以西结（Ezechiel）所预言的歌革和玛各的入侵，应该发生于波斯国王冈比西斯（Kambyses）的时代，"希伯来人称为尼布甲尼撒二世（Nabuchodonosor II），并派遣了他的军官欧洛斐涅斯（Olophernes）"（Judith 2, 3.5）；第二波应该发生在波斯帝国的晚期，"阿拉伯人入侵前的一百年，也就是距今六百年左右"。那个时候他们应该已经征服了东方的领土，一直到马尔吉亚纳（Margiana），将其并入了国土。（S. 569a Z. 18-20. 567a Z. 21. 32. 37 f. =III 153. 151）这一错误的理解是基于以下消息：波斯帝国的末代国王伊嗣俟（Jazdgerd）被大食（Ṭajājē）击败后，躲到了突厥人的城市木鹿（Merw）（译按：亦译梅尔夫）里，然后被一名突厥人在一座磨坊边杀害了。（III 150. II 430）此外，米海尔有关第二波突厥人迁徙的记载，是建立在涉及西突厥历史和传说（来源于以弗所的约翰尼斯 [Johannes von Ephesos] 和《亚历山大大帝传》[*Alexanderroman*]）的误解之上。米海尔没有提供关于西突厥汗国的真实记载。这一点从以下事实就可以看出来了：他居然认为以弗所的约翰尼斯 III 6, 23 提到的突厥人的九位国王，住在马尔吉亚纳。米海尔书中的第三波突厥人的迁徙，是指塞尔柱人（古兹人）。
④ 关于第二波突厥人入侵（马尔吉亚纳，见前注），米海尔 S. 569 a Z. 28-44 = III 153 的记载如下："但是人们发现，他们进军马尔吉亚纳领土的时间是（萨珊）波斯帝国末

期，在阿拉伯人入侵前一百年，也就是距今六百年左右。听说，在他们从东向西迁徙的过程中，他们看见了一只有点像动物的东西，像一条狗似的，来到他们的前面，只是他们不知道它究竟是什么，也不知道它从哪里来。他们不敢靠近它，只有在它准备要启程的时候，它会用自己的语言叫唤：起立！于是他们就都起来了，跟在它的后面走。无论它走到哪里，走多久，他们都跟着。它朝哪个方向走，他们就跟着朝哪个方向走，它停下来，他们就停下来，直到他们抵达一块地方，他们统治了当地。由于带头的神物不见了，他们也就不再迁徙了。"

上述叙事，把这段离奇的迁徙与普利斯库斯（Priskos）笔下的匈人迁徙的传说联系了起来（Jordanis Get. § 123-126. Sozomenos h. e. VI 37. Prokopios περὶ πολέμων VIII, 5, 7-10 vol. II 504, $_8$-505, $_1$ ed. Haury. Agath. V 11 p. 365, 11 ff. Ed. Dindorf = Hist. gr. min. vol. II. Nikephoros Kall. hist. eccl. XI 48)，只不过领路的不是像狗一样的神物，而是一头雌鹿。米海尔的记载明显是拉德洛夫刊布的回鹘文乌古斯可汗传说的一个早期版本。(W. Radloff, Das Kudatku bilik des Jusuf Chass-Hadschib aus Bälasagun Theil I. Der Text in Transcription. St. Petersburg 1891. S. XI.) 不过，这里是一只像狗一样的神物，那里是一匹灰毛、灰鬃的公狼。

关于同一则迁徙传说，我们在志费尼书内涉及回鹘始祖国王 بوقوتكين 卜古特勤 或 بوقوخان 卜古汗（译按：或可译作"牟羽汗"）的记载中，找到了一个更为委婉的版本（Ğuwainī ed. Salemann bei Radloff, Das Kudatku bilik S. XLI-XLIX）。原文如下（ed. S. XLVIII f.）:

بعد از او یك پسر او قائم مقام خان شذ خاقان ومردمان كه در اعداد ایغوران بوذند از صهیل خیول ونعار جمال ونهیق وزفیر سباع وكلاب وخوار بقور وثغاء اغنام وصفیر طیور وبكاء بچگان آواز كوچ كوچ می شنیذه اند وازان منازل در حركت می آمذه وبهر منزل كه نزول می كر ده اند همان آواز كوچ كوچ بسمع ایشان می رسیذه تا بصحرایٔ كه درانجا بیش بالیق بنا نهاذه اند آواز آنجا خافت شذه ودران مقام ثابت شذه اند وبنج محلّه ساخته وبیش بالیق نام نهاذه تا بتدر یج عرصهٔ عریض وطویل گشت وازان وقت باز اولاد ایشان امیر بوذه اند وامیر خوذ را ایذی قت گویند وشجرة آنك شجرة ملعونه است در بت خانهای ایشان بر دیوار مشبّت است*[ونقش كرده اند،]^a

"在他[卜古汗]之后是他的一个儿子成为汗位继承人。来自回鹘的部族和人民，总是从马的哀鸣声中、骆驼的哀嚎声中、猛兽和犬类的嘶鸣声中、牛的嚎叫声中、羊的咩咩声、鸟的啁啾声和儿童的鸣咽声中听到 *köč köč*（意思是'迁！迁！'）的声音，当他们把家什物件迁到下一处逗留的地方时，又听到 *köč köč* 的声音，一直到他们抵达在那里肇建别失八里城的草原时，那个声音才消失，他们在那片草地上彻底定居了下来，建起了五座城池，故称'别失八里'（突厥语是'五座城池'的意思），逐渐发展成一片广袤的平壤。从那时候起，他们的子嗣就是君主，他们的君主称为'亦都护'（*Ydy-qut*）。亦都护的世系，是一支受到诅咒的世系，^{b} 在他们的佛寺^c 墙壁上记录了下来^d（然后他们将其画了下来）。"

此传说的较简版本见于《元史》卷122（Bretschneider, Mediaeval Researches I, p. 247）。有趣的是，他们仍然知道名号"亦都护"——13世纪畏兀儿君主的名号，来自于别失八里（粟特语是 *Panğkat*，Gardezī Barthold, Отчть о поѣздкѣ въ среднюю Азію, S. 90, 14)，且他们不再居住在吐鲁番的哈喇和卓，而是在别失八里。（参考 Rašīd addīn bei Radloff eb. S. XXVII f.）所谓的"卜古汗"，正如笔者在其他地方所揭示的，无疑就是牟羽可汗之子、骨力裴罗之孙，于公元759年继位，通过引入摩尼教（762年以后）为回鹘汗国开启了新的时代。参考 Schlegel, Die chinesische Inschrift des uigurischen Denkmals

过他们不能靠近它，当它要启程时，会呼喊：goš (göč)！意思是"起立！'，于是他们便起来跟着它，直到它坐下为止，大家就会扎营。随着时间的流逝，它消失了，我们再也读不到也听不到有关它的消息了。我们只知道它是一种神启，它会通过各个民族所熟悉的事物来指引他们，并带来对他们来说有益的事情。就像希伯来人通过羊和牛的献祭，拜火教祭司穆护通过某颗星座（的指引），这里也是通过他们所熟悉的动物形象。但具体是何物，我们不得而知。

在他们的引领者消失了之后，他们发现，他们正夹在不同的国王中间，而所在地方又不够他们住，于是他们分成三支，分别向不同的方向前进：往南、往北和中间。他们拿着三个棍子，举起来掷向空

---

von Kara Balgassun S. 5 f. 32 ff. 关于畏兀儿人迁徙的阶段性，《元史》是这样记载的（Bretschneider, 1. 1. p. 248）："传位者又数亡，乃迁于交州。交州即火州也。统别失八里之地。"

在回鹘人早期的传说中，狼不仅是领路者的角色，甚至是民族的始祖。（《北史》卷98；De Groot, The Religious System of China vol. IV, p. 266）蒙古人也是如此。（似乎是从回鹘人那里学习来的；H. H. Howorth, JRAS 1908, p. 659 f.）至今哈喇吉尔吉斯人亦如此，而在乌孙和突厥人的起源叙事中——就像居鲁士传说（Kyrossage）一样，以一种含蓄的方式把母狼说成是始祖。（《史记》卷 123；《隋书》卷 84；De Groot 1. 1. p. 265；Kurakichi Shiratori [白鸟库吉], Keleti Szemle III, 135）据穆卡法（'Abd allāh b. al Muqaffaā'）书中记载的传说，突厥人的始祖是雅弗（见于加尔迪兹的书，Gardēzī, Barthold, Отчтъ о поѣздкѣ въ среднюю Азію, S. 80-81），又经过了进一步的加工：雅弗是由他的母亲用狼奶哺育的。

a 该字在两部写本中阙。
b 此处指的是卜古汗及其兄弟来源于某棵神奇的树（فسوق）；前引 Ğuwainī S. XLII, Barthold, Туркестанъ I S. ١٠٣, 11.《元史》卷 122, Bretschneider, Mediaeval Researches from Eastern Asiatic Sources I, London 1888, p. 247.（参见拙文 "Ğuwainī's Bericht über die Bekehrung der Uiguren". SBBA. 1912 S. 490, Korrekturnote.）
c 系خانبت之译文。
d Salemann 是这样翻译这句话的：然后那棵树……那是一棵遭诅咒的树，体现在了他们神庙内的墙上。关于آنل他解释到："这个词在突厥语里找不到。"这是可以理解的，因为آنل是纯粹的波斯语。

中，也就是往神灵所在的地方掷去，[①]当棍子落到地上时，所持棍子朝南的部队，前去印度国王[②]的地盘。由于他们曾经都宣布过，在命中注定所去的任何一处地方，都要尊奉当地人所尊奉的神祇，追随当地人的信仰。于是，那些前往南方并在当地遇到基督徒和异教徒的人，也跟当地人一样了。以至于，直到今天他们当中还有一部分人是基督徒和崇拜偶像的异教徒。那些命运决定他们往北走的人们，在希腊帝国的边境之北，被称为"库蛮"，那片地方也叫了这个名字。(571b)虽然他们的迁徙困难重重，他们还是跟当地的基督徒融合了。那些命运决定他们往西走的人们，穿梭于人烟阜盛之地，经过阿拉伯帝国，他们与阿拉伯人融合了，接受了他们的宗教信仰。关于他们的事迹，就是这些。[③]

米海尔区分了三拨突厥人。穆斯林史料中提到的古兹人，只是涉及最后一拨突厥人，即向西迁徙并途经阿拉伯帝国的塞尔柱突厥人。根据波斯史家拉施特的《史集》——他利用了蒙古统治时期的传说（与回鹘文《乌古斯可汗传》类似），乌古斯人分为两大支系，分别是卜阻克（Buzuq）和禹乞兀克（Üč-oq），各自由12个氏族组成。[④]米海尔所谓的一支往印度迁徙的突厥语人群支系，他们遇到了异教徒和基督徒，部分人还改宗了基督教，这一点让人匪夷所思。米海尔不再把他所处时代的库蛮人当作异教徒了，但也不是穆斯林，而是基督

[①] 乌古斯可汗的传说，见前引 Radloff S. XIII b, Rašīd ad dīn S. XXII f. 和 Th. Houtsma, Die Ghuzenstämme, WZKM II 219-233, 不过乌古斯分成了两支而非三支，即卜阻克（Buzuq）和禹乞兀克（Üč-oq）。

[②] 原文是 ܗܢܕܘ，隶定形式是 hndw，笔者猜测应该是 ܗܢܕܘ。

[③] Chronique de Michel le Syrien p. 569 b Z. 36-571 b Z. 7 = t. III p. 155 ed. J. B. Chabot.

[④] 参考第32页注释1。（译按：本书正文及脚注中提到的参考页码、上文页码，均为原书页码，即本书边码。）

徒——至少从外面看是如此。真实情况如何，很难说。阿拉伯旅行家伊德里西（al-Idrīsī）在库蛮人的疆域内见到过一些繁华的城市，① 我们自然地想到了以斯拉夫人（罗斯人）为主的内陆地区，以及克里米亚半岛、希腊人、哥特人、阿兰人和哈扎尔人生活的沿海地区。库蛮人可能通过与上述城市居民的接触，对基督教文化的某些外在东西已经熟悉了。最早的罗斯编年史家把库蛮人或波罗维茨人，跟佩切涅格人和突厥蛮人一样，都当作以实玛利或撒拉森人的后裔，也就是说认为他们是穆斯林。于是，我们联想到了 1227 年接受格兰（Gran）（译按：又称埃斯泰尔戈姆［Esztergom］，系匈牙利旧都）② 的罗拔图大主教洗礼的 15000 名库蛮人和 1340 年在赛雷特河（Seret）受洗的 20000 名库蛮人。③ 直到 1410 年，在摩尔达维亚（Moldau）仍然存在着异教徒或信仰伊斯兰教的库蛮人。同前注

关于突厥人以及库蛮人的原始宗教，米海尔写道："他们不喜说教。但是他们信仰一个天神，不知其形象，仿佛苍穹就是天神的样子。他们对其他的神灵没有感觉，也不想听。④ ……如上所述，这些突厥人自古就认一个神，在他们的疆域内部，仍把苍穹视作神，直到今天，倘若去问他们当中一个涉世不深的人，他会回答：'Qān ṭangrī'，其中 qān 在他们语言里的意思是'蓝'（真是如此！），⑤ 而 ṭangrī 的意思是'天、神'。他们相信，天就是神。当他们听到阿拉伯人讲述一神教时，就逐渐改信伊斯兰教了。"⑥ 这一点，正好与我们

---

① Idrīsī II 395. 398-401. 434-435. 参 Joachim Lelewel, La géographie du Moyen-Age III 192-199. O. Blau, ZDMG 29, 1875, S. 561-563.
② Rob. Rösler, Romänische Studien. Leipzig 1871, S. 332 A. 2. 前引 O. Blau, S. 565 A. 34.
③ 前引 Rösler, S. 334.
④ Michael Syr. S. 568 b Z. 30-35 = III 152.
⑤ ܩ 系 [ܘ] ܓ gök 之讹；参考 ܟܘܟ = 回鹘语 köc，见第 31 页注 1。
⑥ Michael Syr. S. 570 b Z. 4-12 = III 156.

从可靠史料所了解到的哈扎尔人的原始宗教相吻合。在第比利斯殉难的圣人阿波（Abo von Tiflis）写道："卡特利的首领（Erist'aw von K'art'li）（译按：卡特利是格鲁吉亚的一个古地名）奈尔斯（Nerse）从他的国土逃到了北方，那里是玛各后代的驻地，即哈扎尔人，都是些未开化的丑陋之人，与野兽和吸血鬼无异，①毫无信仰可言，只认一个造物主。"②前往哈扎尔人处宣教的使臣解释说，根据古斯拉夫语写成的斯拉夫圣徒君士坦丁的列传，君士坦丁堡的宫廷"起初是一神，定于一尊，到东方就如同河流分叉了，支流就不是那么清澈了"（'a principio unum deum agnoscimus, omnium rerum dominum, et eum, ad orientem conversi, veneramur, quamquam ceterum mores immundos habemus'）。哈扎尔可汗在席间说："以上帝的名义、以万物之主的名义，干杯！"（'bibamus in nomine dei unius, creatoris omnium rerum'.）③来自瓦拉廛（Warač'an）（译按：位于高加索的打耳班[Darband]之北）高加索的匈人，他们属于嚈哒（Hephthaliten/War），是继所谓的阿瓦尔人之后在达吉斯坦（Dagestan）崛起的人群，他们用骏马祭祀神——登利汗（T'angri-chan），"波斯人称为阿斯潘德忒

---

① 参见 Michael III 152 关于突厥人的记载；Nestor c. 11 p. 12 trad. Leger 关于波罗维茨人的记载；Otto Frisingensis, Chronicon（至 1146 年为止； M. G. SS. XX p. 233）关于匈牙利人、佩切涅格人（Pecenati/Pečenegen）和法罗恩/波罗维茨（Falones/Polowci）的记载。（参考 Ilie Gherghel, Zur Frage der Urheimat der Romänen. Wien 1910 S. 45 A. 4 的相应内容）Gottfried von Viterbo（†1191）几乎是一字不落地写出（由 Géza Kuun 出版, Relat. Hungarorum cum oriente hist. antiquissima II, Claudiopoli 1895, p. 112 n. ***），只不过他把野蛮人称为 Pincenates 和 Phalagi (= Valwen)。

② Martyrium des hl. Abo, K. Schultze 译, S. 23 = Texte und Unters. zur Geschichte der altchristlichen Literatur, N. F. XIII 4, 1905.

③ 圣济利禄（hl. Cyrillus）的传说 c. 8. 9, 由 Ernst Dümmler 和 Franz Miklosich 译成拉丁语：Denkschr. der kais. Akad. d. Wiss. zu Wien, Bd. XIX, 1870, S. 236. 参见拙作《东欧东亚纪程录丛》S. 14 f. 419.

（Aspandēat）（译按：又作 Esfandīār）"。[1] 这一吻合，并不能解决库蛮人确切族属的问题，更不用说原始库蛮人了——也就是在库蛮人与佩切涅格人操同一种语言的时代。[2] 但米海尔的叙述，至少证实了罗斯和东罗马编年史中的一桩史实，即库蛮人的出现是与塞尔柱人同步的。

不过，我们可以确定的是，至少自12世纪起，غز这个名号（突厥语 Oguz），是由一个统一的部落构成的，在历史上他们曾经分裂成不同的氏族，稀稀落落地分布在伊朗—伊斯兰世界边境的草原上。这一族群重组，正如12、13世纪所呈现的面貌以及拉施特《史集》中记载的那样，在很大程度上是民族大迁徙造成的。民族大迁徙是由于回鹘汗国的衰亡（840年）、辽朝的建立（916年），以及辽朝灭亡之后西辽往七河流域的迁徙。

在民族迁徙和震荡发生之前，也即是9、10世纪的时候，"古兹"一词的含义是明确的。西突厥汗国灭亡之后，楚河和塔拉斯河流域的牧场——以碎叶和怛罗斯为主，由葛逻禄人占领。所谓的"十姓"或"十箭"部落——真正的西突厥，则被挤向了西北方，继而他们又把锡尔河下游和咸海一带的佩切涅格人挤走了。佩切涅格人一定也曾经从属于西突厥汗国，而新的部落联盟，似乎是汇集了锡尔河下游的 Käŋäris 人（见于《阙特勤碑》东面第39行）[3] 和亚美尼亚地理

---

[1] Moses Kʻałankajtvacʻi, Geschichte von Albanien II 40 Bd. I S. 372. 378. Kap. 41 S. 382-384. 388 ed. Schahnazarean.
[2] Anna Komnena, Alexias VIII 5 vol. II 14, 25 ed. Reifferscheid: πρόσεισι τοῖς Κομάνοις ὡς ὁμογλώττοις.
[3] V. Thomsen, Inscriptions de l'Orkhon déchiffrées p. 110. Radloff, Die alttürkischen Inschriften der Mongolei, St. Petersburg 1895, S. 23, 111b, 392, 430, 444. Neue Folge, 1897, S. 142a. 170a.

学家阿纳尼斯·希拉卡齐（Anania Širakacʻi）① 书中的 ꛇꛇꛇꛇ *Bušxkʻ*（即 *Bxux* [=*Buquq*]）构成，活跃于伏尔加河和粟特之间，²*Käŋäris* 人，即后来的 Κάγγαρ 或 Κάγκαρ——由佩切涅格人的三支主力部落：Ἠρτήμ（Ἰαβδι-ερτίμ）、Τζούρ（Κουαρτζι-τζούρ，首领 Κούελ）、Γύλα（Χαβουξιγ-γυλά, p. 166, 7-8 τοῦ κάτω Γύλα② 构成，③ 获得了领导权。从《阙特勤碑》中我们了解到，代表突骑施（即西突厥）可汗出席阙特勤葬礼的是掌印官 Maqarač（*Mahārāǧa*）④，是"乌古斯的睿智掌印官"（北面第 13 行）。⑤ 根据这个名号我们可以有把握地说，西突厥除了"十姓"（*On Aimaq*）和"十箭"（*On Oq*）的称谓外，还有"十姓乌古斯"的说法。这是我们理解拉施特书中提到畏兀儿历史上出现"十姓回鹘"（*On Ujgur*）这一名称的关键。《史集》中提到的"十姓回鹘"和"九姓回鹘"——畏兀儿人当是从中衍生而来，分别对应的是历史上的"十姓乌古斯"（*On Oguz*）/西突厥和"九姓乌古斯"

---

① Géographie de Moïse de Corène，由 P. Arsène Soukry 翻译，p. 26, 16 = 36（属格复数形式 ꛇꛇꛇꛇ）；42, 26 = 56（此处的 ꛇꛇꛇꛇ *Bušx-n*，是那时唯一的斯基泰人）；43, 10 = 57（此处的 ꛇꛇꛇꛇ *Bxux*，在马萨革泰人 [Massageten] 和花剌子模的商人之间）。参见拙著《古代突厥碑铭的纪年》 *Chronologie der alttürkischen Inschriften* S. 89 f.，《东欧东亚纪程录丛》S. 57, 154。
亚美尼亚语 ꛇꛇꛇꛇ 或 ꛇꛇꛇꛇ, ꛇꛇꛇꛇ，根据亚美尼亚语的语音规律，可能是 =*Bušux(g) 或 Bušix(g)，也可以是 *Buxš 或 *Buxuš；但是异体 ꛇꛇꛇꛇ 表明，ꛇꛇꛇꛇ，ꛇꛇꛇꛇ 中的 2 实际上是 η 的讹误，在阿纳尼斯·希拉卡齐的笔下，作为中古亚美尼亚语的形式 ꛇꛇ 使用 = 突厥语的 g 或 q；参考 ꛇꛇꛇꛇꛇꛇ S. 25, 22；ꛇꛇꛇꛇꛇꛇ eb. S. 26；ꛇꛇꛇꛇ eb. S. 23，而 ꛇꛇꛇꛇꛇꛇ ꛇꛇꛇꛇ Z. 23 = Οὐνογυνδοῦροι Βούλγαροι。总之，ꛇꛇꛇꛇ *Bgux-kʻ*，ꛇꛇꛇꛇ *Bugx-n*，ꛇꛇꛇꛇ *Bxux* = 突厥语 *Buguq, *Buquq。

② 显然有讹误。如果参照其他的名号，可知该词条是不当的。分支（θέμα）是根据首领 Κουρκοῦταν p. 1657 来命名的，也就是 Κον<ρ>κώτα？

③ 参考拙作《古代突厥碑铭的纪年》第 9 页。

④ *M(a)qarač*，即 *m(a)xarač* 是《十方平安经》*Ṭišastvustik*（Bibl. Buddhica XII S. 58, 60）中 *mahārāǧa* 的回鹘语形式，F. W. K. Müller Uigurica I, Berlin 1908, S. 23 Z. 6; 25 Z. 4; 28 Z. 13。

⑤ 参考拙作《古代突厥碑铭的纪年》第 23 页。

(*Toquz Oguz*）/ 回鹘。①

实际上，并不存在一个名为"十姓回鹘"的族群，而"九姓回鹘"的表述也是不准确的。汉文史料中的"回纥"和"九姓"自唐代起②就是一对交替使用的概念，到了高昌回鹘王国时期，古老的"九姓"一词早已消失，而"九姓乌古斯"也仅作为一种历史遗产保存了下来，但在日常语言中统治氏族的名称"回鹘"/"畏兀儿"占了上风，于是，无人能识的名称"九姓乌古斯"最终被"九姓回鹘"取代了。假如这一见解能成立的话，可以想见，人们在面对"十姓乌古斯"这一经由轶失传说而保留下来的名号时，便一头雾水，找不到其对应的概念，于是根据其构词仿造了一个"十姓回鹘"。

乌古斯可汗的传说，尽管带有许多虚构的成分，但有一个明显的预设，那就是"十姓回鹘"（即"十姓乌古斯"）或者西突厥人原本也是住在鄂尔浑河流域的。这一点也可以从名称的相似性上推断出来。假如该观点是基于真实历史记忆的话，在年代上它只可能发生在公元 4 世纪末，因为此时中亚的古伊朗语游牧民族受到匈奴—突厥和蒙古—通古斯人群的挤压，是不争的事实，而匈奴人在漠北的驻地先后被柔然人和丁零人占有了。无论如何，十姓回鹘与拉施特书中所谓回鹘故地的十条河流，是没有关系的；常见的说法，"十姓回鹘"曾居住在十条河上，"九姓回鹘"曾居住在九条河上，是基于"乌古斯"的词源学解释——与库蛮语中的 *ochus: zzachuna* جیون "溪流"和古代突厥语/回鹘语的 *ügüz* "河流"联系起来，其预设是"十姓乌古斯"

---

① Rašīd addīn 书，转引自 W. Radloff, Das Kudatku bilik. Teil I: Der Text in Transkription. St. Petersburg 1891 S. XXV. 笔者不拟对此段文字深入探讨。
② 首次见于史料似乎是公元 646 年；参考 Fr. Hirth, Nachworte zur Inschrift des Tonjukuk S. 136。

和"九姓乌古斯"是曾经真实存在过的族名。人们试图将历史上的族名还原成 On Oguz 或 Toquz Oguz (öküz) budun，即"十或九条河上的人们"。① 拉施特提到的十条河流，应该指的是十个 Orqon。这一观点的依据是，orqon 与奥斯曼语 ürkün "由于洪水而形成的小湖"② 和回鹘语 ürgän "淹没"（A. von Le Coq, Türkische Manichaica aus Chotscho I, Berlin 1912, S. 5 Z. 14, 6 Z. 8）联系起来。突厥语的 ügüz "河流"与作为族名的 oguz 完全是两码事。我猜测，oguz 应该是古代的 oq+uz 两个词的合成词，意思是"箭手"。关于 uz "人"，参考前引 Le Coq, S. 16, 13. 17, 1。这一解释是与西突厥分化成"十箭"吻合的，该传说我们在几个世纪之后再次从古兹人那里了解到，尽管其真实性受到了拉德洛夫不公正的质疑。③

9世纪的乌古斯人与葛逻禄人一样，最高首领是"叶护"。④ 从表面上看，他们并不是一个有独立主权的政治体。估计他们要承认回鹘（九姓乌古斯）可汗的宗主地位，就如同发生在葛逻禄人身上的情况

---

① 见拙文《Καρμπαλούκ——迈俄提斯（Maiotis）的"斯基泰语"形式》(Καρμπαλούκ, der "skythische" Name der Maiotis) Keleti Szemle 1910 S. 23。

② Samy, 转引自前引 Le Coq 书第 38 页。

③ W. Radloff, Die Inschrift des Tonjukuk S. XVIII = Die alttürkischen Inschriften der Mongolei. Zweite Folge. St. Petersburg 1899. 根据拉德洛夫的观点，这个传说应该是把 uq "氏族"和 oq "箭头"这两个单词混淆了。参考 Gust. Schlegel, Die chinesische Inschrift auf dem uigurischen Denkmal in Kara Balgassun S. 111-113 = Mém. de la Société Finno-Ougrienne IX, Helsingfors 1896. Hirth, Nachworte zur Inschrift des Tonjukuk S. 69. 前引米海尔 Mār Michael S. 32 Z. 11 f., 乌古斯可汗的传说，见 Radloff, Kudatku bilik I S. XIII, 拉施特的乌古斯史，见 Radloff, Kudatku bilik I S. XXII f.。书中提到的箭，是用于占卜的小箭。在米海尔的书中，三支箭由三根棍子代替。

④ 关于葛逻禄人，见于 Ibn Chord. ١٦, 7-8. 对上述两个民族都有所记载的是，al Chuwārizmī, Mafātīḥ al 'ulūm ١٢٠, 3-4 ed. van Vloten, 在 Jāq. I ٨٤٠, 22 也有所记载, 从中我们得知古兹的君主拥有叶护（جبويه/Ǵabbūi/Jabgu）的名号。在《年代纪与叙事文汇要》(Muǧmal at tawārīch) 的名号列表中（Barthold, Туркестанъ I S. ٢٠, 3）有：古兹人的君主人称بيغو。此处的بيغو显然是=يَبْغو。另请参考本书第 42 页注 5。

一样。①阿拉伯史家穆卡法（ʻAbd allāh b. al Muqaffaʻ）书内有关陨石分配的传说，会让人浮想到十姓乌古斯曾经的支配地位，那陨石应该由古兹人通过不正当手段获得的。②

有关9、10世纪古兹民族的构成，我们掌握的史料很少，这一点跟库蛮人的情况相似。穆罕默德·奥菲（Muḥammad-i ʻAufī）提到了12个古兹部落，可惜没有交代他们的名称。他的记载实际上对应的是11世纪，所以若是能详列出这些部落名，对我们而言会有很高的价值。在拉施特列举的24个古兹部落中，③我们找不到曾经的"十姓"——也就是保存在唐代汉文史料中的十姓。④正如德金（De Guignes）⑤和施古德（Gustav Schlegel）⑥所指出的，⑦十姓后来分成两个支系。右翼或西部是五弩失毕，左翼或东部是五都陆/咄陆/

---

① 可惜加尔迪兹没有为"古兹"专门写词条。同样可以追溯到贾伊哈尼（Ğaihānī）的波斯语佚名氏《世界境域志》(حدود العالم) 的文本在基马克（Kīmāk）之后还有一条 اندر ناحیت غوز 的记载 (Записки восточнаго отделенія Императорскаго Русскаго Арх. Общества t. X, St. Petersburg 1897, S. 130)，该写本仍然掌控在图曼斯基（Tumanskij）的手中！

② 加尔迪兹的书，转引自 Barthold, Отчетъ о поѣздкѣ въ Среднюю Азію S. 81 = Mém. de l'Acad. des Sciences de St. Pétersbourg VIIIe Sér. t. I Nr. 4, 1897. 关于对绿松石 (بشم) 或陨石 (جده ناش "魔石"，法语 jade 来自于新波斯语 جادو "魔术师")（译按：此系误解，作者在后文"勘误与补正"中已指出）的占有，既出现在加尔迪兹的传说中（引自穆卡法ʻAbdallāh b. Al Muqaffaʻ），也出现在有关始祖卜古汗的畏兀儿传说中（见于志费尼的书，转引自 Radloff, Das Kudatku bilik I, Text in Transkription, S. XLV)，都与统治权的占有联系在一起。参考拙文 Ğuwainī's Bericht über die Bekehrung der Uiguren, SBBA. 1912 S. 486. 在关于突厥人起源的一则传说中，清楚地表明了，权力享有者同时也是萨满："伊质泥师都，狼所生也……既别感异气，能征召风雨。"(转引自 E. H. Parker, The Early Turks. China Review XXIV, 1899/1900, p. 120b.）

③ Th. Houtsma, Die Ghuzenstämme. WZKM. II 219-233, 尤其是 222 ff.

④ 参考 Gust. Schlegel, Die chinesischen Inschrift auf dem uigurischen Denkmal von Kara Balgassun. Mém. de la Société Finno-Ougrienne IX, Helsingfors 1896, S. 112; 更准确的音值，也是北京话，参见 Chavannes, Documents sur les Tou-kiue (Turcs) occidentaux (Сборникъ трудовъ орхонской Экспедиціи VI), St. Pétersbourg 1903, p. (28). 34. 56. (58), 60.

⑤ De Guignes, Hist. générale des Huns I 121 n. 27.

⑥ 前引 Gust. Schlegel, S. 112.

⑦ 很明显，分成三支的叙事，始于米海尔。

咄六 *Turuk*（Türk?）。① 乌古斯也是分成两部分，一个是卜阻克（بزق *Buzuq*），一个是禹乞兀克（اجق *Üč-oq*）。② 这种划分更多的是军事地理意义上的，而非族群意义上的，因而导致了政治版图的改变。

基于以上考虑，就库蛮人的族属而言，只能说他们与塞尔柱人和突厥蛮人是一般意义上的同类；但是认为库蛮人与古代古兹人或十姓（西突厥）在谱系上有联系，则是毫无依据的。

对罗斯和东罗马史料作一番历史学的考察后，就会不可避免地获得这样一种印象，即自11世纪中叶起，一个新的族群出现在了黑海草原地带，他们是以一种迥异于佩切涅格的邻族 Οὖζοι 的身份登场的，尽管 Οὖζοι 一词在当时仍被用来指代那些早年在黑海定居的且在族属上与新来者相同的人群。要解开这个谜团，我们必须要对"库蛮"在匈牙利史料中的形式 *Cuni* 作一番探讨。

---

① 关于该名号，参考拙作 *Wehrōt und Arang* S. 149 A. 1.
② 参见乌古斯可汗的传说，转引自 Radloff, Kudatku bilik I S. XIII. Rašīd addīn 关于乌古斯史的记载，见同书 XXII f. 佩切涅格人也分成两大支系，每支有四个部落，分别分布于第聂伯河的两岸。

§ 2. 库蛮与昆

已经过世的德·胡耶（De Goeje）教授在几年前将巴托尔德（W. Barthold）先生的论著《蒙古入侵时期的突厥斯坦》(Туркестан въ эпоху монгольскаго нашествiя) 借给我读，我在里面发现有一段关于突厥"昆"（Qūn قون）部的文字对我们现在讨论的问题有很大的帮助。后来我在贝鲁尼（al Bērūnī）的地理志中再次遇到了突厥"昆"部的记载。考虑到贝鲁尼的记载在年代上更早些，所以我们先讨论它。

在早期阿拉伯天文学家的影响下，花剌子模伟人贝鲁尼（†a. 440 H.）在他未刊的天文学著作（الكانون المسعودىّ）中也收入了一篇地理志，实际上是法尔哈尼（al Fargānī）和伊本·鲁斯塔（Ibn Rusta）（٩٦, 5ff.）二人作品的扩充版，系编纂于阿拔斯王朝第七任哈里发马蒙（al Ma'mūn）在位时期的地理志。同一文献被亚库特（Jāqūt）收入了他的地理学大字典中（I ٢٩, 3ff.）。以下是第六区的情况：

الاقليم السادس اوّله حيث يكون الظلّ نصف النهار فى الاستواء سبعهٔ اقدام وستّة اعشار وسُدسى عشر قدم يَفُضل آخره على اوّله بقَدَم واحد فقط يبتدئ من مساكن ترك المشرق من قاىى ① وقون وخر خيز وكيماك والتغزغز وارض التُّركمانيّة وفاراب وبلاد الخزر وشمال

---

① 原文如此。قاىى整理本作قاڼى。（或许قاڼى是一个年代较早的写法 Qañy > Qajy，就像 Qytaň > Qytaj？）

بحرهم واللان والسرير بين هذا البحر و بحر طرابزُنْدَة الخ

第六区开始的地方，是正午时的影子在赤道上总长 $7^6/_{10}+^1/_{60}$ 尺处，从开始到结尾只有一尺宽。它开始于东部突厥人（例如凯伊，昆、黠戛斯、基马克、托古兹古兹／九姓乌古斯 Toguzguz）驻地，经过突厥蛮、法拉卜（Fārāb）之境，哈扎尔之境及其海域以北，以及哈扎尔海域与特拉布宗海域之间的阿兰人、萨里尔人（Sarīr），等等。[1]

从上述引文可知，凯伊（Qajy）和昆的驻地要比黠戛斯和九姓乌古斯（畏兀儿）更往东，应该到了契丹的边境。这两个部族在一份新波斯语文献中再次被提及。巴托尔德在《蒙古入侵时期的突厥斯坦》第一卷中仿照伯纳德·多恩（Bernhard Dorn）先生的做法，将阿拉伯语、波斯语和突厥语中有关突厥斯坦的文献辑录出来，其中第 99 页有一段关于突厥的记载。这是摘录自穆罕默德·奥菲的作品 جامع الحكايات ولامع الروايات，作者于 12 世纪在印度流亡期间搜集的轶事集，与本文相关的内容如下：[2]

فى ذكر الترك

ترك امّتى بزرگ اند واجنامى وانواع ایشان بسیارست وقبایل وابجاد [3] ایشان بى شمار واز ایشان بعضى ساکنان بیابانها اند وبعضى صحرانشین امّا در ولایت آبادان

---

[1] Jāqūt I ٣٣, 22ff.
[2] Muḥammad-i 'Aufī, جامع الحكايات ولامع الروايات 见于 W. Barthold, Туркестанъ въ эпоху монгольскаго нашествія I, Тексты. С-Петербургъ 1898 S. 99. 博睿（Brill）出版公司的总裁 Peltenburg 先生于 1910 年 2 月德·胡耶的藏书洛夫先生从该书作者处获得了一册，对他我深表感激，因为我要经常引用该书。可惜巴托尔德先生没有参考伦敦大英博物馆 Or. 2676 号写本，其中字母ڈ几乎每一处都保留了。)
[3] P₁ احفاد.

§ 2. 库蛮与昆　23

نشینند واز قبایل بزرگ ایشان غزی ① اند وایشان دوازده قبیله اند وبعضی غز ② خوانند
وبعضی را ایغر ③ وبعضی ④ چون ⑤ سعادت اسلام درین بلاد مرتفع شد ایشان
مسلمان شدند ودر اسلام آثار خوب ظاهر کردند وچون کفّار غلبه کردند ایشان از
زمین خود دور شدند ودر شهرهای اسلام در آمدند وایشانرا ترکمان ⑥ خواندند وبعضی
ازان قوّت کردند تا در عهد جغری تگین بیرون آمدند وجهان بگرفتند وپادشاه شدند
وخاندان سلجوق مدّتها در جهانداری وکشور گشائی بماند واز ⑦ ایشان مرقه ⑧ اند که
ایشانرا قون ⑨ می خوانند از زمین قتا ⑩ بیرون آمدند ومراکز خودرا بگذاشتند بسبب
آنک ⑪ تنگئ چراخوار ⑫ .... کنجی مر بحعاد ⑬ خوارزم شاهی از ایشان بود پس جماعتی ایشانرا
قاصد شدند که ایشانرا قای خوانند بعدد وعدّت از ایشان بیش بودند ایشانرا از مراعی
خود دور کردند وایشان بزمین ساری رفتند واهل ساری بزمین ترکمانیه رفتند وغزان
بزمین بجناکیه شدند نزدیک ساحل دریاء ارمینه واز ایشان قبیلهٔ دیگر است که آنرا
خرخیز ⑭ خوانند وجمعی بسیارند ومساکن ایشان میان مشرق صنفی است ومیان
کیماک ⑮ وکیماك در شمال ایشانست ویغما وخرلخ ⑯ در مغرب ایشان واز عادات خرخیز ⑰
(۱۰۰) آنست که مردگان خودرا بسوزند ...... دیگر از ترکان خرلخ اند ومسکن ایشان کوه یونس

---

① غربی P عربی . UP₁
② یعضی را اغز P₁ .
③ Sic UPP₁.
④ 和巴托尔德 PU‏ وبعضی را UP₁ (P₁) در زمین خوارزم (خوارزم +).
⑤ اماچون P₁ وجون U .
⑥ 阙 U ترکان LPP₁ .
⑦ واز خود L .
⑧ مردمی P₁ 阙 L مرفه P مرقه U .
⑨ Sic U; L قری P₁ 阙 نون .
⑩ Sic L; UP₁ قبا P 阙 .
⑪ P₁ 阙 انک .
⑫ 阙文，巴托尔德没有释读出来。
⑬ U s. p. L کنجی مر بجعاد P₁ 阙 کبجی مر بحفاد .
⑭ Sic P P₁; U حرجه L خرجه ; cf. infra.
⑮ UL 和巴托尔德先生 لحاك ; P کال P₁ لحال. 但是很明显应该读成کیماك。
⑯ Codd. صریح , infra حریخ .
⑰ Sic Codd.

بوده است وآن کوه کوه زرست وایشان بندگان تغزغز ①بودند وبر وی عاصی شدند وبزمین ترکستان بیرون آمدند وبعضی در بلاد اسلام آمدند وایشان نه فرقند سه جگلی ② وسه هسکی ویکی ندا ③ ویکی کوالین ④ ونُخسین ⑤

（1）突厥是一个庞大的人群，有许多氏族和分支，⑥ 他们的支系无数。一部分住在沙漠中，一部分住在草原上，但都是在开垦的区域。（2）其中最大的族群是古兹人。他们有12部构成，其中一部叫"古兹"（乌古斯），其他的叫"回鹘"。⑦（3）蒙伊斯兰之福泽润此地，其中一部分人变成了穆斯林，⑧ 且表现出伊斯兰教徒的优点；由于不信教徒带来不安，⑨ 他们远离了故土，来到伊斯兰教的城市——人们称他们为"突厥蛮"（Turkmān）。（4）直到察格鲁（Čagyry）特勤为止，他们当中的一部分人以武力征服了世界，成为了统治者，塞尔柱家族长期保持着对该地区的统治权。⑩（5）属于突厥人的还有 **مرقه** Ma(u)rqa,

---

① U بر عزیز L نر بغررعز P نغس عزیز.
② P₁ مسکی.
③ Sic L; U بدوا, P اهل P₁ s. p.
④ P₁ کوالی.
⑤ L نخسن U نخستن P اهل P₁ نخستین. 巴托尔德先生读作 نخستین.
⑥ 这两个表述都是马苏第所特有的。
⑦ 读作 وبعضی ایغرر，所以这句话的意思："一支称之为'古兹'，另一支是'回鹘 / 畏兀儿'。"
⑧ 两件藏在圣彼得堡的写本作："去花剌子模的境域"，巴托尔德先生采纳了此说。不过这段话是画蛇添足，显然是针对 بلادرین 所作的旁注，所以并不见于伦敦大英博物馆藏写本 Or. 2676。P₁ 读作 وخوارزم "وبعضی را خوارزم "其他人（人们称之为）花剌子模"。旁注的内容似乎最初来自于名称 خوارزم.
⑨ Dozy, Supplément s. v. غَلَبَة.
⑩ 在希哈卜（Šukr allāh b. Šihāb 伊历851年/公历1456年）的全史 بهجة التواریخ 中（他摘录了穆罕默德·奥菲的书），对应的这段内容是（J. de Hammer, Sur les origines russes. St. Pétersbourg 1827 p. 105 = 44）：

ترک قوم اند بسیار وانواع ایشان بی حدّ وبعضی در بیابانها وصحراها باشند وبعضی در شتر ها [شهرها]
نشینند دوازه قبیله بوده اند وبعضی نه قبیله گفته اند یکی از ایشان قبیله غز بوده است
وسلجوق از این قبیله بوده است

"突厥人是一个人口数不清的民族，他们的支系也是无尽的。其中一部分住在沙漠和草原上，另一部分住在城市里。他们有12个族群（一说有9个族群 [实际上仅指葛逻

人们也称其为"昆"(Qūn)。他们来自قتا Qytā 之境,离开了故土,因为他们的牧场狭窄……(阙)。花剌子模沙 Kinčī b. Tuchfār(?) 便是来自他们的部族。(6)有一支名为凯伊(Qajy)的部落袭击了他们,由于对方在数量和装备上更占优势,所以他们被从自己的领地驱逐了出来。他们迁到了萨里(Sārī)之境,[①] 而当地的居民则迁到了突厥蛮人之境。(7)古兹人前往佩切涅格人的领地——位于(里海)亚美尼亚海岸附近。[②](8)还有一个部族属于突厥,即所谓的"黠戛斯"/"乞儿吉思"。他们的人口繁盛。他们驻地的范围是:东边与基马克为邻。他们的北方是基马克,样磨(Jagmā)和葛逻禄在他们的西边。(9)突厥种类的另一个是葛逻禄。葛逻禄的驻地在 Jūnus 山。此山产金。葛逻禄人曾是九姓乌古斯的奴隶,起义后迁到了突厥斯坦(突骑施人的?)境内,并且有一部分人来到了伊斯兰世界。他们有九部构成:3 部 Čigilī,3 部 Hasagī,[③] 1 部 Nadā,1 部 Kawālīn 和 1 部 Tochsyn。[④]

禄,参考本书第 42 页注 8],其中一个族群是古兹人,塞尔柱人就是来源于此。"卡迪卜 (Muḥammad al Kātib), جامع التواريخ (982/1574), v. Hammer 1.1. p. 120=61.

① 位于塔巴里斯坦(Tabaristān)。
② 希哈卜的记载如下(1.1. p. 105, 17-106, 2 = 45):

قبیلهٔ اوّل غز اند و ایشان را قون همه گویند از زمین خطا بدر آمده اند و طعن بهر تنگیء علف ترک کرده اند قبیلهٔ دوم فای (قای) اند و عدد ایشان پیش (بیش) از غز است فابیان (قاییان) بزمین ساری افتاده اند نزدیک زمین بجناکیه و ساحل دریای ارمنیه

"第一族群是古兹,人们都称之为'昆'。他们是从契丹(Chitā)迁来,由于粮草不足,他们放弃了穿越沙碛(当作 خود وطن '他们的故乡')。"
"第二族群是凯伊。他们的数量比古兹族多。凯伊人在佩切涅格人的疆域和亚美尼亚海岸的附近登陆萨里人的境域。"
更多的记载,参考卡迪卜 1.1. p. 120 = 62。
③ 在 Muğmal at tawārīch(Barthold, Туркестанъ I S. ٢٠,8)中的名号清单中,سونکت(或可读作 Tūnkat,在سالبع和 Bars-chān 之间)君主的名号是خاسکی。
④ 根据加尔迪兹(Barthold, Отчетъ о поѣздкѣ etc. S. 102, 23)的记载,تخسیان是突骑施的一部。在前引 Muğmal at tawārīch S. ٢٠, 12,نحسن(读作 تخسین)的迪杭(Dihqān)的名号是فتکین(Qut-tigin),就像 Ispēčāb 行省的البان一样。

古兹人与回鹘人之间的区分，在本节（§2）中还算明确，只是没有进一步地阐明，但到了拉施特的书中和回鹘文乌古斯可汗传说中，这一点就不成立了。在拉施特的书中和回鹘文乌古斯可汗传中，作为族名的只是回鹘，或突厥蛮，而乌古斯则是整个民族的祖先。[①] 要解释其原委（详见§3），有必要引用伊本·阿西尔（Ibn al Aṯīr）有关塞尔柱人起源的材料（vol. IX ٣٢١ f. ed. Tornberg）。[②] 根据伊本·阿西尔的记载：图赫鲁伯·穆罕默德（Togrul bäg Muḥammad）和察格鲁伯·达兀德（Čagyry bäg [جغرى] Dā'ūd），都是图喀克曾孙、塞尔柱之孙、米哈伊尔（Mīkā'īl b. Salčūq b. Toqaq）之子。其中"图喀克"toqāq تقاق 的意思是"新弓"。图喀克是一位敏锐的人，从善如流。他是古兹突厥人的首领，后者在他的庇护之下，他们对他不敢有任何的反抗。有一天，突厥人的国王，头衔是"叶护"（Jabgū），[③] 集

---

① 乌古斯可汗的传说，见 Radloff, Kudatku bilik I S. XI，拉施特书中的乌古斯史，见 Radloff 同书 S. XXI。
② 根据 Karl Süssheim, Prolegomena zu einer Ausgabe der Chronik des Seldschuqischen Reiches (Leipzig 1911), S. 19，伊本·阿西尔在这里引用了 'Alī b. Nāṣir 的 زبدة التواريخ الامراء واطلوك السلجوقية，《塞尔柱帝国编年史》的作者也引用了这段。见"勘误"。
③ 原文作 ملك الترك الذى يقال له بَيْغُو。不过最后一个单词应当读作 بَيْغُو，而且这不是古兹君主的名字，而是他的名号。见第37页注3。该名号与 بيغو "某种鹰"（Th. Houtsma, Ein türkisch-arabisches Glossar. Leiden 1894 S. 28）没有关系。达兀德·曼苏尔·阿布·阿里·巴德葛思（Dā'ūd b. Mançūr b. Abū 'Alī al Bādḡēsī），作为萨曼王朝呼罗珊早期的摄政王伊斯玛仪·本·阿赫马德（Ismā'īl b. Aḥmad）的同时代人，曾经受到过古兹突厥人首领（名字叫 حَیْوَيه بن بالقىق [Jāq. I ٨٤٠, 22]）的儿子的接见。他儿子的名字在不同写本里的写法不一样，有بالفتق和بالفتق。如果亚库特笔下的名字读作 بالفتق یعرف，那么其形式应该是 الفتق Alp-taq。他父亲的名号无疑读作 جَبُّويه（Ğabbūi = Jabgu "叶护"）。在 IA X 34 也是读作 اينانج بَيْغُو "信赖的叶护"。

事实上，塞尔柱的孙子名叫"鹰"（بيغو）。（加尔迪兹，转引自 Barthold, Туркестанъ I S. ١٨, 3. 4. Baīhaqī ed. Morley p. 611. Raverty 1. 1. p. 87 n. 99. 122-125. IA IX ٢٦٧،١٣٢ etc.）由于 چاقر "雀鹰"也是一种猎食鸟类的名称，根据艾哈迈德·韦菲克帕夏（Ahmäd Wäfīq Pascha）编著的土耳其语字典 Lähčä-i Osmānī，（Géza Kuun, Relat. Hungarorum cum Oriente hist. antiquissima I 181）torul <ظغرل 也指代一种猎鹰（来自突厥语的古代匈牙利语 turul < togrul 是指某种苍鹰），总之，塞尔柱儿子米哈伊尔的三个儿子，名字中都带有

合了他的部队，打算向伊斯兰的境域行进。由于图喀克制止了他，于是在他们之间起了长期的芥蒂。突厥国王对图喀克爆粗，图喀克给了他一巴掌，伤了他的脑袋。① 突厥国王的扈从把图喀克围了起来，要抓住他，他一人孤军奋战。后来图喀克的追随者聚集了起来——即那些反对国王[前往伊斯兰之境]并与国王决裂的人。后来，双方的矛盾和解了，图喀克便留在了国王的身边。图喀克生了塞尔柱。②

塞尔柱成人之后，显示出了成熟稳重、英勇善战的品质。突厥国王让他进入自己的亲信圈，任命他为"苏巴什"（Sü-bašy），是"军队首领"的意思。国王的妻子对塞尔柱的恐惧却与日俱增，因为她眼见

"鹰"。在突厥人最早的历史中（Raverty, The Tabakāt-i Nāṣirī p. 871 n. 878 n.），乌古斯长子的名字理当作بيغو"鹰"，因为乌古斯的一个氏族以此为名。（Raverty 1. 1. p. 433 n. 6. 494）在蒙古时代，乌古斯部落中最具威望的凯伊（Qajy）、巴雅特（Bajat）、阿尔卡拉乌里（Alqa-auli）和喀喇伊兀里（Qara-auli）都是以鹰为图腾的。参考 Th. Houtsma, Die Ghuzenstämme. WZKM II, 1888, S. 222 f. 231。关于《北史》中高车（即早期的回鹘人）的名号"候倍"（庄延龄认为系"倍候"之误），就不再赘述了。（Fr. Hirth, Nachworte zur Inschrift der Tonjukuk S. 50. Parker, China Review XXIV 1, 1899 p. 29）
此外，不能否认的是，古老的名号"叶护"，在菲尔多西（Firdausī）的书中，读作بيغو，后来才借入到古代突厥人历史中的。所以，在伊历 553 年被哈桑特勤（Čagyry-chan Ğalāl ad dīn ʿAlī b. Ḥasan tigin）杀死的葛逻禄君主بيغو جان，（Raverty 1. 1. p. 909 n. Barthold, Туркестанъ II 357）实际上拥有古老的名号"叶护汗"。在 Balʿamī 书中，被萨珊王朝君主巴赫拉姆·楚宾（Bahrām Čōbīn）在决斗中杀死的前来避难的西突厥可汗的兄弟，叫بيغو，其更准确的形式，据 Dīnaw. ١٠٠ ٦. ١٠١, 6. 10. 11. ١٠٢, 5 作باغور，据 Jaʿqūbī, Hist. I ١٩٣, 6 作بعارس，据菲尔多西作مقاتوره，即بغاتور bagatur。该名号完整的形式似乎是بغاتور بيغو bagatur jabgu。该名号可以对应于汉文史料中室点密系西突厥可汗"莫贺咄叶护"。（Visdelou p. 53. Chavannes, Documents sur les Tou-kiue occidentaux p. 38. 72.）
此外，关于بيغو, يَبْغو, يَباغو写作 جَبغوبه, جَبغوا, بياغو, بيغو，参考拙著 Wehrōt und Arang S. 143 A. 3 147 A. 143。
① أسهَشجَّ的本义"击打头盖骨"，此处肯定不是这个意思。参考 Dozy, Supplément s. v.。
② 参考 Ibn Ḥauqal, ٢٩٣, 4-7："在 al Qarjat al hadīpa（荞吉干，距离锡尔河 1 帕勒桑，距离锡尔河入海处约两天的路程）住着穆斯林，即便它是古兹人的城市，且古兹的国王冬天在此居住。荞吉干附近是毡的（Ğand）和花剌（Chwāra），由穆斯林占据，两个地方的统治权都在古兹人的手里。三座城市中规模最大的是荞吉干，离花剌子模有 10 天里程，离法剌布（Fārāb）有 20 天里程。"

塞尔柱身先士卒、纪律严明，于是她使出浑身解数来引诱并杀害他。塞尔柱听闻消息后，率领他的派系和所有追随他的人，从敌境迁往伊斯兰境域，光荣地加入伊斯兰教，并受到穆斯林的庇护。他积累了实力、权力和威望，寄居在毡的（Ğand），① 且与不信教的突厥人展开持久战。当地的国王只顾催促穆斯林上缴课税，塞尔柱则涣散了他的官员，现在他们都属于穆斯林了。

萨曼王朝的一位诸侯派人来向塞尔柱求救，因为伊利克汗（Ilig al-Chān）（译按：指代喀喇汗王朝统治者）之子哈伦（Hārūn）攫取了他的领地。塞尔柱派了儿子阿尔斯兰（Arslān）和一拨人去救援，萨曼人借此得以扳倒哈伦，并把被他抢走的领地再夺了回来，事后，阿尔斯兰又回到了他父亲的身边。② 塞尔柱有三个孩子：阿尔斯兰、米哈伊尔和穆萨（Mūsà）。塞尔柱死在了毡的，享年 107 岁，也埋在了那里，他的儿子们都留了下来。米哈伊尔去征讨一个非穆斯林突厥人的国家。他身先士卒，在真主的旗帜下殉教了。他留下了以下的儿子："鹰隼"（بيغو Bīgū）、图赫鲁伯·穆罕默德③ 和察格鲁伯·达兀德^{同前注}。他们的氏族都听命于他们，服从④ 一切，令行禁止，他们在布哈拉附近驻扎下来，大约有 20 帕勒桑（Farsang）（译按：波斯里程单

---

① Aug. Müller, Der Islam im Morgen- und Abendland II 74 将塞尔柱人攻陷毡的年代定在伊历 345 年（公元 956/7 年）。不知他所依据的史料是什么。

② 此处指的是伊历 382 年（公元 992/3 年）的事件。哈伦·布格拉汗借助于代理人占领了布哈拉，但是由于气候不适应他于同年返回了突厥斯坦。他返程时经过古兹突厥人的境域，后者追击哈伦并歼灭了他的军队和掳掠了他的物资。参考 Abūʼl Faḍl i Baihaqī p. ۲۳٤ ed. Morley. Gardēzī (Barthold, Туркестанъ I S. ۱۲, 16). 在 al ʽUtbī 的书 Kitāb al Jamīnī 中没有交待日期，由 James Reynolds 从波斯语译成英语，London, 1858 p. 128。（笔者在柏林无法查阅原文）伊本·阿西尔沿用了他的记载，但是给出了伊历 383 年的日期。(Ibn al Aþīr IX, ۷, 40 15-18.)

③ 图赫鲁和察格鲁都是鹰隼的名称；参考本书第 42 页注 5。前引 Houtsma S. 28.

④ 荷兰语原文是 zich neerleggen bij.

位，1帕勒桑约5公里）的路程。① 布哈拉的异密都惧怕他们，导致双方关系恶化，还想要侵犯并扑杀他们。于是，他们试图到突厥斯坦国王布格拉汗（Bogra-chan）处寻求庇护，且在他的国家逗留，并去请求保护，却吃了闭门羹。图赫鲁伯和兄弟达兀德之间达成一致，不要两个人都去找布格拉汗，只要一个人去就够了，另一个人留守在家，防止布格拉汗跟他们耍花招。当时，他们就处在这样的境况下。布格拉汗使尽办法，让他们二人同时前来。结果他们没有按他说的做，他就把图赫鲁伯给抓起来了。于是，达兀德率领他的氏族及追随者，奔着布格拉汗而去，要解救他的兄弟，布格拉汗则派军与其作战。战事伤亡惨重，达兀德把他的兄弟从樊笼中解救了出来，一起返回毡的——离布哈拉不远，并留在了那里。

随着萨曼王朝的崩溃（伊历 395 年）和布哈拉落入了伊利克汗的治下，塞尔柱之子阿尔斯兰（即达兀德和图赫鲁伯的叔父）的阵营在河中变得有影响了起来。伊利克汗的兄弟——阿里特勤（ʿAlī tigīn），曾被关押在阿尔斯兰汗（Arslān Chān）（译按：喀喇汗王朝统治者分为"阿里系"和"哈桑系"两派，阿里特勤出身"哈桑系"，曾一度被"阿里系"的阿尔斯兰汗关押）的手上，② 他逃逸后，割据了布哈拉城，并与塞尔柱之子阿尔斯兰结盟。于是，他们一同守城。[喀喇汗王朝的]阿尔斯兰汗的兄弟——伊利克（Ilig），一鼓作气，前去与他们开战。他们击败了伊利克，得以在布哈拉留下来。随后，阿里特勤便着手抵御"柱国"（Jamīn ad daula）（译按：此称号乃巴格达

---

① 根据术兹贾尼《纳西尔大事记》Minhāğ addīn Abū ʿOmar ʿOṯmān i Gōzgānī, Ṭabqāt i Nāçirī p. 118（由 Raverty 翻译），塞尔柱部落住在布哈拉的努尔（今凯尔迈因内 [Kärmāīne] 以北的努尔-阿塔 [Nūr-ata]）[译按：又译努罗塔]）。

② 参考 Raverty, Ṭabqāt i Nāçirī p. 52 n. 1. 84 n. 9。

哈里发所授,直译"国之右臂",比喻得力助手)苏布克特勤(Sübük-tigīn)之子马哈穆德(Maḥmūd)(译按:系哥疾宁王朝统治者)的入侵,并把那些经常在突厥诸侯间穿梭的使者派出去,因为此时他正在后者的卵翼之下。在马哈穆德的大军渡过阿姆河之后(前文已述①),阿里特勤就从布哈拉逃了出来。塞尔柱之子阿尔斯兰则和他的派系前往沙漠中去,为的是避开马哈穆德。马哈穆德见到塞尔柱人所拥有的实力、权力和规模,便与塞尔柱之子阿尔斯兰协商,试图争取他并引诱他的欲望。但当"柱国"马哈穆德跟塞尔柱之子阿尔斯兰见面时,二话不说就把阿尔斯兰给抓了起来,关进了一间地牢,并抄掠了他的毡房。马哈穆德询问[手下的人],如何处置阿尔斯兰的家人和氏族。阿尔斯兰·贾迪卜(Arslān al Gādib,在萨曼王朝驻图斯[Tōs]的末代总督手下)——马哈穆德的宠臣之一,建议砍断他们的拇指,这样他们就不能再张弓射箭了,或者把他们淹死在阿姆河里。马哈穆德反驳道:"你真没良心。"于是,他让他们渡过阿姆河,把他们发配到呼罗珊地区了,还免除了他们的捐税。只是地方官不善待他们,把手伸向他们的财物和子女。于是,有 2000 多人离开了那里,前往起儿漫(Kermān),并从那里前往伊斯法罕(Ispahān)。他们跟当地的"柱国"——伽库伊之子阿拉('Alā' ad daula b. Kākōi)之间发生了冲突,我们前面也讲过了。他们又从伊斯法罕迁到了阿塞拜疆(Āḍarbaigān)。以上就是阿尔斯兰派系的历史。②

他的侄子们,被布哈拉的僭主——阿里特勤——耍手腕压制了。阿里特勤向图赫鲁伯·穆罕默德和察格鲁伯·达兀德的堂兄——塞尔柱之孙、穆萨之子的玉苏甫(Jūsuf b. Mūsà b. Salčūq)致意,许

---

① IA IX ٢٦٦, 11 ff. a. 420 H.
② 参考 Ibn al Aṯīr IX ٢٦٦, 9-٢٦٧, 2(系于伊历 420 年)。

以恩惠，然后又竭力争取他，要求他站在自己这边。玉苏甫答应之后，被任命为他的国家内全体突厥人的首领，有许多人可供差遣，称号是"阿米尔·伊难珠-叶护"(al Amīr Ynanču-Jabgu[①])，意思是"信赖的叶护"。他这样做的动机是，让玉苏甫跟他的族人及追随者一起与他的堂兄弟图赫鲁伯和达兀德之间产生嫌隙，进而彼此攻打。他们识破了他的诡计，玉苏甫没有做任何阿里特勤期冀他做的事。当阿里特勤意识到他的伎俩对玉苏甫无效、他的阴谋不能得逞的时候，他让人杀了玉苏甫。这一处决由阿里特勤手下一位名为阿尔普·喀喇（Alp Qarā）的异密执行。

玉苏甫被杀后，给图赫鲁伯和兄弟达兀德，以及他们的整个氏族带来了冲击。他们身穿丧服，把所有能动员的突厥人都召集起来，为他报仇。阿里特勤也调集部队来迎战，可惜败下阵来。在战斗打响之前，后来的苏丹、达兀德之子——阿尔普·阿尔斯兰（Alp Arslān）在伊历420年正月一日（公元1029年1月20日）出生了。他们期盼新生儿能带来福祉，成为一个好兆头。关于他的出生，还有不少故事。

伊历421年，图赫鲁伯和达兀德向杀害他们堂兄的刽子手——阿尔普·喀喇进攻，杀了他，并冲向阿里特勤的部队，杀敌一千。阿里特勤集结了他的残部，并动员他所有能拿起武器的子嗣和追随者们，冲向塞尔柱人，他们一路杀害了大量平民。他们从四面八方围攻塞尔柱人，以武力逼其就范，导致大量塞尔柱士兵倒下，他们的财产和子女被俘虏。他们关押了许多塞尔柱人的妻子和孩子，形势逼迫塞尔柱人不得不逃往呼罗珊。

---

① 整理本作اینانج یَبغو；参考本书第42页注5。

从上述记载得知，在不信教人群的骚扰下，塞尔柱人被迫离开故土，迁往伊斯兰教的地区。这里的"不信教人群"应该就是指尚未信教的古兹人，他们的首领是"叶护"，其冬季驻地（qyšlaq）在养吉干（Jangykent）。这位首领在伊历 393 年（公元 1003 年）皈依了伊斯兰教，与萨曼朝努赫（Nūḥ）之子阿布·易卜拉欣·伊斯玛仪（Abū Ibrāhīm Ismāʿīl）立下血盟，突袭了撒马尔干的伊利克汗。① 关于图赫鲁伯和察格鲁伯（也写作"察克鲁伯" جاقر بك Čaqyr-bäg）——还被称为察格鲁特勤（详见 § 4 节）——兄弟是如何打下塞尔柱江山的，必须要依赖史料的记载。②

关于昆族的迁徙，没有其他的史料。在塞尔柱人出现之前，契丹王朝内一定已经发生了大规模的民族迁徙，在伊本·阿西尔的史书（第九卷 ٢٠٩ f.）中有一段圣徒式的叙述对此有所记载：

中国境内突厥人群的外迁史及托干汗（Ṭogān Chān）之死

在伊历 408 年（公元 1017 年 5 月 30 日—1018 年 5 月 19 日），大量突厥人从中国迁出，其中有超过 30 万③ 帐突厥氏族曾在契丹

---

① Gardēzī，转引自 Barthold, Туркестанъ I S. ١٣,11 读作 يَبغُو；参考 ʿUtbī p. 257-260. 264，由 J. Reynolds 翻译（波斯语原文见 Schefer, Description historique et topographique de Boukhara p. ٢٢٢）。Ibn al Aṯīr IX ١١٢-١١٣. 在 Ṭabqāt i Nāṣirī S. ١٠٩, 11 = 433，Raverty 译本，读作 غورى وغز يَبغوغ "叶护的 Ḡōrīs 和 Ḡūz"——如果最后一个单词不是 سيغور "回鹘"的话。

② 参考 Weil, Geschichte der Chalifen III 83 ff. 前引 Aug. Müller II 74 ff.。

③ 这是突厥蛮军队的一个常见数目；参考 B. Sebēos Kap. 18 S. 66 = p. 49 trad. Macler（Macler 误把"30 万"[trente myriades] 译成了 30 千 [trente milles]）。据称，匈奴政权的创建者冒顿（*Bok-tut）"控弦之士三十万"（转引自 Parker, The Turko-Scythian Tribes p. 86）。同样的数目，还出现在 Ḥaidar-i Rāzī 的مجمع التواريخ（以及 Tārīch-i-Ḥaidarī），转引自 Ch. Schefer, Description historique et topographique de Boukhara par Mohammed Nerchakhy (Paris 1892) p. ٢٣٣, 6-7，他则是以 Ḥāfic-i Abrū 为依据的。按照这个记载，"契丹（Chitā）与和田（Chotan）的统治者垂涎托干汗的疆域，不过这里的ختن "和田" 应该是 جين "中国" 的讹误。在后文中（第 14 行），敌人是حتايان。至于 Grenard, La légende de Satok Boghra Khân (Journ. as. IXᵉ Sér. t. 15, 1900, p. 71) 所认为的，指代的不是契丹，我无法理

（Chyṭāi）统治下实力强盛，后来占据了河中地区，有关他们征服的详情，下面会交代。他们外迁的诱因是，托干汗（Togān Chān）[①]占据了突厥斯坦之后，在一次重病沉疴中倒下了。由于他们垂涎突厥斯坦，便向其进发并占据了一片地区，在那里掳掠、俘虏，仅八日行程，他们便与八剌沙衮（Balāsagūn）隔空相对。托干汗听到消息之后，一病不起。他祈祷真主，让他再次好起来，这样他就可以惩戒那些不信教的人了，保护他的领土不受侵害，他就可以实现抱负了。真主听了祈愿后治愈了他。于是，托干汗集结了部队，呼吁其他穆斯林国家派兵参战，最终组建了一支12万志愿军[②]参加圣战。突厥人听说了托干汗恢复元气并组建了大规模的军队后，他们返回了故地。托干汗追了他们三个月才追上了他们，而他们还以为无虞了，因为路途实在遥远。托干汗袭击了他们，杀敌20万有余，俘虏约10万，缴获大量的马匹、帐篷和其他物件，例如金银器和从没见过的中国器物。托干汗返回八剌沙衮后，又病倒了，后来他就去世了……在其他人之后，这一不幸发生在了阿里·喀喇汗之子艾赫迈迪（Aḥmad b. ʿAlī Qarā-chān）——托干汗的兄弟——的身上，艾赫迈迪死于伊历403年（公元1012年

解。我们所掌握的早期史料，即 al ʿUtbī，提到只有10万帐，从中国的边境前来袭击托干汗。想必在关键一役（译按：列格尼卡战役，又译里格尼茨战役）之后，大约有10万的不信教者占领了瓦尔施塔特（Wahlstaat）（译按：一般作列格尼卡 [Liegnitz]），大约有1000名被俘的孩子落入了胜利者手中。在这里，突厥君主在战争胜利后不久就去世了，但至于他是否在战役打响之前就已经病了，我们不得而知，编纂者似乎表明，他是因为受伤而死的（倒在了圣徒烈士之中）。我们在这位郁郁寡欢的廷臣堆砌的辞藻和空洞的语汇中寻找历史的真相，是多么的徒劳。所谓"意欲熄灭伊斯兰之光，升起偶像崇拜的宫殿"，听上去似乎像是佛教。参考 The Kitab-i Yamini，由 James Reynolds 从 al ʿUtbī 的阿拉伯编年史中的波斯语文本翻译成英语，London 1858 p. 432-434。Korrekturnote 1/VI. 1912.

① "托干"的意思是"高贵的鹰"。与后文中出现的一些突厥语名字相对应。Houtsma, Ein türkisch-arabisches Glossar S. (25) 28-35.

② 按：al ʿUtbī 作10万。

7月23日—1013年7月12日）。

我们要从上述传说事迹中剔除夸张的成分。可以预期的是，这些事件在辽代（契丹）史料中应该也有记载，一旦我们在汉文史料中找到对应的部分，就可以看得更清楚了。目前只能说，高昌回鹘王国不可能在这一强势的攻击下——可视为后来西辽创建者耶律大石西征大军的前身——毫发无损。可能这一事件跟回鹘人把牙帐从吐鲁番迁至龟兹有关，我们于 11 世纪在龟兹发现了回鹘的汗。① 在操突厥语的族群中，关于当时迁徙的人群，我们能想到的是昆和凯伊，即东部突厥人——作为同时代的比鲁尼（Bērūnī）如是称呼他们。可失哈儿（译按：即喀什噶尔）的汗（译按：指喀喇汗王朝统治者）对突然闯入国境之内的一伙人的追击，具体后果如何，我们不得而知。他成功地把他们赶出了国境，但是他和他的继承者终究没能阻止——即便在当时暂时阻止了——几十年之后昆和凯伊部落向由古兹人占据的锡尔河下游地区挺进。

要想建构一份有关昆族西迁的年表，头等重要的是确定花剌子模沙عادمربحکنجی的身份。巴托尔德对此名号一筹莫展，因为他受限于该名号的阿拉伯字母没有加点，且手稿中的读法不确定。昨天（1910 年 3 月 18 日）我终于揭开了这个谜底。拉维蒂（Major Raverty）（译按：即英国语言学家亨利·乔治·拉维蒂 [Henry George Raverty]）在谈到亡于蒙古人之手的著名花剌子模沙这个突厥奴隶王朝的起源时，提到：②

---

① Bretschneider, Mediaeval Researches I 245，据《宋史》卷 490。
② 《纳西尔大事记》Ṭabaqāt-i Nāçirī: A General History of the Muḥammadan Dynasties of Asia ... by the Maulānā, Minhāj uddīn, Abū 'Umar i 'Uṭmān, 由拉维蒂（Raverty）翻译，London 1881 p. 232 n. 在个别地方我修正了拉维蒂的转写。不知何故，拉维蒂对他的史料来源没有做准确的交代（准确注明出处在西方学术界是普遍的做法，因为要给读者省

在伊历 434 年脱黑勒苏丹（Sulṭān Ṭugril）吞并了花剌子模。但是，关于此后直至 475 年塞尔柱的马里克沙（Malik Šāh）将花剌子模赐予其奴隶努失特勤·噶尔亚赫（Nūš-Tigīn-i Ǧarjah）——库特卜兀丁·穆罕默德（Quṭb-ud-Dīn, Muḥammad）之父（该王朝的第一位统治者）——之间的一段历史，我们知之甚少。

巴尔喀特勤（Balkā-Tigīn, Guzīdah 和 Jahān-Ārā 写作 Malkā-Tigīn，是错误的）（译按：此名号 Balkā 与突厥语的 bilgä 同，"睿智"之意，汉译"毗伽"）——马利克沙朝廷里的奴隶和显贵之一，负责度支司（Ṭašt-dār），在撒马尔干的噶尔亚赫（Ǧarjah）购买了努失特勤，跟一个世纪前萨曼朝奴隶阿尔普特勤（Alb-Tigīn）购买萨布克特勤（Sabuk-Tigīn）的方式一样。有人认为他是 Ī-gūr 的后裔，属于贝克迪力（Bekdalī，或写作 Begdalī）（译按，贝克迪力系乌古斯可汗第三子聿尔都兹之子）的部落。巴尔喀特勤过世后，他的奴隶努失特勤通过禀赋和精明出人头地，升任了度支司长官。花剌子模的财政收入用于度支司的花费，相应地，胡齐斯坦省（Xūzistān）的财政收入用于购买衣物，于是，那些财政收入归度支司的政府，都赐予了努失特勤，他因此获得了"花剌子模沙"的称号。

他把长子库特卜兀丁·穆罕默德安排在梅尔夫的一位导师身边，培养他成自己的接班人。努失特勤于伊历 490 年（一说 491 年）去世后，苏丹巴科鲁克（Sulṭān Barkīārūq）（译按：塞尔柱苏丹，公元 1093—1104 年在位，其父是马里克沙）在呼罗珊的将军，在巴科鲁

去检索参考书和手抄本的麻烦），也没有页码和行号，只是列出了作者的名字或者书籍的名称，例如 Baihaqī, Jahān Ārā [读作 Ǧihān ārā], Façīḥī，甚至只是笼统地说"某些作者，其他的作者"。最糟糕的是，他在按语中经常采纳多种史源来酝酿一种说法，仿佛他是在口语词典中大而化之地讲述，以至于读者只能猜测某个点具体是来自何种史料。这一点在他关于突厥人和蒙古人起源的论述中体现得尤为明显（p. 869-900）。

克的兄弟桑加尔（Sanjar）的建议下——桑加尔在多年以后才独揽大权——撤销了脱赫答（Ṭagdār，又称 Fāḥqār——请问拉维蒂先生，您所谓"又称 Fāḥqār"依据的史料是什么？）之子阿兰吉（Alanjī）的职位，并任命库特卜兀丁·穆罕默德为花剌子模的总督，同时继承他父亲的头衔。

几乎毋庸置疑，这里提到的脱赫答之子阿兰吉（Alanjī bin Ṭagdār النجى بن طغدار，或称（فاحقار）طغدار کنجی مرحعاد ）是同一个人。要确定该名称的正确读法，需要更多的史料佐证。可以明确的是，النجى کنجی对应بحعاد、طغدار与或出处不明的فاحقار对应。我们或许可以还原成（بحقار？）اکنجی بن بحقار。（见"跋"）根据拉维蒂的提示，此人在伊历490年（公元1096年12月19日—1097年12月8日）以前必定在花剌子模国君的位子上，也就是说处于塞尔柱马里克沙苏丹的统治下，而毗伽特勤（译按：即上文中的巴尔喀特勤）的奴隶、度支司长官——努失特勤恰好有"花剌子模沙"的头衔。

拉维蒂的引文是否可靠我没有把握，因为我无法核实原文。这两位花剌子模沙，即努失特勤和花剌子模的国君اکنجی之间是如何相处的，还需进一步申述。无论如何，我们现在已经掌握了昆族西迁的年代下限：他们一定在伊历490年以前就出现在花剌子模了。

在伊本·阿西尔的书中，我们找到了一段关于花剌子模沙艾肯齐（اکنجی Äkinči）统治结束和呼罗珊马穆鲁克第二突厥王朝（也是花剌子模沙）开始的史料。[1] 通过这份史料至少可以确认此人的名号和卒年，

---

[1] 我们都知道，该王朝由纵火谋杀者苏布克特勤（Sübük-tigin）及其逆子马哈穆德（Maḥmūd）在哥疾宁创建，是一个突厥奴隶的王朝，史家称之为"呼罗珊的第一个马穆鲁克王朝"。

虽然阿西尔对他的身份并没有交代清楚。阿西尔的记载如下：①

异密库丹（Qudan）和雅鲁塔什（Jaruqṭaš）跟苏丹的较量以及哈巴什（Ḥabašī）被任命为呼罗珊的国君

在伊历490年，雅鲁塔什②和库丹起来反对巴科雅鲁克苏丹（Sulṭan Barqyjaruq）（译按：即上文中的"巴科鲁克"/Sulṭān Barkīārūq）。其诱因如下。异密库丹本来属于异密库马奇（Qymač）的随从。当库马奇去世时，正值苏丹在梅尔夫（Marw）逗留，他（译按：库丹）落落寡欢、抑郁成疾，在苏丹前往伊拉克之后，他就留在了梅尔夫。在异密家族内部有一位名为"艾肯齐"（Äk[g]inči اكنجي）的异密，③苏丹赐予他"花剌子模沙"的称号以及花剌子模的统治权。该异密集结了他的部队，率领一万骑兵上路，去觐见苏丹。因他本人率领三百骑兵先于大部队抵达梅尔夫，便开始饮酒，这时来了库丹和另外一位名为雅鲁塔什的异密要杀他。他们带来了五百骑兵，略胜一筹，杀了他之后就前往花剌子模了。在花剌子模他们谎称，苏丹任命他们为花剌子模的统治者，将该地赐予了他们。

苏丹听说了这个消息后，结束了前往伊拉克的行程，因为他了解到，异密厄奈尔（Önär）④和穆艾吉德（Mu'aijid al mulk）（译按：阿拉伯语 al mulk 是"国家、主权"的意思）都造反了。于是苏丹派阿勒敦塔克（Altūntāq）之子阿米尔·达德·哈巴什（Amīr Dād Ḥabašī）前往呼罗珊，与他们作战。他向赫拉特前进，并留在了那里，等待部

---

① Ibn al Aḇīr X ۱۸۱, 15-۱۸۳.
② 参考前引 Houtsma, S. 33, 30。
③ 根据前引 Houtsma, S. 31，意思是"种子"。
④ 参考前引 Houtsma, S. 33, 30。

队与他会师。他们匆忙之中带了15000人。阿米尔·达德知道他们没有注意到他，就渡过了阿姆河。现在两支部队都朝苏丹奔来，雅鲁塔什一马当先，库丹则在后面追。雅鲁塔什一人火急地追赶，与阿米尔·达德开战。可惜，他被打败了，被抓了起来。消息传到库丹那里，他率军与阿米尔·达德作战，劫掠他的财产。最后，只剩下他和另外七个人，他们逃往布哈拉。布哈拉的军头把他关了起来，但是善待了他，他可以留在布哈拉，并从那里前往巴里黑（Balch）的桑加尔国王（Sančar）（译按：即上文的 Sanjar）那里去。桑加尔国王以最善意的方式收留了他，库丹向他提出，他要把他从俗务中解放出来，让军队统一到他的领导之下。然而，库丹很快就在天意之下死掉了。至于雅鲁塔什，他一直被关押着，直到阿米尔·达德被杀。关于雅鲁塔什的命运，我们还会讲述。

花剌子模沙之子穆罕默德王朝的创建

51　　上文我们已经提到过，在这一年巴科雅鲁克[1]苏丹任命阿勒敦塔克之子哈巴什为呼罗珊的异密。当他彻底胜利、库丹被杀之后，他任命阿诺施特勤（Anōš-tigin）（译按：即上文之努失特勤）之子穆罕默德（Muḥammad）异密为花剌子模的统治者。

　　他的父亲阿诺施特勤是一位名为毗伽伯（Bilgä-bäg）[2]的塞尔柱异密买来的奴隶（mamlūk），从一个来自噶尔吉斯坦（Ḡarčistān）人手上购买的，因此他的名字也叫阿诺施特勤·噶尔沙察（Ḡaršača

---

[1] 前引 Houtsma, S. 33。
[2] 校勘本作 بلكانك，B بلكانك，读作 بلكايك，拉维蒂 Balkā-Tigīn（读作 Bilgä-tigīn）。参考奥菲书中的 تكين جغرى，以及 بك جغرى، جاقوبك（上文第41页第9行，第46页。）

غر شجه)。① 他长大后，很有权势。他翻了身，拥有大量资产。他是军头，大家听命于他。他生了一个儿子，名叫穆罕默德。他教导儿子，给了他良好的教育，他凭借自己的才干和真主的恩宠，在职位上得以善终。

在阿米尔·达德·哈巴什被任以呼罗珊的统治权之际，花剌子模沙艾肯齐已经被杀了，阿米尔·哈巴什盘算着能把花剌子模的统治权交给谁。他选择了阿诺施特勤之子穆罕默德，便赐予他花剌子模的统治权和"花剌子模沙"的称号。他因践行正义和施舍慷慨而缩短了自己的时间，他允许自己的亲信圈子内有精神导师和宗教，他的名声日隆，地位渐高。

桑加尔苏丹委任了呼罗珊的统治后，他把穆罕默德花剌子模沙置于花剌子模及其辖区的最高位置上。由于他表现出才能和干练，桑加尔擢升了他的官阶和权力。

一位突厥人的国王聚集兵力动身前往花剌子模。艾肯齐之子图赫鲁特勤（Togrul-tigin）（译按：图赫鲁，又译"脱斡邻勒"）——他的父亲曾经是花剌子模沙，逗留在桑加尔苏丹身旁。他从桑加尔身边逃跑了，跟突厥人串通起来，进攻花剌子模。当时的花剌子模沙穆罕默德听说了以后，急忙返回花剌子模，并向正在你沙不儿（Nēšāpūr）逗留的桑加尔苏丹求援。他率军来增援，只是穆罕默德没能接待他。在他靠近花剌子模时，突厥人逃往曼格什拉克（Manqyšlāq），② 图赫鲁特勤同样也挥师廛达干（Chandagān），于是，花剌子模沙让这片土地免遭了突厥人的踩踏。

---

① 关于词缀ـه，参考 Houtsma S. 31。
② 在此突厥语人群中，是否居住着昆人（被认为是图赫鲁特勤的氏族）？也就是说，昆人是否曾住在曼格什拉克半岛上？

花剌子模沙去世后，他的儿子阿即思（Atsyz）继位（伊历 522 年）。他保家卫国、伸张正义。在他父亲生前，就带兵进入敌境，亲自上阵，所以能够把曼格什拉克攻下。

倘若能把被阿即思从曼格什拉克驱赶出来的突厥人，理解成艾肯齐和图赫鲁特勤的同族——昆人，那么我们至少掌握了他们迁往塔巴里斯坦（Tabaristān）萨里（Sārī）地区的一段编年史料。曼格什拉克的沦陷以及凯伊人（参§6）的涌入究竟发生在何时，就目前的材料而言，还不能遽下结论。[①] 古尔干（Gurgān）和塔巴里斯坦早在伊历 433 年（公元 1041 年 8 月 31 日至 1042 年 8 月 20 日）就已经承认图赫鲁伯苏丹的主权了，但保留了当地的君主名号。[②] 伊本·阿西尔编年史中伊历 555 年（公元 1160 年）的一段记载，为厘清塔巴里斯坦晚期的民族关系带来了曙光：

马赞达兰沙（Schāh von Māzandarān）和札合木汗（Jagmur-chān）之间的交战史

当札合木汗[③]前往古兹人那里请求帮助他攻打伊纳克（Ynāq）[同前注]时——因为他估计花剌子模人会攻打他，[④]古兹人便同意了，跟他一

[①] 在 Çahīr addīn（Geschichte von Tabaristan, Rujan und Masanderan，由 Bernh. Dorn 出版，St. Petersburg 1850）和 Muḥammad b. al Ḥasan b. Isfandijār（《塔巴里斯坦史》的节译本，Muḥ. b. al Ḥasan b. Isfandiyar，由 Edw. G. Browne 出版，Leyden 1905）的书中我没有找到相关的内容。

[②] Ibn al Aṯīr IX ٣٤.

[③] 参考前引 Houtsma S. 28, 29。

[④] 札合木汗·本·于歹克（Jagmur-chān b. Üdäk），系الدراك البزرك之指挥官，在伊历 555 年 3 月（公元 1160 年 3 月 11 日至 4 月 9 日）被花剌子模沙的一个小部队袭击，他本人逃到苏丹马哈穆德·本·穆罕默德汗（Maḥmūd b. Muḥammad Chān）及古兹人那里求援。他推测，伊纳克（Ichtijār ad dīn Ynaq）鼓动花剌子模人反对他。于是，他向古兹人寻求援助。

起越过你沙（Nisā）和阿贝瓦德（Abēward），扑向异密伊纳克。因为他（译按：伊纳克）没有能力单独与他们交锋，所以就请马赞达兰沙来援助。马赞达兰沙与数量众多的库尔德人、德鲁人（Dēlum）、突厥人和突厥蛮人一起出现——他们住在阿巴斯衮（Ābasgūn）附近。他们交战了，战斗开打了。古兹人和巴兹牙突厥人（Barzīja-Türken）[①]五次从马赞达兰沙面前溃逃，又折回。马赞达兰沙的右翼由伊纳克异密指挥。当他们对进攻马赞达兰沙的中心兵力不抱希望的时候，便把矛头指向了伊纳克异密。伊纳克逃脱了，残兵败将跟着他，马赞达兰沙前往萨里牙（Sārija），而他的大部分军队都溃散了。据说，有几位商人把他倒下的七千名战士用裹尸布包好，埋了起来。伊纳克则逃亡花剌子模，留在了那里。古兹人从战场前往德希斯坦（Dehistān）——战斗就发生在附近——在伊历556年，他们翻过城墙，抢掠当地居民，之后他们又蹂躏了古尔干，驱散了当地的民众，最后返回了呼罗珊。

从上述记载中我们至少可以得出以下结论：阿巴斯衮附近的突厥蛮人实际上在12世纪中叶就已经居住在塔巴里斯坦周边了。读者会发现，穆罕默德·奥菲提到的昆人和萨里的居民，跟这里讲的古兹人与古尔干（及德希斯坦）的居民，事迹是完全吻合的。

穆罕默德·奥菲的记载十分重要，因为他并没有把昆和凯伊与古兹人等同，而是将他们明确地区分开来，而在拉施特的书中——他的书撰写于蒙古人统治时期，凯伊则位于古兹族阶层的顶端，而昆人则完全没有被提到。根据胡茨玛（Th. Houtsma）的意见（WZKM. II

[①] 见前注。

222),奥斯曼人似乎属于凯伊族,①这一点在小亚细亚的塞尔柱人历史中经常被提到②——胡茨玛在他主编的《塞尔柱史》第 3 卷中将其放在伊本·毗毗(Ibn Bībī)的名下。巴托尔德先生在 1900 年就已指出,③这部涉及伊历 588—679 年(公元 1192—1280 年)小亚细亚塞尔柱人的历史,实际上是伊本·毗毗的原著——托名纳西尔丁·叶海亚·本·穆罕默德(Nāçiru addīn Jaḥjà b. Muḥammad),并作为阿布·巴卡尔·穆罕默德·本·阿里·拉文迪(Abū Bakr Muḥammad b. ʻAlī ar Rāwandī)《塞尔柱史》的第三部分,该书在苏丹穆拉德二世(Murad II,1421—1451 年)时被译成奥斯曼语,拉文迪书波斯语原标题是"心灵的慰藉与欢愉的奇妙"(Rāhat al-Sudūrwa-Āyat al-Surūr راحة الصدور وآية السرور),于伊历 599 年(公元 1202/3 年)在小亚细亚写就。④除了奥斯曼语译本之外,还有一个署名纳西尔丁·叶海

---

① 可惜没有史料能够证实该推测。(Hammer-Purgstall, Gesch. der Goldenen Horde in Kiptschak, Pesth 1840, S. 25 A. 2 提到"纳失里·苏莱曼[Neschri Suleiman],凯伊·阿尔普[Kai Alp]的儿子,突厥人的始祖。参见 Gesch. des osman. Reiches, I. Bd. S. 42")

② Recueil de textes relatifs à l'hist. des Seldjoucides ed. Th. Houtsma, vol. III; Histoire des Soldjoucides d'Asie Mineure d'après Ibn Bībī. Leiden 1891-1902, p. ٨٢،٨٩،٩١،٩٧،١٠٥،١١٥،١٢ ٤،٢٠٤،٢٠٨،٢١٨،٣٢٠.

③ W. Barthold, Туркестанъ II S. 30 f. 参考 Karl Süssheim, Prolegomena zu einer Ausgabe der ... "Chronik des Seldschuqischen Reiches" S. 8.

④ 拉文迪历史的波斯语手稿迄今只有单本传世,属于法国巴黎国立图书馆的查理·谢弗(Charles Schefer)藏品。参考 Charles Schefer, Nouveaux mélanges orientaux, Paris 1886. Publications de l'École des langues orientales vivantes. IIe Sér. t. XIX p. 3-47. Siasset Namèh, supplément p. 70-114. Edward Granville Browne, Account of a rare, if not unique, manuscript History of the Seljuqs: JRAS. 1902 p. 568-610, 849-887. E. Blochet, Catalogue des manuscrits persans de la Bibliothèque Nationale, Paris 1905, no. 438.
德累斯顿图书馆和圣彼得堡亚洲博物馆(Nr. 590ba;参考前引巴托尔德书)都藏有拉文迪作品的土耳其语译本;据阿奇姆(Neǧīb ʼĀçim)和哈特曼(Martin Hartmann)的消息,伊斯坦布尔托普卡帕图书馆藏有三部完整的抄本,以及一部与胡茨玛(Houtsma)的手稿平行的版本,但却包括后者缺失的部分。三部完整的抄本,分别是:(1)《乌古斯史》(Oguz-namā),即乌古斯突厥语人群的经典;(2)所谓大塞尔柱人的历史(对应于拉文迪的波斯语原文);(3)罗姆塞尔柱(小亚细亚)史(对应于纳西尔丁·叶海亚[Nāçiru addīn Jahjà][译按:此人就是伊本·毗毗 Ibn Bībī]的波斯语原文)。参考 M.

亚·本·穆罕默德的波斯语节本，胡茨玛在其主编的《塞尔柱史》第4卷中出版了。① 在波斯语本中，一次都没有提到凯伊，肯定不是故意为之，也不是疏忽造成。我猜测，波斯语节本在某些方面（译按：原文作"某些日子"，据"勘误与补正"改）要比胡茨玛号称信史的奥斯曼语本更接近原著，是奥斯曼语本首次把凯伊加进来的。当然，这部截至1280/1年的小亚细亚塞尔柱史和《乌古斯史》一样，与1202/3年定稿的拉文迪原著没有什么关系，而《乌古斯史》则被作为拉文迪书奥斯曼语译本的第一部分。②

关于古兹人抵达亚美尼亚海岸（里海）附近佩切涅格人境域内的观点（§7），源自10世纪上半叶的一份史料。这里指的实际是位于里海东岸佩切涅格人的故国，一直延伸至锡尔河下游，于9世纪末被古兹人占领了（见上文第25页注）。有关黠戛斯和葛逻禄的段落源自贾伊哈尼（al Ǧaihānī）——与加尔迪兹（Gardēzī）书中内容的一致，也能说明此点，但跟我们讨论的主题关系就不太大了。

留在花剌子模草原，后来又被凯伊驱逐到塔巴里斯坦萨里的昆人，只是整个民族的一小部分：其中大部分早已迁往欧洲，在顿河流域驻扎了下来。③ 从契丹人1017/8年（或1012/3年）大迁徙及其属

Hartmann, Unpolitische Briefe aus der Türkei. Der islamische Orient Bd. III, Leipzig 1910, S. 37 f. 几年前有人着手把伊斯坦布尔的拉文迪的手稿整理出版，但是至今杳无音讯。

① Recueil de textes relatifs à l'histoire des Seljoucides, vol. IV: Histoire des Seljoucides d'Asie Mineure d'après l'Abrégé du Seldjouknameh d'Ibn Bibi. Texte persan par M. Th. Houtsma, Leiden 1902.

② 阿奇姆为哈特曼提供的消息，见 Unpolitische Briefe aus der Türkei S. 37 f.，是不准确和错误的。（参考 Houtsma, Recueil vol. III p. V-VI）

③ 奥菲书中的记载，对于库蛮民族学研究的重要性，哈默（von Hammer）先生已经强调过了。参考 Jahrbücher der Literatur Bd. 65, Wien 1834, S. 15 f. Geschichte der Goldenen Horde in Kiptschak I, Pesth 1840, S. 19 ff. 在最后一处，他提到："他们（即昆人）来自于契丹（Chatai），他们是因为缺乏物资而离开的。他们最初的驻地，在雷慕莎看来仍然是一个谜，鉴于东部突厥语在语法上与西部突厥语（即塞尔柱、突厥蛮和奥斯曼人的语言）有

部西迁，到库蛮人（Οὖζοι）1049 年首次出现在佩切涅格的境域内，之间有 30 年的时间差。昆人的迁徙一定发生在此段时间内。这一结论可以从亚美尼亚史家乌玛窦（Matthēos von Urha）的记载中得到证实。"在亚美尼亚历法 499 年（公元 1050/1 年），罗马王朝经历了剧烈的混乱，许多行省在战火中被摧毁。经历了惨绝的屠杀和苦难的日子，因为那些低劣、愚昧的佩切涅格人——他们是恶毒、嗜血的野兽。施朗根人（Schlangen աւձիգև）被赶，施朗根人又去赶法尔本人（Falben ցխատուզրև），法尔本人被赶后又去攻击乌兹人（ցևցև）和佩切涅格人（ցՊատիևևակև），最终他们一致把矛头对准罗马王朝。他们向君士坦丁堡发难，光荣的指挥官被拘役，我不打算讲述那一年罗马王朝经历的那些可悲的失败战役。他们凶残地、冷酷地冲向希腊人。拜占庭皇帝不敢出城迎战，因为敌人的军队无以计数。敌人停留若干天之后，他们返回了，于是罗马帝国又恢复了平静。"①

君士坦丁九世在位时佩切涅格人大规模涌入拜占庭国境的个中原因，在上文中已经交代了。在 Kedrenos-Skylitzes 的史书中，我们只能读到佩切涅格族人 Κεγένης，他在 Τυρὰχ ὁ τοῦ Κιλτὲρ υἱός 的追逐下，带着两个土曼（tümän）（译按：军队建制）返回到了罗马人的境内：

较大差别，而新突厥语与汉语有一定的相似性。"根据哈默的观点，库蛮语与塞尔柱、突厥蛮和奥斯曼的语言是近亲，且该突厥语组本应归类于东部突厥语，因为"突厥蛮人，无论是古兹人还是昆人，都在畏兀儿的东边、中国的北边居住"。

① Matthēos Urhajec'i, Geschichte Kap. 75. Jerusalem 1869 S. 128. 我是通过 Ilie Gherghel, Zur Frage der Urheimat der Romänen, Wien 1910, S. 45 A. 2（由邦格先生借给我）的书才第一次注意到这条史料的重要性。参考"勘误"。

让历史学者非常不安的是，圣马丁（Saint-Martin）重新整理出版的勒伯（Charles Lebeau）著《晚期罗马帝国史》（Histoire du Bas-Empire），在拜占庭皇帝米海尔三世（Michael III）的离世之年（867 年）突然中止了，截至第 13 卷的中间。后面的卷帙由布劳塞（M. Brosset）整理，但缺失了乌玛窦许多有价值的注释。勒伯的作品至今尚没有替代本，至少从布里（J. B. Bury）对吉本（E. Gibbon）著作《罗马帝国衰亡史》的修订本来看是如此。

ὃς γὰρ πολλάκις ἐπιόντας κατὰ τῶν Πατζινάκων τοὺς Οὔζους (γένος δὲ Οὐννικὸν οἱ Οὔζοι) ὑποστὰς ἐτρέφατο καὶ ἀπώσατο, τοῦ Τυρὰχ οὐχ ὅπως ἀντεξελθεῖν μὴ θαρρήσαντος, ἀλλὰ καὶ καταδύντος εἰς τὰ παρὰ τῷ Ἴστρῳ ἕλη κὰς λίμνας.[①]

  乌玛窦的文字似乎表明，进攻东罗马帝国的佩切涅格部落也属于乌兹人，甚至法尔本人也算是。亚美尼亚语文献对于我们很有价值，因为它是最早和唯一将乌兹人和法尔本人明确区分开来的史料，更佐证了我们通过对同时代宏大民族迁徙相关史料的甄别和比较研究而得出的结果。乌玛窦也把斯拉夫人和德意志人当作"法尔本人"的后裔，这表明，他们在体质上（头发或肤色）与西方世界早已熟悉的骑马民族（匈人、不里阿耳人、阿瓦尔人、佩切涅格人和乌兹人）一定有一眼就能看出来的差异。至于"施朗根"指的是哪个民族，还不清楚。可能性最大的是契丹人，或是凯伊人。乌玛窦跟罗马史家一样，都把亚美尼亚历 514 年（公元 1065/6 年）发生的入侵事件，归因于乌兹人。[②]

  我们可以为昆人的迁徙定一个具体的年代下限。伊本·阿西尔在伊历 421 年（公元 1030 年）提到一次阿尔巴尼亚（Albanien）（译按：系古代阿尔巴尼亚，位于高加索地区，相当于今阿塞拜疆）甘加（Ganğa）的异密——库尔德人法德伦（Faḍlūn），对哈扎尔境域的骚扰。"这位库尔德人法德伦占据着阿塞拜疆的一块地，他夺取了此地并统治着。他在这一年里向哈扎尔人发动了一次进攻。他杀入敌境，拖

---

① Georgii Cedreni historiarum compendium, Venetiis 1729 p. 606 C (= edit. Paris. p. 775).
② Matthēos Urhajec'i Kap. 89 S. 182.

拽俘虏，俘获大量战利品。在返回途中，他掉以轻心、放松了警惕，①因为他觉得他已经征服了他们，施加给他们的已经够他们受的了。他们紧紧地跟随在他身后，然后突然袭击了他，杀害了他手下一万多人，拿回了被抢走的战利品，劫掠了伊斯兰军队的资产，就回去了。"②

上述引文是伊本·阿西尔在史书中最后一次提到哈扎尔人。③后来在他们的地盘上出现了撒哈辛（Saqsyn, سخسين / سَقْسين / سقسين）人的城市和国家。人们以为，正如西班牙史家阿布·哈米德·加纳蒂（Abū Ḥāmid Muḥammad b. ʿAbd ar Raḥīm al Garnāṭī, 伊历 560 年或公元 1164 年去世）所述，这个国家来源于古兹人的 40 个部落。城市坐落在伏尔加河上，是一座大型的贸易点。④弗里德里希·维斯特贝格（Friedrich Westberg）先生的推测，即认为撒哈辛指的是哈扎尔人的旧都亦的勒（Itil）（即 Sārygšähr），⑤是有可能的，但是他认为"撒哈辛"只不过是哈扎尔人启用的一个新名号，甚至认为哈扎尔汗国到 12 世纪中叶至 13 世纪下半叶仍然存在，简直是无稽之谈。⑥根据阿布·哈米

---

① A 写本作اقل。
② Ibn al Aḇīr IX ۲۷۹, 16-20.
③ 根据哈默的《金帐汗国史》（Geschichte der Goldenen Horde I, Pesth 1840）第 13 页，哈扎尔人在来自"钦察"的十字军东征终结之际战败了，并占据了叙利亚的特巴沙尔（Telbaschar）。不过，根据巴尔·希伯来（Gregor Bar Hebraeus）的记载，在伊历 514 年或公元 1121 年提到的事件是الكرج وهم الخزر，他们是受到钦察支持的一个国家。此处的الخزر，显然是史家的笔误，实际上是指الجُرز"格鲁吉亚人"。
④ Abū Ḥāmid al Andalusī, 见于 Qazwīnī II ٤٠٢-٤٠٣ed. Wüstenfeld. 参考 Dorn, Bullet. de l'Acad. de St. Petersbourg, t. XVIII, 1873, p. 314-316. G. Jacob, Welche Handelsartikel bezogen die Araber des Mittelalters aus den nordisch-baltischen Ländern? 2. Aufl. Berlin 1891, S. 21 f. 82. 阿布·哈米德关于 Saqsyn 词条的原文始终没有出版。
⑤ Beiträge zur Klärung orientalischer Quellen über Osteuropa. Bulletin de l'Acad. de St. Petersbourg, t. XI Nr. 5, 1899, S. 291.
⑥ 由于维斯特贝格先生只能根据译文来研究，而译文往往只是对写本原文的暂时性解读，所以他的研究中有不少误解甚或错误的观点。

德·加纳蒂的明确记载，撒哈辛的居民是古兹族①，因此我们更有理由认为，哈扎尔汗国在昆人的入侵之下瓦解了，余种被迫撤回高加索和克里米亚了。换句话说，昆人大约是在1030—1049年出现在欧洲的。

穆罕默德·奥菲有关昆人来自契丹国的记载，可以从俄国编年史中波罗维茨头领的名号中含有 *Kytan* 和 *Kitan-opu* 这一事实得到旁证。② 甚至在1238年蒙古人涌入之际，向马札尔皇帝贝拉四世寻求避难的库蛮人首领，也拥有类似的名号——*Gutan*③ 或 *Kuthen*④。文献中被视为昆族自称的名号مرقه，我尚不能解释。它似乎与蒙古语的蔑儿乞惕（*Merkit*）没有什么关系，因为蔑儿乞惕含有的是一个硬腭元音（译按：即前元音）。⑤ 人们寄希望于，在汉文辽代史料中系统地检索有关昆和凯伊族的史实。昆族的称号可能在波罗维茨人中存在，即 Коуноуй（*Kun-uj*）。⑥ 希腊语中的名称 Κόμανοι，实际上是由库马河（*Kuma*）衍化而来⑦——南部斯拉夫人和西欧人也引入了该词（伊

---

① 研究欧亚大陆的史学家对此更有发言权。作为日耳曼语学家的 Rich. Löwe，当他听说在伏尔加河流域有一个不为人知的操日耳曼语的"萨克森"居民点时，欣喜若狂！实际上，那只是一个兴旺的商业城市，由阿斯特拉罕人的先辈们所发现。下面是哈特曼（Martin Hartmann）在《欧亚历史》Zur Geschichte Eurasiens, Berlin 1904 S. 18 A. 1（SA. aus Orientalist. Lit.-Ztg. Nr. 8 vom 15. Aug. 1904）中的一段原话："德语的族名'萨克森'长期以来所代表的内容，就是今天'德意志'的内涵。它可能从阿拉伯语的 *saqsīn*（例如 Qazwini 2, 402 f.），甚至 *šāsīn*（Qazwini 2, 362）找到其形式。"

② Nestor trad. par L. Leger c. 78 p. 190 a. 1095. c. 85 p. 219 a. 1103. 名称 *Chyta*，在一份1347年的匈牙利语文书也出现了，只不过此处的 *ch* 不能理解成是 *č*。参考 Géza Kuun, Codex Cumanicus p. LIII。

③ Continuatio Sancrucensis II, M. G. SS. IX p. 640 (Gherghel, Zur Geschichte Siebenbürgens, Wien 1892 S. 32 A. 6).

④ Magister Roger, Miserabile carmen c. 2. 12. 14 s. 24-26, 见于 M. Florianus, Historiae Hungaricae fontes domestici vol. IV p. 47. 54-56. 61-63.

⑤ 当然，这个理由也不是很充分，因为我们知道有些族名既有硬腭元音也有软腭元音的形式。参考上文中讨论过的 *ochus*/*ügüz* 和 *orqon*/*ürkün*。

⑥ Nestor c. 81 p. 199 a. 1096.

⑦ 观点来自 Zeuss, Die Deutschen und die Nachbarstämme S. 744. 还有 Bérézine 也持同样观点，参考 O. Blau, ZDMG. 29, 1875, S. 558 A. 2. 其他的词源学解释见附录。

德里西则是通过西欧人了解到的)。约瑟夫·冯·哈默(Joseph von Hammer)居然将 Κόμανοι 解释成是"突厥蛮"的变体。[1] 匈牙利人万伯里(Vámbéry Ármin)则从匈牙利语(马札尔语)中寻找词源,认为是马札尔语根 *kún* 加上拉丁语的形容词词尾 *-anus*。[2] 但是他似乎忽略了一个事实,无论是在希腊语还是在伊德里西的书(قُمَنِيةُ)中,这个词都是一个短元音。"库蛮"与"波罗维茨"在俄国编年史中是同义词,这是大家都知晓的。[3] 万伯里的词源解释首先忽视了一个事实,即"库蛮"早先是波罗维茨一个部落首领的名号,[4] 彼时尚未与部族名分开,更没有经历拉丁化和希腊化的过程。

长期以来,我都把 Κόμανοι 与拉施特《史集》中有关回鹘的史料中出现的一个突厥语部族名 جامع التواریخ 联系起来。但是在对史料经过深入思考之后,我改变了看法。以下是《史集》有关回鹘的记载:[5] چنان آورده اند که در ولایت

اویغورستان دو کوه بغایت بزرگ است یکی بوقراتو بوزلوق [6] واز آن دیگر اشقون لوق تنکریم [7] وکوه قراقروم در میانهٔ این دو کوه افتاده وشهری که قاآن بنا کرده بنام آن کوه باز میخوانند ودر جنب آن دو کوه کوهیست که قوت طاق خوانند ودر حوالئ آن کوهها در موضعی ده رودخانه هست ودر موضعی نه رودخانه ودر قدیم الایام مقام اقوام اویغور در آن دو رودخانه [8] وکوهها و صحرا ها بوده آنچه در آن ده رودخانه بودند ایشانرا اون اویغور خواندند

---

[1] Jahrbücher der Literatur Bd. LXV. Wien 1834, S. 15.
[2] H. Vambéry, Der Ursprung der Magyaren. Leipzig 1882, S. 102.
[3] Nestor c. 79 p. 195; s. o. S. 28, 7.
[4] Nestor c. 86 p. 219 a. 1103.
[5] Rašīd addīn, 转引自 Radloff, Kudatku bilik I S. XXV。
[6] E 本作 توقراتو بوزلوق, A 本作 بوقراتو بوزلوق, Abulgh. 39, 15 作 。
[7] A 本作 سكريم لوق, اسعون لوق سكريم, E 本作 اشقون لوق تنکریم, Abulgh. 作 اوسقون لوق تیکریم。
[8] E 本作 رودخانها。

وآنچه در نه رودخانه توقوز اویغور وآن ده رودخانه را اون اورقون[1] نیز میخوانند ونامهای آن بدین تفصیل است ایشکل اوتیکر توقیر اورقندر تولور بادار ادر اوچ تابین قملانجو اوتیکان[2] ودر سه رودخانهٔ اوّلین نه قوم ساکن بوده اند ودر چهار پنج قوم وآنانرا که در قملانجو که نهم است بوده اند آن قوم اونك گویند وآنانکه در اوتیکان بوده اند که دهم است قوم قمن اتی گویند

据说，畏兀儿斯坦地区有两座非常大的山，一座名为不黑剌秃-不思鲁黑（Buqratu buzluq），另一座名为兀失浑-鲁黑-腾里木（Ašqun-luq tängrim）；哈拉和林山位于两山之间。合罕（成吉思汗）（译按：《史集》汉译本作"窝阔台"）所建的城，也用那座山的名字来称呼。两山之旁有一座名为忽惕-塔黑（Qut tag）的山。这些山区内，有一处地方有十条河，另一处地方有九条河。在古代，回鹘诸部的驻地就在这些河流沿岸、这些山里和平原上。沿着十条河流居住的，称为"十姓回鹘"，而住在九条河地区的，称为"九姓回鹘"。

那十条河也被称为 On Orqon。它们的名号分别是：Iškül、Ütigär、Toqyr、Orqundur、Tölür (Tölüz?)、Badar、Ädir (Ädiz)、Üč tabyn、Qumlānču、Ütikän。[3] 在前三条河流住着九个部落，在后四条河流住着五个部落。在第九条河流 Qumlānču 沿岸居住的是 Ong 部，在第十条河流 Ütikän 沿岸居住的是 Qoman aty 部。（译按：中译文可参考汉译《史集》第一卷第一分册，第245—246页。因所用《史集》底本不同，故汉译本与此处引文有多处不合。）

畏兀儿人故土的两座高山，在其他文献中的名称与此处不一致，

---

① A 本、E 本作 ارقون。

② A 本作 انشکل، اوبیکر، بوقیر، اورقندر، تولور، بادار。

③ Salemann: Iškül, Ütigär, Tuķyr, Orķundur, Tułur, Badar, Adar, Üč tabyn, Ķumłanǧu, Ütigän.

这里就不追究了。我想强调的是，史料中所提到的"十姓回鹘"和"九姓回鹘"分别是根据十条河流和九条河流来命名的这一事实，与后面的解释存在不可调和的矛盾。根据后面的解释，九个部落居住在十条河中的前三条河流上，而后四条河流上居住五个部落，这里的十条河只能理解成是"十姓回鹘"所在的十条河。如果传世文献可靠的话，那么第八条河流上居住的情况就不应该阙如。或许是原文有讹误，应该理解成 ودر پنج چهار قوم "在后五条河流住着四个部落"。即便如此，究竟这九个部落与真正的回鹘"九姓乌古斯"是不是一回事，还是存疑的。下面要谈到的五个（或四个）部落，在北魏时期属于高车（袁纥）部落，但是后来不再属于九姓了，而是被视为广义上的"回鹘"。他们的人口数量在不同历史时期，随着政治动荡而时常起伏。回鹘汗国初期（744年），九姓只有仆固、浑、拔野古、同罗、思结和契苾。①

在这两个氏族集团中，最后一支部族都是十分惹眼的。他们的名称和驻地都被准确地记载了下来。两个地名 Qumlānču 和 Ötükän/Ütikän，至少从字面上看我们是不陌生的。这两处都不是河流名，而是地名。这一状况让我们对其他八条不知名河流也多了些疑虑，因为我们想当然地把它们当作是自古至今都存在的河流，例如土拉河、色楞格河和鄂尔浑河。根据回鹘人的神话传说，Qumlānču 是一处圣迹：那里是牟羽可汗出生的地方，也就是把摩尼教传入回鹘的牟羽可汗（759—780年）。②根据志费尼的记载，其地点应该位于土拉河与色楞

---

① Fr. Hirth, Nachworte zur Inschrift des Tonjukuk S. 36, cf. Radloff, Die alttürkischen Inschriften der Mongolei. Zweite Folge. St. Petersburg 1899. Schlegel, Die chinesische Inschrift auf dem uigurischen Denkmal von Kara-Balgassun S. 1. 28 = Mém. de la Société Finno-Ougrienne IX, Helsingfors 1896. Chavannes, Documents sur les Tou-kiue occidentaux p. 87 n. 3. 94.

② Ǧuwainī, Tārīch i Ǧihān-gušāi ed. Carl Salemann, cf. Radloff, Das Kudatku bilik des Jusuf

格河的汇流处。然而，这个定位并不准确，因为我们都知道土拉河与色楞格河并不交汇，而是与鄂尔浑河交汇。倘若要使用这段史料的话，必须要牢记，文中所谓的与土拉河交汇的实际上指的是鄂尔浑河。那么，Qumlānču 的方位就需要在蒙俄边境的恰克图（Kjachta）以西去寻找。进一步研究之后会得到结论，Qumlānču 根本就不是一处真实的地名，而是回鹘可汗家族发源地的一个名称。① 我们发现，我们是在基于

Chass-Hadschib aus Bälasagun. Bd. I. Text in Transkription S. XLII f. 参考拙文 Ǧuwainī's Bericht über die Bekehrung der Uiguren. SBBA 1912 S. 490. 原文如下：

دران عهد از جملۀ روذخانهاء قراقوروم دو روذخانه یکی را توغلا
خواند ودیکری را سلنکا در موضعی که آنرا قملانجو گویند بیکدیکر متّصل می گردد ودر
میان آن دو درختِ متقارب بوذست یکی را درخت فسوق گویند وان درختیست بشکل ناز
در زمستان برگهاء ان چون برگِ سرو وبار آن شگل وطعم چلغوزه دارذ درختِ دیگری درختِ نوژ
در میان ان دو کوهی بزرک بدیذ امذ از آسمان روشنائی بَمَیانِ آن کوه هابط گشت وروز بروز
کوه بزرکتر می شذ آن حالت عجب را چون مشاهده کردند اقوام ایغور تعجّب می نموذند
واز راهِ ادب وتواضع بذان تقرّب می کردند وآوازهاء خوش مفرّح مشلِ غنا از آن استماع می
کردند وهر شب مقدار سی کام کرد برگِرد آن روشنائی می تافت تا چنانک حاملات را وقتِ
وضع حمل چنین دری کشاذه شذ اندرونِ ان پنج خانه بوذ مانند خرگاه جذا جذا در
هر یک پسری نشسته ودر مقابلِ دهانِ هر یک نائژۀ آویخته که بقدرِ حاجت شیر می
داذی الخ

"那个时候哈拉和林地区全部 [据 Ǧuwainī S. XLI Z. 9-10, 有 30 条] 河流中的两条河流——一条是土拉河，一条是色楞格河——位于人们称之为 Qumlānču 的地方，两条河毗邻。在两条河之间有两棵离得不远的树：一棵是 fissūq，外表看上去像云杉，冬天它的叶子像柏树，果实的形状和味道像松果，另一棵树是云杉。在两棵树之间有一座山丘，从天而降一束光射到山丘上，于是山丘日复一日地变大了。亲眼目睹了这一奇迹，回鹘人对山丘表现出了敬畏，用礼拜和顺的方式来对待它，从山上听到如音乐一般令人愉悦的声音。每个夜晚，光束照射的方圆有三十步宽，直到有一道门敞开（就像孕妇分娩之际发生的一样），里面有五座像帐篷一般的房子，每座内部都有一个孩子，在嘴旁边有一根小管，是喝奶用的。"

在上述的叙事中，两棵树被视为五个孩子的父亲和母亲。如果做一番比较的话，会发现它杂糅了两种版本的叙事。在最初的起源叙事中，只有一棵树，正如《元史》中所记载的。所谓的فسوق树，也见于志费尼在讲述蒙古起源的叙事中（Barthold, Туркестанъ I S. ١٠٣, 10）："他们的衣服是用狗和鼠的皮革做的，他们的食物来自于狗和鼠等其他不洁动物的肉，他们的饮料来自于四足兽的奶水，他们的甜点来自于外表像云杉的名为 fissūq 的树上的果实。这种树结不了多少果实。它长在一些山丘上，在极端寒冷的天气下就没有了。"

① 这个名称似乎是词缀 nč + u 的构造，加在动词词干上。（Wilh. Radloff, Die alttürkischen Inschriften der Mongolei I 397, II 60）；词缀 u（或 ču，仅见于 Ynanču）还不清楚。此外，Qumlānču 还让人联想起伊朗语中对中国都城长安的称谓 Chumdān（意思是"野蛮的"），见于塞奥非拉克特·西莫卡塔（Theophylactus Simocatta）关于亚历山大大帝传说的记载

实际上，我们所知道的回鹘人的分布范围没有到达如此之北。回鹘汗国的肇基者，即牟羽可汗的祖父骨力裴罗（746年去世），在东突厥汗国灭亡（742年）以及拔悉蜜可汗被消灭后，在唐天子的允诺之下，占据了曾经东突厥汗国在南方的领地，且其驻地位于于都斤山和鄂尔浑河之间，也就是所谓的哈喇巴喇哈逊（Qara Balgassun）。① 7世纪上半叶，回鹘人住在色楞格河沿岸，② 在拔野古部以北，直到8世纪的前25年，仍然能在这里找到一部分回鹘人。③ 回鹘政权的实际建立者——菩萨（629—646年在位），把他的驻地建于土拉河沿岸，④ 根据《九姓回鹘可汗碑》（Sp. IV 1-23）中的说法，骨力裴罗（744—746年在位）的某位前任可汗："袭国于北方之隅，建都于嗢昆之野，以明智治国，积有岁年。"⑤ 根据《暾欲谷碑》的记载，九姓乌古斯自

7, 9, 8f.；Qudāma ٢٦٤, 19 亚历山大大帝传说；《大秦景教流行中国碑》。迄今为止，所有将 Chumdān 与汉语词汇勘同的尝试都失败了，很有可能在我们面前的是一个纯正的伊朗语（粟特语）名称。在吐鲁番，qúmdān 在今天的意思是"烧制砖或瓦的窑"。（Albert v. Le Coq, Sprichwörter und Lieder aus der Gegend von Turfan. Leipzig und Berlin 1910 S. 95 = Baessler-Archiv. Beiheft I) 新波斯语خنبد = 古波斯语 *xumba-dāna-"砖窑或陶窑"，但也是指"储存罐的仓库"。词源和خنب让人联想到 Fradāxšti Xumbja (jt. 13, 138) 的传说，他是在一个罐子（古波斯语 xumba）内。（Bund. 29, 5, West, P. T. I 117f; Dātistān-i dēnīk 90, 3 ib. II 256. Dēnkart 9, 16, 16 ib. IV 203. Darmesteter, Le Zendavesta II 551 n. 293）

① G. Schlegel, Die chinesische Inschrift auf dem uigurischen Denkmal von Kara Balgassun, S. 17f. Fr. Hirth, Nachworte zur Inschrift des Tonjukuk, S. 33 A. 1.
② 《旧唐书》卷195，转引自 Chavannes 1. 1. p. 89。
③ 《毗伽可汗碑》东面第38行，Thomsen, Inscriptions de l'Orkhon déchiffrées p. 127. Radloff, Die alttürkischen Inschriften der Mongolei. Neue Folge (1897) S. 144。
④ 《新唐书》卷217上，转引自 Chavannes 1. 1. p. 90 n. 1。
⑤ 前引 Schlegel 第20页。施古德认为这段话说的是裴罗之父护输。在我看来，站不住脚，因为护输没有得到唐廷的册封。史料中只是提到，他是承宗的族子，瀚海府司马。在承宗之后，由于他与凉州都督王君㚟有矛盾，所以"回纥稍不循，族子瀚海府司马护输乘众怨，共杀君㚟"，"久之，奔突厥（《旧唐书》作'退保乌德健山'），死"。这段内容也见于《旧唐书》卷195（转引自 Chavannes 1. 1. p. 93），系于开元年间（713—741年），在玄宗任内（712—754年）。《旧唐书》载："开元中，承宗、伏帝难，并继为酋长。"施古德（前引 Schlegel, S. 3, 19）把承宗的死系于685年，护输的在位时间定于

立可汗之后（683年），[①]居住在突厥以北（第7、11、14行）。彼时的突厥居住在总材山和黑沙（第7行），根据拉德洛夫的意见，其地望位于杭爱山的南麓。[②]

然而，如果暾欲谷碑（发现于乌兰巴托以东的纳莱察[Nalaicha]和土拉河之间）是在乌古斯人的领地内竖立的话，那么实际上乌古斯

685—712年，显然是年代错位了。就施古德的回鹘史梗概而言，我们不能说只是在这个关键的地方出现了疏忽大意。再例如，独解支不是在661年，而是在永隆年间（680年），伏帝匐直到嗣圣年间（684—704年）才作为首领在史料中出现的。

在《九姓回鹘可汗碑》（Schlegel, Spalte III [55] 58-64）中出现的"制平了，表里山河，中建都焉"。施古德将其系之于骨力裴罗可汗，但是他的统治直到后面几行才提到（Sp. IV [68]-V 69）。这个观点在我看来，值得推敲。关于施古德所阐明的历史关系以及他所补的部分碑文（Sp. III 11-34），他没有交待清楚。我倒是想推测，《九姓回鹘可汗碑》中所残缺的部分（Sp. II 至 Sp. IV 67），与翁金河和鄂尔浑河流域的碑铭一样，都是追溯回鹘人在7世纪的第一段辉煌时期，一直到他们臣服于唐朝为止。如果是这样的话，那么谈到的就应该是菩萨（629—646年在位）及其父时健俟斤（按照施古德的说法，616—629年在位）。据史料记载："菩萨劲男，有胆气，善筹策，每对敌临阵，必身先士卒，以少制众，常以战阵涉猎为务。其母乌罗浑主知争讼之事，平反严明，部内齐肃。回纥之盛，由菩萨之兴焉。"（Chavannes l. l. p. 90）我们可以将其与碑文相对照（Sp. III 11-34）"受命之君，光宅天下，德化昭明，四方辐凑，刑法峭峻，八表归信"。（Schlegel, S. 13-16）所以，碑文中缺失的一大段（截止到Sp. III 64）实际上是关于菩萨肇建回鹘政权的内容。关于他的父亲，则是碑文中缺失的Sp. III 65-75以及Sp. IV 1-23这段内容，而Sp. IV（第24-67个汉字）的大部分内容是关于菩萨统治时期的。吐迷度可汗（646—648年在位）及其子婆闰（648—661/3年在位）没有在碑文中被提及，因为他们臣服于唐朝的统治。在碑文Sp. IV 68，又紧接着讨论回鹘政权复兴，以及在骨力裴罗的领导下创建回鹘汗国的历史了。

① 《暾欲谷碑》第9行提到，在骨咄禄颉跌利施可汗执政初期，九姓乌古斯中出现了一个可汗，根据鄂尔浑碑铭（《阙特勤碑》东面第14行和《毗伽可汗碑》东面第12行），名号是Baz可汗。他在Ingäk Köl战役之后发生了什么，记载在碑文的第18行内容中，可惜已经残泐不清。根据鄂尔浑河流域的碑铭，在骨咄禄可汗去世之后（约693年），Baz可汗被立成了石人（balbal）（《阙特勤碑》东面第16行、《毗伽可汗碑》东面第13行），因为他是骨咄禄生前的敌人。夏德所引用的汉文史料（《新唐书》卷215上）："[骨咄禄]有众五千，盗九姓畜马，稍强大。"（Nachworte zur Inschrift des Tonjukuk S. 22）不过，夏德没有将这段记载与碑文的内容对照。此处所提到的针对九姓的战争，应该发生于683年。鉴于Baz可汗在战争中被俘或阵亡了，我们只能将其与汉文史料中提到的（680年）独解支联系起来。（译按：将Baz可汗与独解支勘同的观点，亦见Chen Hao, *A History of the Second Türk Empire* [ca. 682-745], Brill, p. 32）

② Radloff, Die Inschrift des Tonjukuk S. 36, Hirth, Nachworte zur Inschrift des Tonjukuk S. 32 f.

的驻地位于土拉河（第 15 行），而且很可能是土拉河的上游，也就是哈喇巴喇哈逊以东。对于确定 Qumlānču 的具体方位，志费尼的记载是没有价值的。

《元史》中卜古可罕（牟羽可汗）灵异出生传说的版本略简，地点是在和林，位于秃忽剌（土拉）河和薛零哥（色楞格）河这两条河流的发源处附近。① 卜古可汗出生的树瘿位于两条河流之间。汉文史料中的"和林山"似乎就是志费尼的 Qumlānču。这个地名最初确实充满了神话色彩，因为色楞格河与土拉河之间相隔 10 个经度左右（98°—108°）。关于和林山的延伸所及，这个传说没有给我们提供进一步的信息。

于都斤的名称既见于汉文史料，也见于突厥碑铭，但是它的地理方位并不比 Qumlānču 清楚多少。我们只知道，于都斤山林（Ötükän jyš）或者于都斤地区（Ötükän jir，《暾欲谷碑》第 17 行、《阙特勤碑》南面第 8 行），一直是突厥人的权力中心。因此，暾欲谷认为东突厥汗国要复兴，就必须把于都斤这一地区收复。② 突厥人的大本营是所谓的"圣于都斤山林"（yduq Ötükän jyš）(《阙特勤碑》东面第 23 行、《毗伽可汗碑》东面第 19 行），那里是可汗居住的地方（《阙特勤碑》南面第 3、4、8 行，《毗伽可汗碑》北面第 2、3、6 行）。据《周书》记载，"突厥可汗恒居都斤山"（译按：《周书》脱"于"字）。③ 既然西部突厥人的势力向东扩展到了（于）都斤山，④ 甚至一部分葛逻禄人也住在

---

① 《元史》卷 122《巴而朮阿而忒的斤》（译按：中华书局标点本，第 2999 页），Bretschneider, Mediaeval Researches from Eastern Asiatic Sources I 247.
② 《暾欲谷碑》第 15、17 行，Radloff, Die Inschrift des Tonjukuk S. 8 f。
③ E. H. Parker, The Early Turks, China Review XXIV, 1899/1900, p. 122b.
④ 《隋书》卷 84，转引自 Chavannes, Documents sur les Tou-kiue occidentaux p. 14。

乌德鞬山，[1]因此于都斤山的西部边界一定是到达了塔尔巴哈台山／塔城（Tarbagatai）。稍微有点难度的是，该如何确定于都斤山的东部边界。夏德根据《唐书》中有关回鹘斡耳朵（位于哈喇巴喇哈逊）所在地的两处记载断言："鄂尔浑河以东就不再属于于都斤山林了。"

夏德的说法是自相矛盾的，因为他把于都斤山林与《元史》中的和林山勘同，[2]并赞同拉德洛夫的观点，即认为于都斤山林应当定位于鄂尔浑河、土拉河与哈拉河（Charagol/Haraa gol）之间，也就是肯特山和杭爱山之间，或许还包括杭爱山以北地区。[3]汤姆森认为于都斤山就是杭爱山，[4]还是比较靠谱的。如果东突厥人的历史和回鹘人的历史也像沙畹处理西突厥那样梳理出来的话，突厥人圣山的具体方位，还可以进一步限定。

对于我们目前的研究而言，确定以下事实就已经足够了：Qumlānču 和于都斤是后世定居于别失八里（Biš-balyq, Pentapolis，粟特语 Panğ-kat，汉语"北庭"，今吉木萨尔）和吐鲁番（Čīnānğkat）的回鹘人历史记忆中的圣地，其中一处似乎是用来指居于色楞格河和土拉河的古代回鹘人的故地，而作为突厥圣地的于都斤山自744年以来就被回鹘人占领了。考虑到《史集》中提到的 Ong 部和 Qomanaty 部，他们居住在 Qumlānču 和于都斤，也就意味着他们在回鹘汗国崩溃之后吸收了突厥和回鹘的残部。他们是后来的入侵者。这两

---

[1] 《新唐书》卷 217 下，转引自 Chavannes 1. 1. p. 86 n。
[2] Nachworte zur Inschrift des Tonjukuk. S. 33 A. 1.
[3] W. Radloff bei Hirth eb. S. 33, Radloff, Die Inschrift des Tonjukuk S. 44. "开元中，回鹘渐盛，杀凉州都督王君㚟，断安西诸国入长安路，玄宗命郭知运等讨逐，退保乌德健山。"（《旧唐书》卷195，转引自 Chavannes, Documents sur les Tou-kiue occidentaux p. 93。）（译按：中华书局标点本，第 5198 页）据此，我们不能得出于都斤山林一直延伸到回鹘国境内的结论。因为，《新唐书》中对应的部分清楚地说明了，护输在杀死王君㚟之后逃到了突厥的境内。（上文第 61 页）也就是说，于都斤山林属于东突厥的国土。
[4] Vilh. Thomsen, Inscriptions de l'Orkhon déchiffrées p. 152 n. 32.

个名称让人一头雾水，似乎不像部族名。在突厥语中，*Ong* 的意思是"右、往右"，我不知道有哪个部族的名称是与此有关的，倒是很像一个名号，相当于汉文的"王"。当然不可以联想到信仰基督教的克烈部汪罕及其同时代的成吉思汗。Qoman aty（قمن اتی）是一个突厥语词汇，意思是"名为 Qoman 的"。同样，这一短语也更像是人名，而非族名，否则哈沙尼（ʻAbd allāh al Qāšānī）——准确地说是《史集》(جامع التواريخ)的真实作者拉施特——所谓用的回鹘文史料中就应当写作 Qoman(nyng) aty ulus，意思是"名为 Qoman 的部族"。类似的讹误，想必在有关突厥前史的晦暗记载中更多。此外，Ong 和 Qoman 在回鹘部族中的地位，与比鲁尼笔下 Qajy 和 Qūn 部在东部突厥人中处于突出的位置一样（见第 39 页），而在穆罕默德·奥菲的书中则是紧随古兹的两大部族之后。因此我推测，Ong 和 Qoman 两个部族，对应的就是早期史料中的 Qajy 和 Qūn。但是，如果我们暂时接受 Qoman 是某个部族首领的名号——他的部族因此而得名（佩切涅格人与欧洲匈人的情况类似），那么这个谜团一般的希腊语名称法尔本（Falben）就会明朗多了。

Qūn 这个族称，很容易与若干历史上具有"突厥鞑靼"族源的游牧民族扯上关系。从匈奴（古读 *Kung-nu*）和时代更早的荤粥、薰粥（*Hun-jok*），到一般与吐火罗人联系在一起的 Φαῦνοι, Φαῦροι, Φοῦνοι, Phuni, Φρῦνοι, Chrini, Γρυναῖοι——上述名号见载于公元前 3 世纪的地理志。第一个名称似乎最初是一个谑称，意思是"狗"，后来回流到吐鲁番的姑师[①]/车师人（所谓的"吐火罗人"，我认为他们不是吐火罗人）的印欧语中，其中 *ku*-（斜格形式是 *kun*-）的意思是"狗"。

---

① 见于司马迁笔下张骞的报告，《史记》卷 123。

Φαῦνοι/Φαῦροι 则是印地语名称 Bhauṭṭa 或 Bhuṭa 的不同转写形式，毫无疑问，指的是吐蕃人。[1] 陶玛舍克（W. Tomaschek）将其与匈奴[2]联系起来，无论是从语音学还是从地理学角度看，都是错误的。

另外，乞儿吉思人的古称"坚昆"，也不应纳入考虑的范畴之内。根据德微理亚（Gabriel Devéria）的观点，坚昆这个词应该是剑河（叶尼塞河）与昆河（鄂尔浑河）两个河流名的合成词。[3] 他进而认为，坚昆指代的就是居于剑河与鄂尔浑河之间的民族，类似于甘肃是由甘（州）和肃（州）构成的。然而，无论是从语音学角度还是从地理学角度看，这个观点都是站不住脚的。有关坚昆的最早史料见于《汉书》卷94下《匈奴传》。其中提到北匈奴著名的郅支单于，也就是受汉朝支持的呼韩邪单于的竞争者，他向西拓土，但是担心不能定南匈奴，便一直向西抵达了乌孙（公元前49年）。乌孙的昆弥派了八千骑来战，但是被郅支单于击败了。他"因北击乌揭，乌揭降。发其兵西破坚昆，北降丁令，并三国。数遣兵击乌孙，常胜之。坚昆东去单于庭七千里，南去车师五千里"[4]。在《汉书·陈汤传》中的版本略简，曰："会汉发兵送呼韩邪单于，郅支由是遂西破呼偈、坚昆、丁令，兼三国而都之。"[5] 呼揭国早在汉文帝前元四年（公元前176

---

[1] 印度语 t 通过希腊语 v 来表现，我们还有一个例子：Ῥάμναι = 梵语 Rāmaṭha（Ptol. VII 1, 65）

[2] W. Tomaschek, Kritik der ältesten Nachrichten über den skythischen Norden I 46, SBWA. Bd. 116 Nr. XV, 1888.

[3] G. Devéria, Inscriptions de l'Orkhon p. XXXVII n. 28, 转引自 G. Schlegel, Die chinesische Inschrift auf dem uigurischen Denkmal in Kara Balgassun S. 82.

[4] 《汉书》卷94《匈奴传》。（译按：中华书局标点本，第3800页）感谢格鲁特（De Groot）的译文。参考 Wylie, History of the Heung-Noo in their Relations with China. Journal of the Anthropological Institute of Great Britain and Ireland, vol. V, 1876, p. 46。

[5] 《汉书》卷70《陈汤传》。（译按：中华书局标点本，第3008页）A. Wylie, "Notes on the Western Regions", The Journal of the Anthropological Institute of Great Britain and Ireland, vol. 10, 1881, p. 49.

年）就已经被匈奴征服了。同一年，冒顿单于在给汉朝皇帝的信中提到，右贤王"夷灭月氏，尽斩杀降下之。定楼兰、乌孙、呼揭及其旁二十六国，皆以为匈奴"。① 从这段记载中我们可以推断出，呼揭国应当离古楼兰（近皮山？）② 和月氏、乌孙迁徙前的故地（位于敦煌［沙州］和祁连山［甘肃的南缘］之间）不远。③ 战国时期，乌孙的活动范围应该在瓜州一带。④ 或许我们应该在蒲类海（Barkul，今巴里坤湖）附近寻找呼揭国的方位，至今这里还有维吾尔人生活。

呼揭是回鹘一词的最早汉译形式，⑤ 这个观点在我看来并不离谱——因为唐代的注疏家对此也没有怀疑。后来，他们向西撤退了，因为根据郅支单于的说法，他进攻了乌孙的东部边疆。特克斯河（Tekes）与巩乃斯（Kunges）河流域，以及裕尔都斯（Julduz）仍然算在乌孙国的境内，⑥ 那么呼揭国一定在巩乃斯河以北，也就是在塔城附近。呼揭一词，在《魏略》中写作"呼得"，文曰："呼得国在葱岭北，乌孙西北，康居东北，胜兵万余人，随畜牧，出好马，有貂。"⑦ 根据班固的说法，坚昆在呼揭西，也就是伊犁北——彼时伊犁

---

① 《史记》卷110《匈奴列传》。（译按：中华书局标点本，第2896页）Otto Franke, Beiträge aus chinesischen Quellen zur Kenntnis der Türkvölker und Skythen Zentralasiens S. 13. Aus dem Anhang zu den Abh. der Kgl. Preuß. Akad. d. Wissenschaft 1904. E. H. Parker, The Turko-Scythian Tribes. China Review vol. XX, 1892-3, p. 14a. A. Wylie, History of the Heung-Noo in their Relations with China. Journal of the Anthropological Institute, vol. III, 1874, p. 415.

② Chavannes, Les pays d'occident d'après le Wei lio. T'oung Pao, Sér. II vol. VI, 1905, p. 531 n.1.

③ Kurakichi Shiratori（白鸟库吉）, Über den Wu-sun-Stamm in Centralasien. Keleti Szemle III, 1902, S. 103 ff.

④ 前引 O. Franke, S. 14。

⑤ 这一点最早由夏德在关于伏尔加河流域匈人的文章中提出。(Fr. Hirth, Über Wolga-Hunnen und Hiung-nu S. 270 f. Anm. 1) 由于"回鹘"（*ujgur*）最早的形式似乎是 *uđgur，所以汉语音译的音值应该是 (h)ut-ku(i)t。据《康熙字典》，"呼"字亦读"嚇"的音。(De Groot)

⑥ 前引白鸟库吉，第129页。

⑦ 《魏略》遗文见于今本《三国志》卷30。（译按：中华书局标点本，第862页）Chavannes, Les pays d'occident d'après le Wei-lio p. 43.

河谷自成一国（作"伊列"），① 巴尔喀什湖以北。当时的驻地，要比后期他们在叶尼塞河流域的活动范围更靠西，大约在塞米巴拉金斯克省（Semipalatinsk）。与此不同的是，《魏略》说坚昆国位于康居（广义上的粟特地区）西北，② 很可能是错误的，因为郅支单于说他从已征服地区向乌孙发动了数次袭击。《魏略》的"西北"可能是"东北"之讹。《魏略》中还有关于坚昆的记载："胜兵三万人，随畜牧，亦多貂，有好马。"③ 此后便是关于丁令国的记载了，在康居北，"以上三国，坚昆中央"。这清楚地表明了，《魏略》的记载本身也说明坚昆在康居的东北而非西北。

金发绿眼的坚昆人在叶尼塞河流域定居，是民族迁徙浪潮带来的后果。关于这一点，穆斯林波斯史家比唐朝史家观察得要更清楚。既然坚昆国在伊吾（哈密）以西、焉耆以北、近白山（博格达峰和巴里坤南面的山），④ 那么坚昆人的疆域与呼揭人的故地是多有重合的。贾伊哈尼（Ǧaihānī）笔下的乞儿吉思，是不同于突厥人和穆斯林的一个起源于斯拉夫人的人种。乞儿吉思的祖先是一名斯拉夫酋长，因为杀害了一名罗马使者，所以逃逸了。此后，他寄居于哈扎尔人和巴什基尔人（Basgirt/Baschkyren）处，在基马克和九姓乌古斯/托古兹古兹之间落脚，受托古兹古兹汗的奴役，但是后来双方闹掰了，他只能与巴什基尔人结盟，偶尔向古兹人发动袭击。"他自己所统一的部落，

---

① 《汉书》卷 70。（译按：中华书局标点本，第 3010 页）Wylie, Notes on the Western Regions. Journal of the Anthropological Institute. X, 1881, p. 51.
② Chavannes, Les pays d'occident d'après le Wei lio, p. 43, n. 2 = T'oung Pao, Sér. II, vol. VI, 1905, p. 559 s.
③ 《魏略》，见于《三国志》卷 30。（译按：中华书局标点本，第 862 页）Chavannes, Les pays d'occident d'après le Wei-lio p. 43.
④ C. Visdelou, Supplément à la Bibliothèque orientale d'Herbelot 1780 p. 78a. Chavannes l. l. p. 43 n. 2.

他称之为乞儿吉思（خرخر）。他的事迹传到了萨卡里巴[Saqlāb]人那里（译按：Saqlāb是中世纪阿拉伯史料中对斯拉夫人的称谓）。萨卡里巴的许多人携家带口地投奔他。他们与其他人会师，重新整编成一支势力。斯拉夫人的特征在乞儿吉思人身上体现得十分明显：赤（金）发和白肤。"[1] 这个关于乞儿吉思人起源的版本，与斯拉夫人的起源叙事有所杂糅，[2] 他们一定是有某种共同的起源，就如同突厥人的起源一样，[3] 后者在穆卡法（'Abd allāh b. al Muqaffa）（伊历142年，公元757年去世）的书中有所记载。也就是说，这一叙事可以追溯到8世纪。那个时候，黠戛斯已经在语言上主动地突厥化了，不过，知道他们是一种与突厥完全不同的印欧人种这一事实，就已经足够了。

那么，关于坚昆的驻地，就不必从它的名称与剑河和昆河（鄂尔浑河）之名的联系中去追索了。不过，即便是从语音的角度看，这个假设也不能成立。按照格鲁特（J. J. M. De Groot）的看法，那种认为"坚"字古音以 -m 收尾的观点，无论是在字典中还是现代方言中都找不到依据。[4] 它的古读很可能是 kin，跟今天粤语中的读音一致。要知道，根据汉语音译惯例，"坚昆"二字所音译的吉尔吉斯语源应该是没有元音和谐的，即 *Kirkuz。这个语源对我们来说是陌生的，因为我们不知道它究竟是该民族的自称，还是他称（某个伊朗语族或匈奴人的他称）。后一种说法更符合族名得来的规律。第一个音节末

---

[1] Gardēzī, 见于 Barthold, Отчетъ о поѣздкѣ въ среднюю Азію съ научною цѣлью 1893-1894, S. 85-86, 2: Mém. de l'Acad. le St. Petersbourg VIIIe Sér. vol. I Nr. 4. St. Pétersbourg 1897. 参考《新唐书》关于黠戛斯的记载，Visdelou l. c. Wilh. Schott, Über die ächten Kirgisen: Abh. der Berl. Akad. 1864 S. 432.

[2] Gardēzī, 同上，S. 85, 5-15.

[3] Gardēzī, 同上，S. 80, 17-81, 16.

[4] Schlegel, Die chinesische Inschrift auf dem uigurischen Denkmal in Kara Balgassun, S. 140 f. 他所提出的观点，是不符合逻辑的。

的 -r，在汉语音译中用 n 来表现，例如"安息"An-sik(sak) = Aršak，对此夏德举了不少例证。① 用 n 来音译外来语中的 z 音，而不是用以 -t 收尾的入声字，我们知道的有两例，"阎膏珍"Jem Ko-tin = OOHMO KAΔΦICHC，② 其中 tin 对应的是 ΔΦIC，以及"罽宾"古读 Ka-pin = Kaśmīra, *Kaśvīra，以及 7 世纪以后的读音 Kapiśa。

我们更有可能在以下名号中深挖出 qūn 的族名：

（1）乌孙的君主"昆莫"③ 或"昆弥"④。乌孙究竟属于哪个种族，至今仍没有定论。注疏家颜师古（645 年去世）在注《汉书》时提到："乌孙于西域诸戎其形最异。今之胡人青眼、赤须，状类弥猴者，本其种也。"⑤ 这一说法有多少可信度，在对汉文史料进行深入研究之前，尚不好评骘。假如它有一定的事实依据，倒是可以印证班固的说法，即乌孙与滞留该国的塞人以及大月氏人融合了。⑥ 白鸟库吉⑦ 征引的《焦氏易林》文"乌孙氏女，深目黑丑"，这是与颜师古的说法相左的，但是却告诉我们，后来的乌孙人，无论是本来如此，还是因为与早期的居民有所混血，总之是与突厥鞑靼人甚至匈奴人有着根本性区别，他们更接近伊朗种。⑧ 但是在语言上，即便原本不是突

---

① Fr. Hirth, China and the Roman Orient. Shanghai 1885 p. 139 n. 1. Fr. Hirth, Chinese equivalents of the letter "r" in foreign names: Journal of the China Branch of the Royal Asiatic Society vol. XXI (1886) p. 214 ff. Gust. Schlegel, The Secret of the Chinese method of transcribing foreign sounds. Leiden 1900 p. 13 ff. 原载于 T'oung-Pao, Sér. II vol. I.
② Ērānšahr S. 209 A. 4.
③ 《史记》卷 123（译按：中华书局标点本，第 3172 页）；《汉书》卷 61（译按：中华书局标点本，第 2692 页）。
④ 《汉书》卷 96 下（译按：中华书局标点本，第 3904 页）。
⑤ 前引 O. Franke, S. 18f. Fr. Hirth, Über Wolga-Hunnen und Hiung-nu, S. 276. Kurakichi Shiratori, Keleti Szemle III 134.
⑥ 《汉书》卷 96 下，译文见 A. Wylie, Journ. of the Anthropological Institute. vol. XI, 1882, p. 64。
⑦ 前引白鸟库吉，第 134 页。
⑧ 参考张骞和玄奘对东部伊朗人（粟特人等）的描述。

厥语，也在较早时期匈奴化了，其命运与金发的黠戛斯人如出一辙。需要强调的是，在诸如"翕侯"＝"叶护"等匈奴式名号进入乌孙之前，没有证据表明乌孙人操与匈奴一样的语言。同一名号还出现在大夏（吐火罗）、月氏（贵霜）和康居人中，① 以上三种绝对不是突厥—鞑靼语人群。在很大程度上，"昆弥"中的"弥"字反复出现在了乌孙君主的名号中，无疑它就是突厥语中的"官员" bäg = bäj, bī。这一点白鸟库吉早已提及了。② 所以，昆莫／昆弥的意思是"昆部的官员"。"乌孙"与"昆"这两个族名之间有何关联，尚待研究。白鸟库吉所推测的，昆是一个表示"大、强"的形容词，并非没有可能。我们已经证实，在公元前1世纪的乌孙语言中，g 和 j 在硬腭元音之后是可以置换的。乌孙与西突厥（十姓或十姓乌古斯）在血缘上存在紧密联系，③ 不仅可以从他们的活动范围，还可以从他们的起源叙事（两

---

① Fr. Hirth, Nachworte zur Inschrift des Tonjukuk S. 48 ff. Ērānšahr S. 208 f.
② 前引白鸟库吉，第136页。
③ 沙畹在《西突厥史料》中也讨论了西突厥的起源。具有重要意义的是第236页（如果他的说法成立的话），西突厥可汗在6世纪的驻地 Ἐκτάγ 山，与汉文史料（以及阿拉伯文史料）中的位于库车以北的"白山"相勘同。不过，考虑到7世纪（汉文文献中保存了较为翔实的资料）西突厥可汗居住在乌孙故地，似乎不能苟同沙畹的观点。根据罗马使节报告的原文，室点密（Silzibul/Sizabul）和达头（Tardu）可汗，不单是西突厥的可汗，且是突厥的大可汗，居住在金山（Altun jyš）。在公元552年土门可汗去世之后，根据突厥人中广泛接受的尊卑次序，他的兄弟室点密理应顺位成为大可汗。汉文史家在这个问题上，信息来源不仅失真，而且片面，所以不足为据。但是，我们有其他的理由佐证乌孙故地乃西突厥的发源地。
乌孙在后期经常遭到柔然的侵扰，不得已向西迁徙葱岭。自5世纪下半叶起他们就从汉地史家的视野中消失了。（《北史》卷97［译按：中华书局标点本，第3219页］）我猜测，乌孙与悦般融合了。悦般生活在乌孙的西北方，且根据《北史》："其先，匈奴北单于之部落也。为汉车骑将军窦宪所逐，北单于度金微山西走康居，其羸弱不能去者，住龟兹北。"
《后汉书》有关北单于在公元85—90年受南匈奴、丁零、鲜卑和汉朝的侵扰之后去向的记载，让我们陷入了疑云。史云："逃亡不知所在。"（《后汉书》卷89［译按：中华书局标点本，第2954页］）参考《后汉书》卷89《南匈奴传》，卷23《窦宪传》（译按：中华书局标点本，第814页。马夸特原文分别作卷119和卷53）。E. H. Parker, The Turko-Scythian Tribes: China Review vol. XXI p. 263-267, 291.《北史》所谓"西走康居"的说法，

者的始祖都是由神秘的母狼所养育，就跟居鲁士身世传说一样）得到证明。①

（2）贵霜帝国的残余——寄多罗（Κιδαρῖται/Kidarites）王朝，是由柔然/蠕蠕或者真阿瓦尔人从他们位于上吐火罗斯坦（Ober-Tochāristān）的腾监氏城（Iskīmišt）驱赶到巴尔罕城（Balchān/Βαλαάμ），位于克拉斯诺沃茨克州（Krasnowodsk）——实际上是以所谓的白匈奴人为主体的，尤其是所谓的 Čōl/梵语 Čōla 部，② 他们还曾跨过里海西海岸，将打耳班关隘的堡垒命名为 Čor/Č′oł（阿拉伯语 صول）。寄多罗王朝的末任君主于 468 年被波斯国王俾路斯（Pērōz）征服，他的名号在罗马史家普利斯库斯（Priskos）的书中作 Κούγχαν。③ 它的名号似乎就是 qūn qān，意思是"昆汗"，而嚈哒人拥有"汗"的称号这一事实已经被汉文史料所证实，例如"太汗"。④ 所谓的白匈奴人，印度人称为 Hūṇa，在文献中还有 sita/śvēta Hūṇa 或 hāra Hūṇa 的写法。前一种写法的意思无疑就是"白色的匈人"，而 hāra Hūṇa

    应该是将其与老单于郅支的事迹混淆了。
    悦般的疆域在 5 世纪往南一直延伸到库车以北的火山岩。Fr. Hirth, Wolga-Hunnen und Hiung-nu: Sitzungsberichte der bayer. Akad. d. Wiss. Philos.-philol. u. hist. Kl. 1899 Bd. II Heft II S. 268 f. 275 f. 白鸟库吉的观点，不能让人信服。（Kurakichi Shiratori, Keleti Szemle III 130 ff.）

① 参见上文第 32 页，第 39—40 行。特别值得注意的是，关于这个狼图腾的传说我们可以找到年代较早的变体，例如在公元前 2 世纪的乌孙人，还有（西）突厥（母狼是遭遗弃的男孩的乳母）的隐晦性和起源性的图腾形式（母狼与男孩交媾了）。《周书》，转引自 E. H. Parker, The Early Turks: China Review XXIV, 1899/1900, p. 120a。前引《隋书》《北史》"突厥传"回鹘人不仅早在 5 世纪，而且在后期也都有相关的图腾（作为始祖的公狼）。参考拙作 Ğuwainīs Bericht über die Bekehrung der Uiguren: SBBA 1912 S. 494.

② Warāhamihira, Brhat-Saṁhitā XI 61, XVI 38 = JRAS. N. S. V 73. 235.

③ 该名称第一次是以宾格形式出现的：τὸν Κούγχα τὸν Οὔννων ἡγούμενον, Prisk. fr. 33, 见于 Dindorf, Hist. Gr. min. I 344, 1 = Excerpta de legationibus p. 154, 6 ed. C. De Boor: Excerpta historica iussu imp. Constantini Porphyrogeniti confecta vol. I. Berol. 1903. 无论出自摘录者之手，还是出自普利斯库斯之手，这个所谓的宾格本身都应该是一个希腊语主格 Κούγχας 的形式。

④ Wehrōt und Arang S. 47 Anm.

的写法似乎是突厥语或蒙古语的 *qara qūn* = "黑色的昆"。至于 *q* 和 *h* 的语音置换，也见于哈扎尔人：他们的首都خَمْلِيخ，在伊本·鲁斯塔（Ibn Rusta）（准确地说，是穆斯林·贾尔米 [Muslim b. Abū/Abī Muslim al Garmī]）（译按：此人是公元 9 世纪拘役在君士坦丁堡的战俘，参考 I. Zimonyi and H. Göckenjan, *Orientalische Berichte über die Völker Osteuropas und Zentralasiens im Mittelalter: Die Gayhani-Tradition*, Harrassowitz Verlag, 2001, pp. 32-34）的书中却写作هَب بلغ[①] 或[②] خبلیغ = *qapy(g) balyq*。[③] 那么，*śvēta Hūṇa* 的嚈哒语原形应当就是 *čagan qūn*。[④] 如此，我们就能弄懂为何 *Čagānijān* 国（其国王以 *Čagān chuđāh* 为名号）直到后期始终留在嚈哒人的疆域内。我们可以得出如下结论，要么是整个白匈奴人，要么是在历史上从中衍生出来的一部分白匈奴人，称为"昆"（*Qūn*）。伊朗人把白匈奴人称为 ܝܘܢ *Xijōn*，叙利亚语ܚܝܘܢܐ ܟܘܫܢܝܐ "*Chioniten*，即匈人"，[⑤] 罗马史学家马塞林称为 *Chionitae*。这是人们将一个古族称（Arəğaṱ-aspa/ 阿维斯塔语 [aw.] *Hjaona*）用在一个新来民族身上的案例，正如 *Dāha*，*Tuirja* 和 *Kaṇha* 在几个世纪前发生的一样。梵语中的 *Hūṇa* 从历史学

---

① Hs. هَب بلغ.
② 写本中没有标点。al Bekrī，见于 Kunik & Rosen, Извѣстія ал-Бекри S. 43, 21 حثلغ; Gardēzī 45, Barthold, Отчетъ S. 95, 25 خبلیغ.
③ Ibn Rusta S. ١٣٩, 15. 参考笔者为古代突厥碑铭所作的历史语汇表，WZKM XII 195。哈特曼（Martin Hartmann）忽视了伊本·鲁斯塔的写法，随心所欲地认为：حسلع 就等于 خنبلغ Chan-balyg "汗八里"（不禁要问，为何不是خانبلغ 呢？），也就是蒙古人对北京的称谓。但是，与这位博学的柏林突厥学家的观点相左的是，哈扎尔的统治者拥有的是"可汗"号，而不是像多瑙河的不里阿耳人那样拥有的是"汗"号（参考拙作《Καρμπαλούχ——迈俄提斯（Maiotis）的"斯基泰语"形式》(Καρμπαλούχ, der "skythische" Name der Maiotis: Keleti Szemle XI, 1910, S. 11f.)，在马可·波罗的书中，北京的名称恰好就是"汗八里" *Caan balic*，蒙古人的 *Caan* 写作قآن。(cf. Marco Polo)
④ 值得注意的是，*čagan* "白色" 在地名 *Čagān*，*Čagānijān* 中出现，肯定是蒙古语词汇在西方的例证。对应的突厥语是 *aq*，见于 Ἐκτάγ。
⑤ Chronik von Zuqnīn (Ps. Josua Stylites) § 10.

和语音学的角度可以如此解释：他们既跟匈奴的名称无关，也跟中古伊朗语的 *Chijōn* 无关，只是碰巧在形式上与后者相似。同样，也要把 λευκοὶ Οὖννοι 与匈奴撇清关系。

（3）根据公元 575 年瓦伦提（Valentinos）的报告，欧洲阿瓦尔人（即所谓的伪阿瓦尔人）的本名是 Οὐαρχωνῖται。西突厥十姓左翼五都陆 / 咄陆 / 咄六①的首领突厥设（Τουρξάθος），以及新继位大汗 Τάρδου②的兄弟，宣布他们是突厥的奴仆。③ 在亚美尼亚地理学家阿纳尼斯·希拉卡齐（Anania Širakac'i）的书中，他们的名号是 Ալխոն *Alxon* 和 վալխոն *Walxon*。④ 据拜占庭史家塞奥非拉克特·西摩卡塔（Theophylaktos of Simokattes）的《历史》中有关突厥的记载——此段史料由一位突厥使臣于公元 598 年（存疑）带到君士坦丁堡的突厥可汗国书构成，在信中突厥可汗向拜占庭的莫里斯（Maurikios）皇帝炫耀了他战胜了君王 Turum（这段拜占庭史料，部分信息来源于突厥

---

① 关于该名号，拙作 *Wehrōt und Arang* 第 149 页有所讨论。"咄陆"一词早已在突厥始祖讷都陆的名号中出现过。"有十妻，生子皆以母族为姓。"（《周书·突厥传》，转引自 Parker, *China Review* XXIV, 120/121。参见《北史》）讷都陆十位妻子的儿子们，显然就是母狼所生的十子，根据另一版本的突厥起源传说，突厥以及阿史那氏就是从其中衍生而来的。因此，突厥氏族讷都陆的名号中应该含有"十姓突厥"（*On Türk）的语言成分，而《北史》中的"讷都陆"直接写成"都陆"。实际上，据《周书》，讷都陆本名突厥。我们注意到，常见的突厥传说认为突厥起源于高昌（西）北山，西海（里海）以东，都陆作为突厥的起源氏族，他们本来居住的地域范围可以推测出来了，突厥这个新兴民族中应该也有乌孙的成分。（参前文第 69 页）"都陆"是"突厥"的最早音译形式，东西突厥联盟的习惯译法"突厥"，是一种复数形式 *Türküt，最晚在 7 世纪下半叶应该就已经被法兰克人所熟悉了。《弗莱德加编年史》中提到的 *Torquoth/Torquotus*，无疑就是突厥。参考拙作 *Eran* II (1905) S. 252 A. 3 的历史学研究。*Chronicarum quae dicuntur Fredegarii* II 4-6. III 2: M. G. SS. rer. Merovingicarum t. II 45, 18-46, 27. 92, 1-12. Schwindler *Aethicus* 的书中作 Turchi (c. 32)/Tulchi (c. 57. 62. 63)。

② Tardu 在彼时以及稍后时期（公元 598 年）不仅自视为西突厥的可汗，而且是突厥汗国的大可汗。在汉文史料中，只有木杆可汗之弟"他钵"（572—581 年在位）能够吻合。

③ Menander Prot. fr. 43, 见于 Dindorf, Hist. Gr. min. II 86, 25. 87, 9. 16. 26 = Excerpta de legat. p. 205, 16. 25. 26, 206, 4. 12 ed. De Boor.

④ Géographie de Moïse de Corène p. 43, 14 ed. Arsène Soukry. Venise 1881. 参考拙作 *Ērānšahr* S. 141, 6. 157。

使臣，部分是采自早期的文献）——欧洲阿瓦尔人的始祖是人口滋繁、好战的 Ὀγώρ，他们居住在东方的 Τίλ 河（指土拉河或鄂尔浑河）。这个民族对应的无疑就是《北史》中的高车、狄历、敕勒，以及自北周以来的铁勒，但是 Ὀγώρ 这个名号让我们联想到乌古斯 Oguz，在突厥碑铭中 Oguz 指代的就是早期的铁勒。① "该民族最早的首领是 Οὐάρ 和 Χουννί，从他们当中还派生出了 War 和 Chunni 民族。"② 直到 7 世纪初，源自 Ogor 的伪阿瓦尔人，其中一支仍然叫 War，另一支叫 Chunni。③ 塞奥非拉克特甚至把追随可汗、为阿尔瓦人服役四十年的 Ταρνιάχ 和 Κοτζαγηροί（即库特里格尔-不里阿耳人 [Kurturgur-Bulgaren/ا‍ڸ‍ٮڡٮٮ]），以及不知名的 Ζαβενδέρ，也都追溯为 War 和 Chunni。④ 就此三支部落而言，很明显 War 和 Chunni 指代的就是 Ogor，因此 War 和 Chunni 的起源无疑就是从古代匈奴衍生出的高车。

以上有关 War 和 Chunni 的始祖以及与他们同源的阿瓦尔族的观点，并非定论，有关所谓乌古斯可汗始祖的观点也是如此。伪阿瓦尔人在北高加索地区的出现，在时间上紧随着真阿瓦尔人的灭亡（553—555 年），⑤ 他们被视为可怕的辫发野蛮人，为了维持这种误会，他们借鉴并模仿了真阿瓦尔人的名号和外形，尤其是极具特色的辫发，他们的首领采用高规格的名号 —— 当时只能阿瓦尔人（柔然）的英主才拥有的"可汗"。⑥ 我们不禁怀疑，尽管突厥也称他们当中出现了阿

---

① 参考附录 3。
② Theophyl. Simok. VII 7, 13-14 ed. De Boor: οὗτοι δὲ (οἱ Ὀγώρ) πρὸς ταῖς ἀναπολαῖς τὰς οἰκήσεις ποιοῦνται, ἔνθα ὁ Τὶλ διαρρεῖ ποταμός, ὃν Μέλανα Τούρκοις ἀποκαλεῖν <ἔθος> οἱ δὲ τούτου τοῦ ἔθνους παλαίτατοι ἔξαρχοι Οὐὰρ καὶ Χουννὶ ὠνομάζοντο ἐκ τούτων καί τινα τῶν ἐθνῶν ἐκείνων τὴν ὀνομασίαν ἀπεκληρώσαντο Οὐὰρ καὶ Χουννὶ ὀνομαζόμενα.
③ Theophyl. Sim. VII 8, 5.
④ 同上，VII, 8. 16. 17。
⑤ 他们在一顿乱窜之后，于 558 年向阿兰人的国王寻求庇护。
⑥ Theophyl. Sim. VII 8, 2-4. Theophanes p. 232, 6-10 ed. de Boor，书中提到了他们的外

瓦尔人，根据突厥人的估计，他们的数量不超过两万，[①] 而当时这个最高贵的氏族应该属于中亚的统治民族——他们在自己的民众离散之后便向西逃亡了，与众多自 546 年以来被突厥征服的铁勒人一起前行了。那么，Οὐάρ 这个名号对应的就是真阿瓦尔人的名号，即希腊语的 Ἄβαροι/Ἄβαρεις，[②] 汉语的芮芮、茹茹、蠕蠕、柔然、大檀、檀檀（参考 §4），不过该词的原形究竟是什么尚不清楚，[③] 而实际上这个名号属于那些寄居于伪阿瓦尔人之下的真阿瓦尔人，且我们可以把 Χουννί 称为真正的 Ogor（乌古斯）族，并将其与铁勒最南缘的一支——浑部联系起来。沙畹在《西突厥史料》（第 88 页）中，也将 Χουννί 与浑部联系了起来。在中亚历史上，还有许多像伪阿瓦尔人和 Οὐὰρ καὶ Χουννί 这种起源的例子。薛延陀是由"薛"和"延陀"两部（都是铁勒）构成，"先与薛种杂居，后灭延陀部有之，号薛延陀"。[④] 同样，10 世纪的奚（Tataby）和契丹也构成了一种民族。让我在接受这一假设上有

观，尤其是发式：τῷ δ' αὐτῷ χρόνῳ εἰσῆλθεν ἔθνος ἐν Βυζαντίῳ παράδοξον τῶν λεχομένων Ἀβάρων, καὶ πᾶσα ἡ πόλις συνέτρεχεν εἰς τὴν θέαν αὐτῶν ὡς μηδέποτε ἑωρακότες τοιοῦτον ἔθνος. εἶχον γὰρ τὰς κόμας ὄπισθεν μακρὰς πάνυ, δεδεμένας πρανδίοις καὶ πεπλεγμένας. ἡ δὲ λοιπὴ φορεσία αὐτῶν ὁμοία τῶν λοιπῶν Οὔννων. Johannes von Ephesos, Kirchengeschichte III 3, 25 提到"他们是辫发或长发，被称为'阿瓦尔'（Ἄβαρεις）"，同上 III 6, 45，叙利亚主教米海尔提到 Michael Syr. p. 379 a, 22-24 = II 361 publ. par Chabot："这个丑陋的蛮族（βάρβαροι）辫发，被称为阿瓦尔（Ἄβαρεις）。"（拙作《东欧东亚纪程录丛》Streifzüge S. 480 f.）Corippus, de laudibus Justini 两次提到阿瓦尔人的发式；praef. 4: illa colubrimodis Avarum gens dura capillis, horribilis visu crudisque asperrima bellis. III 262: (Avares) ... longisque inplent spatiosa capillis atria et Augustam membris inmanibus aulam.

① Menander Prot. fr. 18, bei Dindorf, Hist. Gr. min. II 48, 26-32: ὁ βασιλεύς "ἆρα ἡμᾶς ἀναδιδάξατε ὅση τῶν Τούρκων ἀφηνίασεν ἐπικρατείας, καὶ εἴ τινες ἔτι παρ' ὑμῖν". "εἰοὶ μέν, ὦ βασιλεῦ, οὕ γε τὰ ἡμέτερα στέργουσιν ἔτι, τοὺς δὲ δήπουθεν ἀποδράσαντας οἶμαι ἀμφὶ τὰς εἴκοσιν εἶναι χιλιάδας."

② Prisk. fr. 30, Dindorf, Hist. Gr. min. I 341, 5 = Exc. de legat. p. 586, 10 ed. De Boor. Theophyl. Simok. VII 7, 9. 8, 3.

③ 至于突厥碑铭中的 Apar Apurym（《阙特勤碑》东面第 4 行、《毗伽可汗碑》东面第 5 行）究竟是否是古代阿瓦尔人的余绪，尚待讨论。（Thomsen, Inscriptions de l'Orkhon déchiffrées, p. 140）Theophanes p. 239, 22，Ἀβάρων 写作 βαρβάρων。

④ 《新唐书》卷 217 下（译按：中华书局标点本，第 6134 页），转引自 Chavannes l. l. p. 94。

所顾虑的,并非(西)突厥(作为罗马人可靠的消息来源)仅仅把伪阿瓦尔人视作他们臣民 Ogor 的后裔,而是这样一个事实:在北魏时期浑部根本不在铁勒的部族之列,况且《隋书》中独洛水(土拉河)以北的十部落(其中包括浑部),总共估计才有两万兵力。

但真正让人一头雾水的是,War 这个名号还出现在另外一个在族属上既不属于高车(回鹘)也不属于柔然(阿瓦尔)的民族名称中,恰好与 *Qūn/Hūn* 部有关。War,汉语中的"滑"是白匈奴(Hephthaliten)统治部落的名称,他们的首都因之而称为活、遏换、阿缓 = *War, Awar*,亚美尼亚语的 *Warčan* = 波斯语的 **Wār-ič-ān*,阿拉伯—波斯语 ولج *Wal-iğ*, الوالجة *al Wāliğa* = **Wāl-ič-ak* 或者变体 ولوالج *Wal-wāl-iğ*, وروالیز *War-wālīz*。① 高加索地区匈人——他们是"嚈哒"(Hephthaliten)的一支(*Kamičik Hep't'alk'*)②——的都城名为 կարաշան *Warač'an*。③ 这一强大国家的君主在 9 世纪的名号是 اوار *Awār*,后来被称为"(银)座王"(صاحب السرير),④ 至今高加索民族的称谓仍然让人联想到这个古称(高加索地区嚈哒人从中而来):达吉

---

① Wehrōt und Arang S. 44 f.
② 同上,S. 94。
③ Mos. Kałankatvac'i, Gesch. von Albanien II 39 Bd. I S. 370 (Paris 1860). 41 S. 388. 42 S. 394. Wardan wardapet, Venedig 1862 S. 74. Anania Širakac'i, Geographie p. 27, 16 = 37 ed. Soukry.
④ Muslim b. Abū Muslim al Garmī bei Ibn Rusta ١٤٧, 18. Gardēzī, bei Barthold, Отчеть S. 101, 27 作اوار。在 al Balāđurī ١٩٦, 19 名号是 وهر اورانشاه (B 写本也是如此), Istachrī ١٩١L 本 (和 F 本) اهر اورانشاه,C 本 اهرراونشاه。在君士坦丁七世 (Konstantin Porphyrog. de caerim. aulae Byz. II 48 p. 688) 对应的是 εἰς τὸν ἄρχοντα τῶν Κρεβατάδων, ἤγουν τὸν λεγόμενον Κρεβατᾶν。这些形式之间彼此的关系如何,尚不清楚。看上去似乎与托马斯・阿尔茨鲁尼(Thomas Arcruni)(译按:又作 Towma Arzruni,系亚美尼亚 9—10 世纪的历史学家,代表作是阿尔茨鲁尼王朝的历史)III 10 S. 175 ed. Patkanean 中的 Աղուազք *Aurhazk'*(可能是波斯语 **afrāz*)是同一个民族:他们应该与 Canark' 一起,都是由"启蒙者格里高利"(Gregor des Erleuchter)(译按:"启蒙者格里高利"系亚美尼亚使徒教会的创建者)的孙子格里高利斯(Grigoris)洗礼的。另一个版本的传说将 *Gargark'* 和 *Kamičik Hp't'alk'* 的受洗归功于梅斯罗普・马什托茨(Maštoc')。(Mos. Kał. I 27 S. 190)这当然是时代错位的(译按:马什托茨系公元 5 世纪亚美尼亚的圣人,也是亚美尼亚文字的创建者)。

斯坦的阿瓦尔人。本地人并不知晓他们的族名来源于他们曾经的统治者的名号，[①] 这是再正常不过的事情。阿瓦尔人与日耳曼人的祖先不一样，很少使用某种统一的部族名称。只有查胡尔族（Cachuren）称为 *Awarna*，复数 *Awar-by*，以及鲁图尔族（Rutulern）称为 *Avàrdašura*（上述两个名称都是来自俄语），达尔金族（Hürkilinern）（译按：达尔金/Darginer 在 19 世纪的文献中一般称为 *Hürkiliner*）称为 *Xivaran*，地名 *Xivar*，实际上指的是旧的都城——洪扎赫（Chunzak），而对于阿瓦尔人自身来说，为了在族群意义上与其他民族区分开来而使用的名称，只有 *xunz mac'* "洪扎赫地区的语言"或者 *ma'àrul mac'* "山区语言"。此外，他们也会根据地形命名民族，例如 *Nàkxbak'au*（来自萨拉套 [Sala-tau]）（译按：萨拉套系达吉斯坦境内的山脉），*Baqxlulau*（来自巴克希鲁拉勒 [Bakxlulal] 或君贝特 [Günbet]），*Ma'àrulal*（来自山区），*Xùnzakxeu*（来自洪扎赫的人），*Hidatleu*（来自希达特林的人 [Hidatliner]）。[②] 相比之下，达吉斯坦的阿瓦尔族自己似乎保留了古代族称 *Kūn/Hūn*，[③] 位于安达拉（Andalal）以西地区的洪扎赫都城及

---

① A. Dirr（译按：阿道夫·狄尔 Adolf Dirr，系德国语言学家，专攻高加索地区），Die heutigen Namen der kaukasischen Völker S. 5a (SA. aus Petermanns Mitteilung 1908 Heft IX)，接受了乌斯拉尔伯爵（Baron von Uslar）（译按：原名 Peter von Uslar，系 19 世纪俄国的语言学家）在其《阿瓦尔语语法》"导论"中的说法。
乌斯拉尔把阿瓦尔的名称解释成一个突厥语词汇，意思是"不安分、不安定的、寻衅滋事的人"（类似于哥萨克人 [Kosaken] < 突厥语 *Qazaq*），当然是草率和不妥的。参考 R. v. Erckert, Der Kaukasus und seine Völker, Leipzig 1888, S. 258. 在我们对其历史尚且不能串联起来的情况下，还是可以肯定一点的，那就是这个词与古老的名号اوار是有关联的。
② 阿道夫·狄尔对阿瓦尔人名称的解释不是特别清楚，我心存疑虑的是，在一篇普及性的文章中简单重复乌斯拉尔的观点是否恰当，不仅没有纠正谬误，反而扩散了谬误。
③ 嚈哒人的族名 *Hūn* 在《隋书》卷 83 "康国"条中有所涉及，即"温"字，"其王本姓温，月氏人也。旧居祁连山北昭武城。"（译按：中华书局标点本，第 1848 页）把伊朗神话中的夏沃什（*Sijāwaršan*，粟特语 *Sijāwuš*）所创建的康国溯源至月氏人的说法，当然始于裴矩。这一叙事是基于嚈哒与月氏（贵霜）的融合，该进程自公元 4 世纪下半叶起有所征兆，到嚈哒王朝覆灭之后加速发展。实际上，粟特地区的王朝，例如漕（*Zābul*）国，都是嚈哒的氏族。

其居民称为 Hunz/Xunz,① 他们二者同源。值得注意的是，约达尼斯的《哥特史》(§ 269)和普利斯库斯的《拜占庭史》把第聂伯河的匈人称为 Var, 佩切涅格语对该河流的称谓 Βαρούχ = War-yg 似乎就是由此派生而来。War 似乎原本不是一个族名，而是一个地名，来源自一条河流的名称。关于嚈哒人的起源，汉文史料中的记载并不一致。据《梁书》，滑国是车师（操印欧语）的"别种"，始祖八滑是车师后王（驻金满城）农奇之子，"汉永建元年，八滑从班勇击北虏（匈奴王呼衍）有功"。②《北史》提供了两种叙事，一种认为嚈哒属大月氏,③ 另一种认为嚈哒属于高车（回鹘）。后一种说法的价值不大，因为很明显嚈哒的语言不同于高车、柔然或者任何一个"胡"族。高加索和乌浒水地区的嚈哒人，在宗教和风俗方面已经很大程度上地突厥化了：他们崇拜腾格里汗，他们首领拥有突厥式的名号。两个部落都实行一夫多妻制。更为重要的是："其原出于塞北。自金山而南，在于阗之西。"④（译按：马夸特理解成"在于阗之西都"，"都"作动词解，按今点校本"都"字下读，作"都乌浒水南二百余里"，文义更安。）可见，嚈哒人来自金山（古突厥语 Altun-jyš, 即阿尔泰山）,⑤ 既然 War 的名

---

① 根据狄尔的观点，Xunz 是 xùnzakxeu "洪扎赫的居民"的复数形式。参看前引 Erckert, S. 262。
② 《梁书》卷54。（译按：中华书局标点本，第812页）Éd. Specht, Études sur l'Asie centrale p. 19. Chavannes, Les pays d'occident d'après le Heou Han chou p. 67 = T'oung Pao Sér. II vol. VIII, 1907, p. 213.
③ 此即嚈哒与其前辈贵霜的融合。
④ 《北史》卷97。（译按：中华书局标点本，第3230页）
⑤ 此"金山"肯定不能与今天永昌县（甘肃南部离长城不远处）的金山勘同，据庄严龄（E. Parker）的说法，它对应于突厥人的故土"金山"。参见 E. H. Parker bei Vilh. Thomsen, Inscriptions de l'Orkhon déchiffrées, p. 193. The Early Turks: China Review XXIV, 1899/1900, p. 125 n. 9. 庄严龄没有论证他的观点。据《隋书》突厥起源叙事（译文见 E. H. Parker, China Review XXIV p. 170 =《北史》卷99），"或云突厥本平凉杂胡，姓阿史那氏。魏太武皇帝灭沮渠氏，阿史那以五百家奔蠕蠕。世居金山之阳，为蠕蠕铁工"。庄严龄立论所据当为此条史料。鉴于沮渠牧犍在439年归降北魏后，其盟友蠕蠕与永昌的金山已经没有关系了，当阿史那投奔蠕蠕时，他们早已迁到别处去了。

称来自于某个地名（某条河或某座山），那么一定要从阿尔泰山里去寻找。

但是，既然 Οὐὰρ καὶ Χουννί 这组族名的第一部分来源于 War，那么 Χουννί 似乎也应该是来源于某个地名。不过，在我看来未必。我推断，将弥南德（Menandros Protektor）书中（即瓦伦提的报告中）的名号 Οὐαρχωνῖται 拆分成 Οὐὰρ καὶ Χουννί 是不对的，而且我们要把它与嚈哒的名号 War 在事实层面和语言层面都加以区分，它指代的是"Warchon 人群"，在我看来，很简单，Warchon 就是鄂尔浑河（Orchon）。关于两个名号中的首音节 wa 和 o 之间的关系，我暂不遽下论断。不过值得一提的是，汉语的"王"wang 与突厥的 ong 是对应的。但是我们不能根据这种对应关系展开类推，认为"九姓回鹘（乌古斯）"和"十姓回鹘（乌古斯）"这些表述的词源——根据拉施特《史集》中有关回鹘起源的传说——就一定派生于鄂尔浑河流域与土拉河流域，因为实际上这种表述只是一个文字游戏（见上文第 36 页）。事实上，Orqon 一词还是作为名词来使用的，意思是"河流"，وآن ده رودخانه را اون اورقون نیز میخوانند "那十条河也被称为 On Orqon"。①

（4）《隋书》卷 84 中枚举的匈奴之苗裔铁勒诸部中，有一支浑部，居住于独洛水（土拉河）北。隋仁寿三年（603 年），浑部与铁勒、思结等部"尽背达头，请来降附"。②《旧唐书》将唐初的浑部列在铁勒（后来的九姓乌古斯或回鹘即从此孕育而来）的十五部之下，

---

① Rašīd ad dīn，转引自 Radloff, Das Kudatku Bilik I S. XXVI Z. 1；参见上文第 37 页 1—4 行，58 页 11 行、26 行。
② 《隋书》卷 51《长孙览传》。（译按：中华书局标点本，第 1335 页）Chavannes, Documents sur les Tou-kiue occidentaux p. 50 n.

处于第十的位置。① 唐贞观二十年（646年），浑部置皋兰州。② 在回鹘汗国时期，浑部并不在新九姓之列，而是广义上回鹘的六部之一。③ 浑部并没有出现在高车、狄历或敕勒（即回鹘在北魏时期的称谓）诸姓之列。④

到目前为止，我们还没有弄清族名 $Q\bar{u}n$ 的原初含义。或许再强调一遍也不为过的是，在诸多族称中含有 $Q\bar{u}n$ 这一成分的民族中，去推测他们与 $Q\bar{u}n$ 在族源上是否存在某种联系，过去的学者在这方面显得过于谨慎。乌孙的最早居地大致是玉门关至沙州，其西是楼兰附近的月氏。⑤ 至于乌孙的种类最初属于突厥、月氏、车师还是坚昆，我们尚未可知，因为乌孙人的墓葬还没有被识别和研究。不过可以确定的是，乌孙很早就突厥化了，他们的命运与金发的黠戛斯人类似。我们知道白匈奴人（嚈哒）来自于阿尔泰山。他们在风俗和习惯上与突厥人有诸多的相似性，但文献明确记载，他们的语言与回鹘语和柔然人的语言（通古斯语或蒙古语）是不一致的。剩下的就只有属于广义回鹘的"浑"部（我们对其知之甚少）与 $Q\bar{u}n$ "昆"（约等于 Koman "库蛮"）了。

---

① 《旧唐书》卷199下《北狄传》。（译按：中华书局标点本，第5343页）Hirth, Nachworte zur Inschrift des Tonjukuk S. 133. 《新唐书》卷217上《回鹘传上》（译按：中华书局标点本，第6111页），译文见 Chavannes l. l. p. 87 n. 3.
② Chavannes l. l. p. 91.
③ 《新唐书》卷217上《回鹘传上》（译按：中华书局标点本，第6114页），译文见 Hirth, Nachworte zur Inschrift des Tonjukuk S. 36。
④ 《北史》卷98有两处提到了高车的诸部，一处是在《高车传》开头（译按：中华书局标点本，第3270页），另一处是关于"高车之族有十二姓"（译按：中华书局标点本，第3273页），但都没有提到浑部。施古德的回鹘史编年（Die chinesische Inschrift auf dem uigurischen Denkmal in Kara Balgassun S. 1）是错误的，他开篇所列的高车十五部，反映的既不是曹魏时的历史，也不是北魏时的历史，而是唐初的历史。
⑤ 白鸟库吉 Kurakichi Shiratori, Keleti Szemle III 112.

§3. 库蛮与钦察

关于昆-库蛮（Qūn-Koman）与钦察的关系，我必须要简单引申一下。根据巴托尔德先生的看法，钦察的一部分在蒙古入侵之际生活在锡尔河下游，那里我们还发现了康里（Qangly）。[1] 康里这个名称的含义应该就是"康国人"，与 Κάγγαρ 同义——系三支著名的佩切涅格部落的名号，指代的是居住在药杀水（Iaxartes，即锡尔河）流域康国的钦察人（كنكر）[2]。巴托尔德的意见是中肯的："康里与钦察两个族名几乎是同义的。"就加尔迪兹（Gardēzī，史源是贾伊哈尼 al Ğaihānī）书中有关钦察的族源神话而言，康里与回鹘（汉文早期史料中写作高车、丁零"有高车"）没有任何关系，拉施特《史集》以及回鹘文乌古斯可汗传说[3]中关于康里词源的解释，没有什么学术价值，只是民间词源学。

根据伊斯兰史家亚库特（Jāqūt al-Hamawī）有关成吉思汗时期蒙古人征服史（I ٢٥٥）的记载，人们很容易得出结论，认为在蒙古帝国早期的钦察仍然居住在伏尔加河以东的草原地带。也就是说，鞑靼人从南方穿过打耳班关隘后，他们占领了哈扎尔人、阿兰人、罗斯人和

---

[1] Wilh. Barthold, Zur Geschichte des Christentums in Mittelasien bis zur mongolischen Eroberung. Tübingen und Leipzig 1901 S. 59 f. 60 A. 1. 此处所引 Туркестанъ въ эпоху монгольскаго нашествія 我手上没有。（见上文第 39 页注 3）
[2] 参考拙作 Chronologie der alttürkischen Inschriften S. 5 A. 6。
[3] Radloff, Das Kudatku Bilik I S. XIX, XII b.

撒哈辛人的领地,将草原上的钦察人灭掉,直到一年后他们抵达不里阿耳。不过,这一推断是不能成立的。那时候曾经属于哈扎尔人的领地主要在钦察人的手中,根据伊本·阿西尔(Ibn al Aþīr)的记载,鞑靼人在闯过打耳班关隘之后首先遭遇的是拉克济人(Lakz)(即列兹基人,多数是阿瓦尔人),然后才跟阿兰人和钦察人打交道。由此可见,玉里吉和塔塔哈儿的部队在不租河会师,被速不台统领下的蒙古大军在穿过太和岭进入钦察地区之后于1223年所击溃,[①]他们二人可视为阿兰和钦察盟军的首领,他们试图阻断入侵者。无论如何,阿西尔所记载的逃往罗斯的钦察,与罗斯编年史中逃向罗斯人并与后者一起在迦勒迦河抵抗鞑靼人的波罗维茨人是完全对应的。波罗维茨人的首领是 Kotjan,他是密赤思老(Mstislaw von Galič)大公的岳父,后者的领地主要还不在顿河东岸,而应在第聂伯河流域(译按:据"勘误与补正",此句当删),他们此后(1238年)逃往匈牙利,在匈牙利编年史中写作 Kuthen Comanorum rex。也就是说,钦察、波罗维茨、库蛮和昆(Qūn)这几个名号在该历史阶段指的是同一个人群。可以确定的是,钦察草原位于阿兰人疆域的北面和东面。据阿赫迈德·图西(Aḥmad aṭ Ṭūsī,1173—1193年)的记载,撒哈辛城内的居民深受钦察部落的骚扰,[②]指的主要是伏尔加河下游东西两岸的钦察部落。蒙古史料则表明,钦察在最初是一个地理概念,指代一片广袤的草原地带,向夏夜极短的地区延伸。[③]那里的居民有蓝眼睛和红头发。由此看来,钦察应该位于俄罗斯的北部。不过,《元史·曷思麦里传》在涉及钦察

[①] E. Blochet, Notes de géographie et d'histoire d'Extrême Orient p. 28, Paris 1909: Extrait de la Revue de l'Orient chrétien 1908-1909. E. Bretschneider, Mediaeval Researches from Eastern Asiatic Sources I 297 f.

[②] Dorn, Mélanges Asiat. VI, 1873, S. 371/2, 转引于 Fr. Westberg, Beiträge zur Klärung orientalischer Quellen über Osteuropa: Bullet. de l'Acad. de St. Petersbourg t. XI Nr. 5, 1899, S. 288.

[③] Bretschneider, Mediaeval Researches I 23. II 72. Blochet l. l. p. 33-34.

人的征服时提到，钦察位于阿兰人国境的东部和北部。在蒙古人屠杀了密赤思老（Mstislaw）治下的罗斯人和西方文献中康里首领——库图兹汗（Qutuz Chan）之后，他们再次进入钦察。① 关于蒙哥于1237年征服钦察的记载可知，钦察位于里海地区，倒也在伏尔加河附近。②

不过，鲁布鲁克（Willem van Ruysbroek, 1253/4）和柏朗嘉宾（Joannes de Plano Carpini, 1245-47）的游记却把钦察与库蛮混为一谈了。这表明第聂伯河的库蛮尼亚（Comania）延伸至札牙黑河（Jaec/Jajyq/Jajyk）（译按：即乌拉尔河。托勒密把乌拉尔河称为 Δάïκος，音译成突厥语的形式是 Jajyk），在北方与莫尔多瓦（Morduinos），必列儿（Bileri）即大不里阿耳（Magnam Bulgariam，位于伏尔加河的不里阿耳人）和巴什基尔（Bascarti, Baschkyren）即大匈牙利（Magnam Hungariam）为邻。关于绵延三十天里程的草原民族，Vlaming 说："这里本来是被称为'钦察'的库蛮人放牧之地"（In hac solebant pascere Commani qui dicuntur Capchat）③，而拉施特把罗斯编年史中的波罗维茨人直接称为钦察。有关钦察人的起源和迁徙，只有在加尔迪兹笔下记载的传说中得以厘清。可以肯定的是，柯儒恒（Klaproth）、达维扎克（D'Avezac）、哈默（von Hammer）和硕特（Schott）所主张的康里与佩切涅格同源说，④ 是毫无依据的，更是缺乏史学意义的。

---

① E. Blochet l. l. p. 30-32. Bretschneider l. l. I 299.《元史·速不台传》在速不台击败罗斯人之后，"略阿速部而还"（译按：中华书局标点本，第 2976 页），但是与《元史·曷思麦里传》以及伊本·阿西尔的记载是矛盾的。
② E. Blochet l. l. p. 34 s. Bretschneider, Mediaeval Researches I 310 ff.
③ Bretschneider l. l. II 70 f.
④ Klaproth, Tableaux hist. de l'Asie p. 279. D'Ohsson, Peuples du Caucase p. 117. 254. D'Avezac, Recueil de Voyages et de Mémoires publié par la Société de Géographie t. IV, 1839, p. 749. Schott, Chinesische Nachrichten über die Kanggar und das Osmanische Reich. Abh. der Berl. Akad. 1844. Hammer-Purgstall, Gesch. der Goldenen Horde in Kiptschak, Pesth 1840 S. 4 ff. 都把钦察和佩切涅格等同。

哈默的下面这一段话是颠倒黑白的:"钦察……本来只是指代伏尔加河与顿河之间的疆域……钦察的边界从伏尔加河和顿河延及乌拉尔河与第聂伯河,在最强盛时抵达了里海西岸,直到锡尔河,在西方则抵达了德涅斯特河河岸。"不过另一段话倒是有些道理:"根据阿布尔-哈齐的记载,钦察人的后裔始终居住的地方钦察——也就是位于乌拉尔河、伏尔加河与顿河流域的疆域,与钦察汗国是有所区别的。"《瓦萨甫史》(*Waççāf*)中明确地列举了术赤的领地有撒哈辛、钦察、花剌子模、不里阿耳、克里木(译按:即克里米亚)和乌凯克(Ukek),直到罗斯。[①] 那么,钦察理当位于撒哈辛(伏尔加河流域)和花剌子模之间。从花剌子模开始,列举的城市都是往北和往西的方向。

[①] 前引哈默,第3页。

§ 4. 鞑靼与靺鞨 *

在我把文稿寄给邦格之后，我自认为是走在了正确的大道上，但我们还需要汉文史料的佐证。不过，下面提供的解决之道，只能作为权宜之术，它是我通过严密的逻辑推导而来的，至于正确与否，尤其是关于地理学的内容，还说不准。

奥菲书中提到的مرقه往往被视作泛称，而 $Qūn$ 则被当作一个专称。前者在我看来似乎可与汉文史料中的"靺鞨"勘同，不过根据一般的说法，靺鞨是女真和满洲的祖先。我此前始终没有这个想法，直到我想起白鸟库吉的《关于匈奴民族和东胡民族的语言》（东京，1900 年）一文 —— 是白鸟库吉赠送给格鲁特教授的。汉地史家指出，五代时期（907—960 年）出现的女真，就是《隋书》和《唐书》中的靺鞨，不过这一观点在白鸟库吉（S. 59 ff.）看来是有争议的。无论如何，《新五代史》中的下面这段话是十分重要的 —— 格鲁特的译文比较可靠：[1]

> 鞑靼，靺鞨之遗种，本在奚、契丹之东北，后为契丹所攻，而部

---

* 以下内容是在 1910 年 7 月向邦格正文交稿之后补写的。
[1] 《新五代史》卷 74《四夷附录第三》（译按：中华书局标点本，第 911 页）。前引白鸟库吉文第 63 页引文有误。

族分散，或属契丹、或属渤海，别部散居阴山者，自号鞑靼。[1]

当唐末，以名见中国。有每相温、于越相温，咸通中，后朱邪赤心讨庞勋[2]。其后李国昌、克用父子为赫连铎等所败，尝亡入鞑靼。后从克用入关[3]破黄巢，由是居云、代之间。

其俗善骑射，畜多驼、马。其君长、部族名字，不可究见，惟其尝通于中国者可见云。

同光中，都督折文通，数自河西来贡驼、马。[4]

明宗讨王都于定州，[5]都诱契丹入寇，明宗诏鞑靼入契丹界，以张军势，遣宿州[6]刺史薛敬忠以所获契丹团牌二百五十及弓箭数百赐云州生界鞑靼，盖唐常役属之。长兴三年，首领颉哥率其族四百余人来附。讫于显德，常来不绝。

另《新五代史·本纪六》：

天成三年四月乙酉，鞑靼遣使者来。义武军节度使王都反。长兴

---

[1] 《大金国志》的作者宇文懋昭也注意到了这条史料。宇文懋昭在书中说，鞑靼与女真一样都是源自靺鞨，但是把鞑靼和女真二族兴起以及鞑靼在阴山衰败的时间定在了渤海国灭亡后（927年）。参考 Wilh. Schott, Älteste Nachrichten von Mongolen und Tataren (Abh. der Berl. Akad., Philol. und hist. Cl. 1845, Berlin, 1847), S. 469。

[2] 朱邪赤心属于朱邪氏，系源自西突厥的沙陀部。庞勋之乱发生在869年，被朱邪赤心平定。为了表彰他的战功，皇帝赐姓李氏，名"克用"。这些事迹见载于《新唐书》卷218，亦见于《新五代史》卷4，只是没有提到"有每相温"和"于越相温"。
"相温"实际上本来自于汉语。它就是从汉语借入古代突厥语的 *sängün*，柯尔克孜语 *sangun*，汉语原形是"将军"。Thomsen, Inscriptions de l'Orkhon déchiffrées p. 28. 149 n. 24. 155 n. 39. 188 n. 110. Radloff, Die alttürk. Inschriften der Mongolei 133a. 372b.《元朝秘史》中有"相昆必勒格"（或许可以还原成 *Sianggun Bilgä*）。E. Blochet, Introduction à l'Histoire des Mongols de Fadl allah Rashid ed-din. Leyden 1910 p. 289.

[3] 此即进入长安的关隘（译按：潼关），长安为黄巢所据。

[4] 《新五代史》和《旧五代史》的"本纪"部分都没有提到。

[5] 今直隶之定州。

[6] 或是今安徽之宿州。

二年正月庚辰，鞑靼使列六薛孃居来。

《边裔典》中关于蒙古的章节就是以上述内容开篇的。由于没有年代更早的史料，所以我们可以认为这是汉文史料中关于鞑靼的最早记录。[1]

有关靺鞨（至少是与这个名称相关）的历史，最早见于《北史》——其史源则是《魏书》和《隋书》。《北史》是有关北魏、北齐、北周和隋朝的历史。据格鲁特的译文：[2]

勿吉国在高句丽北，一曰靺鞨。

邑落各有长，不相总一。[3]

其人劲悍，于东夷最强，言语独异。

常轻豆莫娄等国，诸国亦患之。

去洛阳五千里。自和龙北[4]二百余里有善玉山，山北行十三日至祁黎山，又北行七日至洛瓌水，[5]水广里余，又北行十五日至太岳鲁水，[6]又东北行十八日到其国。

国有大水，阔三里余，名速末水。

---

[1] 人们在 Wilh. Schott, Älteste Nachrichten von Mongolen und Tataren, S. 468-474 这篇文章中找不到上述文字，他对鞑靼史料的搜集是不全面的。他好像对《新五代史》视而不见。即便如此，他的文章仍然是关于这个问题的最好读物，亟须重印。对汉文史料中鞑靼最早出现的记载讨论较为翔实的是：Reinaud, Relation des Voyages faits par les Arabes et les Persans dans l'Inde et à la Chine, Paris 1845 p. CXXXVIII s.
[2] 《北史》卷 94，《魏书》卷 100，《隋书》卷 81。
[3] 以上《隋书》同。
[4] 见下文第 85 页第 26 行。
[5] 《魏书》作"如洛瓌"。
[6] 《魏书》作"太鲁"。

83 　　其部类凡有七种,① 其一号粟末部,与高丽接,胜兵数千,多骁武,每寇高丽;

　　其二伯咄部,在粟末北,胜兵七千;

　　其三安车骨部,在伯咄东北;

　　其四拂涅部,在伯咄东;

　　其五号室部,在拂涅东;

　　其六黑水部,② 在安车骨西北;

　　其七白山部,③ 在粟末东南。

　　胜兵并不过三千,而黑水部尤为劲健。④

　　自拂涅以东,矢皆石镞,

　　即古肃慎⑤氏也。东夷中为强国。所居多依山水。

---

① 以下内容也见于《隋书》。
② 关于黑水(译按:即黑龙江),满语 Sachalian ula,西方称 Amur,见前引 Schott, S. 451。
③ 《隋书》作"白水",《新唐书》及晚期史料作"白山"。(见下文第 87 页第 8 行)
④ 《新唐书》卷 219 同,参考前引 Schott, S. 451。
⑤ 《尚书》:"成王既伐东夷,肃慎来贺。"(公元前 12 和前 11 世纪)《晋书》卷 97:"肃慎氏一名挹娄,在不咸山北。"(译按:中华书局标点本,第 2534 页)《山海经·大荒北经》:"大荒之中有山,名曰不咸。有肃慎氏之国。"(译按:《山海经详注》,栾保群详注,中华书局 2019 年版,第 586 页)白鸟库吉在与《北史》的记载进行比较之后得出结论,不咸山即《北史》之"从太"。事实上,"不咸"显然是蒙古语的 burxan "神",很适合用来命名山脉。在回鹘语中,burxan 对应的是"佛"Buddha,也是这个词的词源所在。不过,burxan 应该是由 bur + xan 构成的,如果我没有记错的话,钢和泰(Baron Stael-Holstein)早已指出来了(参见高加索匈人的名号 Ɵшլիզի t'angri-xan),bur 不是中古伊朗语(车师、于阗语、粟特语)词汇,而是汉语的"佛"but,在发生借入的时候已经读作 bur 了。参考 F. W. K. Müller, Uigurica II 94 f.《山海经》条目的年代不能确定,但毫无疑问,它的基本框架之上,经历了不同时代的层累性记载。《晋书》涉及的是公元 265—419 年的历史,7 世纪中叶成书,往前追溯的时间要更早。所以,"佛"but 这个词早在公元 5 世纪就已经从汉语中借入西北民族语言中了。鉴于 bur-xan 对回鹘人来说是本土词汇,那么它只能是经过匈奴借入东胡(靺鞨)的,表示"神"的一般性称谓。无论如何,这个词更多牵涉到的是宗教层面,而非世俗层面。读音上的相似佐证了以下的假设:靺鞨也是根据其南境的神山来命名的,"靺鞨"But-kat = *Burqat,系 burqan 的(蒙古语)复数形式。

靺鞨南境的神山,当然不能与蒙古早期历史中出现的不儿罕合勒敦山(Burxan Xaldun)

渠帅曰大莫弗瞒咄。①

国南有从太②山者，华言太皇，俗甚敬畏之，人不得山上溲汙，行经山者，以物盛去。上有熊羆豹狼，皆不害人，人亦不敢杀。

地卑湿，筑土如堤，凿穴以居，开口向上，以梯出入。

其国无牛，有马，车则步推，③相与偶耕。

土多粟、麦、穄，菜则有葵。④

水气咸，生盐于木皮之上，亦有盐池^{同上注}。

其畜多猪，⑤无羊。

嚼米为酒，饮之亦醉。

婚嫁，妇人服布裙，⑥男子衣猪皮裘，⑦头插虎豹尾。⑧

俗以溺洗手面，于诸夷最为不洁。

相混淆，后者在鄂嫩河流域。参考 E. Blochet, Introduction à l'Histoire des Mongols de Fadl-allah Rashid ed-din p. 222, 273, 274, 276。

我呼吁欧亚历史学家：这是一个遭到忽视的要害问题。欧亚历史学家和世界史学家不要再迟疑了，应该把不里阿耳人（Bulgaren, Βoύλγαρoι, Βoύργαρoς，叙利亚语 *Burgar*, *Burgārē*，亚美尼亚语 *Bulkar*, *Bolkar*）的名称，与鞑靼（*But-kat*）以及 *burxan* 联系起来，并将 *burxan* 或阿拉伯语形式 برغان *Burgān* 的 -r 解释成蒙古语的复数。我心甘情愿地让出这一发现权。

① 乌桓和室韦的首领叫"莫贺咄" = *bagatur*，在奚、契丹、乌洛侯和室韦中，"较小、低级的首领是'莫贺弗' *bok-ho-but* 或'莫弗' *bok-but*"（前引白鸟库吉，第 61 页）。此处出现的"瞒咄"显然对应于古代突厥语和蒙古语的 *bagatur* "英雄"，在后期的读音是 *batur*。至于蒙古语两个元音之间的 *g* 何时脱落的，暂时还难以遽下论断。不过，考虑到嚈哒和多瑙河流域不里阿耳人中使用的 *qan*，最初的形式就是 *qagan*，我们可以推断出这一个语音脱落的现象应该在很早时候就已经发生了。

② 《魏书》作"徙太"，《隋书》作"徒太"。参考第 83 页注 5。

③ 不见于《隋书》。室韦则相反，"无羊，少马，多猪、牛"，"乘牛车，以蓬笘为屋"。（前引 Schott，第 462 页）（译按：中华书局标点本，第 3130 页）

④ 不见于《隋书》。

⑤ 据《新唐书》，室韦亦是如此。（前引 Schott，第 462 页）

⑥ 不见于《隋书》。

⑦ 《隋书》、《魏书》作"男子衣猪狗皮"。（译按：中华书局标点本，第 1821 页）

⑧ 不见于《隋书》。

85 　　初婚之夕，男就女家，执女乳而罢。妒，其妻外淫，①人有告其夫，夫辄杀妻而后悔，必杀告者。由是奸淫事终不发。

　　人皆善射。以射猎为业。②角弓长三尺，箭长尺二寸，常以七八月造毒药，傅矢以射禽兽，中者立死。③煮毒药气亦能杀人。

　　其父母春夏死，立埋之，冢上作屋，令不雨湿；若秋冬死，以其尸捕貂，貂食其肉，多得之。

　　延兴中，遣乙力支朝献。

　　太和初，又贡马五百匹。

　　乙力支称：初发其国，乘船溯难河西上，至太河，沈船于水。南出陆行，度洛孤水，从契丹西界达和龙。自云其国先破高句丽十落，密共百济谋，从水道并力取高丽，遣乙力支奉使大国，谋其可否。诏敕："三国同是藩附，宜共和顺，勿相侵扰。"

　　乙力支乃还。从其来道，取得本船，泛达其国。

　　九年，复遣使侯尼支朝。明年，复入贡。

86 　　其傍有大莫卢国、覆钟国、莫多回国、库娄国、素和国、具弗伏国、匹黎尔国、拔大何国、郁羽陵国、库伏真国、鲁娄国、羽真侯国，前后各遣使朝献。

　　太和十三年，④勿吉复遣使贡楛矢、方物于京师。

---

① 《隋书》作："其俗淫而妒，其妻外淫，人有告其夫者。"（译按：中华书局标点本，第1821页）《魏书》作："初婚之夕，男就女家执女乳而罢，便以为定，认为夫妇。"（译按：中华书局标点本，第2220页）《北史》此处文义不通，疑译文有误。（译按：硕特的断句有误，作"妒其妻外淫人"，所以翻译错了，马夸特怀疑硕特的译文有误是十分敏锐的。）

② 不见于《隋书》。

③ 以下内容不见于《隋书》。

④ 《魏书》作"十二"。

[十]七年,① 又遣使人婆非等五百余人朝贡。

景明四年,复遣使侯力归朝贡。自此迄于正光,贡使相寻。尔后中国纷扰,颇或不至。

延兴(兴和)②二年六月,遣石文云等贡方物。以至于齐,朝贡不绝。

隋开皇初,③ 相率遣使贡献。④ 文帝诏其使曰:"朕闻彼土人勇,今来实副朕怀。视尔等如子,尔宜敬朕如父。"对曰:"臣等僻处一方,闻内国有圣人,故来朝拜。既亲奉圣颜,愿长为奴仆。"

其国西北与契丹接,每相劫掠,后因其使来,文帝诫之,使勿相攻击。使者谢罪。文帝因厚劳之,令宴饮于前,使者与其徒皆起舞,曲折多战斗容。上顾谓侍臣曰:"天地间乃有此物,常作用兵意。"

然其国与隋悬隔,唯粟末、白山为近。

炀帝初,与高丽战,频败其众。渠帅突地稽⑤率其部降,拜右光禄大夫,居之柳城。⑥ 与边人来往,悦中国风俗,请被冠带,帝嘉之,赐以锦绮而褒宠之。及辽东之役,突地稽率其徒以从,每有战功,赏赐甚厚。十三年,从幸江都,⑦ 寻放还柳城。李密⑧遣兵邀之,仅而得免。至高阳,⑨ 没于王须拔。未几,遁归罗艺。

据《新五代史》的说法,鞑靼是鞑靼之先,而鞑靼是后世蒙古人

---

① 《魏书》作"十七",据改。
② 《魏书》作"兴和二年(540年)"。"兴和"年号与历史编年相符,实际上"本纪"中也是"兴和"。据《魏书》,使者名为"石久云"。
③ 以下内容复见于《隋书》。
④ 见《隋书·本纪》。
⑤ 《隋书》作"度地稽"。
⑥ 相当于今北直隶永平府。
⑦ 位于江苏。
⑧ 一名叛军首领。
⑨ 也在北直隶。

起源之一。靺鞨的南音是 boat-kat，北魏时读如"勿吉"but-kat。无论是靺鞨还是勿吉，都可以与其本名 *Murkat 勘同，其中 -t 是蒙古语的复数词尾，实际上奥菲书中的 مرقه（可能是 مرقت 阿拉伯语化的写法），就是它的阿拉伯—波斯语的形式。由此可见，始终让人摸不着头脑的 Μουχρί，也就是一部分被突厥征服的阿瓦尔人或柔然人[①]前去投靠的对象，[②]可与《北史》里的勿吉联系起来。[③]也就是说，Μουχρί 对应的是 *Murka-t。[④] 塞奥非拉克特书中所谓 Ταυγάστ（古突厥语 Tabgač），即中国人（北周），与 Μουχρί 住得很近，这句话似乎不能理解得太实。至于 6 世纪的勿吉所居何处，《北史》的记载还是提供了大致准确的信息。他们在高句丽以北。我们说阿瓦尔人的残部或部分柔然人去投靠勿吉了，即便在汉文史料中没有记载柔然帝国瓦解的细节，也是可以解释得通的，因为柔然的始祖叫"大檀"或"檀檀"[⑤]。假如"大檀"可以与后世的"鞑靼"联系起来，至少可以推测出，阿瓦尔人与后来的蒙古人一定是关系亲密的。若上述推测大致不错，那么昆（Qūn）（甚至包括凯伊 [Qajy]）可以视作是一支突厥化了的操蒙古语的靺鞨人。

必须要指出的是，上述猜想要在地理上得到证实，还有很大的困

[①] 《宋书》卷 95、《南齐书》卷 59 和《梁书》卷 54 作"芮芮"。《周书》作"茹茹"，《魏书》和《北史》作"蠕蠕"，根据语音要素当读作 dzu-dzu。据《北史》，早期的译法是"柔然"。其余的读法 Žuan-žuan（Dzwan-dzwan）被放弃了。（De Groot）
[②] Theophyl. Simok. VII 7, 12: ἕτεροι τῶν Ἀβάρων διὰ τὴν ἧτταν πρὸς ταπεινοτέραν ἀποκλίναντες τύχην παραγίνονται πρὸς τοὺς λεγομένους Μουκρί τοῦτο δὲ τὸ ἔθνος πλησιέστατον πέφυκε τῶν Ταυγάστ, ἀλκὴ δὲ αὐτῷ πρὸς τὰς παρατάξεις πολλὴ διά τε τὰ ἐκ τῶν γυμνασίων δσημέραι μελετήματα διά τε τὴν περὶ τοὺς κινδύνους τῆς ψυχῆς ἐγκαρτέρησιν.
[③] Chavannes, Documents sur les Tou-kiue (Turcs) occidentaux p. 230 已经把塞奥非拉克特书中的 Mukri 与"靺鞨"But-kat 以及晚期的读音 Moh-hoh 勘同了，是一个通古斯语民族。
[④] 尾音 -i 也见于塞奥非拉克特书中同一处段落的名号 Οὐὰρ καὶ Χουννί 中。（与弥南德的 Οὐαρχωνῖται 不同。）
[⑤] 《宋书》卷 95。

难,至今我仍无法解决。不过,就鞑靼源自靺鞨而言,还有一条历史学和语言学的旁证。人们会认为,相较于靺鞨,室韦更应该是 Qūn 的祖先,因为室韦所居之处正好是比鲁尼书中所载 Qūn 和 Qajy 的所在地。室韦分成若干部落,其中包括蒙瓦①(即蒙古)和落坦。室韦住在东突厥以东,与南面的契丹都曾隶属于突厥。根据《新唐书》②和《太平寰宇记》③的记载,室韦部落在俱伦泊之西南,也就是在克鲁伦河以南,"水东合那河、忽汗河",北面直抵额尔古纳河(Argun)。"最西有乌素固部,与回纥接。"④值得注意的是,古代突厥碑铭中没有出现过室韦,但出现过鞑靼,且与契丹和奚都曾一度是突厥的藩属国、一度又是敌国,而鞑靼在汉文史料中首次出现则是 9 世纪末,尽管鞑靼比室韦离中原更近。

回鹘汗国衰亡之后,势必也导致了室韦的西迁,他们的驻地也随之变动,最终导致的结果便是 12 世纪蒙古人首次在历史舞台上的出现。在中唐时期尚活跃于室建河(即额尔古纳河)的蒙古人,后来退出俱伦泊,然后往东(准确地说,是往东北方向)迁徙,12 世纪时已经开始在鄂嫩河(Onon)流域以西了。

要彻底解决这一族源难题,还需对契丹的历史作一番系统的梳理。

---

① 这个字也可读作 wei 或 wu。
② 《新唐书》卷 219。(译按:中华书局标点本,第 6177 页)
③ 《太平寰宇记》卷 199。
④ 前引 Schott,第 463—465 页。

§ 5. 鞑靼与基马克

上引《新五代史》涉及的范围还要更广。在加尔迪兹书中关于北方民族的记载中，我们还找到了一则有关基马克（Kīmāk）的段落，[①]在此我谨参考译文。[②]这段文字的俄译由巴托尔德先生发表于他的考察报告中（前引巴托尔德，第 82—83 页，译文见第 105—107 页），还有 Grafen Géza Kuun, Keleti Szemle II, Budapest 1901, S. 171-175 的匈牙利语译本。格拉夫·库恩（Grafen Géza Kuun）似乎并不知道巴托尔德俄译本的存在。关于他的翻译水平我不加评论，但是他的译文似乎欠佳。[③]

[①] 温斯特菲尔德（Wüstenfeld）以及德·胡耶（De Goeje）为何读作كْيْماك，令人不解。Jāqūt IV ٣٣٤, 10 没有标出元音，但是清楚地表明了最后一个字母是 Kāf ك。无论如何，这个名称是硬腭元音（如果是软腭元音的话，早期的阿拉伯人会用خ，譬如خفشاخ = Qypčaq, خرخيز = Qyrqyz）。Kimäk 的读法同样也适用于第二个族名ايماك（下文第 90 页第 7 行），以及名号 Imäk jabgu يماك يَبْغو（下文第 93 页第 2 行）——该名号显然与族名是有关的。

[②] 图曼斯基发现的一部佚名写本《世界境域志》（حدود العالم），也有这个词条，但是他始终未向学界公布这部公元 982 年的波斯地理志。A. G. Tumanskij, Новооткрытый персидскій географъ X столѣтія и извѣстія его о славянахъ и руссахъ. Записки восточнаго отдѣленія императорскаго Русскаго Археологическаго Общества t. X, 1896, S. 130. 在基马克的条目之后是关于古兹（Guz）的内容。至于在奥菲的书جامع الحكايات ولامع الروايات中，是否也有基马克的记载，我不清楚。（下文第 93 页注释 1）

[③] 我在拙作《东欧东亚纪程录丛》（Osteuropäische Streifzüge, S. XXIX）中也发现库恩另一部作品的类似问题（不算严重）。巴托尔德和库恩只利用了牛津藏加尔迪兹的写本（O 写本），根据萨豪（Eduard Sachau）（译按：1845—1930 年，德国东方学家）的说法，该写本的品相不算好。在加尔各答的罗斯（Denison Ross）教授慷慨地为我提供了剑桥的写本（国王学院图书馆 N. 213=C 写本），他最早是通过巴托尔德《蒙古入侵时期的突厥斯坦》（II 520）了解到的，在此向罗斯教授致以诚挚的谢意。Korrekturnote 7. III. 1913.

§ 5. 鞑靼与基马克　87

就"基马克人"而言，他们的起源是，鞑靼的首领انتاول去世并留下了两个儿子。[1] 长子掌握了统治权，次子嫉妒其兄。次子叫设[2]，蓄意杀兄。但是他做不到，很害怕。这位设（C 本作شد）有一个心爱的姑娘。姑娘给他指了条路，他逃离了其兄并去了一个地方，那里是一片水域，有很多树林和猎物。他在那里下营，居住了下来。他和姑娘每天都去打猎，两个人都吃猎物的肉，用貂、松鼠和鼬的皮毛做衣，直到有七人[3] 从鞑靼的起源地[4] 过来，分别是 *Imī*（ایمی）、*Imäk*（ایماك）、*Tatār*、*Bajāndur*（بیاندر）[5]、*Qypčaq*（خفچاق）、*Lanqāz*（لنقاز）[6] 和 *Ačlād*（اجلاد）。他们是由首领的马匹带到草原上的人们，[7] 但是马匹原来所

---

[1] C 本作واورا دو پسر ماند。
[2] 经过巴托尔德先生的修正。O 本和 C 本作شده。
[3] 数字"七"在东突厥汗国颉跌利施可汗（骨咄禄）复国的历史叙事中具有重要的意义，见《阙特勤碑》和《毗伽可汗碑》。骨咄禄在最初有 27（译按：当作 17，后文的"勘误与补正"亦已指出）名勇士追随，后来变成了 70，甚至是 700。（参见《阙特勤碑》东面第 11—13 行、《毗伽可汗碑》东面第 10—11 行，Thomsen, Inscriptions de l'Orkhon déchiffrées p. 101）（译按：在突厥碑铭解读的初级阶段，学者们没有认识到古代突厥语中两位数构造的复杂性，此处的 27 应当释读为 17。）
[4] C 本作موالد آن。
[5] O 本作بلاندر；C 本作بلاندر，由巴托尔德先生改正。بایندور或بایندر，"巴音都尔"是古兹部落的一支，属于禹乞兀克（*Üčoq*）的这一系。参考 Th. Houtsma, Die Ghuzenstämme: WZKM. II 222 ff.。纳西尔丁·叶海亚（Nāṣiru addīn Jahjà）（译按：即伊本·毗毗）所著小亚塞尔柱史的奥斯曼土耳其语译本中提到，巴音都尔（بایندور）和撒鲁尔（Salur）在法赫鲁丁·巴赫拉姆沙（Fachru 'ddīn Bahrāmšāh）的率领下，于苏丹鲁克努丁·苏莱曼沙（Ruknu 'ddīn Sulaimānšāh）（1193—1204 年）在位期间已经出现在埃尔津詹（Erzingjān）了；不过在波斯语节本中阙，毫无疑问是奥斯曼土耳其语译本添加的内容。Recueil de textes relatifs à l'histoire des Seljoucides vol. III ٥٧, 15-16 = IV ٢١, 15 ed. Houtsma. Korrekturnote.
[6] C 本同；O 本作لنیقاز。
[7] 参考王延德的出使记，他提到："传云契丹旧为回鹘牧牛，回鹘徙甘州，契丹鞑靼遂各争长攻战。"（儒莲据马端临《文献通考》译，Stan. Julien, Journ. as. IVe Sér. t. 9, 1847, p. 54）（译按：中华书局影印商务印书馆万有文库本，1986 年，第 2639 页。此节内容不见于《宋史》卷 490《高昌国传》所收王延德《高昌行记》，中华书局标点本，第 14111 页）

在的地方，再没有牧场了。于是，他们向设①所在的地方前进，去寻找草场。姑娘见到他们之后，出来说："也儿的石！"（意思是"住下"）。因此，人们把这条河命名为也儿的石。由于这些人认识那位姑娘，他们便留了下来。设②回来后，他带回了丰富的猎物，招待这些客人，他们在那里一直逗留到冬天。但是下雪之后，他们不想回去了，因为那里有肥美的草场，于是整个冬天都留在了那里。大地回春之后，积雪融化了，他们派一人去鞑靼人的驻地，捎去消息。此人抵达之后，他眼见全境荒芜，人烟稀少，因为敌人已经来过，劫掠并杀害了当地人。存活下来的人，从山间庇护处出来见他，他说明了设和他几位朋友的状况。③于是，所有的人都迁往也儿的石河了，在那里安营扎寨，他们奉设④为主，而其他听说这个事迹的人也都来投靠了。一共有七百人⑤聚集在一起，为设效劳了很长一段时期。当他们在山中聚集到一定数量时，他们分成了七个部落，分别以上文中提到的七个人的名字为号。

这些基马克人都是恶毒的、吝啬的、对旅人不友好的。⑥

某日，设和他的臣民站在也儿的石河边。传来一个声音："啊，设，你在水中见到我了吗？"⑦他只见到水上漂着头发。他骑上马进入河中，抓住头发后发现，那是他的妻子可敦。他问她："你怎么掉下

---

① C 本作شد。
② O 本和 C 本作شد。
③ C 本和 O 本作 واین。(O 本阙) (O 本阙) مرد خالی شد وبا یاران خویش بکفت: 巴托尔德先生修正为：واین مرد حال شد ویاران الخ。我的释读是：واین مرد حال شد با یاران الخ。
④ O 本和 C 本作شد。
⑤ 据《暾欲谷碑》第 4 行，颉跌利施（骨咄禄）起事复兴汗国后也有 700 人的军队。Radloff, Die alttürkischen Inschriften der Mongolei. Zweite Folge. St. Petersburg 1899 S. 3.《新唐书·突厥传》说骨咄禄有 5000 人。Fr. Hirth, Nachworte zur Inschrift des Tonjukuk S. 22.
⑥ O 本作دشمن غریب, C 本作غربت دشمن。
⑦ 经过巴托尔德先生修正过了。O 本作اندر آب مراد شدی باشد; C 本作اندر یاب مراد شدی باشد。

去的？"妻子说："一只 *nihang*[①] 把我从河岸边抱起。"基马克人认为也儿的石河是神圣的，他们敬奉并鞠躬，说："此河是基马克人的神。"于是，他们给设赐名"都督"（*Tutug*），意思是"他听到了声音，进入河里，毫无畏惧"。

通向基马克的路

他从法拉卜（Pārāb[②]）前往养吉干（*Dih-i nau*），从养吉干到基马克。他遇到一条河，渡过了河，走入了沙碛——突厥人称之为اولوقم。[③] 他从沙碛到达了一条河，人们称之为 Sufuq سفوق。[④] 他渡过了河，来到盐碱地。从盐碱地他到达一座山，人们称之为 Känd-ör-Tagy[⑤]。他们一直沿着河岸走，进入了草地和树木之中，[⑥] 直到他抵达了该河流的发

[①] 也儿的石河中没有鳄鱼，所以这里指的是另一种水怪。在中古波斯语中，*nihang* 是指某种水怪。参考 Hübschmann, Arm. Gr. I 205。

[②] 参考下文的注释。

[③] O 本作اوبوقمن（C 本作اولوقمن），读作اولوقم *ulu(g)-qum*，意思是"大沙碛"。

[④] C 本如此；O 本作سقوق。

[⑤] Graf Géza Kuun, Keleti Szemle II 180 = 东部突厥语。

[⑥] Jāqūt IV ٣٣٤, 10 f. 作："基马克是在秦（Čīn）边界上外延的一个省。境内的居民是突厥人，他们住毡房，逐草而居。它距离 Ṭurārband[a]（穆斯林统治的极限）有 81[b] 天的里程，途径沙漠、山川，其中有蝮蛇[c]和偶尔能致命的小型爬行动物出没。" Qudāma ٢٠٩, 6-10 作："我们从塔拉兹（Ṭarāz）返回基马克。有人从塔拉兹到某个名为 Kawākat 处两个繁华、人口兹繁的村落。从这个地方到基马克国王的住处，对于一名骑手来说，有 80 天的里程。他只需自备口粮，因为旅程是在广袤的草原上行进的，草原上富有苜蓿叶和泉水。"在早期，商队往往是从塔拉兹（今奥里耶那塔 [Aulié-Ata]）（译按：后改名江布尔）的边境出发，就像伊本·胡尔达兹比赫在书中所指出的。Ibn al Faqīh ٣٢٨, 2-3 和 Ibn Chord. cod. B 是从 Ispēčāb 出发的。在 10 世纪，则从讹答剌（Otrār）出发，据加尔迪兹书中的行纪所载。这个重要的据点离 Pārāb 很近。根据 P. Lerch 的说法，该城的遗址在今天阿里思河（Arys，锡尔河的东部支流）的入海口稍北处，大约在今突厥斯坦以南。Trār (ترار, أترار, طرار, أظرار) 这个名称在粟特语里的意思是"通道"（来自于古代伊朗语 *tarapra，古波斯语 *tar* "渡过"），طراربند Trār-band "路障"。突厥斯坦的西部城市扫兰（Saurān），有七重堡垒，是防守古兹人和基马克人的边境要塞。在同一地区的大城市 Šugulchān 是防守基马克的一个边境要塞。（Muq. ٢٧٤, 2-3. 5; Hethum bei Kirakos, Venedig 1865 S. 214）

源地。这座山很巍峨。他沿着一条小路爬山。从 Känd-ör-Tagy 他来到了乌浒水（Asus）。这条路上，有五天时间太阳照不到行人，因为有树荫，直到他抵达这条人们所谓的乌浒水（贾伊浑河 ǧaihūn）（译按：阿姆河）。此河的水是黑色的。他从东方的天际线一直向前，直到他到达塔巴里斯坦（Ṭabaristān）的海边①。乌浒水到也儿的石河，后者是基马克领土的起点。也儿的石河四面都是野马，人们能同时见到1000或2000匹马，于是人们说②，是皇帝的座驾到了——它们变野了，而且不断繁殖。他们只能用套索抓住这些马。抓住了以后，他们骑上马背，驯化它们。它变得待人温驯了。

也儿的石河是一条大河，以至于一个人站在河的这一边，站在另一边的人都看不到他，因为河太宽了。河水是黑色的。渡过也儿的石河，便抵达了基马克人的毡房。

他们没有城墙围着的地方，③住在芦苇、山谷和平原上，蓄养牛羊，但没有骆驼。倘若某位商人带一头骆驼去那里，不到一年就死了，因为骆驼吃了当地的草就会死。他们没有一粒盐：一公斤（译按：原文作 mann，系计量单位，相当于两磅）盐可以换一张貂皮。

这个两处边境地点经常会混淆。略具讽刺的是，最近 E. Blochet（Notes de géographie et d'histoire d'Extrême-Orient p. 7 ss.: Extr. de la Revue de l'Orient chrétien 1908-1909. Paris 1909）认为，阿拉伯—波斯语的写法طراز Ṭarāz 不是指تلاس Talas，而是指讹答剌（Otrār），而瓦萨甫（Waççāf）书中正作طلاس = Talas，把طراز（应该是今天的突厥斯坦）与 Talas 混淆了。

a. Ibn Chord. ٢٨, 6 和 Qod. ٢٠٥, 7 ff. زارط.
b. So cod. o; Ibn Chord. 和 Qod.
c. Qod. ٢٠٥, 8-11.
d. Ibn Chord. ٢٨, Kawēkat 距离塔拉兹（Ṭarāz）有 7 帕勒桑。

① 读作بدریای طبرستان，而不是如 O 写本（和 C 写本）（巴托尔德先生没有措意）语义不同的 بدر طبرسان。参考拙作《东欧东亚纪程录丛》（Osteuropäische Streifzüge S. 340 A.）。
② C 本作وجنین گویند；O 本阙。
③ O 本（和 C 本）作دیوار بست，"低墙"。

他们的营养在夏天来源于马奶——他们称为 Qumyz，冬天里他们准备露天的肉干，因需取用羊肉、马肉和牛肉。那里会下大雪，草原上甚至会下长矛深的大雪。冬天里，他们把马驱赶到一处……① 称为 Ög-tag اوكتاغ 的地方。因为寒冬，所以他们住在地下用木头搭建的木屋。雪大的时候，他们就喝从 Tīrmāh 舀来的水。他们的马匹因为下雪喝不到河里的水。② 他们的猎物是貂和鼬。他们的首领被称为"伊马克叶护"（Imäk-jabgū）。③

对于历史编年来说，关于（喀什地区）突厥④样磨部（Jagma）的记载是十分重要的。如下：

关于样磨人（Jāgmāī）的相关情况⑤如下。突厥可汗眼见葛逻禄⑥的人口滋繁、渐占优势，而且与吐火罗斯坦的嚈哒（Hēṭālen）达成

---

① O 本（和 C 本）作 عراق。
② 奥菲的记载同。笔者最近已经整理好这一文献，正考虑出版。对应段落的译文是："另一民族是基马克。他们是没有房屋和村落的人。他们住在灌木丛、树林和水域处。他们是牛羊的主人，但是没有骆驼，因为骆驼在他们的土地上无法生存。在他们的国土上没有盐，商人带盐来贩卖，获利颇丰。（B 本：商人在他们土地上卖盐，一公斤 [mann] 的盐换一件漂亮的貂皮。）夏天的营养来自于马奶，冬天则是风干的肉。在该国内还有很多雪。他们会打地洞，在冬天雪太大的时候可以住。"
اصول（起源传说）不见于奥菲、伊本·鲁斯塔和贝克里（Bekrī）的书，可能并非偶然。这无疑是一条确凿的证据，说明加尔迪兹的史源是不同的，也就是他两次提到的穆卡法（'Abd allāh b. al Muqaffa）。Korrekturzusatz. 20. XIII. 12.
③ O 本（和 C 本）作 بيمال بيغو，读作 يماك يَبغوا（巴托尔德和库恩没有注意到）。其中第一部分显然是族名 ايماك。参考上文第 96 页第 25 行。
④ 前引 Barthold, S. 84, 14-85, 2. Kuun, Keleti Szemle II 266-267, 2.
⑤ O 本（和 C 本）作 احال；巴托尔德先生读作 حال；应该是 اصل。
⑥ 该族名的波斯语形式 خَلَّج，他们是自治的，也见于菲尔多西，例如《列王纪》（Šāh-nāma III 1141 v. 20 = III 329 trad. Mohl; III 1288 v. 317 = IV 23 trad. Mohl）中，تتاری وبلخی وخلَّج سوار 作 طرازی وغزّی "来自塔拉兹、古兹和葛逻禄骑士的人"。这个名称不见于 Nöldeke, Pers. Stud. II 16 = SBWA. Bd. 126 Nr. II, 1892。奥菲保留了他史源中的阿拉伯语形式。（见上文第 40 页第 16、17 行，第 42 页第 4、5 行。Korrekturnote.）

同盟、彼此联姻，再看看突厥斯坦[1]的羸弱，他对自己的统治产生了忧虑。

托古兹古兹（Toguzguz）人逃离了，从他们的部族中间逃到了葛逻禄那里，但是葛逻禄人与他们相处不来。于是突厥可汗命令他们，在葛逻禄和基马克两个政权之间定居下来。[2]

他们有一位用两种不同的奶哺养而成[3]的首领，名叫样磨（Jagmā）。在中国往左一个月里程的地方，是拥有众多马匹的富人，人们从那里能弄到（漂亮的）中国貂[4]。他们当中发生了分裂，一些人来到突厥可汗处寻求庇护。当他们靠近样磨的人并与后者结盟时，他们派了某人去突厥可汗处，报告了他们的情况，说："我们来投靠你。如果允许，我们将彻底归化为样磨人。"突厥可汗对此满意，对他们许下了承诺，答应他们的要求。于是，葛逻禄人对他们不断制造麻烦。他们被惹怒了之后，从那里迁到了基马克。过了一段时间，设-都督（Šad-tutug）[5]开始对他们不耐烦，要求他们纳税，步步紧逼。于是，他们乞求突厥可汗保护，从葛逻禄和基马克的夹缝中逃了出来，来到了突厥可汗的附近，可汗给他们的首领样磨都督（Jagmā-Tutug）的名号，与设-都督的名号相对。_{同前注}

至于如何解释这段令人棘手的传说——与葛逻禄人的起源联系在一起（Barthold S. 81, 17 - 82, 11），在此我不拟展开。不过有一点是明确的，要把样磨人[6]的起源放置于西突厥汗国的历史背景里——由

---

① 读作 ترکشان，或是"突骑施"。
② 以下的内容是此处所概括内容的延伸。
③ Salemann bei Barthold S. 108 A. 2: بدو شیر پرورد（根据 C 本）；O 本پروروو بدو سیر پردردد.
④ O 本和巴托尔德作 سموجی，读作 جیبی سمور ？（据 C 本作 نیك جیبی سمور.）
⑤ 参考上文第 91 页第 12 行。C 本作 تغ شد.
⑥ 突厥语"样磨"的意思是"劫掠"。

于葛逻禄给当时的十姓部落突骑施带来了窘境，而嚈哒的势力再次抬头[①]——也就是在 8 世纪上半叶。起初样磨生活在葛逻禄的卵翼之下，后来由于受到后者的欺凌，便到了基马克的保护之下。他们又受到基马克的压迫，便来到了突厥可汗（突骑施可汗）的附近。他们首领的名号"样磨都督"似乎表明，这一事件发生在唐朝统治下的中亚地区。无论如何，tutug（古代突厥语 tutuq）这个名号是来自汉文的"都督"，它的时代背景是：在平定东西突厥汗国之后，汉人在曾经隶属于突厥的疆域内实施了一套中国式的统治制度，于是当地的首领便被任命为"都督"。在古代突厥碑铭中，东突厥汗国复兴之后的时代内只发现两例，分别是汉人名号"*On tutuq* = 王都督"（《阙特勤碑》东面第 32 行）和 *Qošu tutuq*（《阙特勤碑》北面第 1 行）的记载。[②] 叶尼塞河流域黠戛斯人的碑铭中，此名号出现得较多，[③] 实际上汉文史料还告诉我们，贞观廿二年（648 年）太宗赐黠戛斯颉利发"都督"的官号。[④]

　　三姓葛逻禄的首领在高宗显庆二年（657 年）也获得了"都督"号。[⑤] 既然如此，样磨的首领应该也是唐朝的藩属了。实际上，随着吐蕃的兴起，唐朝在中亚的影响消退了之后，他们不再使用"都督"

[①] 公元 729 年，唐朝册封吐火罗的君主"骨咄禄颉达度为吐火罗叶护恇怛王"。（译按：此据《册府元龟》，《新唐书》"颉"字作"顿"，中华书局标点本，第 6252 页。）Chavannes, Documents sur les Tou-kiue occidentaux p. 158. Notes additionnelles sur les Tou-kiue occidentaux p. 49 (Extr. du T'oung Pao 1904). 748 年恇怛王遣使来献；Chavannes, Documents p. 159. Notes additionnelles p. 80。

[②] Vilh. Thomsen, Inscriptions de l'Orkhon déchiffrées p. 110. 111. 154 n. 38. 197. 孤舒系隶属于北庭大都护的都护府名字，让人联想到"哥舒"——系十姓之弩失毕的一部。Chavannes, Documents p. 68 n. 34. 60.

[③] Radloff, Die alttürkischen Inschriften der Mongolei S. 371.

[④] Visdelou, Hist. de la Tartarie p. 79 b (Supplément à la Bibliothèque orientale de d'Herbelot. 1788).

[⑤] Chavannes, Documents p. 86 n.

号了，而是"布格拉汗"（*Bogra-chan*）。①

受用了"设-都督"的名号之后，基马克人一定是认可唐朝的宗主地位的。可以肯定的是，基马克的首领后来启用了更加尊贵的名号"叶护"（例如"伊马克叶护"*Imäk-jabgu*）。这些似乎表明，作为一个民族的基马克至少在8世纪初就已经兴起了。这个传说表明，他们应该起源于鞑靼：由于他们遭受了某次灾难，从鞑靼中分化了出来。汉文史料中首次出现"达旦"是在唐僖宗广明元年（880年）：沙陀首领李克用在汉兵追击之下，逃往达旦，但在次年又被召回平定黄巢起义。②彼时达旦住在阴山。不过我们从《阙特勤碑》和《毗伽可汗碑》的铭文中可知，达旦民族早就形成了。在突厥汗国肇建者土门可汗和室点密可汗的葬礼上，鞑靼（也称为三十姓鞑靼③）派遣了使者，他们在骨咄禄可汗（毗伽可汗父）执政时期是突厥的敌人。④毗伽可汗进一步叙述，在其叔默啜可汗时期他跟九姓鞑靼交战，后者与乌古斯（回鹘）结盟了。⑤那时候的鞑靼，绝非无关紧要的民族。王延德的出使（981—984年）报告中，鞑靼有著姓八部。⑥关于同一时期的鞑靼（تاتار），图曼斯基（Tumanskij）发现的佚名《世界境域志》(حدود العالم)将其视为九姓乌古斯（回鹘）的一支。⑦来自同一史源的《年代纪与叙事文汇要》（*Muǧmal attawārīch*）（译按：系哥疾宁王朝的史书，佚名）中也记录了鞑靼：后来鞑靼的首领拥有 حيار（يَبُوی؟）بيوی سيمون

---

① Muǧmal at tawārīch bei Barthold, Туркестанъ I ٢٠, 4.
② 《旧唐书》卷19下，《新唐书》卷9，《新五代史》卷4。
③ 《阙特勤碑》东面第4行＝《毗伽可汗碑》东面第5行，Thomsen l. l. p. 98。
④ 《阙特勤碑》东面第14行，Thomsen p. 102。
⑤ 《毗伽可汗碑》东面第34行，Thomsen l. l. p. 126。
⑥ 《宋史》卷490。Stan. Julien, Journ. as. IVe Sér. t. 9, 1847, p. 52.（据马端临《文献通考》翻译）
⑦ Barthold, Reisebericht S. 34 A. 1: وتاتار هم جنسى از تغزغز اند "鞑靼也是托古兹古兹的一种"。

名号了。①

　　与此相对，或许还有另外一种可能性。《阙特勤碑》和《毗伽可汗碑》总是把契丹和 Tataby 相提并论，与汉文史料中契丹和奚并称的情况类似。因此，我们有理由把汉文文献中的"奚"与突厥碑铭里的 Tataby 勘同。② 不过，Tataby 这个词似乎由两部分组成，分别是 tata 和 by，汉文里的"奚"对应的只是后面的 by。我们知道契丹或辽朝是在 10 世纪时通过契丹和奚的融合而兴起的。与此类似，早在 6 世纪末铁勒的薛种"灭延陀部而有之"，组建了薛延陀政权。③ 相似的情况似乎在若干世纪前也发生在奚部上，他们与某个名为 Tata 的部落合并，但保留了奚的族称成分。倘若鞑靼（Tatar）的尾音节是古代蒙古语的复数成分 -r 的话，上述假设就能解释的通了。④ 硕特已经指出过，Tata-r 的 -r 是复数成分，不过他认为是通古斯语的复数词尾。⑤ 如果白鸟库吉的假设能够成立的话，即奚和契丹（据《辽史》，二者语言同）在语言上不属于通古斯语，而是与鞑靼一样都属于蒙古语，那么这样的一种民族融合就好理解的多了。⑥ 这样的话，柔然或阿瓦尔人（也称为"大檀"或"檀檀"，见上文第 88 页第 9 行）与后世鞑靼有关联的可能性就提高了。

　　沿着这一思路，如果加尔迪兹书中记载的传说能够传达什么信息的话，那就是基马克也是一支突厥化了的鞑靼或蒙古人，就好似 Qūn

---

① Barthold, Туркестанъ I ٢٠, 10.
② Radloff, Die alttürkischen Inschriften der Mongolei S. 429. V. Thomsen, l. l. p. 141. E. H. Parker, The Early Turks: China Review XXIV, 1899/1900, p. 128 a n. 37.
③ Chavannes, Documents sur les Tou-kiue occidentaux p. 94.
④ 关于古代蒙古语复数的不同形式，参考 E. Blochet, Introduction à l'Histoire des Mongols de Fadl allah Rashid ed-din. Leyden 1910 p. 276 n. 1. 285 n. 1. 286 n. 34. 303-305.
⑤ W. Schott, Älteste Nachrichten von Mongolen und Tartaren S. 472.
⑥ 前引白鸟库吉 Kurakichi Shiratori, S. 37-58。

(即库蛮)也是一支操蒙古语的靺鞨(*Murkat*)一样。不同寻常的是，基马克不仅完全不见于汉文史料——至少到目前为止还没有发现，而且古代突厥碑铭也是只字未提。①

族名"基马克"*Kimäk*/ كيماك 往往与"伊马克"*Imäk*/② ايماك 联系在一起。但是基马克不能解释成"七个伊马克"(如果是七个伊马克的话，应该叫 *jiti Imäk*)，而应该解释成"两个伊马克"*iki Imäk*。③ 它(与 *Imäk jabgū* يبغو ايماك 这个名号一样)只牵涉到前两个地位较高的部落 ايمى 和 ايماك，而其余的五个部落包括靺鞨和钦察，似乎都是后来加入的。这样的例子有很多。例如，十姓或十箭部落长期以来并不是指代西突厥汗国内部所有的部落，而仅指代那些核心部落；同样的，九姓也是铁勒十五部中的九个而已，甚至回鹘汗国时期只剩六部了。此外，佩切涅格部落也是由三个地位最高的 Κάγγρ (*Kängäris*) 部落和另外五部构成。当然，在九姓部落联盟创建之初，他们采纳了九种政治名号，然后严格地以两翼各四部的对称结构发展。至少在汉文史料中，九姓最初是以其领头部落乌纥("回鹘"的同音异译)来命名的。

---

① 后期的佩切涅格人在汉文史料中也是只字未提，或许是隐藏在其他的名号下。
② كماك 是加词尾 -*ak*, -*äk* 构成的族名，同样的例子还有古代突厥语的 *Sogd-aq* (粟特，阿维斯塔语 [aw.] Sugδa，亦见于克里米亚的城市名 سغداك，其居民称为 سغد。Recueil de textes relatifs à l'histoire des Seljoucides IV ١٢٩, 12. ١٣٢, 1 ed. Houtsma)，*Buqaraq*，阿拉伯—波斯语 بخارا (梵语 *vihāra*)，*Toqaraq*，阿拉伯—波斯语 طخارا。比较此处的 ايمى 和 ايماك，以乌古斯二十四部的额穆尔(*Imür*)(第十八部)——现在习惯称为 *Imr-ili*。(Vámbéry, Das Türkenvolk S. 391 A. 2)
③ 我们还是小心谨慎地处理这个问题。此处的 كمك，人们自然会想到 *iki aimaq* "两个部落"，但是后者写成阿拉伯字母应该是 كيماخ 或 ايماخ。参考前文第 89 页注 1。(译按：马夸特的意思是，如果是 *iki aimaq* 的话，其中 *aimaq* 是后元音，*q* 对应阿拉伯字母 خ 而非 ك。)

§6. 基马克与钦察

　　加尔迪兹的记载给我们带来的讯息远不止这些。在基马克的七个部落内，钦察也赫然在列。钦察当然是一个相当古老的名称。后来它以 Qypčaq 的形式出现，只要它被特别提到，就总是作为基马克的一部。在伊本·胡尔达兹比赫（Ibn Chordādbih）[①] 书中（S.٣١, 7-10），我们了解到："突厥人的领地是：托古兹古兹（Toguz-Guz）（回鹘）的疆域是所有突厥人国家中最广袤的，他们与中国、吐蕃、葛逻禄和基马克为邻，古兹（Guz）、炽俟 Čiqir (=Čigil چكل)、佩切涅格、突骑施、Ädgüš ادكش [②]、钦察（الخفشاخ）、黠戛斯（الخرخيز）——那里有麝、葛逻禄和卡拉赤（Chalač）——他们的领地在药杀水的另一边。"早期史料关于里海—黑海以北地区的记载，似乎可追溯到穆斯林·贾尔米（Muslim b. Abū Muslim al Garmī），经由伊本·鲁斯塔（Ibn Rusta）、贝克里（al Bekrī）、奥菲（Muḥammad-i ʿAufī）、加尔迪兹和《世界境域志》所继承，也就是说，钦察人的领地在佩切涅格的北面，在哈扎尔人的西南、古兹人的东部、斯拉夫人的西部。[③] 这里概括的四至叙

---

① Ibn al Faq. ٣٢٩, 3 ff. 同（摘录自胡尔达兹比赫）。在雅忽比 al Jaʿqūbī, Hist. I ٢٠٤, 7 ff., Kitāb al buld. ٢٩٥, 5 f., Istachrī 和 Ḥauqal 都阙"钦察"。
② 这个名称应该是从古代突厥语 ädgü "好的" 派生而来。
③ Al Bekrī bei Kunik und Rosen, Извѣстія ал-Бекри и другихъ авторовъ о Руси и Славянахъ S. 42, 16-43, 1:
البجا ناكيّه ... ومنهم فى الشمال بلاد خفجاخ وقيل قفجاق وفى الجنوب بلاد

述，对我们来说十分难以理解，尤其是我们没有穿过佩切涅格人的故地前往哈扎尔人领地的经历。更重要的是，我们不知道怎样理解佩切涅格人是如何在西方与斯拉夫人为邻的。斯拉夫人早在公元 6 世纪就已推进到顿河，而其中的西斯拉夫人 [lechischen Wętiči] 则抵达了奥卡河（Okà），① 那时的顿河被阿拉伯人称为斯拉夫河。②

根据上述文献记载，彼时佩切涅格人已经跨过伏尔加河，广泛分布于伏尔加河的右岸。伊本·鲁斯塔和加尔迪兹书中有关"斯拉夫人"的词条，佐证了上述观点："在佩切涅格人和斯拉夫人之间的疆域，是一段有十天旅程的道路。"③ 只是在加尔迪兹有关"马札尔人"词条的末尾我们读到："从马札尔人的地方到萨卡里巴（Çaqlāb）（译按：即 Saqlāb，系中世界阿拉伯史料对斯拉夫人的称谓）是十天的路程"，毫无疑问这是最初的原文。④ 不过，如果根据这段文字就径直认为布尔达斯（Burdās）（讲莫克沙语的莫尔多瓦族 [Mokša-Mordwinen]）（译按：布尔达斯系伏尔加河流域的一个民族）是处于哈扎尔人的隶属之下，是不能成立的。⑤ 如果按照上述四至的记载，那么他们因佩切涅格人而处于分隔状态，这是荒谬的，且有关"布尔达

[Gardēzī bei Barthold, Отчетъ etc. S. 95, 9: الخزر وفى المشرق بلاد الغزّيّة وفى اطغرب بلاد الطقلب الخ

از هر ناحيى امّى بديشان پيوسته اند از (شمال) ولايت خفجاخ واز جنوب

[Muḥammad i ʿAufī: وچند گروه گرد بر گرد ايشان اند در. مغرب حزر واز مغرب سقلاب

ناحيت شمال از ايشان زمين خفجاخ است ودر ناحيت جنوب غربى ايشان بلاد خزر و در

ناحيت مغرب ايشان بلاد صقاليه. Korrekturzusatz 20. XII. 12.]

① Prokop. ὑπὲρ τῶν. VIII 4, 9 vol. II 501, 24-25 ed. Haury. Vgl. Chronique dite de Nestor c. IX p. 9 trad. par L. Leger.
② 拙作《东欧东亚纪程录丛》第 198 页。
③ 奥菲的记载类似："他们（斯拉夫人）和佩切涅格人之间有 13 天的里程。" ومیان زمین ایشان وزمین بجناك سیزده روز راه است Korrekturzusatz.
④ 拙作《东欧东亚纪程录丛》第 466 页。
⑤ Ibn Rusta ١٤٠, 16. 18-19. Gardēzī bei Barthold S. 96, 19.

斯"的词条事实上是空洞无物的。因此，此段文字中"斯拉夫人"的名号一定是后来窜入的内容，指的是佩切涅格人后来在南俄的驻地，在原文中佩切涅格人的西邻本来应该是布尔达斯。支持这一论断的是，文献中有"布尔达斯人对不里阿耳人和佩切涅格人发动突袭"的记载。①

佩切涅格人的北邻，不是乌拉尔河②流域人口稀少的巴什基尔人，也不是伏尔加河流域的不里阿耳人，而是钦察人。加尔迪兹书中有关黠戛斯的起源传说中，巴什基尔的东邻不是钦察，而是基马克。③马苏第（al Masʿūdī）提到，佩切涅格人在故土上的敌人——他们在被赶走前与之在玉龙杰赤海（咸海）奋战——只有古兹（即西部突厥人）、葛逻禄和基马克。④人们期待，"钦察"的名称应作为佩切涅格的北邻首先出现。或许由于钦察是基马克的一部，故用基马克作为代称。佩切涅格在东方延伸到咸海，他们与古兹人接触，8世纪上半叶的三部古兹，即康嘎尔（Kangar），仍然居住在锡尔河下游，后来他们被葛逻禄人赶走了，而葛逻禄人占据了原属十姓（乌古斯）的草场（译按：马夸特认为十姓是"十姓乌古斯"的简称，乃一家之言）。在咸海的争夺，主要是围绕环咸海冬牧场的归属而展开。据此我们可以推断，钦察是基马克的西支，而基马克的疆域从也儿的石河延伸到乌拉尔河，相当于乃蛮和中部（吉尔吉斯—）哈萨克人的游牧领地。

佩切涅格人的领地应该往北直抵乌拉尔河，大约三十天路程的纵

---

① Ibn Rusta ١٤٠, 19-20. 前引 Gardēzī bei Barthold S. 96, 22。前引 al Bekrī S. 44, 17。奥菲的记载类似：ومیان ایشان وپچناکیان پیوسته خصومت ومحاربت باشد "他们和佩切涅格人之间是不断的争端和战争。" Korrekturzusatz.
② 根据加尔迪兹关于黠戛斯起源的传说（前引 Gardēzī S. 85, 18-19），巴什基尔人只有 2000 名骑兵。伊德里西同，al Idrīsī II 406。
③ 前引 Gardēzī S. 85, 18-20。
④ 拙作《东欧东亚纪程录丛》第 63 页。

深，而且林木茂盛。加尔迪兹说："通往佩切涅格的路很难走，[①] 不令人惬意。任何一个想要到达佩切涅格的人，都必须要买几匹马，因为除了骑在马背上没有别的法子，路况实在太差[同前注]。往来的商人，踏在满是林木遮蔽的路上，只能通过石头标记来认路。"[②]《世界境域志》中关于罗斯（Rōs）人疆域的描述中提到了佩切涅格境内的一座山。"罗斯的东面是佩切涅格山，南面是روتا河，西面是斯拉夫人，北面是北方荒凉之境。"[③] 这一边界描述，显然不是基于古代的史料（与罗斯相关段落的史源）。在早期史料中，罗斯仅是北方某岛屿上的一个民族，而《世界境域志》则往往将其视作大国。关于روتا河的问题，我不拟展开讨论。[④] 稍有把握的是，佩切涅格山可能指的是乌拉尔山。[⑤] 据13 世纪伊本·萨义德（Ibn Saʿīd）的记载，佩切涅格山位于库蛮人的疆域以东。[⑥]

[①] 抄本作اوان, انوان（C 本作الوان,（الواني），读作اتواني, اتواني，本义是"不可能的"。在新波斯语中已经消失的 a 前缀（P. Horn, Neupersische Schriftsprache §. 106: Grdr. der iran. Phil. I 2a S. 193），在这里无一例外地都表现了出来。

[②] 前引 Gardēzī, S. 95, 14-17。参考 Ibn Rusta ١٣٩, 5-7："在佩切涅格人和哈扎尔人之间是一段 10 天的里程，穿越草原和森林，在佩切涅格人和哈扎尔人之间没有修路，人们的旅行只能穿过这些树林和芦苇，才能抵达哈扎尔人的疆域。"奥菲的记载类似：ومیان بجناکیان وزمین خزر مسافت ده شبانروزه راه است همه بیابانها ودرختستانها وبیشه هاست وراهی مُعَیّن نیست وراه بستاره توان رفت برنج بسیار "在佩切涅格人和哈扎尔人的疆域之间有一段 10 天的里程，沿着草原、森林和芦苇，但是却没有一条像样的路，人们只能满身疲惫地踏在朝天的路上。" Korrekturzusatz.

[③] Tumanskij, Zapiski der oriental. Abt. der Kais. Russ. Archäol. Ges. Bd. X, 1897, S. 133 Z. 15-16.

[④] 这个问题的解决，对于确定匈牙利人的早期居住地具有重要意义，但是在奥菲和《世界境域志》的校勘本出版之前，是无望的。该河流的名称，在前引加尔迪兹书中作دوبا，在希哈卜（Šukru 'llāh b. Šihāb）书中作وفا（源出奥菲）。参拙作《东欧东亚纪程录丛》S. 30. 161.

[⑤] 与加尔迪兹关于佩切涅格人疆域风土描述完全不同的是贝克里（al Bekrī, S. 43, 3-4）："佩切涅格人的疆域由平原构成，境内没有一座山，也没有一处可容身的遮蔽之处。"这段文字明显描述的是佩切涅格人后期的疆域，应该是在佩切涅格人改信伊斯兰教后的历史阶段插入的内容。

[⑥] Abū'l fidā, Geogr. II 292.

§6. 基马克与钦察

佩切涅格人从位于咸海和乌拉尔甚至是伏尔加河之间的区域被赶走以后，古兹人占据了他们的故地。不过，基马克人（即钦察人）似乎也从这一波民族迁徙中获利了。至今仍不明朗的是，该如何从马苏第在关于"白也儿的石河"和"黑也儿的石河"的罕见记载中得到令人满意的理解。在《黄金草原》中，马苏第说道（I 213）："我们既没有提及黑也儿的石河，也没有提及白也儿的石河。在白也儿的石河上有一个بيغور كيماك的国家，他们是巴里黑河（Balch）（即贾伊浑河）（译按：原文作 Gaihūn，系中世纪阿拉伯史家对阿姆河的称谓）另一岸突厥人的一支。两条河流域都住着操突厥语的古兹人（الغوزية）。关于此两条河都有一些文献，所以我们能够使用，不过还是不能弄清楚它们的尽头。"其中所谓"白也儿的石河"，系该河注入斋桑泊（See Dzaizan-nor），在也儿的石河穿过山地的那一段，至今仍然有金矿。[①] 我认为，بيغور كيماك这一至今未解的名称，它的正确形式应该是كيماك يَبْغُوى，也就是"基马克的叶护"。马苏第之所以在此族名上犯错，并非偶然。他还曾认为卡瑙杰（Qanauǧ）（译按：印度北方邦）的首府名称بؤودةo等于 Mahōdaja，系卡瑙杰国王的名号。同样的错误，

[①] 阿布·杜拉夫·穆哈勒黑勒（Abū Dulaf Misʿar b. al Muhalhil）（译按：公元10世纪的阿拉伯旅行家）（Abu Dolef Misaris ben Mohalhal de itinere Asiatico commentarius ed. Kurd von Schlözer. Berlin 1845 p. 10-11）的行纪提到了基马克境内的金矿，不过其地点位于草原的更北方。他关于基马克的记载如下："我们来到一处名为基马克的地方，他们的房子是用动物皮毛做的。他们吃鹰嘴豆、埃及豆、雄兽和公羊的肉，但是不杀母的。他们那里有葡萄，一半是白的，一半是黑的。他们有一块石头，是陨石（根据伯希和的说法，是一块动物的结石，P. Pelliot, T'oung Pao 1912 p. 436 n. 1），他们用来求雨。他们在一块地方有金矿，只要简单的勘探就可以找到。他们那里有金刚石，隐藏在水流之下，还有一种带有甜味的植物，都冻僵了。他们没有国王，也没有祷祝的场所。他们有一种用来书写的文字。他们中年过八秩的老人，除非他的身体遭到了残害，都会得到人们的尊敬。我们用了35天穿越这个地方。"

值得注意的是，基马克有自己的文字。会不会古代突厥的如尼文从黠戛斯人传到了基马克那里？但是，该地至今未发现如尼文碑铭，这就显得颇为特别了。

也见于伊本·豪卡尔（Ibn Ḥauqal）的书中。① 既然基马克叶护国坐落在白也儿的石河流域，又该如何理解古兹人分布于黑也儿的石河和白也儿的石河呢？古代突厥碑铭表明，突骑施也就是西突厥（乌古斯）的领地在 7 世纪末和 8 世纪初是从（黑）也儿的石河以西开始的。② 我们不知道乌古斯的疆域在 9、10 世纪向东究竟延伸到何处。我们所知道的是，在伊斯塔赫里（al Istachrī）的时代，乌古斯叶护定居在养吉干——距离咸海大约有两天的行程。③ 我们不能把马苏第的话奉为金科玉律，因为他的写作方式和风格与现代的报纸记者差不多。即便他草率，以及在逻辑和表述上不严谨，但他的说法也不大可能是凭空捏造的。因此，我们可以这么认为，他书中关于古兹人居地那段含糊不清的叙述，是以某次牧场轮替为依据的。贝鲁尼书中的一段记载也能说明此问题："与此湖（位于阿巴尔沙赫尔［Abaršahr］[译按，即你沙不儿] 和图斯［Tōs］之间的某座山峰上）类似的是基马克境内一座名为 Min kūr منكور 的山中淡水源，④ 它状若巨盾，水漫其沿。有时候，一整支部队从中汲水，水面也不曾下降一个指头的宽度。泉水中有某位朝圣者的脚、双手、指头和双膝的痕迹，以及一个孩童的脚印和一头驴的掌印。古兹突厥人见了之后，便崇拜这些圣迹了。" 采纳了这一记载的可疾维尼（Al Qazwīnī）（译按：1877—1949 年，伊朗学者，出生于德黑兰，曾在欧洲从事学术工作，校订出版波斯文志费尼《世界征服者史》）补充道："由于他们是基督徒，所以这里描述的是耶稣

---

① 参考拙作 "Die Beninsammlung des Reichsmuseums für Völkerkunde zu Leiden" I S. LXI f.
② 《暾欲谷碑》第 36—38 行。Radloff, Die alttürkischen Inschriften der Mongolei. Zweite Folge (1899) S. 17-19.《阙特勤碑》东面第 37 行。《毗伽可汗碑》东面第 27 行。Thomsen, Inscription de l'Orkhon déchiffrées p. 110. 124. Radloff, Die alttürkischen Inschriften der Mongolei S. 60. 21. 430. 444. 453.
③ 《东欧东亚纪程录丛》第 80、339 页。参见上文第 43 页注 2，第 46 页第 27 行。
④ 可能是突厥语 *min köl tag* "千泉山" 的伊朗语化的形式。

的足迹。"① 从这一轶事我们可以进一步推断，在贝鲁尼的时代，古兹人曾经一度前往基马克人的领土。似乎这里提到的是常规性的迁徙，他们根据某种固定的习惯做法，向北迁往基马克疆域内的夏牧场。这些于伊历 435 年（公元 1043 年）皈依伊斯兰教的突厥人，夏季在伏尔加河流域不里阿耳领地内游牧，冬天则在楚河（Čui）流域的八剌沙衮（Balāsagūn）。②

这一点，尚不足以解释年代较晚的马苏第有关黑、白也儿的石河的叙述。马苏第在《提醒与监督之书》（*Kitāb at tanbīh* ٦٢, 6-9）中，把黑、白也儿的石河列举为汇入哈扎尔海的大河。"它们中的任何一条都要胜于底格里斯河和幼发拉底河。他们的入海口，彼此距离十天的路程。在两河之间有基马克和古兹突厥人的冬、夏营地。"此段文字可以与加尔迪兹书中的记载联系起来，乌浒水（Asus）（译按阿姆河）——人们从养吉干到也儿的石河的途中能见到（见上文第 92 页第 4 行）——汇入塔巴里斯坦海。很显然，马苏第所指的，只能是鄂毕河（Emba）和札牙黑河（Jajyk）（译按：即乌拉尔河），彼时是属于古兹人的牧地。但是，这一张冠李戴是如何产生的呢？我的猜测是，一部分冬天在咸海草原放牧的古兹人，夏天则在札牙黑河与鄂毕河之间渡过，而那些夏天在也儿的石河放牧的基马克人（即钦察），冬牧场则迁往札牙黑河与鄂毕河的草原。正因为这种常态性的牧场轮换——马苏第对此一无所知，他才会认为，基马克过冬和一部分古

---

① 贝鲁尼（al Bērūnī），Chronologie orientalischer Völker S. ٢٦٤, 5-8 = p. 255, 33-40，萨豪（Eduard Sachau）译。可疾维尼（al Qazwīnī II ٣٩٠）。参考 W. Barthold, Zur Geschichte des Christentums in Mittelasien bis zur mongolischen Eroberung S. 42。巴托尔德先生只引用了可疾维尼，却忘记了告诉读者一个重要的事实，那就是可疾维尼的史料来自于贝鲁尼，抑或二者有共同的史源。
② Ibn al Aṯīr IX ٣٠٠ f. 前引巴托尔德，第 50 页。

兹人过夏的河流,与黑、白也儿的石河是一回事,且基马克自古就住在白也儿的石河。

无论如何,钦察人在 10 世纪主要还是活跃于里海以北的草原上。对于这一在民族学上重要的事件,我们也不掌握什么直接的史料。目前已知的阿拉伯、波斯地理学家和历史学家对此完全沉默。① 除了一处窜入的旁注,② 伊本·阿西尔迟至伊历 514 年(公元 1120 年)才提到钦察قفجاق —— 作为格鲁吉亚人的盟友。③ 那时的钦察人一定已经囊括了伏尔加河以西的草原。人们期待从西班牙—阿拉伯旅行家阿布·哈米德·加纳蒂(Abū Ḥāmid Muḥamaad b. ʿAbd ar Raḥīm al Garnāṭī)(伊历 560 年 / 公元 1164 年去世)的行纪中找到关于钦察的更详细的记载,因为他曾经于 1131 年在里海航行,并于 1135/6 年到访不里阿耳。格奥尔格·雅各布(Georg Jacob)(译按:德国东方学家,1862—1937 年)曾打算出版此人的行纪,但是至今未见。但是,在该书关于撒哈辛城市的段落中 —— 可疾维尼(al Qazwīnī II ٤٠٢)也采纳了此段记载 —— 只提到了古兹人。④

如果寄希望于伊德里西(人们更有理由对其寄予厚望)的记载,那就更大失所望了,他在书中提到了所谓 جاناخ بن خاقان الكيماكى 的文字。⑤ 在关于中亚和东亚的章节中,伊德里西是从一部佚名的作品中

---

① 波斯语著作《世界境域志》包含了一个关于خفجاخ的特别篇章(f. 19a)。前引图曼斯基,第 130 页。我们没有一部关于萨曼王朝的专门史。拜哈吉(Baihaqī)的回忆录,本最有希望成为这样的作品,但是我们也只是有局部内容,而"印度学图书集成"(Bibliotheca Indica)的版本甚至都没有索引。
② IA V 84(伊历 104 年 = 公元 722/3 年),قفجاق和其他突厥人被称为哈扎尔人的盟友。这一叙述有晚期润饰和加工的迹象,它表明钦察人以格鲁吉亚人الجنز(参下注)雇佣军的身份第一次登上历史的舞台。
③ Ibn al Aḫīr X ٣٩٩, 2. 7. 见上文第 56 页注 3。
④ 这里的意思是"其居民有 40 部古兹人组成"。
⑤ Géographie d'Edrisi trad. par Jaubert I p. XII. 该史料一部分源自伊本·豪卡尔(Ibn Ḥauqal),一部分源自موسى بن قاسم القردى和雅忽比(al Jaʿqūbī)。

抄录的，但真正导致其作品价值不高的原因，并不是草率，更多的是因为他在行纪中抄录了不同的奇书（كتب العجائب），尤其是他把从托勒密书中了解到的地名，当成了真实存在的地方，甚至为它们配上文字说明。只要不把托勒密等其他希腊史料中抄录的地名剔除——就像我们已经处理过非洲部分的那样，[①] 他的书就不能用。当然，必须要以收藏于斯特拉斯堡（Straßburg）的花剌子密（al Chuwārizmī）抄录的托勒密《地理志》为蓝本。这位罗杰［国王身边］的地理学家[②]（译按：伊德里西于1145年成为西西里国王罗杰二世［Roger II］的参事）把اطراڡ اقان比定为葛逻禄境内的一座城市，距离葛逻禄可汗的汗廷有六天的路程，错误地对应托勒密 Ptol. VI 16, 8 (165° 37¼°) 书中的Ὀττοροκόρρα，实际上在花剌子密抄本中写作اطراراقان，才是正确的形式。[③] 希腊语原文中还记载了قرنطية，坐落于غاغان海岸的一座大城，显然属于托古兹古兹境内，离اقان اطر有十天的路程。这是人们进入基马克国境后遇到的第一座城市。还有دموري，属于基马克，离葛逻禄汗廷有十二天的路程，它和سروس都坐落于شاريار河岸，该河流域有75帕勒桑长，在北方下游地区汇入غاغان海。还有سالونية，距离دمرتاخ有四天的路程。[④] 还有属于基马克的خناوش城。قرنطية应该距离باخوان有七天的路程，距离اطراقاتا有三天的路程。关于باخوان/Bāchwān 的位置可以确定：毫无疑问就是今天的阿克苏，汉文史料中写作姑墨、亟墨，或怖

---

① 参考拙作 "Die Benin-Sammlung des Niederländischen Reichsmuseums für Völkerkunde" I: Prolegomena S. CLXIII. CXCIX f.。
② 参考 Nallino, al Chuwārizmī e il suo rifacimento della geografia di Tolomeo p. 42。
③ Géographie d'Edrisi trad. par Jaubert II 214 ss.
④ 这个地方离باش قصر有四天的路程，据伊德里西的记载，距离塔拉兹有45里（=15帕勒桑），据伊本·胡尔达兹比赫（Ibn Chord. ۲۸, 9-10）的记载，有（3+2=）5帕勒桑（见下文第110页）。

汗、钵浣、拨换。① 但是，任何据此来推断基马克疆域的结论都是有问题的，同样，使用关于سيسيان——在基马克境内اسطرلاب以东十二天路程（II 222）——的记载，也是有问题的，因为那里实际上是由歌革（Gog）和玛各（Magog）所废弃的城市（II 410）。② 这个地方与سمريقى不能分开。两个名称都是来自于马蒙王朝（Al-Ma'mūn）的地图，其中标作بلاد سيريقى وهى سيسيان，也就是托勒密书中的Σηρική，被解释成 *Sīsijān*。③ 该名指的是东部突厥斯坦（译按：即西域），与皮埃尔·约伯（Pierre A. Jaubert）（译按：法国东方学家，1779—1847年）所勘定的辛比尔斯克（Simbirsk）没有任何关系。

更不靠谱的是伊德里西（II 222-223）关于基马克的笼统性叙述，不大符合一个突厥语游牧民族的生活方式，关于这点我们下文还将论及。我们所掌握史料的匮乏程度，使得我甚至要引用波斯语《列王纪》的内容。

在凯·库思老（Kai Chosrau）（译按：汉译本《列王纪》译作"凯霍斯鲁"）和阿夫拉西亚伯（Afrāsijāb）之间最后一次大规模战役中，当命运把他逼到墙角时，"我渡过基马克海，把世界和我的皇冠丢给你，冈格堡（Kang diž）属于你的安息之地。不要再把我当作王侯"。④ 占领了冈格堡之后——是由中国天子（Fagfūr）（译按：汉语"天子"的古波斯语译名是bagapura，意为"天之子"，*fagfūr*／

---

① P. Pelliot, T'oung Pao Ser. II vol. 7, 1906, p. 553-556.
② 某个地点或地区现在处于荒芜之中的说法，用非洲作为幌子，实际上透露了这个地名是从托勒密那里沿袭而来的。参考拙作"Die Benin-Sammlung des Niederländischen Reichsmuseums für Völkerkunde" I: Prolegomena S. CC.
③ Nallino l. l. p. 42 n. 5. 44 n. 5. 在سيسيان *Sī-sijān* 中，应该隐含了某个汉文史料对西域的称呼，其中的 *Sī* 无疑对应的就是"西"。
④ Šāh nāma Bd. III S. 1333 v. 1195 ed. Vullers. 吕克特（Fr. Rückert）译《列王纪》Bd. III S. 178 v. 1220.

fagfūr 是 *bagapura* 的异写）派来的援军搞定的，阿夫拉西亚伯前往埃斯帕鲁兹（Asprōz）山，并从那里去往一汪海，不过不是基马克海，而是"扎列泊（Zirih）"。[1] 他们渡过了该水，到达了冈格堡，在那里执行了计划，随着运气的好转，他又折回渡过了扎列泊，并报了仇。凯·库思老对这个不好的消息说："我用尽洪荒之力，把夏沃什（Sijāwuš）的仇恨系在腰带上，向中国和莫克兰（Mukrān）派遣军队，跨过基马克海。"[2]

中国的天子投降了，莫克兰当然也被镇压了。此后，凯·库思老在莫克兰逗留了一年，踏上了穿越沙漠的征程，到达了扎列泊。通过来自莫克兰和中国的航海专家，他做好了航行出发的准备，将踏上巨大的冒险征程。航行持续了整六个月，在第七个月遭遇了旋涡，即所谓的"狮口"（فم الاسد）。在这里人们偶尔会见到妖怪，还有头发像套索而且身上长满了羊毛的人，以及鱼身豹首的生物。[3] 在这个危险的地方并没有发生意外，人们登陆了一处荒芜的海滩，连接着一片沙漠。在凯·库思老越过流沙之后，"他见到吵杂的中国式城镇，语言则类似于莫克兰"。[4] 从那里到冈格堡还有 100 帕勒桑的路程，既没有水，也没有山。[5]

或许《列王纪》作者的叙述颇显魔幻色彩——他的地理概念甚至比《亚瑟王传奇》作者的地理概念都更加模糊和不清[6]——但有一点是明确的，即对于诗人来说，基马克海与扎列泊是一对互通的概

---

[1] Šāh nāma Bd. III S. 1359 v. 1705-1718. Rückert III 196 v. 1728-1741。
[2] Šāh nāma III 1360 v. 1725-1726；吕克特译《列王纪》III 197 v. 1748。
[3] 同上 S. 1373 v. 1971-1993. Rückert III 204 v. 1996-2018。
[4] Šāh nāma III 1374 v. 2000. Rückert III 205 v. 2026。
[5] S. 1375 v. 2015 f. Rückert III 206 v. 2036 f.
[6] 诗人菲尔多西在地理学上的无知，从一个事实就可以看出来，他竟然不知道自己故乡河流的中古波斯语名称 *Sind*，而是写作شهد。参考 Wehrōt und Arang S. 7。

念，对此吕克特（Friedrich Rückert）（译按：德国诗人、东方学家，1788—1866 年）早就指出来了。[1] 既然扎列泊位于莫克兰的另一岸，我们首先想到的就是印度洋了。在前文中某处描述凯·卡乌斯（Kai Kāōs）前往哈马瓦冉（Hāmāwarān）的途中，所谓的"扎列泊"就是指印度洋，具体而言是印度洋中的亚丁湾。沙赫王要他的军队坐船从尼姆鲁兹（Nēmrōz）（萨迦斯坦 [Sagistān]）[译按：即锡斯坦 Sitān]），渡过扎列泊，前往埃及，然后"前行到三个国家交界处：左边是 Miçr，右边是柏培拉（Barbar/ Berbera）（译按：柏培拉，《酉阳杂俎》作拨拔立，《诸蕃志》作弼琶啰国），中间是扎列泊。他要到扎列泊的另一边去，来到了哈马瓦冉国"。[2] 柏培拉国（aþ Pa'ālibī, p. 158）或柏培拉斯坦（Barbaristān），是三国兵力聚合的地方，即古代的 Βαρβαρία，在亚丁湾以南的索马里海岸名为柏培拉的城市，至少从 12 世纪起人们就把索马里称为بَرْبَر，复数形式是برابر。[3] 自帕提亚王朝晚期起，波斯人就用هاماوران（在波斯创世神话《班达希申》/Bundahišn 中作شمبران Šambarān/Šamīrān[4]，在 § 50 的城市名单中作شمیران Samarān，阿拉伯语形式是سمرن, سامران来源于شمیران *Ḥimjarān）指代南阿拉伯的希木叶尔王国（Ḥimjar，希腊文献中称为 Homerit）。[6] (塔阿利比 [aþ Pa'ālibī] 在《波斯史》第 155 页中，通过ملك حمير正确地解释了与

---

[1] 吕克特译《列王纪》III 224. 228。
[2] Šāh nāma I 382 v. 38-41 = II 4 trad. Mohl.
[3] 参考拙作 Die Benin-Sammlung des Niederländischen Reichsmuseums für Völkerkunde I S. CCXCVII。
[4] J. Darmesteter, Le Zendavesta II 401 n. 23. The Bûndahishn ed. by Ervad Tahmuras Dinshaji Anklesaria. Bombay 1908 p. 212, 10. Pahlavi Text Series vol. III. 字符ﺟ实际上是拉长了的ﺩ。
[5] Pahlavi Texts ed. by Jamaspji Dastur Minochecherji Jamasp-Asana I p. ۲۳. Bombay 1897.
[6] 参考 Ērānšahr S. 26 A. 1. J. Darmesteter, Études iraniennes II 221- 225。

凯·卡乌斯作战的也门国王的名号هماوارانشاه。）曼德海峡（Meerenge von Bāb el Mandeb）的左岸是埃及，右岸是柏培拉，前方是也门。

《列王纪》的作者，早已从其他传说中听说过"扎列泊"是印度洋的名称了。不过，就我们讨论的这个段落而言，他的史料来源中肯定也提到了中国海。根据塔阿利比——他与菲尔多西使用的史源相似，冈格堡城（阿夫拉西亚伯从 Bihišt-Kang 逃入该城）坐落于中国那边的海岸。[1] 相比之下，《列王纪》的叙述更加详细，他提到凯·库思老从中国踏上了前往莫克兰的征程，[2] 极可能他把经常与莫克兰（Mākurān/Mukrān）并举的地名 Turan（阿拉伯语طوران或طوران）（其都城是 Qoçdār），[3] 与跟中国有涉的 Tūrān 混为一谈了，[4] 所以我们怀疑，首先在他眼前浮现的是否是锡斯坦（Sīstān）的海——在中古甚至早在古代，此海就被称为扎列泊了，Zirih = 中古波斯语（来自于米底语）zrēh "湖、海"（阿维斯塔 zrajaṇh，古代波斯语 drajah，中古波斯语 draj-āp "海流"），[5] 它与神秘之海 Kąsawja 是一回事，其遗迹是今天的哈蒙湖（Hāmūn-Sumpf）。位于此海附近的埃斯帕鲁兹山就显得格格不入，因为后者被认为是在马赞达兰（Māzandarān），[6] 更确切地说是在里海。菲尔多西似乎是刻意为之，这一点可以从位于扎列泊中的旋涡名为"狮口"得到印证——无疑与哈扎尔海内的旋涡（波斯语 Dahān-i šēr）是一回事，据 Ibn al Faq. ٢٨٩,19–٢٩٠,17 的传说，库思

---

[1] al-Thaʿālibi, Histoire des rois des Perses publiée et traduite par H. Zotenberg, Paris 1900, p. 229.（下文第 109 页注释 2）
[2] Šāhnāma III 1369 v. 1905. 1390 v. 2097. Rückert III 201 v. 1928. 210 v. 2119.
[3] Ērānšahr S. 31.
[4] Šāhnāma 379 v. 3, 凯·卡乌斯从伊朗到土兰和秦，再从那里到莫克兰。
[5] 地名 *Zraṿka, *Draṿka 就是来自于此。
[6] Šāh nāma I 325 v. 168. 348 v. 536. 349 v. 556；吕克特译《列王纪》I 322. 342. 343。参考拙作 Wehrōt und Arang S. 157 A. 2.

老一世（Chosrau Anōšarwān）（译按：萨珊波斯国王，531—579 年在位，《隋书》称"其王字库萨和"）曾到过此地。从古尔干（Gurgān）（译按：阿拉伯语意思是"白城"）① 到哈扎尔都城拜达（al Baiḍā'）（本名 Sarygšahr，突厥语意思是"黄城"）有四个月的路程。在 al Istachrī ٢١٩,13-15 书中只提到 Sijāh Kōh（曼格什拉克半岛 [Min-qyšlaq]）（译按：Sijāh Kōh 系波斯语名称，意思是"黑色的山"）境内的一条运河，对于风动力船是危险的。这条水涡应该就是卡拉博加兹（Qara bugaz）水道（译按：卡拉博加兹，突厥语意思是"黑色的或浩瀚的湖"，是里海的一个潟湖，位于土库曼斯坦境内。）——德利尔（Delisle）（译按：指法国地图学家纪尧姆·德利尔 [Guillaume Delisle, 1675—1726 年]）就把卡拉博加兹描述成旋涡。所谓的"基马克海"指代的肯定是里海，在我看来，别无他解。波斯人对里海的另一个年代稍早的称谓是"古兹海"，بحرغزه或بحرغرغ。② 但是，基马克海和古兹海都是现代的命名。真正意义上的史诗级名称，保存在塔阿利比（以及菲尔多西）的书中。他在波斯帝王史的书中提到在土尔（Tōz/Tūr）失利之后发生在萨勒姆（Salm）和玛努切赫尔（Manōčihr）之间的战争，"萨勒姆筑起了工事，可以防御，然后他想撤回到位于阿兰海中一座岛屿上的属于他和土尔的城堡内，那里有军粮和物资，于是下令船只整装待发"。③ 在这座城堡里有萨勒姆和土尔的财物。④《列王纪》的作

---

① 据 ٢٩,18，古尔干的居民是为库思老提供消息的人。
② Klaproth, Notice de la mer Caspienne: Mémoires relatifs à l'Asie III p. 272，见 Géza Kuun, Codex Cumanicus p. LXIV.
③ Thaʿâlibî, Historie des rois des Perses publiée et trad. par. H. Zotenberg p. 61: وبنی سلم امره علی ان یدافع ما امکن ثم ینحاز الی حصن له ولتوز فی جزیرة بحر آلان مشحون بالمیر والذخائر وأمر باعداد السفن والزواریق لذ لك الخ.
④ 同上，p. 64。

者在行纪中描述了此城堡的状况。根据菲尔多西的文字，此次行程的路线是从塔米塞（Tammēša）①（法里东[Frēdōn]的驻地）和纳尔温（Nārwan）森林，到塔巴里斯坦和古尔干的边界。（参《列王纪》I 106 v. 816. 819[译按：中译本《列王纪》，商务印书馆2017年版，第1卷第50节，第213页]）兄弟二人率领伊朗军队，与阿兰海背向而行。②很快与敌军交战，以兄弟盟军的失利而告终，其地点应该是古尔干。土尔发动了一次夜袭，但是他的部队失败了，他本人被玛努切赫尔杀了。得知这一消息后，萨勒姆决定撤回到身后的城堡中，而玛努切赫尔则极力阻止。"当萨勒姆从战场上像蛇一般蜷缩回来后，他安稳地待在了海上阿兰堡内了，任何人都对他动弹不得。他拥有一块耸入云端的地方，以来自大海深处的艺术点缀。所有的宝藏都安放在此点，他处于胡迈（Humāi）的卵翼之下"。③

这里提到的"阿兰堡"，只能理解成位于里海的某一岛屿上，但是对其占领的叙述表明，它离海岸很近，那一定是与海岸之间通过一座狭窄的堤坝连接在一起的。符合这一记载的只有布海拉（al Buḥaira）岛，这倒也是很合理的，因为突厥部落，更准确地说是嘛哒部落 Čōl 很早以前就在此岛兴建要塞了，直到伊历98年（公元716/7

---

① Unters. zur Gesch. von Eran II 56.
② 传世文本 v. 830 作：
کشیدند لشکر بدشت نبرد   الانان ودریا پس پشت کرد
"他们（土尔和萨勒姆）进入战场，阿兰人和大海在他们的身后。"但是与塔阿利比的记载比较之后，我们有把握认为，这里应该写作 درد الانان "阿兰海在他们身后"。这些地理上的信息，往往是文本史源的试金石。由于专有名词会按照韵脚有所变化，诗人经常会对其做一些或大或小的改动。例如，بزرگمهر变成了بوزرجمهر，后期甚至改成了ابو زرجمهر，或者一拆为二，菲尔多西最喜爱的英雄ویرزین وخراد拆成了两个人物ویرزین وخراد، هرمزد خرازین（Wehrōt und Arang S. 165 A. 1）。但是，即便不是这种情况，人们也不会费多少事来弄清楚。
③ Šāh nāma I 115 v. 939-943.

年）才被迫让给雅兹迪·穆海莱卜（Jazīd b. al Muhallab）（译按：伍麦叶王朝的一位行省长官，出自穆海莱卜家族）。这座岛离德希斯坦（Dehistān）有 5 帕勒桑的距离，而德希斯坦距离古尔干的玛尔兹班（Marzpān）（译按：波斯的地方官）的驻地有 25 帕勒桑。[①] 正如霍夫曼（G. Hoffman）所指出的，这里指的只能是米哈伊洛夫斯克海湾（Michailowsk）的切勒肯岛（Čeleken）（译按：系哈扎尔人的城市，在里海东海岸，今土库曼斯坦境内）。[②] 菲尔多西笔下的"阿兰堡"与"阿兰人城堡"要严格区分开来，后者据说是埃斯凡迪亚尔（Spandijāt）（译按：即《列王纪》中的英雄人物 Esfandīār）在高加索建的，可与后世的阿兰人门户（达里尔峡谷 [Darial]）勘同。[③]

塔阿利比和菲尔多西依据同一史源中所讲述的玛努切赫尔对土尔和萨勒姆的报仇，在他的史诗叙事中确实是时代比较晚的。卡兰（Qāren）和库巴德（Qobād）的人物形象，以及他们在本章节和努扎尔章节（Nōđarepisode）（译按：据《列王纪》，努扎尔系波斯俾什达迪王朝第九代沙赫）中作为军队首领的角色，西奥多·诺尔德克（译按：Theodor Nöldeke，1836—1930 年，德国东方学家）已经强调过它所具有的年代晚的特征。[④] 即便这里不特意提德希斯坦，我们也知道两次战役的战场都是相似的。诺尔德克已正确地指出，卡兰的原型是来自帕提亚卡伦（Kārēn）家族——他们曾在国王俾路斯于 484 年遭嚈哒人之灾时扮演决定性的角色——的将军苏赫拉（Sōchrā）（又名扎米赫尔 [Zarmihr]）。玛努切赫尔对土尔和萨勒姆的血战经过，在

[①] Tab. II ١٣٢٣, 4 ff. Vgl. Ērānšahr S. 73.
[②] G. Hoffmann, Auszüge aus syrischen Akten persischer Märtyrer 278 ff.
[③] 马苏第：《黄金草原》al Ma'sūdī, Goldwäschereien II 43. Beiträge zur Geschichte und Sage von Eran: ZDMG 49, 639.
[④] Nöldeke, Persische Studien II 29 f: SBWA. Bd. 126 Nr. XII, 1892.

《阿维斯塔》^①里就有记载,并且被希夏姆·伊本·卡勒比(Hišām b. Al. Kalbī)(译按:希夏姆·伊本·卡勒比[公元737—819或821],阿拉伯历史学家)讲述过,只不过是个精简版,但是没有大的出入。[②]

塔阿利比和菲尔多西共同史源中史诗化的处理方式,还透露了个别年代十分古老的特征。我认为,萨勒姆应该比定为萨尔马提亚人和阿兰人的君主,尽管菲尔多西根据后世的理解将其视为罗马人的统治者,就像把里海称为"阿兰海"——此名称出现的年代至少是阿兰人还统治里海西岸和北岸之际。此外,有关努扎尔的章节与对萨勒姆和土尔的血战的章节是紧密关联的,往往是后世作品的共同史源。阿兰海上的城堡就是与德希斯坦相望的 Čōl 人的城堡。"阿兰堡"这个名称给人一种印象:此堡一定可以追溯到公元前1世纪上半叶,彼时处于上层的奥斡斯人(Aorsen)(译按:奥斡斯人系萨尔马提亚人最大的一部)仍然统治着印度—巴克特里亚的贸易,以及里海东岸和西岸的绝大部分地方。[③]可惜塔阿利比只提到了阿兰海的名称,没有提海岛上城堡的名称,而"阿兰堡"这一名称似乎是菲尔多西的首创,毕竟地理学不是他的强项。于是,他写到,在萨勒姆兵败之后,胜利之师试图抵达他的海岛之堡(S. 121 v. 1031-1033),从中国堡[④]和吉朗海(Meere von Gēlān)(S. 125 v. 1093. 1099),经过萨里(Sārī),即从西面向塔米塞返回。对 *Chāwar-chuđāh* 及罗马君主的征服,也一定是发生在西方某地——且不管什么"中国堡"。菲尔多西在一些合适

---

① Dēnkart VII 1, 30 bei E. W. West, Pahlavi Texts V 11. Dīnā i Mēnōk i chrat 27, 41-43 ib. III 61. 这些事情在 *Čipradāt* 章节(Nask)中讲述了;参考 Dēnkart VIII 12, 9-10 ib. IV 28. Bundahišn 31, 12 ib. I 134.
② Tab. I ٤٣٤, 10-12.
③ 关于此点,另出注。
④ 这就是他早期称之为"阿兰堡"的地方,被 Šērōi 通过诡计占领了。

的和不合适的场合滥用"中国"一词,已经远远超出了一名诗人的限度。

即便如此,在菲尔多西的叙事中,关于土尔和萨勒姆兵败的这一章节还算是能自圆其说的。相较而言,菲尔多西的游移不定,在对"扎列泊"这一概念的理解上充分体现了出来。它是以神秘之海沃罗喀沙海(Wourukaša)为原型的 —— 即现实中的里海 —— 并汇入大洋。① 在波斯创世神话《班达希申》中也说,冈格堡位于沃罗喀沙海的东岸。② 菲尔多西似乎把伊朗神话中的这两片海,即 Kąsawja 和 Wourukaša 混为一谈了。

凯·库思老赶来之际,阿夫拉西亚伯逃出了冈格堡,在那里他只逗留了一年。然后便开启了跨海的回程。登陆之后,人们又去莫克兰了,③ 从那里经中国(v. 2097)和夏沃什城(Sijāwušgerd)前往 Bihišt Kang,王子在那里停留了一年。据通俗本《列王纪》的记载,在返回伊朗之前,凯·库思老把"钦察至中国海的土地"赐给了古斯塔姆·努扎尔(Gustahm i Nođar),并请求他"把手伸向中国和莫克兰,向那里通情报",以便获得关于阿夫拉西亚伯的消息。④

尽管从上述虚构的行程中无法理清思路,诗人菲尔多西也无意

---

① Ferd. Justi, Beiträge zur alten Geographie Persiens I 15. II 21. Marburg 1869. 1870.
② Bundahišn S. 70, 3 ed. Justi (B) [= 198, 9 ed. Behramgore Tahmuras Anklesaria, Bombay 1908 (a)] = 29, 10 transl. E. W. West, Pahlavi Texts I 119: Kang diž rād[a] פן pat kōst[b]-i xvarāsān פן hač var[c] i zrēh i[d] fraxv kert לב ab רך hān[a] kōstak פן pat כבר vas frasang "就冈格堡而言,它位于东方,从沃罗喀沙海(Wourukaša)盆地到冈格堡的方向有许多帕勒桑的路程。"
    a. om a.
    b. a kōstak.
    c. a ačfar.
    d. om. B.
③ S. 1379 v. 2109. Rückert III 209 v. 2111.
④ Šn. S. 1381 v. 2143-2145 Vullers = Rückert III 212 v. 2162-2165:

§ 6. 基马克与钦察

提供关于那些国家任何具体的知识，甚至对于他来说一些让人啼笑皆非的讹误也是无伤大雅的，但至少有一点是肯定的，即在他所处的时代，"钦察"这个词已经出现了，当然前提是这一处文字是原文中所有的。波斯语词典《确凿的证据》（Burhān i qāṭi'）的编纂者一定读过这段文字，因为他把基马克当作钦察草原上的一座城市。这也只能说明，他除了通俗本《列王纪》之外见不到别的版本。尤里乌斯·莫尔（Julius Mohl）（译按：尤里乌斯·莫尔，1800—1876年，德国东方学家）读作زقبچاق，更确切地说是زقجغار，由于他在处理地名时往往把原文标注出来，[①] 所以他的读法值得引起重视。

بكستهم نوذر سپرد آن زمین   زقبچاق تا پیش دریای چین
بی اندازه لشکر بگستهم داد   بدوگفت بیدارادل باش وشاد
بچین وبمکران زمین دست یاز   بهر کس فرستادن نامه ساز
همی جوی زافراسیاب آگهی   مگر زو شود روی گیتی تهی

在塔阿利比书中（Hist. des rois des Perses p. 229），在凯·库思老占领了被阿夫拉西亚伯放弃的 Bihišt Kang 之后，"他派出密探，去寻找阿夫拉西亚伯，他从秦（中国）那边获得关于他的消息，他略施诡计跨过了大海，在他的所谓'冈格堡'的城堡内寻求庇护。于是，凯·库思老按照他的足迹来到了秦，秦国国王 Fagfūr 亲自欢迎他，为他提供住所，让他遣用财物。这片地方的王侯们向他致敬，给他进呈礼品、馈赠和恩惠，为他提供船舶和相关的器具，跟着他来到海边，直到他和军队渡过海。他抵达冈格堡后，阿夫拉西亚伯出现在了他的眼前，仿佛水银一般，仿佛大地在他身上蜷缩了起来。凯·库思老在他的住所落脚，发现它在美妙、安逸、物华天宝方面，简直就是人间仙境。他在那里休憩了，支付了消遣和娱乐的费用，带上了他的财物。于是，鲁斯塔姆和官员们建议他返回波斯（Ērānšahr）（译按：中古波斯语，直译是'雅利安人的地方'，由萨珊波斯人使用的一个政治和地理概念，一般指代萨珊波斯王朝），让他有灭亡的危机感，敌人要反击，阿夫拉西亚伯要耍诡计。于是，他出发了，把这些地方交给了当地的王侯，他们给他缴纳贡赋，他在 Fagfūr 的陪同下返回了，其他的王侯列队边境之上——他们是为他的陆海行程做准备的人，是给他宝物的人，是给他（支付）收成和税赋提供担保的人。王侯们（译按：原文作'可汗'）来到他的面前俯首称臣，与他一起前往夏沃什城（Sijāwušābād）。他在住所落脚，为了胜利的喜悦而哭泣，为了他父亲的忧伤而哭泣。从那里他前往 Bihišt Kang，向当地人打听阿夫拉西亚伯，但是被问的人知道的还没有问的人知道的多呢。他着手整顿国家秩序，固牢边境，他把秦、和田和突厥的每位王侯都遣送回各自的国家，并赠送他们华服，把行省的权力移交给他们。"此后，他启程返回了，经过赭石、布哈拉、乌浒水、巴里黑、呼罗珊，抵达法尔斯（Pārs）。如上文所示，这里没有提到莫兰，也没有提到冈格堡的两次攻城。我们更是很少读到"钦察"的名称以及"基马克海"。这个纰漏完全归咎于作者菲尔多西本人。

① 参考本书"附录"。

事实上，在قجغار中隐藏着地名قجقار باشی，意思是"山羊头"，在《列王纪》后半部分中作为突厥王国的边境地名出现。① 巴托尔德在《突厥斯坦》(Туркестанъ I S. ۱۲, 20) 中，用加尔迪兹的书对其读法进行了校勘。《列王纪》II 707 v. 467 (= II 376 trad. Mohl)，莫尔的校订本作：سوی مرز قفجار باشی براند，意思是"（鲁斯塔姆）赶往 Qafğār bāšī 地区"。② 这里肯定是قجقار باشی的讹误。特别值得注意的是 II 592 v. 1278 (= II 242 trad. Mohl)。夏沃什正着手从阿夫拉西亚伯的宫中逃逸，他跨过贾伊浑河（Ğaiḥūn），从忒耳迷（Tirmiđ）经赭石（Čāč, 即塔什干），抵达 Qočqār bāšī，在那里停留，受到突厥国王隆重的接待。(II 595 v. 1321) 莫尔校订本中此地名首次出现的形式是قفجاق تاش, 也就是说，在《列王纪》第一部分出现了与我们这里提到的同样的错误。约翰·沃勒斯（Johan A. Vullers）（译按：沃勒斯，1803—1880 年，德国东方学家）在三处地方都读成了قاجار باشی，第三处也得到了莫尔的认可。菲尔多西书中的 *Qāčār*（或 *Qočqār*）*bašī*，早已有陶玛舍克比定为قصر باس或کصری باس，③ 距离塔拉兹（Ṭarāz/Talas）有 5 帕勒桑（据 Ibn Chord. ۲۸, 9-10 以及 Qodāma ۲۰٥, 8. 11），是葛逻禄人的冬营。④ 陶玛舍克在今天的奥里耶阿塔（Aulié-ata）（译按：即江布尔）寻找其

---

① 根据莫尔译《列王纪》(Šn. VI 247 trad. par Mohl)，*Qočgār-bāšī* 构成"秦"可汗的王国与嚈哒之间的边境，VI 281 在嚈哒帝国覆灭之后，成为"秦"可汗与库思老之间的边境。在使用"秦"(*Čīn*) 这个术语时，菲尔多西表露出在政治—民族学方面的无知。这里所谓的"秦"可汗，实际上指的是西突厥可汗，也是突厥汗国的大可汗室点密（Silzibul/Sir jabgu）。
② Vullers 没有指出该名称的异写。
③ W. Tomaschek, Anzeige von De Goeje, De Muur van Gog en Magog: WZKM III 106 ff.
④ Ibn Chord. A کصری باس, B قصر باس; Qod. کصوری راس, کصری باس; al Idrīsī II 217 کصرا باین, p. 218 کصر. 伊德里西把塔拉兹到下巴尔思汗（Unter-Barsxān）的里程错误地算成了 33 里 = 11 帕勒桑，把 ۳ 误读为 ۱۱。（伊本·胡尔达兹比赫亦是如此）在第二处地方，他把塔拉兹和کصر之间的里程错误地写作 45 里 = 15 帕勒桑。

遗址，据俄国的上校卡拉乌尔（V. Kallaur）说，应该在阿其尔塔什（Achyr-Tasch）。①

因此，菲尔多西的原文是：زقجقار باش تا بدریای چین "从 Qočqār bāš 到中国海"，作者并没有用قجقار باشی来代替. قجقار. 也就是说, قبجقاقاین 这一读法最早是在蒙古时期才插入的，那时دشت قبجقاق是用来指代里海北部和西北部草原的地名，而菲尔多西在《列王纪》对后世称为"钦察"的地名究竟如何称呼，我们已经无从知晓了，这一名称对于他的同时代人贝鲁尼（在民族地理学方面，是一位杰出的人物）还是陌生的（上文第 39 页第 20 行）。

无论如何，"基马克海"这一表述告诉我们，基马克人在鄂毕河与伏尔加河之间的地带取得了政治上的优势，极可能征服了当地的乌古斯人。他们中的一部分越过了伏尔加河进入了欧洲，那里的哈扎尔汗国在根本上被罗斯人撼动了，对他们再也不能组织任何抵抗了。②但从此以后，基马克的名字就消失得无影无踪。只有伊德里西还记载了一个以此为名的民族，并且留下了详细的相关史料。（vol. II p. 215-225 trad. par Jaubert）不过，这里的情况有点麻烦，因为伊德里西的巨著——哪怕是其中的某一部分，到现在为止还没有一个校勘本，只有一个并不十分可靠的皮埃尔·约伯译本，而且就异域传和奇异录（它们对于具体的地理学而言没有价值，但是对自然史来说却是十分重要的）而言，伊德里西的史源还不甚清楚。③

---

① Barthold, Zur Geschichte des Christentums in Mittelasien S. 35 A. 1.
② 据 Abū Ḥāmid al Andalusī（卒于 1169 年），位于伏尔加河畔哈扎尔人故地的撒哈辛城内，民众由 40 部古兹族构成（al Qazwīnī II ٤٠٢, paen.）；见上文第 102 页注 4。
③ 有一个例外，是伊德里西书中节录的一部由卡拉·德·沃克斯（Carra de Vaux）（译按：全名伯纳德·卡拉·德·沃克斯，法国阿拉伯学家，1867—1953 年）翻译的志怪录（L'Abrégé des Merveilles），误作为马苏第的作品，但与伊德里西在他们史料来源（vol. I p. XIX）中所列举的马苏第的作品كتاب العجائب不同。

根据伊德里西的记载，基马克王国（الكيماكية）是最有影响力、最著名和人口最多的国家之一。那是一个特别广袤和富饶的地方，南边是九姓乌古斯，在西南边吐蕃王国的附近是葛逻禄国，在西边是卡拉赤（Cholač，الخلجيّة），东边是深色的海。前往的路程是，从دمرتاخ出发——那是一个离كصر站（Qočqar-bašy）有四天路程的小镇，往东穿过卡拉赤（Cholač）突厥草原（الترك الخلجيّة, p. 218），然后从بنجار直接往东沿着大河——此河发源于بنجار山，往东流，① 一直到خاقان الملك的首都。从那里河流改向北流，抵达مستناح城，然后又向东流进入大海。从مستناح城到大海的路程是六天。关于这条河流的记载，伊德里西抄录了所谓"志怪录的作者"（p. 224，参 p. 439）和阿布·巴卡尔·瓦希失牙（Abū Bakr b. Waḥšīja）的作品。

خاقان الملك城具有重要意义，四周有坚固的城墙环绕，还有铁门加固。② 国王拥有数量众多的勇夫。突厥斯坦的官员都尊重他的尊贵，惧怕他的威严，时刻提防他的征讨。基马克的国王身穿金饰长袍，头戴金冠，一年中要好几次盛装在民众面前亮相。他有一名首相和多名宰相。他的治理公正而谨慎，他的臣民爱戴他因为他的贤能以及他的忧国忧民，还有他的御敌有术。他有豪华的殿寝，巍峨的宫室。都城内的街衢、集市和鳞次栉比的民舍，如同车水马龙一般。城里的居民是全国最富庶和幸福的人。他们当中最雅致的人穿红黄色丝织品，但是只有达官贵人才有权利穿这类衣服。这里的人信奉所谓的"Çābier"（دين الصابئين）（即星辰崇拜），崇拜太阳和神灵。③

---

① 在 p. 224 这条河称为نهر غماش。بنجار的名称让人想起乞儿吉思人境内的大河منخاز（I 500 s.）。
② 托古兹古兹都城的描述与此类似 I 491，سع d. i. بلغ Balyg，正如李默德（Fernard Grenard）（译按：1866—1945 年，法国探险家）所见到的那样。
③ 在另一处地方（p. 221），据年代更早的史料："基马克是不信教的人，拜火的人，他们当中没有任何一种宗教，他们在茂密的森林中生存，吃草为生。"

上述记载应是从早期文献中抄录的。如果不是杜撰的话，它也绝不可能与加尔迪兹所提到的基马克民族是一回事。这段文字中所反映出来的中国文化影响不应该被罔顾，正如俄国学者格里戈里耶夫（V. Grigorjew）所指出的，伊德里西把基马克和契丹（辽）给弄混淆了。[1] 基马克的方位在大海附近。实际上后文的内容表明，在遭废弃的时代，基马克的海边都藏有黄金。于是，突厥海民在他们熟悉的地方寻找、开采和搜集，去除杂质（金子与水银混合物，还有与牛粪的混合物），然后提纯。国王拿走归他所有的，买下别人愿意卖给他的，其余的流入市场。在这片土地有许多麝。其他地方要么被水池覆盖（因雨水冲刷导致），[2] 要么是耕种和富饶的土地，突厥人在那里放牧。那里的居民是牧民，饲养骆驼[3]和马匹。所有的突厥人都吃马肉，认为比牛肉和羊肉要更好。他们以米、肉和鱼为食，只喝很少的刺激性饮料。他们的妇人特别漂亮，一般都比男人要更坚强。油被他们如厕时使用，油脂用来点灯。钱币是铜制的。日长的时候一天14个小时。那里多雨，时常有雾，山上积雪终日不化。[4]

不得不承认，上述记载中最重要的细节，与其说是在讨论也儿的石河中游地区，还不如说是更符合满洲西南部的地貌。在基马克海岸从海中淘洗出金子的说法，完全是张冠李戴。[5] 淘金在辽东半岛和满

---

[1] Wilh. Barthold, Zur Geschichte des Christentums in Mittelasien bis zur mongolischen Eroberung, R. Stübe 译，Tübingen und Leipzig 1901, S. 54.
[2] 参考关于鞑靼境域的描述（上文第 84 页第 7 行），室韦也是"土地卑湿"（《北史》卷 94）（译按：中华书局标点本，第 3130 页）。
[3] 在基马克境域内则不能饲养骆驼，参考 Gardēzī，上文引加尔迪兹，第 92 页第 17—19 行。上文引奥菲，第 93 页第 22—23 行。
[4] 《旧唐书》卷 199 下关于室韦的描述："夏多雾雨，冬多霜霰。"（译按：中华书局标点本，第 5357 页）
[5] 人们不禁猜测，这里谈论的本来是某条河流及其洪水泛滥的情况，正如万加拉（Wanqāra）（译按：中世纪西非最重要的商人团体）的尼日尔河（Niger）一样。（Idrīsī I 18 trad. Jaubert）

洲东部至今仍然扮演着重要角色。最具决定意义的是关于夏天日长的记述，无论如何，这种情况肯定是在也儿的石草原（在北纬49º和54º之间）以南的地区才会发生。我们几乎可以判断，伊德里西有关"基马克"（与加纳 [Gāna] 帝国的情况类似）[①] 的主要史料来源应该是一部在当时来说较新的书，该书中的"基马克"（Kīmāk）这一名称指代的是金朝，也就是满洲女真人创建的王朝，它与也儿的石河的基马克（Kimäk）风马牛不相及。

在伊德里西的记载面前，我们不得不放弃对贝鲁尼去世以后一段历史时期内基马克人的历史这一问题的追索。该如何解释基马克人的神秘消失，将是本文的关键。

[①] 参见拙著 Benin, I S. CLXXXIII ff.。

§7. 钦察与库蛮

伊德里西（II 416）将钦察与突骑施并列。关于突骑施，他提到，他们的领土与歌革和玛各人的城墙毗邻，是一片寒冷之地，下雨和下雪是常事，就跟钦察（خفشاخ）北部一样。这段文字似乎是来源于通事萨拉姆（Sallām）对歌革和玛各城墙的行纪（旅行时间在公元842—844年之间）。否则，伊德里西只可能从伊本·胡尔达兹比赫（见上文第92页第20行）书中列举的突厥语民族名单中了解到，并直接照搬了（I 498. II 351）。[①]

尽管伊德里西书中关于基马克的记载偏移到了满洲，但它是我们迄今所知的涉及"钦察"概念在地理和政治上起源的唯一记载——指的是从满洲迁徙里海北部地区的一批移民。《元史》卷128钦察首领土土哈的传记可以为我们提供进一步的线索，只可惜篇幅太短了。下面根据格鲁特（De Groot）的译文转引于下：[②]

---

① 伊本·胡尔达兹比赫所枚举的民族还有المخامات（II 350 مخامانية, p. 414 خناكث）读作اليغمائية = يغما（见上文第93页）。在后期，样磨（Jagma）和炽俟（Čigil）都消失了。在阿布尔-哈齐的《突厥世系》（p. ٢١= 20 ed. Desmaisons）中，样磨是喀什米尔（Kašmir كشمير）而不是喀什噶尔（كاشغر）的君主名号。

② E. Bretschneider, Mediaeval Researches II 72.

土土哈①，其先本武平北哲琳②折连川按答罕③山部族。

关于开头这段地理方位，薄乃德（E. Bretschneider）说："这几处地名不可知。"格鲁特提到："武平在《金史》卷24《地理志》中是作为大定府的地区，在北京。《元史》卷59《地理志》中武平是隶属于上都的地区，在大宁名下。它指的无疑就是热河。《元史》卷33提到'上都西按塔罕、阔干忽剌秃之地④，以兵、旱，民告饥，赈粮一月'，这一记载佐证了武平位于上都和热河地区的推测。"

自曲出⑤徙居西北玉里伯里⑥山，因以为氏，号其国曰钦察。其地去中国三万余里，夏夜极短，日暂没即出。曲出生唆末纳⑦，唆末纳生亦纳思⑧，世为钦察国主。太祖征蔑里乞，其主火都⑨奔钦察，亦纳思纳之。太祖遣使谕之曰："汝奚匿吾负箭之麇？亟以相还，不然祸且及汝。"亦纳思答曰："逃鹞之雀，丛薄犹能生之，吾顾不如草木耶？"太祖乃命将讨之。亦纳思已老，国中大乱，亦纳思之子忽鲁速蛮⑩遣使自归于太（祖）[宗]。

---

① 改作"托克托呼"，满语 *Toktoga*。在通行本中，最初的名称被改成具有满语词源的音译。（译按：乾隆四十六年，对辽、金、元三史的译名进行了改动，挖改了武英殿本的木板，重新刷印。）
② 改作"折连"。
③ 改作"安塔哈"。
④ 改作"库堪呼喇图"。
⑤ 南监本作"库春"。
⑥ 南监本作"伊埒巴尔"。
⑦ 改作"苏穆鼐"。
⑧ 改作"伊纳克实"。
⑨ 南监本作"辉图"。
⑩ 改作"和拉苏默"。

这段文字似乎揭示了在亦纳思诸子之间发生了继位之争，每位候选人应该都有各自的民众支持。其中一位候选人名为忽鲁速蛮，为了确保自己能够继位，他投降了蒙古皇帝。从蒙哥征讨钦察的自相矛盾的记载来看，这里提到的应该不是真正钦察国的某位君主。

而宪宗（译按：马夸特原文作"宪祖"）受命帅师，已扣其境，忽鲁速蛮之子班都察[①]，举族迎降，从征麦怯斯（或默尔奇斯）有功。

《元史》卷2《太宗本纪》有一段与此相近的史料：

七年乙未春，遣诸王拔都[②]及皇子贵由（译按：马夸特原文作"库裕克"）、皇侄蒙哥（译按：马夸特原文作"莽贵扣"[③]）征西域……（九年）蒙哥征钦察部，破之，擒其酋八赤蛮[④]。

《元史》卷3《宪宗本纪》：

尝攻钦察部，其酋八赤蛮逃于海岛。帝闻，亟进师，至其地，适大风刮海水去，其浅可渡。帝喜曰："此天开道与我也。"遂进屠其众。擒八赤蛮，命之跪。八赤蛮曰："我为一国主，岂苟求生。且身非驼，何以跪人为。"乃命囚之。八赤蛮谓守者曰："我之窜入于海，与鱼何异。然终见擒，天也。今水回期且至，军宜早还。"帝闻之，

[①] 改作"巴图彻尔"。
[②] 改作"巴图"。显然是成吉思汗长子术赤之子。
[③] 改作"孟克"或"蒙哥"。
[④] 改作"巴齐玛克"。

即班师，而水已至，后军有浮渡者。① 复与诸王拔都征斡罗思部……

再回到《元史》卷128《土土哈传》：

率钦察百人从世祖征大理，伐宋，以强勇称。尝侍左右，掌尚方马畜，岁时挏马乳以进，色清而味美，号黑马乳②，因目其属曰哈剌赤③。土土哈，班都察之子也。中统元年，父子从世祖北征，俱以功受上赏。班都察卒，乃袭父职，备宿卫。

（另，《元史》卷99《兵志二》有"右钦察卫"和"左钦察卫"，至治二年［1322］立。）

上引史料并没有为我们解决难题，反而带来了新的问题。主要原因在于，有关蒙古史的最重要史料还没有刊布原文，涉及蔑里乞

---

① 该事件也见于《速不台传》。格鲁特（De Groot）参考多桑（D'Ohsson）所引拉施特书，Hist. des Mongols II² 112. 623 s. Bretschneider l. l. I 312. E. Blochet, Notes de géographie et d'histoire d'Extrême-Orient p. 33 s.。根据志费尼和拉施特的记载，八赤蛮在伏尔加河的一座岛上被俘。

② 鲁布鲁克是如此讲述黑马乳的制作过程的（Itinerarium Willelmi de Rubruk ed. D'Avezac: Recueil de Voyages et de Mémoire t. IV, Paris 1839, p. 228）："他们还生产哈喇忽迷思，也就是黑色忽迷思，供大贵人使用。马奶不凝结的原因如下：事实上没有动物的奶会凝结，如果在它胎儿的胃里没有发现凝结的奶。在小雌马的胃里没有发现凝结的奶，所以母马的奶不凝固。他们继续搅拌奶，直到所有浑浊的部分像药渣一样径直沉底，清纯部分留在面上，好像奶清或新酿白葡萄酒。渣滓很白，给奴隶吃，有利于睡眠。主子喝这种清的饮料，它肯定极为可口，很有益于健康。拔都在他营地四周一日程的地方，有三十个人，每天其中一人要把一百匹母马的这种奶送给他，这就是说，每天有三千匹母马的马奶，尚不算送给别人的其他白奶。"（参考 Yule-Cordier, Marco Polo I 259）（译按：汉文转引自何高济译：《鲁布鲁克东行纪》，中华书局 2013 年第 2 版，第 187—188 页）

③ 改作"哈剌齐"，当是"钦察"的另一个同音异译。它让人联想到鲁布鲁克书中的 *Capchat*（系 *Capchac*？）第二个字"剌"，或是"刺"之讹。"赤"字，在今闽方言中作 č'iah，可能是"亦"（ik）之讹。这个词的词源，首先让人想到的是察合台语 *qibiq* قبیق "挤干的酸奶"（Calc. Wb. جغرت）或"某种酸奶"（Radl. Wb. II 846）。但是，它与 *qumyz*, *qymyz* 有何关系？是不是 *b* 和 *m* 的音节变换了？

（Merkit）之征的历史地理知识，关系到我们能否厘清一系列错综复杂的历史事件，那是一条让人步履维艰且充满荆棘的路。

首先，我们了解到，钦察先祖土土哈来自北京以北的热河地区。此地曾属于后来融入契丹的奚部。① 钦察部与蒙古人第一次相遇的时间点，将在下文中详细分析。

1204 年秋，乃蛮部首领台不花（Taj-Buqa）太阳汗和蔑里乞部首领脱黑塔别乞（Tuqta bigi），以及一群蒙古部落联盟，于杭爱山脚下，在铁木真的冲锋下失利了。太阳汗之子屈出律和脱黑塔逃往不亦鲁汗（Bujuruq-Chan）。此人是太阳汗的胞弟，成吉思汗 1206 年在兀鲁塔黑（Ulug-Tag）（据《多桑蒙古史》，位于小金山以西，在巴尔喀什湖之上）附近的速札河（Suǧa）将其消灭。于是，屈出律和脱黑塔奔向也儿的石河上。② 1208 年秋，二者的联军在也儿的石河③ 被成吉思汗击败、砍头。脱黑塔本人丧命，其兄弟忽都（Qudu）与三子赤剌温（Čilawun）、赤只黑（Ǧijuq）和忽勒秃罕（Qultuqan）要把他的尸体运回安葬，但是却搬不动，于是他们只把他的头颅带了回去。④ 他来

---

① Ed. Chavannes, Itinéraires chez les Ki-tan et les Jou-tchen, p. 45 n. 1. 56 n. 2. Extr. du Journ. as mais-juin 1897.
② D'Ohsson, Hist. des Mongols I2 83-91. 101. 104 s. Bretschneider, Mediaeval Researches I 230 n. 590. 249. Abū'l Ġāzī p. ٨٤ = 92 ed. Desmaisons. 参考拉施特《史集》ed. Berezin: Труды Восточнаго Отдѣленія Имп. Археологическаго Общества t. VII, Спбргъ 1861 S. 140, 3-6。"成吉思汗纪"中与事件相关的叙述，笔者暂时无法参阅，因为《史集》的那一卷（Труды etc. Bd. XV）在皇家图书馆里没有馆藏。拉维蒂在 Ṭabaqāt i Nāṣirī p. 950 n. 居然认为 Irtiš 是喀什西北部的阿图什（Artyš）。
③ D'Ohsson, Hist. des Mongols I² p. 105. 110 认为这场战役发生在蟾河，不过该名称不见于汉文史料（格鲁特替我确认了），也不见于拉施特的《史集》（前引贝勒津《史集》第 96 页第 9 行，第 140 页第 7 行），根据巴托尔德先生的沉默（Туркестанъ II 388）来判断，它也不见于"成吉思汗纪"。
④ 根据《巴而术传》："脱脱有子火都、赤剌温、马札尔、秃薛十四人，以不能归全尸，遂取其头涉也儿的石河。"（Bretschneider l. c. I 249）（译按：中华书局标点本，第 3000 页）根据阿布尔-哈齐（p. ٨٤ = 92）的记载，赤剌温和马札尔与他们的父亲脱黑塔一起，避开了不亦鲁汗的灭顶之灾，所以逃掉了。

到畏兀儿人的边境，向畏兀儿亦都护派遣一名使臣，不过使臣被亦都护杀了。于是，他们之间爆发了战争，亦都护向成吉思汗派遣使臣，报告相关情况。[1] 根据志费尼的《世界征服者史》，屈出律与脱黑塔的逃逸的儿子们越过别失八里，到达菊儿汗[2]的疆域，在山谷间忍受饥饿，他们的追随者如鸟兽散。菊儿汗的一支部队擒获了他们，把他们带到了菊儿汗面前，他们跟在其他人后，觐见菊儿汗。[3] 于是蔑里乞部向谦谦州 (قم كبجك *Qam Käbčik/Qam Kämčik?*) [4] 返回了。[5]

《元朝秘史》与志费尼《世界征服者史》的记载吻合，屈出律（译按：《秘史》作"古出鲁克汗"）在也儿的石河（译按：《秘史》作额儿的失河）失利之后，逃往畏兀儿和合儿鲁兀惕（译按：葛逻禄）地方，逃到回回地区垂河，投奔西辽菊儿汗（译按：《秘史》作"古儿汗"）了。[6] 显然，菊儿汗在听闻了巴而术（*Barčuq*）亦都护把他在哈喇和卓[7]的小监[8]杀死了（译按：《元史》卷122曰：巴而术闻太祖兴朔方，遂杀契丹所置监国等官）的消息之后，[9] 给屈出律一支部队，

---

[1] Rašīd addīn S. 96, 7-15.
[2] 巴托尔德先生和可疾维尼（Mīrzā Muḥammad i Qazwīnī）的两部写本都作"菊儿汗"。可疾维尼的另外两部写本写成了"库车"（Kūčā），拉施特和多桑（D'Ohsson I 105）亦是如此。
[3] 志费尼《世界征服者史》(Ǧuwainī, The Ta'rīkh-i-Jahán-gushá ed. Mīrzá Muḥammad b. 'Abdu'l-Wahháb-i Qazwīnī Part I p. ٤٦, 2 ff.) (E. J. W. Gibb Memorial vol. XVI, 1. Leyden 1912)，以及巴托尔德（Туркестанъ I ١٠٦, 8-12)。志费尼把屈出律与王罕之子弄混淆了。
[4] 上文第121页注1。
[5] Raverty, Ṭabaqāt i Nāṣirī p. 951 n.（或许是根据拉施特的说法）
[6] Bretschneider, Mediaeval Researches I 230 n. 591.
[7] 据E写本，不是贝勒津（Berezin）和萨勒曼（Salemann）所谓的 قراچو。
[8] 这个名号或许是术兹贾尼所列举的哈喇契丹大官之一 سنكم（可能读作 سَنْبَكم），其他分别是 ایما, اریز，据志费尼，此人领兵征讨花剌子模沙阿即思 [Atsyz]），توما（在伊本·阿西尔书中 Ibn al Aṯīr XI ٢٤٧, 16. ٢٤٨, 9 a. 568，作 قرما，可能的读法有 فوما（قوم），تانيكو（读作 تانْیکو）参考 Ṭabaqāt i Nāṣirī p. ٣٢٨, paen. ed. Nassau Lees; p. 154. 911，拉维蒂（Raverty）译。
[9] 巴托尔德引志费尼书，Туркестанъ II 389注1。贝勒津校注《史集》, Труды etc. Bd. VII 163。拉德洛夫引萨勒曼，Kudatku bilik I S. XVII Z. 11。根据志费尼的记载，他把小监关在家里，然后推倒了房子。

凭借这支部队他与亦都护会于蟾河。格鲁特告诉我,据《巴而术传》的记载,屈出律似乎击败了亦都护。① 根据格鲁特的观点,蟾河是垂河的讹误,其实就是楚河,阿拉伯—波斯语是سویاب *Sūj-āb*,汉语是素叶水。亦都护供奉珍宝给成吉思汗,并于 1211 年春"朝帝于怯绿连河(Kerulon)(译按:今译克鲁伦河)"。② 另外,据波斯语蒙古史料,成吉思汗在伊历 612 年(公元 1215/1216 年)派遣速不台和脱哈察儿诺颜(Tugačar nojan)率大军前往蔑里乞,他们隐蔽到山谷耸立的谦谦州(قم قبجك *Qum Kibčäk*)③,消灭了西辽僭主、乃蛮首领屈出律。蔑里乞部在蟾河被击溃,而脱黑塔之弟忽都,以及脱黑塔的两个儿子被杀。④ 脱黑塔第三子忽勒秃罕被俘,后被成吉思汗下令处死。⑤ 拉施特在《史集》的另外一个地方告诉我们,蔑里乞的首领忽都逃往了钦察,但是被蒙古人杀害了。⑥ 在《元史》卷 121《速不台传》中,也提到蔑里乞部首领忽都逃往钦察了。速不台追击忽都/霍都,并在钦察的玉峪将其击败。⑦

上面这句话是我从格鲁特所译两种《速不台传》中摘录的。篇幅稍短的(即《元史》卷 122)似乎写成年代稍早,为另一种内容更丰富的《速不台传》提供了叙事框架,但是这一点至今没有被充分认识

---

① 格鲁特(他正在着手整理关于西辽的汉文史料)将会指出,薄乃德书中对应的段落不甚准确(Bretschneider, Mediaeval Researches I 249)。
② Bretschneider, l. l. I 249.
③ 拉维蒂(Raverty)译,Ṭabaqāt i Nāçirī p. 981 n.。
④ 根据阿布尔-哈齐(Abū'l Ḡāzī p. ٩٢ = 99/100)的记载,只是脱黑塔的弟弟忽都在蟾河被击垮,全面溃败。(译按:罗贤佑译:《突厥世系》,中华书局 2005 年版,第 92—93 页)
⑤ 多桑(D'Ohsson),I² p. 155 s.
⑥ 贝勒津校注,拉施特《史集》,جامع التواريخ,Труды восточнаго отдѣленія Императорскаго Археологическаго Общества t. I S. 73, 引自 Bretschneider, Mediaeval Researches II 72 n. 833(这部书在皇家图书馆没有馆藏,在写作本文的过程中笔者本人得以入藏一部)。
⑦ Bretschneider, l. l. II 73 n. 833.

到。等到哪一天有关该历史阶段的蒙古起源的全部史料都完整地呈现出来时，我们就能够确定叙事更详尽的《速不台传》的结构了。篇幅稍短的《速不台传》在南监本中刊出，也收入了乾隆四十六年刻本。它的篇幅只有另一版的 4/9，其中速不台写作"雪不台"。

《元史》卷 122《雪不台传》：

> 虎鲁浑（雪不台兄）以百夫长西征，破乃蛮，立战功。雪不台以质子袭职……十一年，战灭里吉众于蟾河，追其部长玉峪，大破之。

格鲁特说："《元史》卷 121 中写作'速不台'。此外，还有'唆布台'和'束卜带'的写法。这些同音异译在后期都被'苏布特'取代了，因此它的本名拼写极可能是 So-bu-te。"（De Groot）

> 忽鲁浑①以百户从帝与乃蛮部主战于长城之南，忽鲁浑射却之，其众奔阔赤檀②山而溃……岁壬申（1212），攻金桓州……灭里吉部强盛不附。丙子（1216），帝会诸将于秃兀剌③河之黑林④，问："谁能为我征灭里吉者？"速不台请行，帝壮而许之。乃选禆将阿里出⑤领百人先行，觇其虚实。速不台继进。速不台戒阿里出曰："汝止宿必载婴儿具以行，去则遗之，使若挈家而逃者。"灭里吉见之，果以为逃者，遂不为备。己卯，大军至蟾河，与灭里吉遇，一战而获其二

---

① 挖改武英殿本作"哈勒珲"。
② 改作"库楚坦"。
③ 改作"图剌"。
④ 这里的"黑林"，与《元史》卷 122（见上文第 62 页第 12 行）中的"和林"（Qaraqorum），是相同或相类似的概念。
⑤ 改作"阿勒楚尔"。

将，尽降其众。其部主霍都①奔钦察，速不台追之，与钦察战于玉峪，败之。

霍都奔钦察应在1219年无疑。这里提到的事件与成吉思汗长子朮赤率领下的一次征讨是同一回事（在非蒙古语史料中也有记载），蒙古人在征讨蔑里乞返程途中首次与花剌子模沙摩诃末相遇。以下叙述的可靠性，依据的就是这一合理推测。

伊历615年（公元1218年3月30日—1219年3月18日）蔑里乞有一位首领名为脱黑脱阿（Tuq Togān），根据拉维蒂（Raverty）的译本，他是脱黑塔（Tuqta）的兄弟。② 屈出律在投靠西辽菊儿汗之后，通过欺骗的手段，诈取了前往叶密立（Imil）和海押立（Qajalyg）的机会，在那里纠集旧部，并散布他即将起义的流言，而蔑里乞的首领脱黑脱阿早前③在听说成吉思汗来袭的消息之后便逃逸了，于是二人便结盟，他们一起袭击敌人。脱黑脱阿在自己的羽翼渐丰之后，便转向菊儿汗，侵占并蹂躏他的领地。④ 在屈出律谋反之际，脱黑脱阿从侧翼攻击他，并前往谦谦州⑤（Qam Käbčik，或是Qam Kämčik）。"成

---

① 改作"辉图"。
② 不见于志费尼的《世界征服者史》。
③ 读作بیشتر，据可疾维尼（Mīrzá Muḥammad i Qazwīnī）B 写本。
④ 志费尼：《世界征服者史》（Ta'rīkh-i Jahán-gushá），vol. I, p. ٤٧, 5 ff.。
⑤ 志费尼《世界征服者史》的校订者可疾维尼是如此写法。该名号在志费尼书中关于西辽建国的章节内再次出现（D'Ohsson I² 442）："他在所有的行省任命官员，从قم كحك 到بارسرغان（Bārsaǧān），从塔拉兹（Ṭarāz）到نامج。"拉维蒂转写作 Kum Kunjak。伯劳舍（Blochet）在可疾维尼校订的《世界征服者史》中，以及巴托尔德在《突厥斯坦》（Туркестанъ II 398）中将其读作كمجيوت（Käm-Kämči(g)ut）或كمجیكهود（Kämčighud），系乞儿吉思的一部。如果قم كبجك 指代哈喇契丹的东北边境，且必要的是——拉施特关于该地区的叙述来源于他所参考的文献，那么这一观点似乎是能成立的。参见下文第135页。
关于蔑里乞部只有浮光掠影的少量记载（人们只能在后世通过对其地形特征的介绍来使其丰富、立体起来），导致了老是与同一条河流和同一处地名（蟾河和قم كبجك）有关系。

吉思汗派长子朮赤率大军沿他逃逸之路去消灭他。朮赤清除了这一祸害，使他荡然无存。他们班师时，被算端（摩诃末花剌子模沙）尾随了"，① 逼迫蒙古人开战，但是最终事与愿违。根据多桑的叙述，脱黑脱阿与蔑里乞部逃到了位于咸海以北的康里境内②，而花剌子模沙摩诃末经布哈拉前往毡的（Ğand），抵抗蒙古人的入侵。从这段记载我们了解到，蔑里乞被一支蒙古军队追击。他们被蒙古人在毡的以北的海里（Qaily）和海迷赤（Qaimyč）两河之间追上并翦灭。③

上引两种《速不台传》，为纳萨维（Muḥammad b. Aḥmad b. ʿAlī an Nasawī）所著的算端札兰丁（Ğalāl addīn Mängübirti）的历史带来了一丝曙光。在这位穆斯林的传记中，鞑靼人的起源叙事与一种诡异的小说杂糅在一起了。④ 作为中国行省六汗之一（他们都尊奉金朝大汗）的拙赤汗（Dūšī）去世之后，⑤ 他的遗孀与屈失律汗（Küšlü-Chān）及成吉思汗⑥ 和解，让他们二人各自统治拙赤汗身前所统领行省的两侧毗邻地区，而其主要领地由她的侄子成吉思汗继承。这一专断，被金汗发现了，于是三位首领联合起来，举旗反抗。金汗最终被三人

---

① 志费尼（Ğuwainī vol. I, p. ٥١, 6-9）：وچون توق توغان (توق تغان) در اثنای استیلاء کوچلک ازو بیکسون زده بود وبحدّ قم کبجه رفته بر عقب انهزام او پسر بزرگتر توشی را با لشکر بزرگ بدفع او فرستاد تا شرّ او پاک کرد وازو آثار نگذاشت ، وقت مراجعت سلطان بر عقب ایشان بیامد الخ.

② 据拉维蒂译：《纳西尔大事记》Ṭabaqāt i Nāçirī p. 268 n. 4（参 p. XLVIII），脱黑脱阿在蒙古人的紧追不舍下撤退到康里人的地盘——卡拉库姆（Qarā Qūm）去了。

③ 多桑（D'Ohsson I² 208），拉维蒂译 Ṭabaqāt i Nāçirī p. 268 n. 4. 983 n.。拉维蒂对战场地形的理解是不准确的。（Ṭabaqāt i Nāçirī p. 982 n. 269 n.）他居然把战场理解成了喀什噶尔。

④ 可将此有关蒙古人起源的简短叙事与术兹贾尼的记载加以比较（Ṭabaqāt i Nāçirī p. ٣٣١, 1 - ٣٣٣= p. 935-953，Raverty 译）。

⑤ 成吉思汗的胞弟名为搠只哈撒儿 / 拙赤哈撒儿（Guči Kassar），长期以来是成吉思汗的众多竞争者之一（参考 D'Ohsson, Hist. des Mongols I² 59. 63），但是在与太阳汗的决战中，他功劳最大，铁木真列其位次于诸亲族上。（前引《多桑蒙古史》，第 86、90 页）

⑥ 这位"成吉思汗"要与下文中拙赤汗妻子的侄子"成吉思汗"区分开来。

联盟步步紧逼，不得不求和，只能偏安 Gang 河（译按：黄河）另一岸的一块小地盘。"在成吉思汗[①]去世之前，权力是在他们之间共享的，此后他们各自为政，但是一些共同事务还是一起商量的。[②] 由于在金汗那边已经很安全了，他们动身前往八剌沙衮（Bālāsāqūn），征服那里的城市和周边的土地。那时屈失律汗去世了，他的儿子继承他的汗位，沿袭了屈失律的称号。"成吉思汗看他年纪很小就抛弃了曾经与他父亲商议好的有关贡赋收入分配要公平和公正的原则。这导致了双方的嫌隙。于是，屈失律前往海押立（Qajalyq）[③] 和阿力麻里（Almalyq）的边境，并与当地的统治者马穆都汗（Mamdū-Chān b. Arslān-Chān）结盟。"契丹皇帝、汗中之汗的菊儿汗，从一场与花剌子模沙摩诃末算端的战役（那是他们之间发生的最后一场战役）中逃出，到可失哈儿（Kāšgar）（译按：喀什）的边境。"

马穆都汗唆使屈失律汗前往喀什去推翻菊儿汗的政权。屈失律汗跑到可失哈儿把菊儿汗废成傀儡君主，菊儿汗曾经派到各个突厥首领身边的人都纷纷倒戈，通过这些人物，屈失律以摄政王的名义统治着帝国。后来在一次公开的廷臣召见中，屈出律（Küčlük）（译按：即屈失律汗 Küšlü-Chan）当着菊儿汗的面攫取了内廷大臣的职位。屈出律事无巨细都向菊儿汗咨询意见，但是很少执行他的决定。[④] 屈出律拒绝了算端提出的把菊儿汗连带他的女儿和他的财产一并交出来的要求。

[①] 参前注。
[②] 根据术兹贾尼的记载，成吉思汗的父亲名为铁木真，后来别名脱斡邻勒（Togrul），与一个同样强大、受人尊敬的名为 Baisū بيسو 的大人共同统治蒙古部落，成吉思杀掉了其诸子。(S. ٣٣٣, 2-3 = 953) 这里似乎把王罕和太阳汗弄混淆了。
[③] 今科帕尔（Kopal）。
[④] 据《辽史》，屈出律早在 1201 年就以类似的方式对待菊儿汗直鲁古了。(Bretschneider I 218) 难道他把这出戏演了两遍？

在与他的关系弄僵了之后，算端挑选六万骑兵去讨伐屈失律汗，并夺走他的傀儡君主——汗中之汗（菊儿汗），此后又向屈失律汗派出了一群人，与其在可失哈儿交战数次，但多数都败于屈失律汗之手。①

成吉思汗听说屈失律汗占领了可失哈儿和八剌沙衮，以及菊儿汗成为他的傀儡之后，派他的儿子拙赤汗（Dūšī）（译按：即朮赤）率领两万大军，去对抗正在崛起的屈失律汗，并除暴安良。同时，算端也派六万军队去征讨屈失律汗。在他抵达伊尔吉兹河（Yrgyz/ اغر ）之后，发现河水冰冻了，他无法过河。他停留在渡口，② 等待合适的时机渡河，终于等到了。他渡过了河，继续行军，鼓舞士气，循着屈失律汗的足迹追逐他。③ 某天，他的一名斥候来到他的身边，一名骑

---

① 接下来的章节写的是：屈失律汗亡于朮赤（准确地说，是亡于成吉思汗），在伊历612年（公元1215年5月2日—1216年4月20日）伊本·阿西尔把这一事件的年代误作伊历616年（公元1219年3月19日—1220年3月8日）。
② 按照作者的思路，是通过船只来渡河的。
③ 我们在伊本·阿西尔（Ibn al Aṯīr XII ٢٣٧, 32-٢٣٨, 18）书中发现他把屈出律和蔑里乞部的首领忽都混淆了，关于这场战役，他提到："花剌子模沙把成吉思汗的使臣打发走之后，他武装起来，在使臣离开之后迅速开始行军，为的是在他的消息被送达之前给鞑靼以突袭。他马不停蹄地行军，向前推进，在他行军四个月之后，他抵达了［鞑靼人的］毡房，但是除了妇女和孩子之外见不到任何人。他向他们扑去，掳掠了所有的东西，并把妇女儿童变成了奴隶。鞑靼人不在毡房的原因是，他们去与一个名为屈失律汗（写本作كشلخان，读作كشكخان）的突厥国王打仗了。当他们在途中得知花剌子模沙对他们的留守人口的所作所为后，快马加鞭，在他从他们的毡房撤走之前追上了他。双方布阵，展开了一场搏杀，不分胜负。他们打了三天三夜，双方都损失惨重，没有一个逃出去的。穆斯林靠对宗教（伊斯兰教对信仰天神的人漠不关心）的精神支撑着，且他们知道，如果他们被打败了，穆斯林就一个也不剩了，且他们对鞑靼营地的袭击让他们大吃一惊。鞑靼人的支撑是为了挽救他们的家庭和牲畜。对于鞑靼人来说形势很严峻，他们当中的一个人跳下马，然后徒手与敌人搏斗，他们短兵相接，血流不止，以至于马匹因此而滑倒，双方在忍耐和战斗上耗尽了所有的物资。这场战斗是与成吉思汗的儿子打的，而成吉思汗本人对此并不知情。清点了在战场上死亡的穆斯林人数后得知，一共有2万人（也就是说全军的三分之一阵亡了），但是就鞑靼人而言（他们出征的人数不超过2万），他们阵亡的士兵也是不计其数。进入第四个夜晚时，他们分开了，各自回营地。天黑了以后，鞑靼人点起了火把，奋不顾身地冲锋，穆斯林也是如此，双方在这场

兵报告，拙赤汗①击败了屈失律汗和他身边的契丹人，并把他们如同利刃之下的屠宰牲畜一样喂给兀鹰和鬣狗，之后把屈失律汗的人头带了回去。拙赤汗的战利品太多，以至于尘土蔽日。②勇夫们厮杀，骑兵则在当天的暴雨中一直坚守。拙赤汗让人跟算端说，他要在算端面前稽颡，并告诉他，他来到算端的领地并非是出于非分之想，③而更多的是为了向算端效劳，剿灭在算端国家的边境上耍花招的人，而他已经帮算端从叛乱的重负和危险的境况中④解脱出来了，镇压了屈失律汗以及与他为虎作伥的那些算端的敌人，把他们剿灭的一个不剩，把他们的孩子和家室关押起来，把他们的财产掠走。"看，都在算端面前，算端可以随心所欲地拿走。"拙赤补充到，他父亲叮嘱过他，当他与算端的部队遭遇时，要走和平、客气的道路。可惜，算端并不吃这一套。算端琢磨着，他手下士兵和猛将的数量是拙赤的两倍，只要动用一部分力量，就可以把拙赤碾压，让他如同劲风下的尘埃一般随风飘逝。于是，他这样答复拙赤："虽然成吉思汗向你下令，要你不与我作战，但安拉也已经向我下令，要与你作战，并预言我会战胜你。在我的眼里，你与菊儿汗和屈失律汗没有什么差别，因为你们都

战役中都生了厌战之心。鞑靼人返回到成吉思汗处，穆斯林则返回了布哈拉。花剌子模沙武装自己准备应对敌人的攻城，因为他认识到了自己的无能——连成吉思汗的一支分队都打不赢，更何况与成吉思汗的整支部队打呢。于是，他命令布哈拉和撒马尔干的居民武装起来，准备应对成吉思汗的攻城。"由此可见，对于蒙古人来说一场无关紧要的战事，却被穆斯林史家夸张得过于荒诞了。拉维蒂说还有另一个版本，貌似是出于志费尼，Raverty l. l. p. 268 n. 4。

① 此即成吉思汗长子朮赤。
② 读作：فترككم جُزُرًا للسيوف القواطع وطمعًا للنسور والخوامع ومعه من الغنائم ما ترك الغبرات دهماءَ بسوادها。Houdas p. ٩, paen. - ١٠, 1：读作فترككم ... للنسور الخوامع ومعه من الغنائم ما ترك الغبر ادهما بسوادهما，译文 (p. 17) 是"其尸体……成为了秃鹰的猎物。他携带的战利品如此之多，以至于让黑色的大地变得更黑了"。
③ 读作متعدّيًا طورَهُ。
④ 读作التجشّم。

是多神教。你做好打仗的准备吧，在战场上刀枪都会碎掉的。"拙赤眼看算端成心要战，他在两军对峙之际，身先士卒，先对算端的左翼发动了进攻，然后从四面围攻。要不是他的右翼向左翼一侧移动，从而在一定程度上造成了不平衡，溃败差一点就波及了算端本人。逃兵们缓过神来，略作停顿，士气衰竭，[①] 以至于大家不知道谁是胜方谁是败方，谁是劫的一方谁是被劫的一方。那天双方约定，来日再战。由于拙赤一方在夜里点了火，表明他们时刻准备着，等待天明的一战，但是他们把披风下面的马背点着了，然后马儿在夜色中疯跑了两日的行程。

对蒙古军队的恐惧以及他们无畏生死的精神，在算端的心中产生了影响，以至于在集会上谈到蒙古军队的时候，他说：从未见过像他们这样在战场上表现出的魄力和耐力，以及对攻防套路的熟稔。[②]

札兰丁史官的叙述与汉文和波斯文史料中的历史记载相去甚远。可以作为他的借口的是，在玉龙杰赤遭到致命的摧毁之际，花剌子模沙的内府档案也都付之一炬了，以至于他在伊历619年（公元1241/2年）编纂札兰丁朝史实的时候，关于札兰丁父亲摩诃末一朝的事迹主要依靠口头传说。关于成吉思汗与其他两位共同执政的罕见记载，只能勉强理解为历史上也速该与他的拜把子兄弟克烈部王罕之间的结盟，在也速该死后他的儿子铁木真继承了这一层关系。史家并不了解铁木真与乃蛮和蔑里乞部共主之间的仇雠，而蔑里乞部也被彻

[①] 此处行文的风格有点像押韵的散文。
[②] Histoire du Sultan Djelal ed-din Mankobirti par Mohammed en-Nesawi, publ. et trad. par O. Houdas p. ٤, paen. - ١١, 3 = p. 8-19: Publications de l'École des langues orientales vivantes IIIe Sér. vol. IX, X. Paris 1891, 1895.

底遗忘了——他们的最后一任首领是被屈失律消灭的。值得注意的是，史家预设了乃蛮人对八剌沙衮的两次占领：第一次是屈失律一世（Küšlü I），对应于历史上与成吉思汗结盟的太阳汗（卒于1204年），第二次是屈失律二世（Küšlü II），即屈出律与海押立和阿力麻里的马穆都汗之间的结盟。这里所谓对菊儿汗驻地的第一次占领，必定是在太阳汗去世前发生的，也就与《辽史》的说法吻合了。《辽史》提到西辽的末代皇帝直鲁古1201年在一次打猎中被乃蛮王屈出律抓获并废黜，屈出律篡位登基，并沿袭了辽代的衣冠。这一历史事件，在迄今所知的蒙古语和穆斯林史料中都找不到，但是《辽史》提供的纪年是正确的。由于直鲁古不久后就去世了，所以屈出律在1208年失败后投靠并最终被他废黜的"菊儿汗"一定另有其人。似乎在直鲁古去世以及屈出律率领哈喇契丹的兵力向蒙古进军（为了报成吉思汗1204年击败其父太阳汗的仇[①]）之后，菊儿汗抓住机会又开启了西辽王朝新的历史篇章，中兴了西辽的江山。[②] 但是他没有再大张旗鼓地对外宣布，否则汉文史料就会对此所有记载了。此后，他放弃了耶律大石肇建的国体，迅速过渡到了自己的王朝。至于菊儿汗那不可理喻的愚

[①] 透过柏朗嘉宾有关乃蛮国王反对成吉思汗的叙述（p. 647-648 ed. D'Avezac），也会使人得出这个观点。柏朗嘉宾提到，曾经有位强大的乃蛮国王，蒙古、鞑靼、蔑里乞都要向其纳贡，应该就是亦难赤·必勒格·卜古汗（Ynanč Bilgä Buqu Chan），他的两个年轻儿子互相为敌，分别是太阳汗或太亦不哈（Tai-Buqa 或 Tajang）和不亦鲁黑汗（Bujuruq）。柏朗嘉宾对他们的灭亡是如此叙述的："成吉思汗风闻这一消息之后，便集合了自己所有的部下。乃蛮人和哈喇契丹人（即黑契丹人）的两支大军也会师于两山之间的一个峡谷中以袭击成吉思汗。我们奉诏晋见皇帝时就曾经过此山谷，双方进入了战斗。乃蛮人和哈喇契丹人被蒙古人打得大败，大部分士卒阵亡，其余没有逃脱的人都沦为奴隶。"（译按：译文参考耿昇译《柏朗嘉宾蒙古行纪》，中华书局2013年版，第41页）这场战役绝不可能是1218年屈出律与哲别诺颜在哈喇契丹的战役（Bretschneider, Mediaeval Researches I 234 f.），更有可能的是，柏朗嘉宾脑海中想的是1204年征讨太阳汗的关键战役（多桑正确地指出来了，D'Ohsson I 87 n. 1）。在这场战役中，哈喇契丹的军队应该被打败了。

[②] 参考 Muḥammad an Nasawī S. ٧, 8-12 = 13. ٨, 16-17 = 15。

蠢——尽管屈出律曾经作恶多端，但还是在他落魄的时候接纳了他，则可以从菊儿汗当时所处的环境来解释。在东边，他被所向披靡的成吉思汗所迫，后者在太阳汗死后夺取了他的金印和畏兀儿国相，[①]并被视作（由屈出律所篡位的）菊儿汗的合法继承人，而畏兀儿的亦都护杀死了菊儿汗派驻的监官，并准备投靠成吉思汗。一个更直接的威胁来自花剌子模沙摩诃末，后者已经摆脱了对西辽的附庸关系，且日益强大。关于屈出律篡位的时间和背景，史料中有不同的说法。根据伊本·阿西尔的记载，契丹与屈失律汗（كشلى خان）的鞑靼之间有敌意和战争。契丹的军队在年迈的 *Tājang kōh*（即"摄政王"[②]）（位于塔拉兹）率领下，被花剌子模沙和摆脱契丹役属的撒马尔干君主的联军迎头痛击（伊历606/公元1209年7月6日—1210年6月24日），此后，契丹的残兵剩将又聚集到皇帝身边，皇帝本人没有参加战斗，而花剌子模沙则征服和占领了整个河中地区，一直抵达讹迹邗（Ōzkand）。听到这一消息后，屈失律前去滋扰契丹，而契丹皇帝和屈失律汗双方都向花剌子模沙寻求援助。他跟他们玩起了两面派，就跟曾经（1204年）与契丹耍的花招一样：他两方都答应了，并在两军对峙的不远处停留，让双方都以为他会加入各自的一方。契丹军队吃了败仗，然后

---

① D'Ohsson, Hist. des Mongols I² 89.
② Ibn al Aṯīr XII ١٧٦, ult.-١٧٧, 1: والقدّم عليهم شيخ دولتهم القائم مقام الملك فيهم
المعروف بطايكوه وكان عمره قد جاوز مائة سنة ولقى حروبًا كثيرة وكان مظفّرًا حسن التدبير
والعقل الخ，术兹贾尼在讲述哈喇契丹建国时（算端桑加尔在位期间），就提到了这个显赫的人是军队指挥。(Ṭabaqāt i Nāçirī, p. 154. 911, Raverty 译；p. ٣٢٨, 19 ed. Nassau Lees) 在志费尼（Barthold, Туркестанъ I S. ١١٣, 28-١١٥）和术兹贾尼（Ṭabaqāt i Nāçirī, p. ٣٢٨١٩. ٣٢٩, 18 ed. Nassau Lees; p. 154, Raverty 译）书中作 تانيكو（Raverty p. 261 s. 911. 934，在注释中误作 *Bānīkō*）。这显然是一个名号，很可能来自汉语，从志费尼书中其他地方也可看出，例如一位显赫之人 تبانكو 名字是 شمور（前引 از امراء كورخان ）Barthold ١٠٧, 3）。两种读法的第一个音节都有可能与汉语的"太王"对音，而屈出律父亲的名号也是这个。

那位虔诚的穆斯林（指摩诃末）以为插手的时刻到了。"他杀害、拖走俘虏，劫掠，绝不放过一个。于是，只有很虚弱的一支部队与契丹皇帝逃避到突厥人境内一处群山环绕的地方，在那里养精蓄锐。另一支契丹部队向花剌子模沙倒戈了，与他的军队一起前行。花剌子模沙给鞑靼的国王屈失律汗一句口信，试图佯装他本来就是要帮助屈失律的，并且说假如不是他，契丹也不会大败。屈失律汗定了定神，于是致信并要求摩诃末与他平分契丹的疆土，他指出：对于契丹的溃败，我们的功劳是平等的，我们就应该平分他们的疆土。花剌子模沙却反驳：在我眼中，你应得的无非是剑下残余，你们在实力上拼不过契丹，却占有一个名望之国。你们听我句劝，消停下来，否则我会大兵压境，让你们的下场比契丹还惨。"于是，屈出律武装出动，一直到对方的附近才停下来。当花剌子模沙意识到他不能说服屈出律后，就试图欺骗他。屈出律刚去了某地，花剌子模沙就去劫掠他的家人和辎重。当花剌子模沙听说鞑靼人的某支迁徙驻地之后，他就去攻击并消灭他们。屈失律致信他："这不是君主的做法，这是强盗的做法。既然你自称是算端，我们就理当平起平坐，要么你把我杀了，统治我手下的疆域，要么我把你杀了，夺取你手中的领土。"由于花剌子模沙试图用诡计迷惑屈失律，并没有答应他的要求，而是命令赭时、费尔干纳、Ispēčāb（译按：据米诺尔斯基的考证，是今天的塞兰［Sayram］，见《世界境域志》第357—358页）、Kāsān（译按：伊朗境内的一座城市）。以及周边城市的居民，把当地最健壮和结实的人赶出去，赶到伊斯兰的国度去，让他们毁于恐惧，因为鞑靼人想拥有他们。当另一支鞑靼（他们是世界的毁灭者，国王是成吉思汗铁木真[①]）来袭击早期的鞑靼屈失

[①] "铁木真"的意思是"铁匠"，伊本·阿西尔（Ibn al Aṯīr XII ٢٣٦, 5）和纳萨维（S. ٤, ult. = 8）是如此解释成吉思汗名字的意思的。此处的写本中，النهرى作التمرجى。根据纳萨维的说

律时，屈失律与他们周旋，并从花剌子模沙撤军，于是后者可以腾出手来，渡过了阿姆河前往呼罗珊了。① 此后就再也没有关于菊儿汗的记载了。

所谓的海押立和阿力麻里的君长马穆都汗·本·阿尔斯兰汗（ممدو خان بن ارسلان خان），是葛逻禄的首领阿尔斯兰汗（他是海押立的君主，但是早已于伊历607年[公元1210年6月25日—1211年6月14日]投靠了成吉思汗②）与蔑里乞残部的首领忽都汗（قدو خان）两人的合体。纳萨维所记载的花剌子模沙的征讨——在此役中与拙赤汗（尤赤）不期而遇，并不是针对屈失律汗的，而是针对他的盟友忽都汗。现在几乎可以确定，花剌子模沙和蒙古人之间战役所发生的地方——伊尔吉兹河（Yrgyz），就是《元史·速不台传》中蒙古人追杀蔑里乞部的地点——玉峪（Jü[k]-ku[k]）。③ 这一混淆，在术兹贾尼（Abū 'Omar 'Oḫmān b. Muḥammad al Gōzgānī）的书中也有所体现。

伊历615年（公元1218年3月30日—1219年3月18日），摩诃末算端前往突厥斯坦追击忽都汗，后者是鞑靼玉苏甫的儿子，渗入

法，这是成吉思汗部落的名称，住在草原上，其冬营地位于某处叫 ارغون Argun 的地方。根据术兹贾尼的说法，成吉思汗的父亲铁木真是塔塔儿，系蒙古部落的首领，后来获得了脱斡邻勒特勤（Togrul-tigin）的名号（Ṭabaqāt i Nāçirī, p. ٣٣١, 3 ff. ed. Nassau Lees = p. 935/6, Raverty 译）。这里至少涉及了三个人物：成吉思汗的父亲也速该，被也速该在1155年杀死的塔塔儿首领铁木真兀格，也速该在返程后为其取名为"铁木真"的儿子（D'Ohsson I² 35 s.），还有克烈部的首领王罕脱斡邻勒。D'Ohsson, Hist. des Mongols I² 36 n. 2.

① Ibn al Aḫīr XII ١٧٦, paen. - ١٧٧, 8. ١٧٨, 17- ١٨٩, ult.
② Raverty, Ṭabaqāt i Nāçirī, p. 953 n.
③ 这个例子表明了，当下流行的观点，即汉语的入声字在蒙古统治时期的北方已经完全丢失了，是过于笼统的说法，至少不适用于这个阶段的早期。（译按：作者的意思是此处的"玉"是以 -k 收尾的入声字，对译的是 Yrgyz 的 -r。）我们更常遇到的是，音节末尾的 -r 用 -t 入声的字来音译。

到突厥斯坦的畏兀儿［ایغور, Ī-gūr］，往北抵达北极，一直到达日光永不消逝的地方。在北方，光线似乎只是从西向东变化，曙光一现就破晓了。

于是，就有人向布哈拉的乌理玛和穆夫提咨询关于晚上祷告的义务了，问题是：既然日光不会消失，是否还有必要在睡前祷告？他们回复说：如果规定的祷告时辰在当地没有的话，那么睡前的祷告就没有必要。

鞑靼人忽都汗在此役中被征服了，中国异教徒的灾难来临……那种境况是这样发生的——蒙古人成吉思汗有一个儿子，名字叫拙赤（Tūsī，即朮赤），是长子。在此役中，奉其父成吉思汗之命，从中国出兵，去追讨一支鞑靼的军队，而来自河中和呼罗珊的算端摩诃末也朝同样的方向追击，最后两军遭遇了。

双发之间发生了一场战役，战斗、屠杀、挣扎和冲突在持续，从早晨一直到晚上祷告的时刻，双方的方阵绕成了一个圈。穆斯林军的右翼围剿并追击异教徒的左翼，而蒙古异教徒军队的右翼围剿并追击穆斯林军的左翼。战役持续到黄昏。晚上的时候，两军都往后撤了一段距离。两军之间有一条小溪，两军分别驻扎下来，隔岸相望。破晓的时候发现，蒙古的军队已经离去了。他们燃起熊熊烈火，撤掉营帐，放火烧掉后离开。

算端摩诃末于是亲眼目睹了这些如同野兽般的好战分子，即蒙古军队的所作所为，翌日也从那里撤出了。对这些蒙古人的害怕和恐惧占据了他的内心，他再也没有振作起来。这是伊斯兰子民不幸和灾难的原因之一。[①]

---

① Ṭabaqāt i Nāçirī，拉维蒂译，第267—270页。"印度学图书集成"（Bibliotheca Indica）所收写本的这部分缺失了，相关的内容从 XVII p. ٢٧（= p. 300，拉维蒂译本）开始。

在另一处，史家再次谈起这桩令人深思的事件。他说：

拙赤是成吉思汗的长子。他特别的坚韧、英勇、能干，更是一名勇夫，他厉害到什么程度呢，就连他的父亲都敬畏他。

伊历 615 年，花剌子模沙算端摩诃末前去侵略突厥斯坦的卡迪尔汗（Qadyr-Chān）部落，他是也灭克部某某（ثقفتان i Jimäk）的儿子，而拙赤从桃花石（北中国）向同样的方向杀来，与花剌子模沙的军队战斗了一天一夜。这些在前面涉及花剌子模沙的地方已经提过了。①

再清楚不过了，这里提到的卡迪尔汗——拉维蒂（Henry G. Raverty）（以及巴托尔德的《蒙古入侵时期的突厥斯坦》一书 II 397）对此一筹莫展，就是蔑里乞部的忽都汗。史家实际上是把他书中的 قدرخان 改成了 قدو خان，因为他的书中有不同的卡迪尔汗。如此一来，神秘的 ثقفتان② 的起源，也就再没有疑问了：它就是脱黑塔汗（تُقْتَقان /Tuqta-qān）的讹误，也就是忽都父亲（或兄弟）的名讳。尚未弄清楚的是后边的附加词"也灭克"（jimäk/ يمك），会不会是史家把花剌子模沙摩诃末外祖父（在第 254 页将其称为钦察的卡迪尔汗，而根据纳萨维 [S.٢٥，17=44，参考 ٤٢，7=72] 的记载，他是属于也灭克部）的族名与忽都汗的蔑里乞部弄混了？史家术兹贾尼书中第 267 页提到所谓"卡迪尔汗"（即忽都汗）的父亲玉苏甫（يوسف），可以视为脱黑塔

---

① Ṭabaqāt i Nāçirī p. ٣٧٨, 1-8 ed. Nassau Lees = p. 1096-1097，拉维蒂译。
② 拉维蒂写作 pafaqtān，并注："该名称在其他抄本中写得很清楚，但是稍有差异。在几部善本中，首字母都是 ت -s，用来转写突厥语中的音节。其中七部抄本是 يمك ثقفتان，一部抄本是 يمك ثعفتان，三部抄本是 يمك ىعال，还有一部抄本是 يمك نقتال。拉维蒂所建议的，这个人物与 توق تغان 勘定，其可能性几乎可以排除。"

汗توقتقان［把上面的点都去掉，最后的ن也去掉，变成وмسى］①的讹误，史家脑海里浮现的是喀喇汗王朝布格拉汗之孙、玉苏甫之子卡迪尔汗（Qadyr Chān b. Jūsuf b. Bogra Chān）。

史家术兹贾尼把鞑靼人忽都汗的战败误植为花剌子模沙的战败了，应该是受到了纳萨维的影响。不过，对于此事件所发生的地点，他却给出了正确的名称，因为他书中的يغر②可与《元史·速不台传》中钦察地方的"玉峪"③以及纳萨维书中的اغرا相勘同。似乎术兹贾尼所凭借的史源中原作يرغز Jyrgyz，让他误以为是畏兀儿（يغر p. 270）。

所谓的"畏兀儿"（يغر），在《元史·土土哈传》和耶律楚材《西游录》中都写作"钦察"。④这两处的记载，似乎都是基于人们跟随尤赤西征的经历，也就是说一定是在仲夏。拉维蒂引用牛津的一名天文学家罗伯特·迈因（Robert Main）的话，在仲夏有极昼现象的最低纬度是48°30'。事实上，伊尔吉兹河上游北纬50°左右是符合这一条件的。相反，蒙古人与花剌子模沙之间的战争一定发生在更靠南的地方，时间也要更晚，因为战争的叙事无疑是以一个漫漫长夜作为背景预设的。这样的话，纳萨维的说法就被推翻了，因为按照他的记载，花剌子模沙的出征是在冬末，而战役则发生在春天。⑤当然花剌子模人那时候经历了一个短暂的仲夏夜也不是没有可能，那么这一

---

① 在术兹贾尼的书中，第二个ق的圈被往下拉，并后接字母ل。
② 关于该名称，拉维蒂提到："在这个名称上，所有写本的内容都或多或少有些差异，但是在后文中又再次提及，并且在若干抄本中相当清楚。"
③ 巴托尔德先生（Туркестан II 397）也把术兹贾尼提到的地名与玉峪（他作 Jui-gu）勘同。但是，他根据 Труды Пек. миссія IV 233 认为，"玉峪"在《元史》（译按：当是《元朝秘史》，参张锡彤、张广达译：《突厥斯坦》，上海古籍出版社2007年版，第421页）的另一处则是蔑里乞部首领的名号，并认为当写作يغر Jugur。
④ 参考上文第114页第27—28行，下文第140页第29—31行。
⑤ 作者意念中的冰封的伊尔吉兹河，以及跨过伊尔吉兹河，无疑都是虚构的。

131　素材很可能是从花剌子模沙与钦察之间早年发生的一场战役（我们对此毫不知情）①移花接木而来。不过，所谓向布哈拉的乌理玛和穆夫提征询关于夜间祷告义务的意见，实际上是不可能的，很可能是从伊本·法德兰（Ibn Faḍlān）书中关于伏尔加河不里阿耳人的记载中移植过来的，在他的书中这个问题被反复讨论。②

史家术兹贾尼对忽都汗战败以及尤赤与花剌子模沙之间战役的叙述，是从两种史料中综合而来的，其中后一种史源（译按：指纳萨维）正确地指出了尤赤汗追击一支鞑靼人（即蔑里乞部），而花剌子模沙在沿着同一方向进军。不过他自己没有意识到，这群鞑靼人与花剌子模沙所剿灭的卡迪尔汗（忽都汗）的军队其实就是同一群人。

根据拉施特《史集》的叙事："脱黑塔别乞排行前五的儿子被杀死了：脱古思（Töküz）被王罕③所杀，秃撒（Tosa）④遭成吉思汗的袭击和杀害，赤剌温和赤不黑是在与成吉思汗的战争中被杀，第三子忽都由于从战场上逃逸，那个时候跑往钦察的方向，在那里被杀了。"⑤参加了与成吉思汗的最后一役的是忽勒秃罕篾儿干（Qultuqan Märgän），脱黑塔别乞的幼子，他的箭术高明，逃到钦察那里去了。尤赤汗派一个小分队去追击并抓获了他。他在尤赤汗面前表演了箭术，于是尤赤汗请求成吉思汗赦免他，但是被成吉思汗拒绝了。⑥"蔑里乞部与成吉

---

① 参考志费尼 Ǧuwainī, Barthold, Туркестан I １１３, 7. 拉维蒂译 Ṭabaqāt i Nāçirī p. 929 n.

② 参考 Frähn, Denumorum Bulgharicorum fere antiquissimis libri duo p. 89-97. Frähn, Die ältesten arabischen Nachrichten über die Wolga-Bulgharen: Mém. de l'Acad. imp. de St. Pétersbourg. VIe Sér. t. I, 1833 p. 572 Anm. 35.

③ 1198 年。参考多桑 D'Ohsson, Hist. des Mongols I^2 55. Rāšīd addīn ed. Berezin, Труды Восточнаго Отделенія Императорскаго Археологическаго Общество Часть VII, Спбргъ 1861, S. 93, 1-3.

④ 《元史·巴而术传》作"秃薛干"。(前引 Bretschneider I 249 n. 1)（译按：中华书局标点本，第 3000 页）

⑤ 前引贝勒津校注《史集》，第 93 页第 8—12 行。

⑥ 同上，第 93 页第 13 行—第 94 页第 12 行。

思汗打过许多仗，对他有很多滋扰，所以他下令把蔑里乞部全部杀死，几乎一个不留，只有少许人活了下来，或者尚在腹中的，或者隐匿在亲戚家的。"① 关于脱黑塔别乞兄弟（名字也叫忽都قودو）的下场，拉施特没有交代。②

综合各种考量后我们认为，不是脱黑塔别乞的兄弟忽都，而是也叫"忽都"的脱黑塔别乞的儿子，才是术赤及其骁将速不台所追击的最后一支蔑里乞部的首领，他跑到钦察首领那里去躲避，从后者那里还获得了一支部队，凭借这支力量他与蒙古人在伊尔吉兹河作最后一搏。③

术赤与花剌子模沙之间的战役发生在一条小河边，根据志费尼的说法是在海里和海迷赤两条河之间。④ 毫无疑问，它与《元史·速不台传》所记载的是同一战役，尽管在穆斯林文献中与对蔑里乞部的征讨区分了开来，甚至在纪年上也是有错误的。具体地说，战役发生地就是所谓的玉峪：

> 壬午（1222 年），帝征回回国，其主灭里⑤委国而去。命速不台与只别⑥追之，及于灰里河⑦，只别战不利，速不台驻军河东，戒其众

---

① 前引贝勒津校注《史集》，第 95 页第 7—10 行。
② 拉施特在此处是以《史集》"成吉思汗纪"部分对该事件的相关叙述为依据，可惜我手头没有这一册。参考上文第 117 页注 2。据戴美桑译注阿布尔-哈齐《突厥世系》(p. ٩٢ = 99)，脱黑塔别乞兄弟忽都，是伊历 613 年蟾河大战中蔑里乞部的首领，被彻底击溃了。
③ 多桑的叙述在此处是没有用的。(D'Ohsson, Hist. des Mongols I² 156, 208)
④ 巴托尔德能够使用志费尼书的写本。(Туркестан II 399)，参考多桑 D'Ohsson, Hist. des Mongols I² 209。
⑤ 挖改武英殿本作"默呼"。
⑥ 改作"哲伯"。
⑦ 改作"呼喇"。

人爇三炬以张军势①，其王夜遁。

接下来讲述的是沿着不罕川②（即阿姆河，以不罕城［布哈拉城］命名的不罕川）必里罕城（Balch）追击回回国王。花剌子模沙在这里被称为"灭里"，显然是由阿拉伯语借入波斯语的词汇ملك"部主"（汉文"王"）而来，并不符合摩诃末高傲的姿态和实际的权力，他自称"算端"和"花剌子模沙"，以及尊称"阿拉丁"（'Alā'u 'ddīn）。这一事实表明，成吉思汗在处理国与国之间的事务时手段十分细腻，他没有把花剌子模当作独立的国家，而是视其为藩属国。所谓的"灰里河"对应的是志费尼的"海里河"。《元史》与穆斯林史料（尤其是伊本·阿西尔），在战争结局的记载上是一致的：双方未分胜负。不过《元史》没有记载朮赤在夜间退军，当然通过伊本·阿西尔的书，我们可以佐证《元史·速不台传》中提到花剌子模沙在战争开启之前也害怕了，在当天夜里也逃逸了。所有其他的叙事，都是后世的附会。

在征讨蔑里乞的途中爆发此役，完全可以从《元史·速不台传》

---

① 1199 年克烈部王罕在一场针对乃蛮部的战役中，在相似的情况下使用了同样的手段。乃蛮部不亦鲁汗与其长兄太阳汗结怨，王罕与铁木真联手趁机讨伐不亦鲁，不亦鲁奔乞儿吉思属谦州之境，被乃蛮名将撒亦剌黑（Sairaq）袭击。战役没有分出胜负，待来日再战。当天夜里，札只剌部（Ğağerat）首领札木合别号薛禅（Čamuqa Sačan）妒铁木真之势盛，潜之于王罕，王罕遂疑铁木真有他意，乃多燃火于阵地，潜移师去。（D'Ohsson I² 58）（译按：冯承钧译《多桑蒙古史》，商务印书馆 2015 年版，第 51—52 页）

② "不罕"显然就是布哈拉。花剌子模沙在与朮赤的战斗结束之后返回到布哈拉，从那里他经由那黑沙不（Nachšab）前往巴里黑（Balch）。速不台为了捉住他，一定要沿着阿姆河追他，而要抵达巴里黑，就要渡过阿姆河。蒙古人首先抵达了位于阿姆河畔的布哈拉城（成吉思汗亲征），他们显然是根据布哈拉城而将该河流命名为"不罕川"的，尽管其外城墙距离费腊卜（Firabr）有 14 帕勒桑，而派肯特（Paikand）距离费腊卜有 12 帕勒桑，而巴里黑（阿拉伯史家将阿姆河称为"巴里黑河"）距离费腊卜也有 12 帕勒桑，中间还隔有昔牙黑格尔德（Sijāhgerd）。（译按：据早期的史料如《世界境域志》，费腊卜位于阿姆河北岸 1 帕勒桑，处于前往布哈拉的道路上，是一片肥沃的土地，有不少村落——参考博睿《伊斯兰百科全书》第二版）

中的叙述，尤其是其情节而非纪年，得到很好的解释，它是把对穆斯林的征讨作为一个整体来讨论的。对于断代来说，[1] 花剌子模沙的去世是十分关键的事件，但是在书中却比实际年份滞后了一年。他早在伊历 617 年第 11 月份（Ðū'l qaʻda）15 日（公元 1221 年 1 月 11 日）就去世了。

两场战役的具体时间，可以从伊本·阿西尔（XII ٢٣٨, 23）的记载中推断出来，成吉思汗是在花剌子模沙逃回布哈拉五个月之后出现在该城门前的，开启了对布哈拉的围城和摧毁。布哈拉在围城后三天就陷落了，时间是伊历 616 年 12 月（Ðū'l ḥigga）14 日（公元 1220 年 2 月 10 日）（XII ٢٣٩, 2）。那么，花剌子模沙一定在 1219 年 9 月 12 日就已经抵达布哈拉了，此外，如果我们把中间往返两趟的行程算作四个月的话，[2] 花剌子模沙与朮赤的战役则发生在 1219 年 7 月 15 日，而在钦察境内消灭蔑里乞部的时间就一定是在 1219 年的仲夏了。那么，蒙古人主力部队在蟾河（即楚河）对蔑里乞部的决战，很可能就是在翌年的春天了，与《元史·速不台传》合，纳萨维所记载的有关花剌子模沙折戟沙场之役的年份（伊历 612 年，即公元 1215 年 5 月 2 日—1216 年 4 月 20 日）实际上是花剌子模沙对屈出律的前一场征讨，在那场征讨过程中遇到了东方的一群新敌（对于屈出律来说已经是世仇了），即速不台率领下的蒙古大军（据《元史·速不台传》是公元 1216 年），由此花剌子模沙可能腾出手来前往呼罗珊了（根据伊本·阿西尔的说法）。《元史·雪不台传》和拉施特[3] 的《史集》出现了

---

[1] 在篇幅稍短的《雪不台传》中，征伐对象是"回鹘"（误作"回回"），没有年代和名称。
[2] 参考一个类似的情况，即科马斯（Komas Indikopleustes）的金器商队到萨苏（Sasu）所需要的时间，见拙作 Benin I S. CCLXXXIX。
[3] Raverty 译，Ṭabaqāt i Nāçirī p. 981 n.。

同样的错误，即把对蔑里乞部的整场征讨，与 1216 年（伊历 612 年 = 公元 1215 年 5 月 2 日—1216 年 4 月 19 日）发生在蟾河和玉峪的决战杂糅在一起了。实际上，纳萨维把花剌子模沙在伊历 614 年对伊拉克乱局的干涉，放在了与蒙古人的首次遭遇之后。

如果把志费尼的叙事与其他记载做一比较的话，就会一目了然，《世界征服者史》为我们提供的是一种有关成吉思汗时代蔑里乞部的十分肤浅的历史。蔑里乞部末任首领的名号 توق تغان，在更严谨的文献里，尤其是汉语蒙古史料中，肯定是要被扬弃的。在乃蛮部主屈出律与西辽的菊儿汗关系尚且融洽之际，此人就已经是蔑里乞部的首领了。落魄的屈出律抵达西辽的时间，在蒙古史料中是 1208 年，而菊儿汗的被废是在 1211 年或 1212 年，那时忽都已经统领了蔑里乞部的残部。这样的话，所谓的 توق تغان，只能是脱黑塔别乞的儿子忽都了，而且我相信，这个名号应该是蒙古名号"脱黑塔汗"（Tuqta-Chān）的讹误，只是后世把他本人与他的儿子兼继位者忽都汗混淆了。[①]

就志费尼的记载而言，قم كبجك/Qam Käbčik 应该位于巴尔喀什湖以北和东北，以及康里地区以东的地区。此地名可以与卡拉库姆/"黑沙"（قراقوم/Qara Qum）勘同，据另一条史料，应该就是脱黑脱阿在蒙古追兵到来之前逃去的康里地区。（参上文第 121 页注 3）这一点可以得到术兹贾尼一书的印证，即来自桃花石和中国周边地区的哈喇契丹人踏进了位于突厥斯坦的卡拉库姆的边界，向算端桑加尔（Sultan Sančar）要求给予他们草场，于是他们在后者的边疆，例

[①] 我们决不能因为这个错误就让这位旭烈兀宰相（译按：即拉施特）的史学声誉受损。毕竟，他还曾把乃蛮君主屈出律与王罕的儿子弄混淆了。拉维蒂（Ṭabaqāt i Nāçirī p. 981 n.）令人费解地否定了脱黑脱阿（Tuq Toğan）与忽都的勘同。巴托尔德先生（Туркестан II 398）所谓志费尼笔下的"脱黑脱阿"就是脱黑塔别乞的儿子忽勒秃罕篾儿干（Qultuqan Märgän）的观点，与汉文史料不符。

如八剌沙衮、海押立和阿力麻里落下了营地。[1] 卡拉库姆显然就是巴尔喀什湖以北和以东的草原，也就是志费尼书中的 قم كبجك/Qam Käbčik。这个名字的意思应该是"沙地草原"，而 kibčäk 是作为种类名词（Appellativum），意为"草原、荒漠"。我们在下文中将要指出，这种构词在突厥语族中是罕见的。还有另一种可能，尽管它们的写法罕见甚至两个单词都是突厥语的成分，但还是应该用波斯语的构词法来读成 Qum i Kibčäk（参考 ایلك تركان, 也就是 ایلك تراكمه），对应的正确的波斯语写法是 Desht Qipčaq/ دشت قفجاق，也就是"钦察草原"的意思。这就说明，在蒙古时代突厥语的 qum/قم "沙"是作为波斯语 desht/دشت 和阿拉伯语 ṣaḥrā/صحرآء 的同义词来使用的。

不利于上述推测的是，蔑里乞部从七河地区（Semirjetschie）前往塞米巴拉金斯克省草原或前往塔尔巴哈台了，为了在蒙古人到达之前找到一个避难所。还有，为何速不台和脱哈察儿在长达三年（1216—1218）的时间内没有对蔑里乞部发动袭击，还是个未解之谜。拉施特书中的 قم قنجك（拉维蒂的转写就是如此）是一个蜿蜒的山区。[2] 很有可能，他指的是谦谦州 كمجيوت كم Käm Kämči(g)ut,[3] 即 1199 年乃蛮首领不亦鲁黑汗（Bujuruq Chan）在王罕和铁木真的联军压境之际前往逃生的地方。[4] 它应该写作 Qam Kämčik قم كمجك，这种讹误在一个类似的例子中也可找到，例如 كميجية، كميجيان（在 Čagānijān 以北嘛哒的一部），在穆卡达西（al Muqaddasī），花剌子密（al Chuwārizmī）

---

[1] Ṭabaqāt i Nāçirī p. 154（参考 p. 900），拉维蒂译。参考 Raverty ib. p. XLVIII. 268 n. 4。
[2] Raverty l. l. p. 981 n.
[3] 巴托尔德（Туркестан II 398）和伯劳舍（Edgard Blochet）在可疾维尼所校订的志费尼《世界征服者史》(I p. ٥١ n.٤)中亦持此观点。
[4] D'Ohsson I² 57.

和拜哈吉（Baihaqī）的书中分别写作كنجينه ,مكجيه ,مكجيان。[1] 谦谦州（Käm Kämčijut）[2] 对应的显然就是《元史》里的谦州，即叶尼塞河上游地区。[3] 往北一直到安加拉河（Angara），往东南方向一直到色楞格河，与乃蛮部的故地以及部分蒙古部落（例如 Qury，Burgut，Tümät 和 Bäilük）的驻地为邻。他们拥有自己的首领，但是却在乞儿吉思人（Qyrgyz）的国土上建立了国家。[4] 谦谦州（Käm Kämčijut）似乎自成一个民族。族名是一个蒙古语的复数形式，由两个河流名 *käm* 和 *kämčik*（*čik* 是小化的词缀）叠加而成，也就是由大剑河和小剑河构成。实际上，这是在人们已经忘却了它们的本义之后才取的名，至今在"谦谦关"（Pass Käm Kämčik）中仍存在一个类似的构词，包含小剑河和大剑河。拉施特书中的كمجيوت كم，和كمجيكهود *Kämčighud*，以及志费尼书中的كم جهودKäm-Čihud，[5] 是指同一个地方。蒙古时代的谦谦州与乞儿吉思的关系，正如古代突厥碑铭中剑河流域的 Čik 族与黠

---

[1] Wehrōt und Arang S. 93.
[2] 拉施特把كمجيوت 当作一条大河的名称。
[3] W. Schott, Über die ächten Kirgisen. Abh. der Berl. Akad. 1864, philos.-hist. Kl. S. 436. 441.
[4] 贝勒津校注拉施特《史集》(Труды etc. Bd. VII S. 168)：قرقيز وكم كمجيوت دو ولايت اند
بهم پيوسته وهر دو يك مملكت است وكم كمجيوت رودخانهٔ عظيم است ويك طرف آن
ولايت مغولستان دارد [a] وحدّى برودخانهٔ سلنگه كه اقوام تايجيوت آنجا مى نشستند ويك
جهت برودخانهٔ بزرگ كه اورا انقره [b] موران مى گويند بحدود ولايت ابير سيبير وطرق با
مواضع وكوههاى كه اقوام نايمان مى نشسته واقوام قورى وبرغوت وتومات وبايلوك بعضى
اقوام مغول اند ودر موضع برقوجين توكوم مى نشينند هم بدين ولايت نزديك اند
"乞儿吉思和谦谦州是毗邻的两个地方，二者构成一个国家。谦谦州是一条汹涌的河。该国的一条边界起自 [a] 蒙古斯坦（边境是泰亦赤兀惕[Taičijut]部所在的薛灵哥河），一边靠着所谓的昂可剌-沐涟（Anqara müran），位于亦必儿-失必儿（Abir-Sibir）国的边境，另一条边界在乃蛮部所在的地方和山区，豁里（Qury）、巴儿忽（Burgut）、秃马惕（Tümät）、巴牙鲁黑（Bäjlük）等部（其中部分是蒙古部落）住在巴儿忽真-脱窟木（Burqučin Tüküm）地区，也与该国毗邻。"（译按：参考中译本《史集》第251—252页，此处译文略有不同）参考前引 Schott, S. 454 f.. 戴美桑译注阿布尔-哈齐《突厥世系》，I ٤٢-٤٣= II 43。

a دارد，其结构如阿拉伯语اخذ加ب。
b 贝勒津 C 写本和 D 写本作انقره。

[5] 前引可疾维尼（Mīrzā Muḥammad i Qazwīnī）p. ٥١n. ٤.

戞斯的关系。[1] 如此一来，《史集》中的 *Kämčighud* 是由 *Käm* 和 *Čik* 构成的，而其中的 *Čik* 就是指剑河，而 *Käm Kämčijut* 显然是一个晚期的变体。[2] 不过，至于地名 كمجق 为何用 ق 来取代 ك，仍然未解。

在得知蒙古大军来临的消息后，蔑里乞部从七河流域向东北方向逃逸，并且在谦谦州找到了避难之处，在那里速不台和脱哈察儿诺颜不能把他们怎么样。朮赤1218年[3]出兵乞儿吉思时，他们跨过冰封的剑河，逼迫乞儿吉思人投降，[4] 蔑里乞部在那里逗留的时间并不长，一定早已返回七河地区了，为了在最后决战中保卫乃蛮部族。不过，成吉思汗早就派哲别诺颜（Čebe nojan）率领两部土绵（*tümän*）（译按：军队建制，"万"）去对付他们了，哲别诺颜非常神速地终结了篡权者屈出律。同时，朮赤的部队也腾出手来，出征蔑里乞部，并且命令下达给了早前在这里活动的速不台和脱哈察儿诺颜的军队。于是，在蟾河（楚河）再次作战，其结果没有疑问，被击败的残兵败将逃往了康里草原，在钦察部那里避难。当然，既然钦察部首领为落难的蔑里乞部提供栖身之处，他一定与在主权问题上毫不含糊的成吉思汗结下了梁子。但是，对于同时代的人来说，很难把康里草原与西边的钦察等同起来，这在互相矛盾的历史记载中也有所表现。

《元史·土土哈传》提到蔑里乞部长忽都在钦察部那里避难，且不考虑《元史·速不台传》，至今还不能找到一份明确的史料可以佐

---

[1] 《毗伽可汗碑》东面第26行，Vilh. Thomsen, Inscriptions de l'Orkhon déchiffrées p. 123。Radloff, Die alttürkischen Inschriften der Mongolei I 59. 453. II 138. 新发现的《磨延啜碑》（Bojun Čur/Il itmiš bilgä Chagan，746-759年），东面第7行。Ramstedt, Zwei uigurische Runeninschriften der Nord-Mongolei S. 21-26. 53: Journal de la Société finno-ougrienne XXX 3, Helsingfors 1913.
[2] 这样可以消除硕特的疑惑。（前引 Schott, S. 454 注 2）
[3] 根据汉文史料是1218年（De Groot），而不是多桑的1217年（D'Ohsson I^2 157）。
[4] 贝勒津校注拉施特《史集》Труды Bd. VII S. 170。

证。但是，这段史料应该不是捏造的，因为它能够解释为何成吉思汗要执意征服钦察部。假如这条史料属实的话，这一事件应该发生在1219年。亦纳思的孙子曲出届时已是一位年老者了，所以他应该是在1150年左右出生。他祖父的迁徙最晚应该往前推一代人的时间，也就是在1120年。这样可以毫无疑问地讲，亦纳思的迁徙应该是在大规模民族迁徙背景之下的产物，此后发生的是完颜阿骨打肇建女真帝国（1115年）和契丹王朝的衰落（1125年）。也就是说，曲出是在这一波民族大迁徙中被迫向西迁徙的，导致了西辽（1124年）在七河地区的建立。我们可以期待，在《金史》中应该能够找到更加详细的史料。如果我们有一份花剌子模沙的专门史或者哈喇契丹史的话，那我们就可以对曲出的西迁以及钦察国的建立有更准确的把握了。

上文中对曲出西迁以及钦察建国年代的推断，可以与史料中"钦察"一词首次出现的时间（伊历514年 = 公元1120/1年[1]）相吻合。这一吻合，绝非偶然。我们可以进一步推断，曲出的西迁无论如何应该在女真进入中都（今北京）（1120年）之前几年发生的。与马札尔人、库蛮人（即昆人）和哈喇契丹一样，"钦察"在他们抵达之后就很快活跃在历史舞台之上了，对邻近民族的滋扰使得他们很有存在感。这些迁徙者极可能属于奚部（Tataby），也就是与契丹部有亲缘关系的部落。一支全新的东亚民族，与马札尔人、库蛮人和哈喇契丹人一起前往里海以北地区，其中哈喇契丹人前往基马克（鞑靼）和昆（Qūn）（即鞑靼/Murqat）（译按：上文作 Murkat），后者很快与哈喇契丹构成了第四支势力。关于曲出所率领部落的实力，《元史·土土哈传》没有提供明确的信息。但是这群迁徙人口的数量应该还不足

---

[1] 参考上文第56页注3，第102页第20—22行。

以从根本上影响当地的民族结构，也不足以动摇当地主体语言的统治地位。这群奚人在抵达当地后立即对钦察本地人和库蛮—乌兹人发动了战争和滋扰，正如一个世纪前昆人（库蛮）对乌兹（乌古斯）和佩切涅格人所采取的行动一样。迁入者应该只是统治家族，并迅速地突厥化了。乌玛里（Ibn Faḍl allāh al ʿUmarī）对钦察还有进一步的叙述："钦察的突厥人在诚实、英勇、耐心、美貌、征讨频率和高贵程度上，与其他的突厥语人群不同（尤其是凯伊—奥斯曼人）。"[①] 这一叙述表明，他们在体质特征上有过一次重大的改良，就像曾经发生在佩切涅格人身上的一样，但是应该不是因为混了东亚的血。究其主要原因，更多地要在常规性的"抢人"行为中去寻找，通过这一行为与周边的金发和心智成熟的人种有深度的杂交。至于外来的东亚血统在改变新生儿的人种方面所具有的作用有多么小，可以从乌玛里的记载中看出来："曾经自立为国的钦察，现在被蒙古人征服了。由于蒙古人留在了当地，并与当地人通婚，因为这个原因以及当地气候的影响，他们自己的外貌改变了，以至于这两个民族至今看上去似乎是同一个民族。"[②] 换句话说，本地居民的基本盘，在本质上并没有被外来的东亚"钦察"所改变，无论如何其改变的程度没有后来涌入的蒙古人所带来的改变程度大。基督教史家则更进一步，把库蛮人（波罗维茨人）称为钦察人中的穆斯林和蒙古—突厥人。

在弄清楚玉里伯里山的方位之前，我们还不能确定曲出政权的中央所在地。但是既然蔑里乞的疆域是沿着也儿的石河流域，并且在

[①] 乌玛里（Ibn Faḍl allāh al ʿUmarī），كتاب مسالك الإبصار في ممالك الامصار，见于 E. Quatremère, Notices et extraits des Manuscrits du Roi t. XIII, 1838, p. 267。

[②] 同上，p. 270。

康里以西，① 那么它的权力中心应该在咸海以北，也就是钦察的西边和西北边。因此，我们得出结论，曲出一朝的斡耳朵最可能是在乌拉尔山。乌玛里提到："钦察的蒙古汗在萨莱过冬。与土兰的先王一样，他们的夏宫在 طاغ ارل 山，从中国的边境一直延伸到最西的地方。"② 如果所谓的 طاغ ارل 山，正如卡尔梅勒（Étienne Marc Quatremère）（译按：1782—1857 年，法国东方学家）所说，是指乌拉尔山的话，那么"土兰的先王"指的就是钦察的早期国王。也就是说，曲出家族的钦察君主的驻地是在乌拉尔山，而古代阿拉伯史料把 9 世纪上半叶黑海和里海以北的部落称为"钦察"。（参上文第 97 页第 26 行，第 98 页第 24 行）

《元史·土土哈传》没有交代钦察这一族名的词源。不过，却提到："（曲出）号其国曰钦察。"在不掌握其他史料的情况下，或许有人会认为这个名称属于迁徙者所操的语言，也就是说来源于某个蒙古语或满语方言。不过，上文中已经指出，曲出在"钦察"本地部落的地盘上扎营了，毫无疑问他建立的国家是以当地部落来命名的，这一支本土的钦察部是他霸业的起点和核心。在钦察部的帮助下，曲出一定很快成功了，把其他部落的汗，尤其是所谓库蛮和波罗维茨部的汗，全部征服了。与古代突厥和回鹘汗国不同，早期的钦察并不是严格意义上的君主政体。在拔都 1237 年的西征中我们注意到，即便是在伏尔加河以东的钦察本土的汗尚可独当一面，而名义上的世袭汗，即亦纳思的孙子班都察，完全臣服于蒙哥，而另一位自称是"一国主"的八赤蛮（Bačman）则起来反抗，但肯定是被武力镇压了。

---

① D'Ohsson, Hist. des Mongols I² 56 n. 2.
② 乌玛里（Ibn Faḍl allāh al ʿUmarī），كتاب مسالك الابصار في ممالك الامصار，见于 E. Quatremère, Notices et extraits des Manuscrits du Roi t. XIII, 1838, p. 291.

§ 7. 钦察与库蛮

既然我们至少已经弄清了钦察汗国肇建的时间以及该王朝的起源,那么我们也应该换个角度来考察基马克部的消亡,当然在新史料发现和刊布之前,最保险的做法还是依靠已知的、蒙元时期形成的史料。

柏朗嘉宾《出使蒙古纪》中说库蛮人的分布从第聂伯河一直到乌拉尔河,在东方则与康里人接壤,而鲁布鲁克则把库蛮与钦察等同了。[①] 作为一名亲历者,鲁布鲁克有这种不算太出格的混淆,唯一的解释是基马克帝国在昆(库蛮)和凯伊的入侵下并没有纹丝不动,而是在昆人的逼迫下从里海地区逃回北方(准确地说是东北方)了。在那里居住的乌古斯人(参上文第 100 页),投降了在数量上不占优势但在组织上和勇猛程度上却更胜一筹的东亚人,并成为新建部落联盟的核心力量,他们甚至开拓到伏尔加河以西的地区。12 世纪的头 25 年内又有一支东亚部落再次出现并占据了乌拉尔山脉的钦察地方时,他们组建了一个新的联盟,采纳"钦察"为国号,分布在乌古斯的故地,即乌拉尔河与顿河(准确地说是第聂伯何)之间。[②] 广义上的"钦察"的主体人口,始终是乌古斯人,他们吸收了昆人(库蛮)并采纳了他们的族名。这样我们就可以理解为何一方面 12 世纪阿拉伯史料依旧把伏尔加河的人群称为乌古斯而非库蛮或钦察,另一方面西欧和东罗马史家继续全部称为库蛮,而罗斯编年史家则无一例外地称为波罗维茨人,但在穆斯林和蒙古史料中却只称为钦察。

也就是说,曲出及其追随者不仅把他们的势力拓展到里海和咸海以北的草原,还延伸到伏尔加河、顿河、高加索和亚速海,也就是库蛮人的疆域,自 12 世纪末以来仅仅是尊奉一位名义上的波罗维茨汗。

---

① E. Quatremère, Notices et extraits des Manuscrits du Roi t. XIII, 1838, p. 79, 21 ff.
② 据此修订上文第 102 页第 16—19 行和第 22—23 行。

140 囿于史料的匮乏，我们对上述历史进程无法证实，而罗斯的编年史对此也没有提供足够的信息，但我们知道所谓的"钦察人"在他们首次见于文献记载之际，其势力就已经延伸到伏尔加河与高加索之间的草原了。另一方面，在蒙古入侵之前，我们在锡尔河下游也就是在曾经乌古斯的故地，发现了钦察人。①

自12世纪末以后，钦察、波罗维茨和库蛮几个名称就不再互用了。波罗维茨人首次见于文献记载之际，他们的势力范围在第聂伯河以东。此后，他们在第聂伯河谷站稳了脚跟，不过此后罗斯大公对他们发动进攻（1096年），尤其是在他们1103年的失败之后，似乎他们又撤回了。1109年，罗斯人在顿河附近作战，占领了波罗维茨人的营地。②1111年，莫诺马赫（Monomach）与罗斯大公们从沃尔斯克拉河（Worskla）来到了顿河，并战胜了萨尔尼察河（Salnica，根据史家卡拉姆津［Karamzin］的说法，就是萨尔河［Sal］，即顿河南方的一条支流）流域的敌人。③在1116年、1120年和1140年，他们被顿河另一岸的罗斯人追击。④我们注意到，1153—1187年之间又有一波草原人群向西方涌去。

据伊德里西的说法，1153年的جاليطة（今克里米亚半岛上的雅尔塔［Jalta］）仍属于库蛮人的国土。⑤与此相反，伊本·阿西尔的说法是，在蒙古人1221—1222年首次出征北高加索地区之际，哈扎尔

---

① 巴格达迪（Muḥammad b. Mu'aijad al Bagdādī）, كتاب التوسّل الى الترسّل, 见 Barthold, Туркестанъ I S. ٧٩, 13。
② 卡拉姆津：《罗斯帝国史》德译本，Karamzin, Geschichte des Russischen Reiches, Bd. II, Riga 1820, S. 115。
③ 前引卡拉姆津，II, 115 f. 和注 122。
④ Karamzin II 124, 注 131, S. 61 f. 大公密赤思老在 1127 年不应该跨过顿河，而应该跨过伏尔加河追击波罗维茨人，才让他们不再敢前行继续骚扰罗斯的边境。Karamzin II 142. 参考 Ilie Gherghel, Zur Geschichte Siebenbürgens, Wien 1892 S. 15f.。
⑤ Edrisi II 395, 约伯（Jaubert）译。

海的城市苏达克（سوداق/Sūdāq），即克里米亚半岛上的旧苏格达亚（Sugdaia）城，是钦察人的主要商业港口。①

对于蒙古人来说，"钦察"或"可弗叉"从一开始就是一个没有边界的地名。耶律楚材（于1219年西游）《西游录》记载："黑色印度之西北有可弗叉国。数千里皆平川，无复丘垤。吁，可怪也！不立城邑，民多羊马。以蜜为酿，味与中原不殊。②此国昼长夜促，羊胛适熟，日已复出矣。"③ 最后一句描述与伊本·法德兰对不里阿耳地区的记载几乎一样。④ 这一吻合很容易解释：既然钦察渗透到乌拉尔以北和基马克的故地了，在其北境实际上已经达到不里阿耳的纬度（约55°）了。但更有可能的是，这一叙述是基于1219年追逐逃往钦察的蔑里乞部的事件，并因口头打听有关国之北境的情况而导致的以讹传讹。此外，"可弗叉"一名在这里不仅是指延伸到第聂伯河的草原地带，而且包括北部的罗斯甚至不里阿耳。

蒙古起源的史料（汉文和波斯文）和涉及蒙古民族的穆斯林史料都告诉我们，在高加索的另一侧，除了众所周知的民族（阿兰人、拉克济人和罗斯人）之外，蒙古人只有钦察一个敌人了。

为了弄清钦察的疆域在伏尔加河以西究竟延伸到哪里，就有必要

---

① Ibn al Aḇīr XII ٢٥٣, 3 ff.；下文第143页。
② 该记载符合俄罗斯南部和莫尔多瓦地区。
③ Bretschneider, Mediaeval Researches I 23. 参考上文第114页第27—29行，第129页。《通鉴纲目》和《历代纪事》1237年条，关于钦察的记载与此类似。此外还记载了当地居民"青目赤发"。S. E. Blochet, Notes de géographie et d'histoire d'Extrême-Orient. Paris 1909 p. 33 s.《新唐书》提到了贝加尔湖以北的骨利干："骨利干居瀚海之北，北距大海，昼长而夜短，既夜，天如曛不暝，夕䏙羊髀才熟而曙，盖近日出没之所。"（译按：《新唐书》卷31，中华书局标点本，第813页）参考 W. Tomaschek, Kritik der ältesten Nachrichten über den skythischen Norden I 60 = SBWA. Bd. 116, 1888, S. 774。
④ Jāqūt I ٧٢٥-٧٢٦. 马苏第《黄金草原》（al Mas'ūdī, Goldwäscherein II 18）。奥菲（Muḥammad i 'Aufi, الحكايات جامع），大英博物馆 Or. 2676 fol. 70ᵇ Z. 2-5. 参考 Frähn, Die ältesten Nachrichten über die Wolga-Bulgharen, Mémoires de l'Acad. de St. Pétersburg. VIᵉ Sér. t. I, 1833, p. 572。

引用同时代的伊本·阿西尔有关蒙古出征北高加索和罗斯的记载,[1] 尤其是多桑没有仔细审定的段落。[2]

关于鞑靼人是如何对付阿兰人和钦察人[3]的

鞑靼人越过失儿湾（Šarwān）的打耳班关隘之后，他们挺进了那片地区。在那里有许多民族，包括阿兰人、拉克济人和诸多突厥部落。[4]他们劫掠、屠杀了许多拉克济人，其中部分是穆斯林，部分是不信教的人，并且镇压了当地试图反抗的居民，还与阿兰人达成了妥协。他们由众多的民族构成。阿兰人早就听说了鞑靼人的消息并且有所准备。[5]与一支钦察人结盟（作为雇佣兵）。他们之间有过争端，但是没有哪一方战胜了另一方。于是，鞑靼人致信钦察人：我们与你们是同一个种族，但阿兰人不属于你们的种，你们的宗教与他们的宗教也不同，所以你们没有必要帮助他们。我们愿意与你们达成一项协议，那就是我们不与你们为敌，你们想要多少财物和皮毛，我们就给你们带来多少，条件是你们与我们一起夺取阿兰人的财物。双方之间达成协议的前提是鞑靼人支付一笔钱并交付皮毛等物件，满足这些条件之后，他们离开了钦察。之后，鞑靼人征服了阿兰人，在他们当中

---

[1] Ibn al Aṯīr ed. Tornberg vol. XII ٢٥٢, 12- ٢٥٤, 15. 相关补充见 XI, XII, Leiden 1871 p. 77。

[2] D'Ohsson, Histoire des Mongols I (2ᵉ éd., La Haye et Amsterdam 1834) p. 336. 多桑杂糅了伊本·阿西尔和拉施特的记载，但拉施特只是从伊本·阿西尔书中摘录的一段文字，且此处没有。而阿布尔-哈齐又是摘录并精简了拉施特的文字，戴美桑译注：Histoire des Mogols et des Tatars publiée et trad. par le Baron Desmaisons I ١٢١, 5 ff. = II 129 s. I ٦٦= II 70。

[3] قفجاق 这个名称始终作为一个地名使用，不加定冠词，与其他的族名不同，例如 الالن، التتر، الروس، اللكر。

[4] D'Ohsson l. l. I 337 还列举了切尔克斯（Čerkessen）。参考戴美桑译注：阿布尔-哈齐《突厥世系》p. ٦٦= 70。

[5] 笔者查阅了巴黎藏两部写本（A 写本和 B 写本），都读作 فحذروا。

杀戮，鞑靼人变得富有了，他们劫掠，把俘虏变成奴隶，[①]并出征钦察。钦察人以为自身很安全，各部散归本地，因为他们觉得与鞑靼人签订过条约，并且已经履行了合约。所以当他们意识到的时候，鞑靼人已经来袭并且出现在了他们的领土上。鞑靼人在那里逐一击败了他们，并双倍索要曾经支付给他们的金额。在远处居住的钦察人得知了这一消息后，他们不战而逃：其中一部分躲在丛林里，另一部分躲在

[①] 多桑（D'Ohsson I 337）补充：“阿兰人居住的国家以及塔尔乞城（Terki）遭受了野蛮人的蹂躏。”（译按：冯承钧译文作"蹓诸部地，及塔尔乞城"，中译本《多桑蒙古史》，第157页）

在回鹘文《乌古斯可汗传》（以突厥和蒙古人史前史的形式保存了成吉思汗征服世界的一份梗概）中，其中突厥人群被刻意地描述成乌古斯汗（隐射成吉思汗）的盟友，对阿兰王国的征服被赋予了重要的意义。毋庸置疑的是，所谓的"罗姆可汗"（Urum Chagan）就是阿兰国王。在乌古斯汗征服了右翼（东方）的金汗（指金朝或女真的汗）（在1214年春金朝皇帝吾睹补［译按：完颜珣］与成吉思汗之间缔结合约，但是很快就毁约了，D'Ohsson, Hist. des Mongols I² 142）之后，他出征左翼（西方）的罗姆可汗。这位可汗有许多的军队和许多的城镇。这位罗姆可汗不听乌古斯可汗的命令，不与其交好。于是，乌古斯可汗讨伐他，"四十天后，他来到所谓的'穆兹塔格'（意思是'冰山'）脚下。他扎下营帐，安顿休息了。天亮时，在乌古斯可汗的营帐内有一束太阳般的光，从那束光中出来一匹灰毛、灰鬣的大公狼。那匹狼站在那里跟乌古斯说：'嗷—嗷，乌古斯，你要攻打罗姆，我会为你效劳。'于是，乌古斯起营出发，他看见部队前方有一匹灰毛、灰鬣的大公狼。我们都跟着它后面走。几天之后，这匹灰毛、灰鬣的大公狼停了下来，乌古斯和他的部队也停下。那里是一条名为亦的勒（译按：伏尔加河）的河。在亦的勒河……一座黑island上发生了战斗。他们用箭、矛、剑作战，打了许多回合。人们的心中有许多疾苦。战斗如此之恶，以至于亦的勒河的水都染红了，如朱砂一般。乌古斯可汗冲锋陷阵，罗姆可汗逃掉了。乌古斯可汗收了罗姆可汗的国家统治权，获得了他的子民。在他的斡耳朵有大量宝物（死物）和无数活物"。（Wihl. Radloff, Das Kudatku Bilik I, St. Petersburg 1891, S. XI）

乌古斯可汗在征讨罗姆可汗途中所经过的"穆兹塔格"（即"冰山"），要与葛逻禄境内的同名山体（S. XII）区分开来，后者指的是打耳班关隘（突厥语是 Timür qapu，"铁门"）所在的高加索山。乌古斯可汗与罗姆可汗的战斗发生在亦的勒河（即伏尔加河）河岸，应该是与顿河混淆了。阿兰人冒用"罗姆"（Urum，即"罗马人"）的名号，可以从以下事实得到解释：阿兰人不仅在族群性上与突厥人和蒙古人完全不同，而且迥异于信仰异教的钦察和蒙古，以及信仰伊斯兰教的突厥人，但是他们与古代有名的罗马帝国内的基督徒有共同点，且属于基督教的文化圈。阿兰人与钦察和蒙古人之间的这种民族学和人种学上的差异，伊本·阿西尔也刻意强调过了。此观点也是符合以下事实的：在该传说中，罗姆可汗是乌鲁兹伯（Urus bäg）的兄弟，而后者就是指罗斯人的大公。

山中，还有的人躲到了罗斯人的地方。

但是鞑靼人留在了钦察人的地方，这里在冬天和夏天富有草场，还有的地方冬暖夏凉并且都有茂盛的草场，那就是在海边的丛林，一直到苏达克。苏达克是钦察的城市，从那里可以获得辅助性物资。由于苏达克位于哈扎尔海（译按：黑海）[①]之岸，往来船只运输皮毛。钦察人从船长手里买下皮毛，再卖给他们奴隶、黑狐[②]、海狸、灰犀牛角以及其他本地的物产。[③]哈扎尔海是连接君士坦丁堡水道的一片海。鞑靼人抵达苏达克之后，他们征服了这座城市，驱赶了当地的居民：其中一部分人携家带口进了山，另一部分驶入大海前往罗姆国，那里已经处于克勒齐·阿尔斯兰（Qylyč Arslan）（小亚细亚的塞尔柱人）后裔的伊斯兰势力之下了。

关于鞑靼人是如何对付钦察和罗斯人的

鞑靼人征服了钦察土地并把钦察人赶走以后，其中一部分钦察人来到了罗斯人的土地，与他们毗邻的是一片广袤的、绵延的和宽阔

---

① 所谓的"哈扎尔海"，指的就是黑海，是根据克里木的名称（彼时称为"哈扎利亚"）来命名的。
② 产自布尔塔斯（Burṭās）（即莫尔多瓦），参考 G. Jacob, Welche Handelsartikel bezogen die Araber des MA. aus den nordisch-baltischen Ländern? 2. Aufl. Berlin 1891 S. 23 ff.。
③ 这段内容被迪马什基（Šams addīn ad Dimašqī）转述，见 Kosmographie S. ٢٦٤, 4 ff. = 382 ed. Mehren 内容如下：واما القفجق فمساكنهم فى جبال وغياض من وراء دربند شروان مقا بلى بحر
الروس ولهم عليه مدينة اسمها سرداق والبحر ينسب اليها ومنها يمتارون لأن التجار
تقصدها لبيع ما يجلبونه اليهم من الشياب وغيرها ولشراء الجوارى والمماليك والقندى
والبر طاسى الخ. 其中 سُرداقٍ 的，伊本·白图泰同（Ibn Baṭūṭa, II 382. 414）；而伊本·萨义德（Ibn Sa'īd bei Abū'l fidā, Geogr. p. ٢١٤-٢١٥ nr. ١٧ = II 1, 319/320. ٢٠٠, 15 ff. = II 1, 282. ٦٣, ult. = 80. ٣٣, 18. 20 = 40）却写作 صوداق：纳西尔丁·叶海亚（Nāçir addīn Jaḥjà）《小亚细亚的塞尔柱史》作 سُغداق（意思是 سغد 的居民），Geschichte der kleinasiatischen Salčuqen bei Houtsma, Recueil de textes relatifs à l'histoire des Seljoucides vol. III. IV passim。参考拙作 Καρμπαλούκ, der "skythische" Name der Maiotis: Keleti Szemle XI, 1910, S. 13。古代罗斯语形式 Соурожь Súrož，是基于族名 Соурожьскій，其预设是 *Sūdag < Sugdag 是加上浊化的擦音。

的疆域。那里的民众信奉基督教。钦察人到达之后，他们与罗斯人结盟，一起对付来袭的鞑靼人。鞑靼人在钦察地方逗留了很长一段时间，在伊历620年迁往罗斯人的地方。当罗斯人和钦察人听说鞑靼人准备向他们开战的消息之后，他们率领无数的人去迎击鞑靼人，并保卫他们的国土。鞑靼人遭到他们的攻击之后，就撤退了。罗斯人和钦察人急切地希望打赢鞑靼人，误以为鞑靼人害怕他们才撤退的，觉得鞑靼人的实力不如他们。于是，他们轻率地追击，而鞑靼人则继续撤退，他们沿着鞑靼人的足迹追了十二天。当罗斯人和钦察开始意识到中计了之后，鞑靼人开始反击他们，因为他们轻信、低估了鞑靼人。直到鞑靼人把他们耍弄了之后，他们才做好作战的准备。双方都坚守了一阵，安拉没有偏袒他们其中任何一方，双方僵持了数日。此后，鞑靼人获胜并占了上风，钦察人和罗斯人拼命地逃逸，但鞑靼人重重地击败了他们，在追击中有惨烈的杀戮，只有少部分人幸存了下来，他们所有的财产都被鞑靼人掳掠一空了。幸存的人逃回之后身体极度虚弱，因为逃亡的路途遥远艰险，还有鞑靼的追兵紧逼，鞑靼人劫掠、破坏他们的国土，他们中的大部分人都死掉了。那里聚集了许多罗斯的富商和显贵，携带着对他们来说贵重的物品，登上船只，起航出发，直到他们渡过海（来到了伊斯兰的领土）。当他们临近港口的时候，其中一艘船沉没了，不过船上人员获救了。但是，根据习俗，沉没的那艘船属于苏丹。于是，苏丹从那里获得了许多财物，其余的船只靠岸后，旅客们叙述了这一事件。

关于鞑靼人从罗斯和钦察国境返回的历史

在上文中提到的鞑靼人对罗斯人的所作所为之后，鞑靼人对罗斯人的土地进行了劫掠，之后他们便返回了，在伊历620年（公元1223

年）的年末，来到了不里阿耳。当不里阿耳人听说鞑靼人即将到来的消息后，他们在一些地方设下埋伏，然后从后面袭击。他们与鞑靼人交锋之后，他们就追逐，直到鞑靼人陷入他们预设的埋伏中。他们从背面袭击鞑靼人，于是鞑靼人腹背受敌，四面乱刀飞入。鞑靼人中的多数被杀了，只有少数幸存了下来，大概只有四千人。[1] 然后他们前

---

[1] 多桑（I 345. 446）对这段内容的理解完全错了，在他笔下变成鞑靼人获胜了。薄乃德（Bretschneider, I 296）还沿袭了他的说法。一向战无不胜的蒙古人在不里阿耳人那里吃的这场败仗，很好地说明了，为何这段征伐在蒙古史料中毫无痕迹，甚至不里阿耳的名字都完全湮没了（《元朝秘史》除外，Bretschneider, I, 300, 但是指的似乎是多瑙河的不里阿耳人）。现在我们不难理解在年代稍晚（1236—1237 年）由拔都率领的蒙古征讨下不里阿耳的命运了——在"长生天"的蒙古人蒙受失利之后，不里阿耳成了一座"恶城"。

蒙古人及其盟友突厥人所遭受的失利，其影响应当是深远的。如果说乌古斯可汗传说的记载不全是迷惑性的，那么该事件在乌古斯可汗传说中还是有所体现的。可惜回鹘文中的这段文字不可卒读了，所以留下了诸多疑问。乌鲁兹伯（罗姆可汗之弟）的儿子违抗了他父亲的命令，要求他在战斗后（关于战事没有提及）去保卫一座建立位于 Tarang Müran（或是第聂伯河）（译按：马夸特依据的是拉德洛夫的译文，拉德洛夫此处的 tarang 当作 tering, 意思是"深的"，见 G. Clauson, *An Etymological Dictionary of Pre-Thirteenth-Century Turkish*, Oxford, 1972 p. 551）山巅的城堡，他直接向乌古斯可汗投降了，为此获得了 Saqlab（译按：当作 Saqlap, 意思是"保"）的名号。（前引拉德洛夫 S. XIIa）此后的叙述是："乌古斯可汗率军来到了亦的勒河……住着一位伟大的可汗（译按：拉德洛夫此处释读有误，原文中没有这句话），乌古斯可汗跟着他说：我要跨过亦的勒河。在军中有一名非常优秀的官员，他的名字是兀鲁-斡耳朵-奥石卜-腾（Uluk-ordu-oschpu-täng）（译按：拉德洛夫的释读有误，当作兀鲁-斡耳朵 Uluğ Ordu）。在那个地方，他看见……亦的勒河是一片树木茂盛的地方……树木……人们砍倒树木，躺在树上，便渡过了河。乌古斯可汗笑了说：哎呀，你是像我一样的官员（译按：原文作 sen munda beg, 拉德洛夫把 munda 的 +da 理解成一种比较级词尾，实际上这是位格词尾，意思是"在这里做官吧"，也更符合文义），你就叫'钦察'吧。"

乌古斯可汗在从斡罗思返程的途中，要渡过伏尔加河（亦的勒河），在竹筏的辅助下实现了。考虑到文献中说事发地是一片森林茂密的地方，所以应该位于伏尔加河的中游。在拉施特的《史集》（前引 Radloff, S. XIX f.）是这样描述的："当乌古斯同亦惕-巴刺黑（Itbaraq）部落作战，被他们打败时，他退到两条河流形成的一个岛上，停留在那里。这时有个丈夫战死的孕妇，爬进一棵大树的空洞里，生下了一个孩子。有人将这件事告诉了乌古斯。他很可怜她，便说道：'既然这个妇人没有了丈夫，这个孩子就是我的儿子'。他确实被当作乌古斯的孩子；乌古斯称他为'钦察'。这个词由'合不黑'qabuq一词派生而来。'合不黑'为突厥语'空心树'之意。所有的钦察人都出自这个幼儿。过了十七年，乌古斯击溃亦惕-巴刺黑部，到达伊朗国，征服了伊朗各地。若干年后他回到本国。有人报告，亦惕-巴刺黑部又造反了，于是，乌古斯派遣钦察人前去，命

§ 7. 钦察与库蛮　　161

往撒哈辛，准备回到成吉思汗身边，而钦察土地上已经没有他们的踪迹了。[①] 于是，钦察人返回了故土。自从鞑靼人来了以后，道路都已经被截断了，再也没有黑狐、灰犀牛角、海狸等物产了。鞑靼人走了以后，钦察人又回到了故地，修好了道路，恢复了物产，跟以前一

令他们在伏尔加河和乌拉尔河之间安营扎寨，以便平乱。此后，钦察人留在了那个地区（伏尔加河和乌拉尔河之间），并在那里安家了。"（译按：译文参考了汉译《史集》第一卷第一分册第138页，不过最后两句话不见于汉译本《史集》。又，"亦惕-巴剌黑"本书中译作伊特·巴拉克，此处引文尊重汉译本《史集》的译法。阿布尔-哈齐的《突厥蛮世系》所载略同，但要更详细。）(Abū 'l Ġāzī S. ١٨,17 - ٢٠, 5 = 18-19, 转引自前引 Radloff, S. XXXIII) 希瓦汗（译按：指阿布尔-哈齐）似乎把亦惕-巴剌黑当成了中国的另一边（靠海的一边），把他们视为不信教的人，是挡在乌古斯可汗圣战之路上的人！

拉施特谈到的显然是乌古斯可汗（喻指蒙古人）被亦惕-巴剌黑击败并逃到一座两河之间岛屿上的事情。如果能把这件事比定为伏尔加河流域不里阿耳人击败蒙古人的历史事件的话（在历史上找不到其他发生在该战场上的战役），那么可以有把握地说，失利后的残兵败将逗留在撒哈辛了，残留在不里阿耳的势力在那里得以与主力部队会师。要把神秘的"亦惕-巴剌黑"(Itbaraq) 与信仰伊斯兰教的伏尔加河流域不里阿耳人勘同起来，有如下旁证：乌古斯可汗用了17年击溃亦惕-巴剌黑，速不台在1236/37年攻下了不里阿耳城市，从根本上消灭了他们，而窝阔台早在1229年就派阔客歹（Göktai）和速不台（Subutai）（译按：韩儒林主编：《元朝史》（上）作"雪匕台"，人民出版社2008年版，第142页）率领一支3万人的大军去征服钦察、撒哈辛和不里阿耳。根据罗斯编年史，不里阿耳在1237年秋天被灭。(Karazin III, 229 及注，S. 322 f. D'Ohsson, Hist. des Mongols II, 15. 619 ss. 111. Bretschneider l. l. I 300. 309) 从1223年年底或1224年年初算起，到1237年，之间有14个阴历年。最后还有一点，钦察部落导致乌古斯可汗在亦惕-巴剌黑和乌拉尔河之间安营扎寨，并迫使他（喻指蒙古人）要平定他们的叛乱，只有在一个前提下才能解释得通，即亦惕-巴剌黑位于札牙黑河（乌拉尔河）以北，且他们威胁到了从也儿的石河（准确地说是咸海）到伏尔加河之间的交通。正是因为这一点，我们不能认为这件事是建立在对钦察首领八赤蛮的模糊记忆之上的，他在1236/37年给蒙古军队的先头部队带来了不少麻烦，因为他白天躲到亦的勒河岸边的树林之中，直到他最终在伏尔加河的一座岛上被袭——恰好有大风把水刮走了，所以蒙哥的大军才得以抵达岛屿。（见多桑引志费尼和拉施特书，D'Ohsson II 623）；参考上文第115页。

亦惕-巴剌黑(Itbaraq) 应该是某种突厥语或蒙古语的诨名，用来指代伏尔加河的不里阿耳人。根据拉德洛夫的字典，baraq 在奥斯曼语和吉尔吉斯语中意思是"有厚（长）头发的"（其中 qyl baraq 意思是"有长鬃和长尾的一种马"，qara baraq 意思是"猎狗的一种"），而 baraq it 在吉尔吉斯语中特指"有卷毛的狗"。那么，拉施特笔下的 Itbaraq 是否当作 *Baraq it 呢？

① 据阿布尔-哈齐（Abū 'l Ġāzī I ٦٦ = II 70）的记载，蒙古军队的将领哲别诺颜跨过了亦的勒河和札牙黑河（乌拉尔河），在历经四个月（译按：戴美桑校注的察合台原文作تورتييلان，意思是"四年"，译文作"四年"，汉译本同）的征讨之后，回到阿拉山（Ala Tag）的成吉思汗身边。

样了。

伊本·阿西尔的上述记载，可以与地理学家亚库特（Jāqūt，卒于 1229 年）的记载相吻合，而后者也是那个时代的人。亚历山大大帝当年通过修筑长城来防御歌革和玛各人（Sūr. 18, 82 ff.），放在今天还是适用的：鞑靼人突破了城墙，假如他们一直向前进攻的话，几年之内就可以征服整个世界。"由于他们是从中国的边缘来袭的，跨过了打耳班关隘（Bāb al Abwāb），在征服并破坏了众多伊斯兰的领土之后，将近有一半的伊斯兰领土遭殃。他们征服了河中地、呼罗珊、花剌子模、锡斯坦、哥疾宁（Gazna）附近地区、信德（Sindh）的一片地区、火迷失（Qūmis）、伊斯法罕的整片山区、塔巴里斯坦、阿塞拜疆（Ādarbaigān）、阿阑（Arrān）以及亚美尼亚的一块地方，一直到打耳班。这一切几乎是在两年之内（伊历 617—618 年）完成的。他们还杀戮了所征服城市内的居民。之后由于安拉舍弃了他们，让他们撤回，他们就退军了。他们越过打耳班关隘后，他们征服了哈扎尔人、阿兰人和罗斯人以及撒哈辛的土地，杀戮了草原上的钦察人，一直到不里阿耳人那里大概又用了一年的时间。这个版本比亚历山大大帝的故事更骇人听闻，因为亚历山大征服了这些地区之后让它们繁荣了起来，且任命执政官在当地，而鞑靼人则极尽破坏之能事。"①

亲历者伊本·阿西尔的详细记载，与罗斯编年史家的叙述几乎吻合，而彼此在细节之处又可互相补充，只不过在鞑靼人面前逃往罗斯的草原骑士不是钦察人，而是叫"波罗维茨人"。我的友人、来自格拉茨（Graz）的佩斯克尔博士（Dr. Peisker），为我提供了下面引

---

① Jāq. I ٢٥٤. 21 ff. s. v. الاسكندرية.

用的两篇斯拉夫语材料的逐字翻译，对他致以诚挚的感谢。在特维尔（Twer）的编年史中相关的部分，与诺夫哥罗德（Nowgorod）的编年史是一致的，如下：①

关于迦勒迦河（Kalka）之战、罗斯大公和七十勇士的记载

6732年。因为我们的罪过，来了一群不速之客，他们是不信仰上帝的摩押人（Moabiter），没人知道他们是谁，从哪里来，说什么语言，属于哪个民族，信仰什么。有人称他们为鞑靼，也有人称之为塔乌尔曼尼（Taurmeni）（即突厥蛮人[Turkmen]），还有人称之为佩切涅格人。但也有人说，他们是——正如帕塔拉（Patara）的主教麦瑟迪乌斯（Methodios）所证实的②——来自艾弗罗（Efrow）沙漠，③在其中他们处在东面和北面。④有谣言称，这群不信上帝的人劫掠了许多

---

① Полное Собраніе Русскихъ Лѣтописей ... томъ 15. Лѣтописный Сборникъ, именуемый Тверскою Лѣтописью. С.-Пбргъ 1863. Kol. 335 ff. a. 1224. 参考 Karamzin, Geschichte des Russischen Reiches, Fr. v. Hauenschild 译，Riga 1823. Bd. III, 195 ff. Примѣчанія къ исторіи государства россійскаго. Сочиненія Карамзина. Изданіе Александра Смирдина. Спбргъ 1852. 第 185 页注 295，第 187 页注 299（Peisker）。

② Епископъ Паторомскій，在诺夫哥罗德编年史中正确的写法是：Патарскій епископъ。

③ 诺夫哥罗德编年史正确的写法是：isšli iz pustynja Etrievskyja。在帕塔拉主教麦迪乌斯的证词中，提到以实玛利的军队，从雅士里布（Ethrib）（يثرب，麦地那[al Medīna]）沙漠迁出；在基遍（Gabaon/Gabeth），强悍的希腊人落入以实玛利子孙之手。参考斯蒂芬诺斯·奥伯良（Stephannos Orbelean）（译按：13世纪亚美尼亚史学家和主教）摘录自休尼克的斯蒂芬诺斯（Stephannos von Siunikʻ）（译按：公元8世纪的亚美尼亚主教，曾前往君士坦丁堡学习希腊语，并将希腊语著作译成亚美尼亚语）亚美尼亚语译文中的内容，Geschichte des Hauses Sisakan ed. Mkrtič Emin. Moskau 1861. Kap. 31 S. 105 = Histoire de la Siounie trad. par Brosset, I 89. St. Pétersbourg 1864. （我手头没有希腊语原文和斯拉夫语的译文。）《启示录》（Apokalypse）的作者把罗马人在叙利亚统治势力的衰弱定在查比叶（Gābītha）的关键一场战役，又称"雅尔穆克（Jarmūk）六日"（636年7月23日）（译按：拜占庭军队与阿拉伯穆斯林军队在叙利亚境内雅尔穆克[希腊语作"查比叶"/Gābītha] 河谷发生的战争，持续了六天，最后穆斯林获胜，现在一般认为发生在636年8月15—20日。）参考 M. J. De Goeje, Mémoire sur la conquête de Syrie² p. 119 s.。

④ 诺夫哥罗德编年史同。

地方：阿兰人（Jasen/Ās/Alannen）、阿布哈兹（Apʿchazen/Obezy）、切尔克斯人（Čerkessen/Kásogy）。一部分不信上帝的波罗维茨人幸存了下来，鞑靼人来到了波罗维茨人的领土。但是波罗维茨人无法抵抗鞑靼人，他们逃逸了，鞑靼人杀戮了他们中的许多人，① 赶着另外一部分人沿顿河来到了海岸，② 由于上帝和圣母的震怒，他们在那里被消灭了。许多坏人把邪恶的波罗维茨人赶到了罗斯人的土地上，所以全能的上帝要把以实玛利的那些不信上帝的子嗣，那些库蛮人毁灭，以偿基督的鲜血。这些所谓"塔乌尔曼尼人"来到了库蛮人的地区，把他们一直追到第聂伯河，在罗斯附近。那些邪恶的波罗维茨人一直逃到所谓的"波罗维茨海浪"。活下来的是波罗维茨的大公忽滩（Kotjag），但是大公忽巴科（Kobjak）的儿子丹尼勒（Danilo），以及孔查克（Končak）的儿子玉里吉（Jurij）都被杀死了。③ 这位忽滩是大公伽里赤的密赤思老（Mstislaw Mstislawič von Galič）的岳父，④ 他与波罗维茨的大公们来到"女婿"密赤思老（Eidam Mstislaw）身边，前往伽里赤，他们去拜会所有的罗斯大公，带去了许多礼物、马匹、骆驼、水牛和女子，送给所有的罗斯大公，放低姿态地说："今日他们占领了我们的领土，明天他们会来抢走你们的领土。所以，帮助我们吧，唇亡齿寒啊！"通过这一番游说，忽滩实际上了解到，南俄大公们参加了由他女婿牵头的在基辅举办的大公会议，大家达成一致，

---

① 原文作 избыша，当是 избиша 之讹。（穆尔克［Murko］先生的意见。）
② А иныхъ погнаша по Дону въ лукоморя.
③ Остатокъ избытыхъ, Котягъ, князь Половецкiй, съ инѣми князи, а Данило Кобяковичь съ нимъ и Юрiй Кончаковичь (убьена быста). 括号里所补充的表示双数 быста 是有道理的，因为后来忽滩或者忽巴科被认为是逃跑了。
④ 此"密赤思老"系"勇者"密赤思老·罗斯蒂斯拉维奇（Mstislaw Rostislawič）的长子，自 1209 年起为诺夫哥罗德的大公，1219 年起是伽里赤的大公，但是在翌年去世了。Karamzin, III, 43 f. 103. 148.

要到外国去寻鞑靼人。那时波罗维茨大公巴斯特伊（Bastyj）受洗了。

当整个罗斯地区的大公都聚集起来之后，他们就去追击鞑靼人了。他们抵达第聂伯河后，经由扎鲁伯（Zarub）①，来到瓦良格（Waräger）岛，因为鞑靼人在听说罗斯大公来进攻他们之后，他们派遣了使者②……罗斯大公们却没有接受和谈，而是杀了使者，去追击鞑靼人。他们好不容易到达奥列什叶（Olěšie），在第聂伯河畔停留，因为鞑靼人再一次派来使者，③第二位使者被允许平安地返回了。波罗维茨全境的人和他们的大公都来［见罗斯军队］了。

伽里赤的密赤思老率领一千人的部队渡过第聂伯河，向鞑靼人的前哨部队进攻并且取得了胜利，鞑靼人的余部跟他们的主帅哲别（Gemjaběk）一起逃到了波罗维茨人的库尔干（Kurgan）城，但是在那里却没有援助。为了救他们的主帅哲别，他们把他活着掩在土下，但是波罗维茨人后来找到了哲别，把他交给密赤思老之后，就把哲别杀了。④

罗斯大公听说了这一消息之后，借由一批船只向第聂伯河

---

① 扎鲁伯（Zarub）是特鲁贝兹河（Trubežfluss）入湖口（译按：特鲁贝兹河系第聂伯河的左侧支流，汇入卡尼夫水库）附近的一座小城，参考 Karamzin, II 207。作为称谓词（Appellativ），它的意思是"河里面给鱼设置的障碍物"。
② Karamzin, III 196 f.
③ 根据卡拉姆津的记载，他们在出征第聂伯河岸附近奥列什叶途中的第 17 天，遇到了斡罗思的军队。这段信息是没有意义的，因为"奥列什叶"往往指称贸易站，人们会在第聂伯河口附近的阿列什基（Aleški）附近寻找其方位（参考 Ph. Bruun, Notices sur les colonies ital. en Gazarie p. 13 = Mém. de l'Acad. des Sciences de St. Pétersbourg VIIe Sér. t. X No. 9, 1866）。布拉奇科夫（Buračkow）认为，指的是兹纳纳卡（Znamenka）村位于水平面以下的土堡子（Wallburg）。（转引自 Michael Hruševśkyj, Geschichte des ukrainischen (ruthenischen) Volkes Bd. I, Leipzig 1906 S. 292 A. 2）这个观点与文献中后面的内容相悖，因为文献提到它是位于激流北岸的某个地方。
④ 诺夫哥罗德编年史与特维尔（Twer）编年史几乎是完全一致的，不同之处在于："他们把他们的主帅活着掩在土下，因为他们想保他的命，而波罗维茨人在这找到了他。波罗维茨人把他交给密赤思老之后，他们就杀了他。"

以外的地方进军（意思是渡过了河）：密赤思老·罗曼诺维奇（Mstislaw Romanowič）大公与基辅人，弗洛基米尔·罗利科维奇（Wolodimeŕ Rurikowič）与斯摩棱斯克人（Smolenskern），切尔尼戈夫（Černigower）大公，加利西亚人（Galizer）、沃里尼亚人（Wolynier）、库尔斯克人（Kursker）和特鲁布切夫斯克人（Trubecker/Trubtschewsker），以及普季夫利（Putiwl）和所有罗斯地区，还有所有的大公和一定数量的勇夫。沿着第聂伯河入海，有上千艘船，从海上来到第聂伯河，冲向激流[①]（他们不断推进，停驻在浅滩边的霍尔蒂恰［Chortica］河[②]）。他们的公爵是玉里吉·多玛列切齐（Jurij Domarěčič）[③]，二把手是德尔兹克拉吉·弗罗迪斯拉维奇（Deržikraj Wolodislawič）。他们得到消息，说鞑靼人来勘察罗斯军队了。丹尼勒·罗曼诺维奇（Danilo Romanowič）和其他的大公骑上马，快速去看鞑靼军队，当他们见到鞑靼军队之后，向大公密赤思老·罗曼诺维奇（Mstislaw Romanowič）致信："啊，密赤思老！不要袖手旁观，我们要向鞑靼人进攻！"他们来到阵地与鞑靼人交锋，在这里罗斯人的防御把鞑靼人一直赶到阵地的远处，压制着他们，夺取了他们的牲畜，赶走了他们畜群。他们从那里追了鞑靼人八天[④]，一直到迦勒迦河，他们派遣亚伦（Jaruń）与波罗维茨人作为前哨部队先行，但是他们自己却停了下来。他们在这里遇到前哨部队，他们杀害了伊万·迪米特里维奇（Iwan Dimitriewič）和两位其他随从，但是鞑靼人却撤退了。伽里赤的密赤思老命令丹尼勒·罗曼诺维奇率军渡过迦勒迦

---

① 括号里的文字是插入的内容，见上文第151页注3。
② 意思是船只被冲到浅滩之上。
③ 下文中作玉里吉·多玛蔑里奇（Domaměrič）。
④ 伊本·阿西尔作"12天"。

河，但他自己却尾随他们。丹尼勒·罗曼诺维奇渡河之后，他却停了下来。密赤思老自己也去探路了，当他见到鞑靼人的军队之后，他回来命令他的士卒们武装好。但是另外两名密赤思老[①]置身事外了，而他却浑然不知。出于嫉妒，他没有跟他们讲，在他们之间有很大的分歧。在这种情况下大军会师了，他率军去攻打鞑靼人，还有丹尼勒·罗曼诺维奇、西门·奥尔约维奇（Semeń Oljuewič）和瓦西利科·加里洛维奇（Wasilko Gawrilowič）。他们压制了瓦西尔科。而丹尼勒在胸膛被刺伤后，觉察到不是因为他的轻狂与果敢才导致的。他很年轻，才18岁，但是他在战场上十分坚强，他率军英勇杀敌。于是，"哑巴"密赤思老也刺向鞑靼人，他也很英勇，因为他亲眼目睹了鞑靼人是如何刺杀丹尼勒的。由于他是丹尼勒父亲的亲戚，他疼爱丹尼勒，甚至承诺把统治权交给他。接着，库尔斯克的奥乐格（Oleg von Kursk）也勇敢地杀敌，亚伦率领波罗维茨人也过来了，一起杀向鞑靼人。不过，波罗维茨人很快就撤回了，没有获得什么战绩，他们冲垮了罗斯大公的营盘，但是罗斯大公没有能够群起而攻之，于是罗斯军队陷入了混乱，这是对罗斯大公的胜利，是罗斯国家自古未曾有的。作为罗斯蒂斯拉夫·密赤思老（Rostislaw Mstislawič）之孙、弗拉基米尔·莫诺马赫（Waldimer Manamach）之子的基辅大公密赤思老·罗曼诺维奇，与他的女婿大公安德烈（Andrěj），和杜布罗沃大公亚历山大（Aleksandr），目睹了这些不幸之后，丝毫没有动摇他们的立场，他们位于迦勒迦河上方的一座山上，那个地方崎岖不平，他们用木桩建造了一座堡垒，凭借这座军事据点他们与鞑靼人拉锯了三天。然而，鞑靼人追击罗斯大公的军队，压制了他们，一直追到第聂

[①] 分别是基辅的密赤思老·罗曼诺维奇（Mstislaw Romanowič）和切尔尼戈夫（Černigow）的密赤思老。

伯河。在这座堡垒中留下了两名将领切葛尔干（Čegyrkań）和忒术干（Tešukań），他们反对密赤思老·罗曼诺维奇，也反对他的女婿安德烈以及杜布罗沃大公亚历山大，因为这两位大公曾经是与密赤思老一起的。站到鞑靼人那边的还有布罗德尼奇（Brodnici），他曾经是波洛次克（Ploskinja）的将领。① 这位贵族将领发誓，要与密赤思老大公和两位公爵，以及所有跟随他们的人为敌，不是要杀了他们，而是从他们那里获取赎金。那位可怜的人与鞑靼人谈判，并把他们绑着交给了鞑靼人。但是鞑靼人攻陷了堡垒之后，他们屠杀了那里的人，鞑靼人留在了那里。鞑靼人把罗斯大公埋掉了，把他们放在地下，然后坐在上面宴饮，就这样罗斯大公结束了他们的生命。至于其余的大公，鞑靼人追击他们一直到第聂伯河，杀了六……暴行在5月30日发生……活下来的大约只有十分之一，其他的人被波罗维茨人杀害了，为了夺取他们的马匹和皮毛。

关于上述事件，在《伊帕季耶夫编年史》（Hypatioschronik）（译按：俄语作 Ипатьевская летопись）中的记载更加简明和易懂（Полное собраніе русскихъ лѣтописей изданное Имп. Археографическою Коммиссіею. Томъ Ⅱ. Ипатьевская лѣтопись. Изданіе Ⅱ. С.-Петербургъ 1908 S. 739）：

在6732年（公元1224年），来了一支不速之客的军队，他们是不信上帝的摩押，称为"鞑靼"。他们来到波罗维茨人的土地。波罗维茨人准备迎战。玉里吉·孔查克维奇（Juŕgij Končakowič）是所有

---

① 诺夫哥罗德编年史作 *Ploskyna*。

波罗维茨人的首领。他不想失去颜面,他跑掉了,很多人被杀了,一直延伸到第聂伯河。① 鞑靼人撤退后,他们回到了自己的毡房。波罗维茨人逃到了罗斯人的土地,跟罗斯大公们说:"如果你们不帮助我们的话,现在是我们遭殃,明天遭殃的就是你们了。"所有大公聚集在基辅,他们决定:我们最好到别国土地上去迎战鞑靼人,而不是在我们自己的领土上。那时候有基辅的密赤思老·罗曼诺维奇(Msitislaw Romanowič)、科泽里思哥(Kozelsk)和切尔尼戈夫的密赤思老,还有伽里赤的密赤思老,他们都是罗斯境内的长老。苏兹达尔(Suzdal)的大公玉里吉(Jurij)没有参加聚会,还有一些年轻的大公,例如丹尼勒·罗曼诺维奇(Daniel Romanowič)、米海伊尔·维斯沃罗迪奇(Michael Wsewolodič)、基辅的弗塞沃罗德·密赤思老(Wsewolod Mstislawič)等其他大公。那时候波罗维茨的大公巴斯特伊(Basty)受洗了。瓦西利科(Wasilko)没有参加:因为他在弗洛基米尔(Wolodimeŕ)是"年轻"的。他们四月份从基辅来到第聂伯河,前往瓦良格岛,然后波罗维茨全境的人、切尔尼戈夫的人,还有基辅人、斯摩棱斯克等其他地方的人都汇集来了。他们都赤脚跨过第聂伯河,仿佛河水被人群覆盖了一般。但是,加利西亚人和沃里尼亚人,包括他们的大公,以及库尔斯克人、特鲁布切夫斯克人和普季夫利,包括他们的大公,都是骑马而来,并且加利西亚的筏子② 沿着德涅斯特河(Dněstr)③ 进入大海——大约有一千艘船——沿着第聂伯

---

① 根据写本的断句,应当译成:"许多人被杀了。当鞑靼人返回第聂伯河时"云云(穆尔克先生的意见),是不通的。
② 这个词的含义,是通过现代俄语的方言来确定的(根据达尔 [Dal] [译按:指 Vladimir Ivanovich Dal, 1801-1872] 的字典)。在斯列兹涅夫斯基(Sreznewskij)主编的俄语学术词典中,这个地方没有译文,只是罗列了出来。(穆尔克先生的意见。)
③ 一作"第聂伯河",参考上文第 149 页第 12 行。

河，逆流而上[在霍尔蒂恰河的浅滩停顿下来]。① 与他们一起的有玉里吉·多玛葸里奇（Domaměrič Juŕgij）和德尔兹克拉吉·弗罗迪斯拉维奇（Deržikraj Wolodislawič）。有消息传到营盘，说鞑靼人过来勘察罗斯的战船了。丹尼勒·罗曼诺维奇听说了之后，他快速地上马，去查看未见的鞑靼军队，也有骑兵跟随着他，很多其他的大公也跟着他去看那闻所未闻的鞑靼军队了。他们前去了之后，玉里吉跟他们讲，要做好防卫。其他人说，鞑靼人是纯朴的人，比波罗维茨人更大（强壮）。玉里吉·多玛葸里奇说："他们是战士，很好的斗士。"抵达后他跟密赤思老和玉里吉讲述了一切。少壮派大公们说："你密赤思老，还有你，另外的一名密赤思老，不要袖手旁观，我们一起向鞑靼进攻。"于是所有的大公们都渡过了河，密赤思老和切尔尼戈夫的另一名密赤思老都渡过了第聂伯河，其他的大公们聚集到波罗维茨人的土地上。他们在礼拜二渡过第聂伯河，鞑靼人与罗斯军队遭遇了。罗斯

---

① 原文如此！不过，霍尔蒂恰河是第聂伯河的右侧支流，地图上标注着霍尔蒂茨（Chortitz），在霍尔蒂茨岛附近，而霍尔蒂茨岛早在君士坦丁七世的《帝国行政论》（Konstantin Porphyrogennetos de administr. imp. c. 9 p. 78, 1）中以"圣格里高利岛"的名称出现过了。其地望位于亚力山德罗夫斯克（Alexandrowsk），距离叶卡捷琳诺斯拉夫（Jekaterinoslaw）以南50英里处，也就是说在激流的南部尽头，处在克列缅丘格（Kremenčug）和亚力山德罗夫斯克之间。如果要就此地方进一步追问的话，不妨读读这段原文：и воидоша во Днѣпръ, и сташа оу рѣкы Хорьтицѣ на бродоу оу Протолчи, и возведоша пороги "他们进入第聂伯河，在霍尔蒂恰河停下来，冲到浅滩上，渡过激流。"而 сташа "他们停下来"明确点出到了旅程的尽头。括号里的内容很可能是某位不熟悉地形学的人增补的，依据的是《伊帕季耶夫编年史》公元1103年（斯拉夫历6611年）条 и поидоша на конихъ и в лодъяхъ, и пріидоша ниже порогъ, и сташа въ протолчехъ, и в Хортицимъ островѣ; и всѣдоша на конѣ, и пѣшьци из лодей висѣдавше, идоша в поле 4 дни, и придоша на Сутинъ: "他们骑马、乘船向前走，然后来到激流下面，冲到霍尔蒂恰岛上停了下来；他们骑上马，与从船上下来的步兵一起走了四天，来到苏亭（Sutin）。"（参考 Karamzin II 112）这里提到的战术都是合情合理的，因为战斗的对象是波罗维茨人，而他们那时候一直被逼到了第聂伯河附近。对付鞑靼人时，则与激流上游部队会师，然后一起向东南方向的敌人进军。这段增补的内容，一定是源于《伊帕季耶夫编年史》。

§ 7. 钦察与库蛮　　171

人的防御胜利了，他们追击鞑靼人，抓获了鞑靼人的牲畜并赶走他们的畜群，于是整支罗斯军队全都是牲畜。从那里他们前行了八天，抵达迦勒迦河。

《元史·雪不台传》有与此相关的叙述：

十八年，讨定钦察，鏖战斡罗思大、小密赤思老，降之。奏灭里吉、乃蛮、怯烈、［杭］斤、钦察部千户通立一军。

《元史·速不台传》的记载更为详尽：

癸未，速不台上奏，请讨钦察。许之。遂引兵绕宽定吉思海①，展转至太和岭②，凿石开道③，出其不意。至则遇其酋长玉里吉④及塔塔哈儿⑤方聚于不租⑥河，纵兵奋击，其众溃走。矢及玉里吉之子，逃于林间，其奴来告而执之，余众悉降，遂收其境。又至阿里吉⑦河，与斡罗思⑧部大、小密赤思老⑨遇，一战降之，略阿速⑩部而还。钦察之奴来告其主者，速不台纵为民。还，以闻。帝曰："奴不忠其主，肯忠

---

① 改作"衮腾吉斯"。
② 太和岭指高加索，波斯语 *Kāp kōh*，在回鹘文《乌古斯可汗传》中作穆兹塔格（*Muztag*）"冰山"。
③ 指打耳班，阿布尔-哈齐（Abū'l Ğāzī I ٦٦ = II 70）作 *Timür qapu* "铁门"。
④ 改作"伊勒吉"。
⑤ 改作"塔塔古尔"。
⑥ 改作"布咱"。
⑦ 改作"阿勒锦"。
⑧ 改作"俄罗斯"。
⑨ 改作"穆尔奇札尔"。
⑩ 改作"阿克苏"。

他人呼？"遂戮之。又奏以灭里吉、乃蛮、怯烈、杭斤①、钦察诸部千户，通立一军，从之。

根据编年史的记载，波罗维茨的两位首领玉里吉·孔查克维奇（Jurij Končakowič）和丹尼勒·忽巴科维奇（Daniel Kobjakowič），在鞑靼的入侵下都牺牲了，但是史料没有明确说明他们是阵亡的还是在逃亡中死掉的。从名字来看，他们都是基督徒——如果光凭名字可以判定他们都是基督徒的话。他们的父辈在罗斯历史上湮没无闻。公元 1171 年，大公谢伟亚宁的伊戈尔·斯维亚托斯拉维奇（Igor Swjatoslawič von Sěwerien）在沃尔塔瓦（Oltawa）和沃尔斯克拉河（Worskla）的附近，取得了一场对波罗维茨首领忽巴科（Kobjak）和孔查克（Konč̌ak）的胜利，并向新大公基辅的罗曼（Roman von Kyjew）本人呈上胜利果实，以示尊崇。②在经历了这一失利之后，这两位波罗维茨汗让他们的儿子们受洗了。玉里吉（Jurij/Juŕgij）和丹尼勒（Daniel）这种名字，在那时的罗斯大公中是常见的。在当时的环境中，这种改宗的行为也不是那么的惹眼。根据卡拉姆津（Karamzin）的记载，波罗维茨人在涉及他们的野蛮风俗方面，是感受到了罗斯人的高贵的，他们也很乐于起斯拉夫式的名字，甚至愿意受洗。③鲁布鲁克在 1253 年遇到一名库蛮人，他是在匈牙利由牧师兄弟会洗礼的。④一个世纪以后，柏柏尔人伊本·白图泰渡过刻赤海峡，

---

① 改作"杭津"。
② Karamzin III 13.
③ Karamzin III 166 及注 91，S. 292。
④ Itinerarium Willelmi de Rubruk p. 272 ed. D'Avezac: Recueil de Voyages et de Mémoires t. IV. 卡拉姆津根据 Bergeron, Voyages I p. 45 强调，这些库蛮人会讲的拉丁语仅限于一句"问候主！"（Salvete, domini！）

来到钦察草原——那里生活着所谓的钦察人，已经信奉基督教了。①钦察人改宗基督教的时间，很可能是在蒙古时代。这一结论至少能够为我们正确解读叙利亚主教米海尔关于库蛮人宗教信仰的叙述（见上文第33页）提供一把钥匙。②来自埃德萨（Edessa）的主教巴西莱奥斯（Basileios）在1142年却注意到库蛮人是彻底的异教徒，尽管他把库蛮人与佩切涅格人混淆了。③

从史料看来，孔查克汗让罗斯人很头疼。公元1180年，罗斯蒂斯拉维奇人（Rostislawitschen）帮助切尔尼戈夫的斯维亚托斯拉夫（Swjatoslaw von Černigow）抵御了一次波罗维茨汗孔查克的攻击。1184年7月30日，南俄大公联盟在乌戈尔（Ugol）或奥列利（Orel）河岸击溃了波罗维茨人以及臭名昭著的波罗维茨汗孔查克，④并在霍罗

---

① Voyages d'Ibn Batouta publ. par Defrémery et Sanguinetti vol. 2, 357.
② 米海尔远离该事件发生的地方，关于库蛮领袖的这种外在改变，显然是他听说并加工的。基督教史家在这些事情上从来都是以不实事求是的态度而著称。人们只要想想特土良（Tertullians）在《反犹太教》（adversus Judaeos c. 7）中关于其所处时代基督教传播的夸大其词就行了。值得一提的还有诺斯替派教士巴尔德萨（Bar-Daicān）的一名学生菲利普斯（Philippos），他在关涉高卢（Gallien）、帕提亚（Parthien）、犹地亚（Judaea）、波斯（Persien）、米底亚（Medien）、艾德萨（Edessa）、哈特拉（Ḥaṭra）等地基督教徒命运的谈话中，竟然预设其与革拉人（Gelen）和贵霜人（Qušan）（在巴克特里亚[Baktrien]）地区的基督徒命运一样。主教佛提乌（Photios）（译按：君士坦丁堡主教，810—893年）断然宣称，心怀敬畏的罗斯民众，就在不久前（860年）还用攻君士坦丁堡呢，现在已经把他们的异教崇拜改成基督教信仰了。（Photii ep. 4 p. 178 ed. Baletta, London 1864）
撇开上文（第28页第6—8行）所引用的罗斯编年史，在罗斯人的眼中，与信仰伊斯兰教的伏尔加河不里阿耳人不同，波罗维茨是不信教者。可以佐证这一点的是，我们在前蒙古时代没有发现他们当中有伊斯兰教式的人名。被卖到埃及的钦察人也是不信教者，他们是到了埃及以后才信仰伊斯兰教的。邦格教授校注的波罗维茨—俄语词汇表（W. Bang, Zu der Moskauer Polowzischen Wörterliste: Extr. des Bulletins de l'Acad. royale de Belgique 1911, Classe des lettres etc., no. 4 (avril), p. 91-103），包含了不少伊斯兰教的表述，把波罗维茨人称为 *sarrakine*（撒拉森人）即"穆罕默德教徒"，并将其与鞑靼（蒙古）人勘同，只能是蒙古时代以后开始的。
③ Mich. Syr. Chron. III 207 trad. par J. B. Chabot.
④ 他的弓非常大，以至于50个战士都不能把它撑开。他还有一名来自花剌子模的穆斯林

尔（Chorol）附近痛击他们。① 谢伟尔（Sewer）的大公伊戈尔·诺夫哥罗德（Igor von Nowgord），以及他的兄弟弗谢沃罗德·特鲁布切夫斯克（Wsewolod von Trubčewsk），在奥斯科尔河（Oskol）河岸（顿涅茨河的左翼支流）会师了，然后一起向南朝顿河和萨尔河行军，从最遥远的顿河河谷来了数量众多的波罗维茨士兵与罗斯大公们决战，他们一路散播消息，说罗斯人计划消灭整个波罗维茨民族。在卡亚拉（Kajala）河谷（现在的卡加利尼克河[Kagalnik]），顿河的另一岸）迎来了会战。第一回合，罗斯人占上风，但紧接着波罗维茨人又重整旗鼓，截断了罗斯人的水源，然后从四面包抄他们。几乎所有的罗斯人要么战死在沙场，要么与大公一起被俘了。伊戈尔在被俘期间是在对他颇为友善的孔查克汗手下。在一个漆黑的夜晚，当波罗维茨人喝完马奶酒昏昏沉沉之际，伊戈尔在一位名为剌维尔（Lawer）的波罗维茨人的协助之下逃逸了，奔走了十一日的路程来到了顿涅茨城。他的儿子弗拉基米尔（Wladimir）仍然处在拘役之中，娶了孔查克汗的女儿为妻，两年之后才与他的叔父弗谢沃罗德（Wsewold）一起回到

（Besermenin）奴仆，能够喷火。

拉施特在其关于突厥和蒙古部落起源的综述中，对该家族给出了一段十分模糊的记载（Berezin ed. Труды Вост. Отдѣл. Имп. Археол. Общества t. VII S. 171)：

مقدّم قبچاقان در آن زمان ودر زمان چنكيز خان اميرى
از قوم قبچاق كونجك نام مهتر سوكورجيان او بوده وبسرى داشته نام او قمر ميش قولچى
‹قومورپش قوبجى وبايان› C D مىبود نوبتى اورا برسالت پيش پادشاه اسلام خلّد دالله»
ملكه فرستاده بودند وايشان از نسل پادشاهان قبچاق اند.

"在成吉思汗时，钦察人的首领是出自钦察部落的一个异密，名叫宽阁（Künčäk），曾任速古儿赤（Sügürčis）之长。他有个儿子，名叫忽木儿必失-宽彻（Qumarmyš Qolčy）。有一次，他曾奉使前往伊斯兰君主处——愿他长久在位！他们父子俩都属于钦察王族。"（译按：参考中译本《史集》第一卷第一分册，第254页，内容有所出入）

这个钦察王族与八赤蛮以及曲出，甚至是穆斯林史家所提到的钦察异密之间究竟有什么关系，尚不清楚。关于亦纳思及其子忽鲁速蛮都的事迹，完全不见于伊斯兰史料和罗斯编年史。

① Karamzin III 46. 54.

他的父亲身边。① 1202 年，伽里赤（Galič）的大公罗曼·密赤思老（Roman Mstislawič）入侵了波罗维茨人的土地，于是波罗维茨人与大量的军队一起前往色雷斯（Thrakien），踏足了罗马帝国的疆域。② 在东罗马帝国的诸王之乱中，作为雇佣兵的波罗维茨人扮演了极具破坏性的角色。

孔查克的儿子玉里吉（Jurij）毫无疑问就是《元史》中的玉里吉，根据《速不台传》他是在不租河河岸会师的两位首领之一，并且在那里被速不台的军队击溃。③ 汉文音译"玉里吉"就是东正教教名 Юрьгий/Juŕgij。另一名首领很可能是阿兰王，根据伊本·阿西尔的记载，他拉了一批钦察人作为雇佣兵。"塔塔哈儿"的名称很难勘定。我猜测，可能第二和第三个音节换位了，甚至"塔"是"坡"的讹误，它可能是某个蒙古语词汇的音译。让人联想到的是奥赛梯语名字 Baqatʻar，用希腊文书写的奥赛梯语墓志铭（11—12 世纪）中的形式是 Παχαθαρ④，与伊本·鲁斯塔书中阿兰王的名号（بغاير 读作 بغاتر, bagātar）⑤ 是同一个词。《元史·杭忽思传》提到窝阔台赐名阿速（阿兰）国王"拔都儿"，似乎就是 *Bagatar。⑥ 如果是这样的话，那么《元史》里的"塔塔哈儿"的正确形式应该是"坡哈塔儿"，即 Bagatʻar 的音译。⑦

---

① Karamzin II 54-57.
② Karamzin III 88. Lebeau-Saint-Martin, Hist. du Bas-Empire 17, 44s.
③ 参见上文第 78 页第 24—29 行。
④ 参见拙作《东欧东亚纪程录丛》(Osteuropäische Streifzüge S. 167 f.)。Wsewolod Miller, Die Sprache der Osseten S. 5: Grdr. der Iran. Phil. Bd. I, Anhang. Straßburg 1903.
⑤ Ibn Rusta S. ١٤٨, 17.《东欧东亚纪程录丛》第 165、167 页。
⑥ Bretschneider l. l. II 88.
⑦ 我们可以在《新唐书》中找到类似的例子。扎布尔（Zābul）王国（جابلستان，扎布尔斯坦）在汉文史料中从显庆时（656—660 年）起，写作"诃达罗支"（Ērānšahr S. 254. 250. Chavannes, Documents sur les Tou-kiue occidentaux p. 69 n. 132 n. 160 s.)，亦作"葛

156　　《元史·速不台传》中提到，不租河之役结束之后钦察的残部全都投降了，但是根据伊本·阿西尔的记载，我们对这一说法理解得不能太实。相反，根据一般的叙事，他们征服了边境地区，这可以从诺夫哥罗德的编年史（上文第 148 页）中看得更清。值得注意的是，《元史·速不台传》对阿速国（即阿兰国）的征服是放在阿里吉对罗斯人的战役之后叙述的。①

　　将溃败的钦察人穷追到第聂伯河，在第聂伯河与罗斯人的前哨之战，以及蒙古大军撤回到迦勒迦河的这些事件，当然不见于《速不台传》，因为他本人没有参加。但是毫无疑问的是，大、小密赤思老会师的阿里吉河，应该就是罗斯编年史中的迦勒迦河，②还有一

达罗支"（Ērānšahr S. 290 f. Chavannes, Documents p. 161 n. 1. Notes additionnelles sur les Turcs occidentaux p. 45）。开元八年（720 年），唐廷册封葛达罗支颉利发誓屈尔为"谢䫻（Zābul）"，葛达罗支特勤为罽宾国王。（译按：《新唐书》卷 221 下《西域传下》，中华书局标点本，第 6253—6254 页）"葛达罗支"的称号只能与突厥语部落"卡拉赤" Chalač 或 Cholač 勘同，该部落位于扎布尔，确实在兴都库什地区扮演了重要的角色（Ērānšahr S. 251 ff.），或者与萨珊王朝境内的阿拉霍西亚（Arachosien，沙畹持此意见）勘同，古老帝国被征服以后属于谢䫻王，也是他的冬营所在地。第一种观点的可能性更大，不过我们需要有一个过渡音节，因为 Chalač 不含一个 -t- 的音节。而 Arachosien 的对音也有问题。该地名在阿拉伯语中作 الرُّخَّج ar Ruxxağ，在当地口语中当作 *Roxwač 或 *Roxač（来自于 *Raxwat，由于最初后面接 i，所以 t 腭音化了，就像粟特语和花剌子模语一样）。伊本·鲁斯塔给出了一个波斯语的形式 الرُّخَّد = Roxaḏ，穆卡达西（Muqaddasī ٥٠, 6. ٢٩٧, 5）直接用了古代的写法 ܐܪܟܘܐܕ Roxwaḏ（Ērānšahr S. 37. 225），该写法我们在 544 年叙利亚语文献中能找到，作 Roxwat。（Synodicon orientale ed. J. B. Chabot p. 88, 17-89, 1 = 343/4. Unters. zur Gesch. von Eran II 176 A. 7）通过奥古斯都时代查拉克斯的伊西多尔（Isidoros von Charax）（译按：查拉克斯，是波斯湾的一座古代城市，系查拉塞尼王国的首府）的作品我们了解到，在其早期中古波斯语的读音是 Χοροχοάδ，即 Horoxwaḏ。如果我们要把 Horoxwaḏ 或者一个早期的本土形式 *Horoxwač 作为"葛达罗支"的原形，必须要有个前提，即"达"和"罗"的位置颠倒了，此外，"达"字还要是某个以 k '辅音开头的字之讹误，这样一来 K'o-lo-*k'at-ki 或者更准确地说是 Kat-lo-*k'at-ki，即 Hor-ro-xač-či 就可以与 Horox(w)ač 勘同了。

① E. Blochet, Notes de géographie et d'histoire d'Extrême-Orient p. 28. 30: Extr. de la Revue de l'Orient chrétien 1908-1909. E. Bretschneider, Mediaeval Researches from Eastern Asiatic Sources. New. ed., London 1910, vol. I 297 f.

② 薄乃德也是如此猜测。（Bretschneider l. l. p. 298 n. 725）此处指的肯定不是乌拉尔河，那

些编年史中写作"迦剌迦"（Kalak）。后一种形式应该是原形，但是后来适应了斯拉夫语的特点，即河流的名称一般都是阴性的，所以就变成了 Kalka。卡拉姆津的编年史中把迦勒迦河比定为卡利米乌斯河（Kalmius）的支流——卡利奇河（Kalec），在马里乌波尔（Mariupol）汇入亚速海。《元史》中的"阿里吉"可能是"可里吉"（K'o-li-kit）的讹误。这一名称肯定是突厥语，最有可能的是突厥语族中库蛮语的名称。

这些史料尽管有不同的价值，但是它们足以让我们知晓，史家（他可能也属于某个特定的国家）把 11—13 世纪伏尔加河和第聂伯河之间的妥尔其人和贝任第奇人之外的唯一突厥语游牧民族比定为波罗维茨人、法尔本人、库蛮人（昆人）或钦察人。在迪马什基（Šams addīn ad Dimašqī）（卒于 1327 年）（译按：中世纪阿拉伯地理学家，正如他的名字所示，生于大马士革）的天文学著作中，我们发现钦察部落的名称，虽然已经由多桑从努瓦伊利（Nuwairī）（卒于伊历 732 年 = 公元 1332 年）（译按：埃及历史学家）的史书中摘录了，但是他只提供了法语的转写，所以对我们的研究来说没有太大的价值。[①] 在迪马什基的书中还有保留了一份尚未刊布的署名阿赫迈德·惕尼·瓦剌克

时候突厥语（回鹘文乌古斯可汗传说作"亦的勒沐涟" Itil mürän）和阿拉伯语都称为"亦的勒河"（Itil），雷慕莎持此观点（Abel Rémusat, Nouveaux mélanges asiatiques）。不过，伯劳舍（Edgard Blochet）坚持，此处指的是 Araxes 河（1. l. p. 30），亚美尼亚语作Երասխ Erasx，波斯语 *Eras, Aras（Theophylaktos Simokattes III 6, 16, 589 年 Ἔρας），阿拉伯语الرسّ ar-Rass。（译按：阿拉斯河，库蛮最大支流）伯劳舍的该观点，没有提供任何语言学上的支撑。不知道九泉之下的这位蒙古宿将（译按：指速不台）对伯劳舍的战术复盘（译按：马夸特的意思是如果速不台真的如伯劳舍所考证的，去了阿拉斯河）会有何感想？

① D'Ohsson, Histoire des Mongols I, La Haye et Amsterdam 1834, p. 338 n. 1. 努瓦伊历（Nuwairī）从《伊斯兰全史》（زبدة الفكرة في تاريخ الهجرة）中摘录而来，该书的编撰者是曼苏里（Emir Rukn addīn Baibars al Mançūrī）（卒于 1325 年 8 月）。

(Aḥmad aṭ Ṭīnī al Warrāq)（卒于 1318 年）的地理民族志مناهج الفكر，转引如下：

钦察人的驻地位于失儿湾（打耳班）关隘另一侧的山川河谷间，在罗斯海（即黑海）的附近。他们拥有一座城市名为苏达克（Surdāq）①，海港就是以该城市名来命名的。他们在那里能够自给自足，因为商人携带皮毛等物件卖到当地，然后从那里买男女奴隶、海狸和黑狐。②真主把他们中一些部落安置在埃及和叙利亚：

"被迫参战的人会成为天使，主动挑衅的人则会成为魔鬼。"

钦察人——由多个突厥语部落构成，例如بركواBärgü③，طقسباToqsapa，ايتباItapa④，بَرَتْBarat⑤，الأرسIl-äris⑥，برج أغلواBurǧ-oglu⑦，منكور أغلواMingür-oglu⑧，يمكJimäk⑨。这些部落已经成为花剌子模人了（意思是花剌子模化了）。但是他们当中还有一些小的部落，例如：طغ يشقوطTog-Jašqut⑩，قمنكواQumangü⑪，بزانكىBuzangi⑫，بجناBäčänä⑬，قرابوكلواQara böklü⑭，ازو جاطنUzu čartan 还有其他的分支（أفخاذ），在此

---

① 参考上文第 143 页注 3。
② 源自伊本·阿西尔；参考上文第 143 页注 3。
③ Par. نزلوا, D'Ohsson *Elberli*.（译按：Par. 表示巴黎藏写本。）
④ Par. ابتنا, D'Ohsson *Yetia*.
⑤ D'Ohsson *Dourout*.
⑥ Par. لاش.
⑦ D'Ohsson *Bourdj Ogli*. 以下两个名号都不见于圣彼得堡藏写本和 L 写本。
⑧ D'Ohsson *Coungour Ogli*.
⑨ 原文如此，校注本作يمك。
⑩ 圣彼得堡藏写本和 L 写本作يسقوط。
⑪ 圣彼得堡藏写本和 L 写本作فنكوا。
⑫ 圣彼得堡藏写本和 L 写本作انرانك。
⑬ D'Ohsson *Kenen*.
⑭ Par. فرانلكوا. D'Ohsson *Cara-beurkli*.

就不赘述了。①

上述名号给人的印象无非是一些古代的族称，很可能出现于蒙古时代。其中部分族名似乎是来源于部族首领的名号，就像佩切涅格和蒙古兀鲁思的部落名一样。他们与基马克的部落名称都没有关联，除了一个例外。这就是也灭克（Jimäk），我们在康里部下面再次见到此族名，它很可能与 Imäk 有关，也就是基马克的七部之一。另外，بجنا 让人联想到 بيجنه Bičänä（根据拉施特《史集》，意思是"热忱的"），是乌古斯禹乞兀克支系的第二部族；其中的 Qara böklü，或者更准确的写法 Qara börklü "黑帽"，似乎可以与罗斯编年史中的 Černyi klobuki 勘同；再者，جرطن ازو 似乎是地名，与 ازو Uzu = Dněpr（第聂伯河）有关系。

自 13 世纪以来，دشت قفجاق "钦察草原"一词已经成为黑海以北、高加索和迈俄提斯（Maiotis）草原（甚至更远的范围）的代名词。② 查莫伊（Charmoy）（译按：全名 François Bernard Charmoy，1793—1869 年，法国东方学家）认为："根据 1825 年在加尔各答出版的《察合台—波斯语字典》中 vol. 1 in-8°，Qaptchâq（准确地说是 Qabtchâq，قبجاق，阿拉伯语中的 ب b，在波斯语中，因为后面的ج tch 而写成了پ p）是指长达数千帕勒桑的沙漠。该词尤其适用于欧洲的地理名词'大鞑靼之境'（Grande Tartarie），对应于札牙黑（乌拉尔河）、伏尔加河（亦的勒河）、德涅斯特河（طورلى Thourla）

---

① Cosmographie de Chems-ed-din Abou Abdallah Mohammed ed-Dimichqui ed. Mehren p. ٢٦٤, 4 ff. = 382（法译本）. 多桑作: *Tokssaba, Yetia, Bourdj Ogli, Elberli, Coungour Ogli, Antchogli, Dourout, Felana Ogli, Djeznan, Cara-beurkli, Kenen*。突厥语的正确形式不得而知。
② 见于志费尼，例如 Ğuwainī vol. I p. ١١١, 1, 可疾维尼（Mīrzā Muḥammad i Qazwīnī）校注: Gibb Memorial Series vol. XVI, 1. Leyden 1912。参考耶律楚材的描述，上文第 140 页第 27 行。

和克里米亚。而名词 Dècht-i Qaptchâq 或'钦察草原'则限于伏尔加河和第聂伯河流域。根据伊本·阿拉伯沙（Ibn 'Arab-châh）有关钦察草原周边的详细记载，该国在南方以黑海和里海为界，中间被切尔克斯山（جبل الجركس）隔开。它在东方的边界是花剌子模（今天的希瓦）王国、讹答剌和昔格纳黑（Szaghanâq اترار و صغناق），延伸到突厥斯坦的其他地区，到达察台（Gète بلاد الجتا，时为准噶尔）（译按：'察台'是近代早期穆斯林文献对蒙兀儿斯坦的称谓）、蒙古和契丹甚至中国之境（حدود السين）。钦察北境抵达西伯利亚（ابیر سیبیر Ibir-Sibir [译按：直译亦必儿—失必儿]），有广阔的草原、广袤的沙漠和成堆的沙丘。在西边，该国与罗斯人、不里阿耳人，以及基督教国家为界，甚至一直延伸到奥斯曼的国境。"① 根据商贾哈桑·鲁米（Badr addīn Ḥasan ar Rūmī）的记载，钦察的边境是这样的：花剌子模昔格纳黑、苏达克（سوداق，读作سوران Saurān）②、叶尔羌（یارکند Jārkand）、毡的、萨莱、马札尔城、亚速（ازاق Azow）、阿克曼（Aqča kärmän,, اقجا کرمان）（译按：又作 Akkerman，乌克兰南部城镇，位于德涅斯特河右岸，意思是"白色城堡"）、卡法（کفه）、苏达克（سوداق）、撒哈辛（لکل，原作اکك Ükäk）、不里阿耳、巴什基尔（باشقرد）、楚尔曼（Čolman）（جولوان）以及西伯利亚和阿巴尔（Abar اعمال سبر وابر）的省份。楚儿曼的另一边是西伯利亚的领土，位于契丹的边境上。钦察在横向上，从巴库（Bākū）一直到契丹的边境，那里是与西伯利亚和阿巴尔接壤的地方，有五个月的商旅路程。在纵向上，钦察从贾伊浑

---

① Expédition de Timoûr-i-lènk ou Tamerlan contre Toqtamiche: Mém. de l'Acad. de St. Pétersbourg VIe Sér., Sciences politiques, histoire et philologie t. III, 1836 p. 127, 薄乃德简短地引用了，Bretschneider, Mediaeval Researches II 68。
② 收入在乞剌可思·刚扎克赛（Kirakos von Gandźak）书中的《海屯行纪》（Het'um）（Venedig 1865 S. 214）Sngach 和 Ուպաոր Saurar（= سوران作سوران）并列。（译按：乞剌可思·刚扎克赛，13世纪亚美尼亚史家，著有《亚美尼亚史》。）参考 Bretschneider l. l. I 170。

河（阿姆河）到آمل طرخان（读作طونا，释为多瑙河，或لاط Turla，即德涅斯特河）。该国有很多大河，例如贾伊浑河（乌浒水、阿姆河）、赛依浑河（药杀水、锡尔河）、亦的勒河（伏尔加河）、札牙黑（乌拉尔河）、顿河（又作 Tīn，تين）和طربو（读作طرلو Torlu 或طرنق Tarang）。从赛依浑河到多瑙河有四个月的路程，从贾伊浑河到赛依浑河有十五日的路程，从赛依浑河到札牙黑河也有十五日的路程，从札牙黑河到亦的勒河有十九日的路程，从亦的勒河到顿河有一个月的路程（原文如此！），从顿河到 Torlu（第聂伯河）[1]有十日的路程，从第聂伯河到多瑙河有一个月的路程。[2]

查莫伊引用的加尔各答出版的字典（转引自 Radloff, Wb. II 880, qipčaq 词条）原文是这样的：

نام فرقهٔ از ازبك ونام دشتِ هركاه هزار فرسنك طول وعرض داشته باشد

钦察是乌兹别克人的一个分支，也是草原的名称，那时候钦察纵横几千帕勒桑。

假如字典编纂者真的说了拉德洛夫引用的内容，那么他肯定有很多错误（一定是 نام هر دشت كه الخ）。根据我对文本的理解，这里毫无疑问指的就是著名的钦察草原，耶律楚材对该名词的音译"可弗叉"是准确的。（见上文第 140 页）但是如果 qypčaq 或 qapčaq 真的在东部突厥语中是一个专名，并且与波斯语 dašt 和粟特语 daštjā "沙漠、草原"以及阿拉伯语صحراء同义的话，那么قبجاق دشت就是一个同义反复

---

① 据我所知，如此称呼第聂伯河的，其他地方没有记载。在蒙古时代，第聂伯河称为 Uzu，参考拙作 Καρμπαλούκ, der "skythische" Name der Maiotis）Keleti Szemle 1910 S. 22 f.。
② 乌玛里（Ibn Faḍl allāh al ʿUmarī），كتاب مسالك الابصار فى ممالك الامصار，见于 E. Quatremère, Notices et extraits des manuscrits du Roi t. XIII, 1838, p. 272-277。

词。如果是这样的话就显得很蹊跷，因为这一用法不见于任何其他的东部突厥语词典，甚至在文献中也找不到印证——除了一处尚存争议的地方。拉德洛夫在他的字典①中给 *qypčaq* 提供了三层含义。他首先引用了回鹘文《福乐智慧》中的两个出处，是以 *qoby* "空、荒"（Sp. 659）的形式出现的，最后他引出了类似的含义。但它更应该是 *qyp*（同样在回鹘语中也不见于记载）同前注（Sp. 839）的同义词，始终与 *qut* 一起连用，根据拉德洛夫的意见，似乎也是"空"的意思。拉德洛夫引用了《福乐智慧》中的两首诗：②

jalabač jabuz bolza qyƀčaq qoƀy,
säzigsiz tögär anda jüzi suƀy.
bu qyƀčaq qoƀy dünjä käčki ačun
tälim bäg qarytty, qarymaz özün

如果使者坏、虚、空的话，

那么脸上的光就不停地消失了。

这个虚空的世界，此生易逝，

时光让许多伟人老去，但时光却不老。

第二层含义"空心的树"，只有在阿布尔-哈齐·把阿秃儿汗的"乌古斯可汗传说"（译按：即《突厥蛮世系》）中找到证据。在该书中，部落名称钦察来自于古代突厥语词 *qypčaq* 或 *qapčaq*（在晚期的口语中应该是 *ča(y)pčaq*），意思是内部空心的树③，因为钦察的始祖是

---

① Wilh. Radloff, Versuch eines Wörterbuches der Türk-Dialekte Bd. II, St. Petersburg 1899, Sp. 843.
② 《福乐智慧》（Das Kudatku bilik des Jusuf Chass-Hadschib aus Bälasagun），见 W. Radloff I 96, 18 = II 232. I 145, 9 = II 434。
③ 根据邦格的意见，这一词源学解释是作者的自创，作者不知道该如何解释 *qapčaq* 或 *qypčaq*，他脑海里想的是 *qapčaq* "桶、圆桶、缸"。（参考 Radloff）

§ 7. 钦察与库蛮　183

在一棵空心树内出生的[①]。或许《库蛮语汇》(*Codex Cumanicus*)中的一则谜语与此有关，如下：

sendä mendä joh

sengir tavdä joh

ütlü tašde joh

kipčäkdä joh

　　　　olkuš süt dic

邦格在处理引文第四行中的钦察时，受到查莫伊（根据有讹误的察合台语词典）的影响，将其解释成"荒原"，于是译文如下：[②]

不在你那，也不在我这

不在山顶，

也不在空石里，

而是在荒原上。

　　　　谜底：鸟奶

在笔者看来，《库蛮语汇》的这一处应该理解成阿布尔-哈齐·把阿秃儿汗书中提到的"空心树"这一义项。[③] 让人有所疑虑的是，阿布尔-哈齐·把阿秃儿汗的史源——拉施特的《史集》，说：

---

① Abū 'l Ġāzī Bahādur Chān, publ. et trad. par le Baron Desmaisons I 19, 9ff. = II 18-19; Radloff, Das Kudatku bilik des Jusuf Chass-Hadschib aus Bälasagun I, St. Petersburg 1891, S. XXXIII Z. 18 ff.

② W. Bang. Über die Rätsel des Codex Cumanicus: SBBA. 1912 S. 340.

③ 据邦格私下告知，他认为应该把第 2 行和第 3 行作为对仗处理。

乌古斯汗给一个在一棵庞大的空心树内出生的男孩取名钦察，来自于 qabuq，后者在突厥语里的意思"内部空心的树"。

واورا قبجاق نام نهاد و از قبوق مشتق است که بتر کی درخت میان پوسیده باشد[①]

对于 qabuq 的这一特殊义项，拉德洛夫（Sp. 463）只在克里米亚鞑靼语中找到印证，qabaq 意思是"空心树"，以及塔兰奇语中 qabaq "空（树）"也是如此。在回鹘文《乌古斯可汗传说》中的相应部分很可惜因残损而模糊不清了（前引 145, 21-27）。这段叙事的核心是，乌古斯在柳条和树枝的帮助下渡过了亦的勒河，钦察就是根据这些树枝（筏子）来命名的。此外，回鹘文本还讲述了乌古斯可汗征服一位不知名的可汗，根据拉施特《史集》和阿布尔－哈齐·把阿秃儿汗的记载，应该是指对伊特·巴拉克（It Baraq）（译按：一译"亦惕－巴剌黑"）的征战，发生在伏尔加河中游的左岸一片树林茂密的地方。

除了上文转引的内容之外，拉德洛夫在字典里还提到：qap：（1）"袋、包、裹"；（2）在东部方言中意思是"套子、罩子"；（3）奥斯曼语和克里米亚语中意思是"器皿"；（4）古代突厥语中意思是"鞘、筒"。qap：（1）"系、捆"；（2）"用嘴、牙咬"。qav：（1）火棉，火绒；（2）蛇皮。奥斯曼语 qyvyq，意思是"火焰、火花"。qabū，灌木树皮，用作点火。qyp，一本书的页面；有五间房间的屋子；皮毛的衬里。qyp "眨眼睛"。qypyq "几乎闭上眼睛"。qyv "鞋 [＝盖子]"。qom：（1）毛毡；（2）袋子。qip（察合台语），把烧酒灌进瓶子的工具。qapaq（鞑靼语）"盖子、支架"。qabaq=qapaq：（1）盖子、眼皮；（2）眼皮。qabaq "南瓜"。qavaq（奥斯曼语）：（1）白

[①] 拉施特《史集》，جامع التواریخ，转引自 Radloff, Kudatku bilik I S. XX Z. 5-6（摘自贝勒津的《史集》校勘本）；见上文第 145 页第 31—39 行。

杨；(2) 宫寝。qabū "圆网"。qabyčaq "袋子"。qabyǧaq（奥斯曼语）"筒、鞘"。qapuq = qabyq "罩子、树皮"。qabyq：(1) 树皮；(2) 壳；(4) 棚；(5) 痂。qavyq：(1) 某种空心的，例如泡沫；(2) 高布帽。qobuq = qabyq：(1) 树皮；(2) 一种木（中国人用来惩罚的工具）。qobuq "糠"。qobu "捆"。qovuq（奥斯曼语）(1) 空心的；(2) 空的。qubaq：(1) 牛蒡；(2) 松球（木棚）。quvaq（察合台语）(1) 灌木；(2) 山脚。qyby "蜂巢"。qyby（古代突厥语）发现、发明、聪明、狡黠。qavga（奥斯曼语）"水瓢"。qoba = qoga "水桶"。qapqač（kap + kač）= qapqaq "盖子、钟"。qapqaš，"树皮、痂"。qapqu "用来擒获野兽的陷阱"。qapyg = qapu "门"。由上可见，这些义项基本上都跟"盖住、抓住"有关。

假如上述引文确实是"钦察"一词的例证的话，那么从"空、荒"的本义中既可以衍生出"空心木"，也可以衍生出"沙漠、草原"的义项。根据既有的语言学知识，*qybčaq "草原"这个字应该源自 *qub = qum "沙"。① 参考拉德洛夫 II 10-34：qubaq (Tub. Leb. Tob.) = qumaq (1) 沙；(2) 污垢。quba "苍白；灰色的草原"。(Sp. 657) qobaq "污垢；脏"。它应该是一个小化的词（译按：+čaq 是突厥语的小化词尾），意思是"小的沙漠草原"。但是它跟地名 قم كبجك 没有关系。（见上文第 134 页）总的来说，钦察国家的名称，无论是在拉施特《史集》内有关突厥人的传说中，还是在《元史·土土哈传》中，都是来自于同一个部族。在公元 9 世纪，民族地理学意义上的"钦察"仍然是一个疆域较为有限的概念，它在北方的边界远比 13 世纪的时候要更明确。早期的部族名"钦察"应该有另外一种语源。②

---

① 此条也可以为汉文中"钦察"的写法作注。
② 拉德洛夫对 *Qypčaq* 一词的解释，是无关紧要的。

162 实际上作为专名的 *qypčaq* 的第三种义项"生气、盛怒"（拉德洛夫只在萨嘎语［Sagaisch］［译按：系哈卡斯语的一支方言］中找到）倒是挺适合。① 在一个具有东亚族源的王朝的领导下，原本作为部族名称的"钦察"成了一个疆域广袤但结构松散的帝国的正式称谓，内部大量操突厥语的部族具有其他的起源，这一点正好可以解释此前的一个反常现象，即伊本·阿西尔笔下的名号قفجاق，作为一个地名始终没有缀加阿拉伯语的冠词ال al-，而其他族名前都是使用冠词的，例如التتر، الروس، اللكز، اللان。

我们用一张图表来把7—13世纪伏尔加河东、西两岸草原地带的民族演进表现出来：

当然，这些数量众多的游牧民族不会因为一支新部族 πανδημεί 的迁入而外逃，从历史经验来看，当征服民族在人数上不占优势的时候，他们不会把被征服民族完全吞并，而是把后者的一些民族成分吸收近来。这一点我们可以从佩切涅格人身上找到印证，他们在人数上不逊于乌古斯人，所以他们的一些旧俗得以保留。②

163 今天的"钦察"是所谓"哈喇吉尔吉斯"（也就是真的吉尔吉斯人）的一个氏族，"大约占曾经浩罕汗国人口的10%，居住在浩罕汗

---

① 在谢赫苏莱曼·艾芬迪（Sulejman Efendi）的《察合台语—奥斯曼语字典》（Ignaz Kúnos 出版，第128页）中（Supplement zu Keleti Szemle Bd. I-III）只能找到 *qybčaq* "眨眼睛的动作"，来自于 *qyp* "合上"；*qyp, qypyq* 在拉德洛夫的字典（Radloff II 840）中是"一个部落"。

② 参考 Konstantin Porphyrogennetos de administr. imp. c. 37 p. 166, 18-167, 4: Ἰστέον ὅτι κατὰ τὸν καιρὸν ὃν οἱ Πατζινακῖται ἀπὸ τῆς ἰδίας χώρας ἐξεδιώχθησαν, θελήσει τινὲς ἐξ αὐτῶν καὶ οἰκείᾳ γνώμῃ ἐναπέμειναν ἐκεῖσε καὶ τοῖς λεγομένοις Οὔζοις συνώκησαν, καὶ μέχρι τοῦ νῦν εἰσὶν ἐν αὐτοῖς, ἔχοντες τοιαῦτα γνωρίσματα ὥστε διαχωρίζεσθαι αὐτοὺς καὶ νοεῖσθαι τίνες τε ἦσαν καὶ πῶς αὐτοὺς ἀποσπασθῆναι τῶν ἰδίων συνέβη τὰ γὰρ ἱμάτια αὐτῶν εἰσι κόντευρα μέχρι γονάτων, καὶ τὰ μανίκια ἀπὸ τῶν βραχιόνων ἀποκεκομμένα, ὡς δῆθεν ἐκ τούτου δεικνύς ὅτι ἀπὸ τῶν ἰδίων καὶ ὁμοφύλων ἀπεκόπησαν.

§ 7. 钦察与库蛮　187

	东部					西部	
	乌拉尔的札牙黑河	楚河	也儿的石河	伏尔加河	迈俄提斯湖	顿河与第聂伯何之间	伏尔加河中游
660 年	布失（Bušch）			巴尔思尔特（Barsil-t）	乌诺古恩都里（Onogundur）马札尔	库特里格尔（Kurturgur）{斯拉夫 安特人}	
680 年	?			哈扎尔	马札尔	黑不里阿耳	不里阿耳（巴尔楚拉等）
840 年	佩切涅格{巴什基尔 钦察}	葛逻禄	基马克	哈扎尔	马札尔	{阿兰卡沙克（Kašak）} 斯拉夫	不里阿耳
890 年	乌古斯	葛逻禄	基马克	哈扎尔	佩切涅格	佩切涅格 乌古斯	不里阿耳
1030 年	{基马克 乌古斯}	葛逻禄	昆（？）	哈扎尔	乌古斯	{昆（库蛮） 乌古斯}	不里阿耳
1045/60 年	（昆）						
1120 年	{钦察 臭}	哈喇契丹		{撒哈辛－乌古斯 钦察}	{波罗维茨 库蛮}	波罗维茨	
1190 年	钦察	{哈喇契丹 康里}	乃蛮	钦察	{波罗维茨 钦察}	{波罗维茨 库蛮}	

国的东部，直到现代才转变成半游牧的生计方式，主要分布在奥什（Osch）和安集延（Endidschan）地区"。[①] 在曾经属于古代基马克的疆域内，我们今天也能找到所谓的"钦察人"：这些人构成了哈萨克

---

① H. Vámbéry, Das Türkenvolk in seinen ethnologischen und ethnographischen Beziehungen, Leipzig 1885 S. 278.

（所谓吉尔吉斯—哈萨克人）中帐的四个氏族之一。[①] 今天的钦察很难彻底与其古代的先祖撇清关系，所以哈萨克中帐的所谓钦察，最有资格宣称是古代钦察人的后裔。

然而，作为氏族名称的"钦察"传播甚广，也进入了乌兹别克人、喀拉卡尔帕克人和土库曼人当中。由于钦察人在伏尔加河的东岸和西岸都击败了乌古斯人，而在乌古斯人里面也有佩切涅格的残部，所以钦察在早期就已经不可避免地是混合人群了。因此，很难从蒙古时期的少量语言样本中去重构钦察人的原始民族成分和语言成分了，尤其是钦察帝国内的书面语言还是回鹘语文。在后蒙古时代，民族之间的激荡更为激烈，因为几乎不可能再从晚期的民族混合体中去重构前蒙古时代的某个单一民族的成分了。

[①] H. Vámbéry, Das Türkenvolk in seinen ethnologischen und ethnographischen Beziehungen, Leipzig 1885 S. 286.

§8. 康里、基马克和钦察

我们还需要把钦察和康里之间的关系尽量解释清楚。修道士柏朗嘉宾于1246年从库蛮尼亚（译按：又译"库曼尼亚"）——横跨第聂伯河、顿河、伏尔加河和乌拉尔河，来到大部分领土都没有水域的康里（Cangitae），后者与库蛮尼亚是不同的国家。然后他从康里来到木速蛮（Bisermini）（译按：即穆斯林）之境，他们仍然讲库蛮语，也就是说他们是东伊朗的穆斯林。[1]鲁布鲁克于1253年9月16日从伏尔加河出发，"我们不停地向东骑行直到诸圣节（11月1日）。横亘那片土地，甚至更远的地方，住着康里人，他们是库蛮的一种。"(et equitavimus continue versus orientem usque ad festum Omnium Sanctorum [1. November]. Et per totam illam terram, et adhuc amplius, habitabant Cangle, quedam parentela Comanorum.)[2]鲁布鲁克中把康里的疆域从伏尔加河算起，将其视为库蛮人的邻近部落[3]或者有亲属关系的一个部落（库蛮的祖辈）。康里人是在蒙古人的入侵下，才被追赶到如此之西的地方的。

根据阿布尔-哈齐·把阿秃儿汗的记载，康里起源于突厥蛮人，

---

[1] Ioannis de Plano Carpini hist. Mongalorum ed. D'Avezac: Recueil de Voyages et de Mémoires publié par la Société de Géographie t. IV, Paris 1839, p. 749 s.

[2] Itinerarium Willelmi de Rubruk ib. p. 274.

[3] 同上，p. 265: ad aquilonem vero habet (mare Caspium) illam solitudinem, in qua modo sunt Tartari. Prius vero erant ibi quidam Comani qui dicebantur Cangle.

他们［在塞尔柱的统治下］分布在伊朗（فى البلار=ولايت ک）境内，康里人选择在伊塞克湖、楚河和塔拉斯河沿岸落脚，他们在那里居住了许多年。① 这一叙述显然把康里与葛逻禄混淆了，实际上是后者与突厥蛮人为邻，居住在突厥斯坦的边境城市里。同样的混淆也出现在阿布尔-哈齐·把阿秃儿汗的另一处叙述中，他说在哈喇契丹帝国的肇建者 طايفى 到来之际，八剌沙衮城市周边有许多突厥人尤其是康里人居住，他们不断地劫掠该地和糟蹋农作物，于是那里的首领伊利克汗决定，召唤从哈喇契丹过来的官员并授予他最高指挥权。②

我们在阿布尔-哈齐·把阿秃儿汗的史源③——志费尼的《世界征服者史》一书中读到：在菊儿汗撤回到叶密立地区之后，在那里创建了一座城池，突厥语部落迅速聚集到契丹首领的大旗之下，共有四万余帐。菊儿汗前往八剌沙衮——蒙古人称之为"虎八里"（Go-Balyq）（译按：汉文史籍中作"虎思斡耳朵"），当地的首领源自阿夫拉西亚伯，没有什么实力。他的统治权不再触及该地区的葛逻禄和康里部落，后者不仅撤销了对他的隶属关系，而且还入侵了他的领土。为了抵御入侵，八剌沙衮的统治者向邻近部落的首领派遣使者，希望他们来到他的城市去迎接他，因为他想把统治权紧握手中，并力争将来能够重返故土。从上述叙述来看，这位阿夫拉西亚伯的后裔应该拥有伊利克·突尔干（Ilig i Turkān）④ 的名号。

最终，权力的交接没有具有如此的宗藩色彩。读者或许会注意

---

① Aboul-Ghâzî Behâdour Khan, Histoire des Mogols et des Tatares publiée et trad. par le Baron Desmaisons I ٣٧, 13-15 = II 37.
② 同上，S. ٤٨, 18-٤٩,5 = 49-50.
③ Ǧuwainī bei D'Ohsson, Hist. des Mongols I² 442. Raverty, Ṭabaqāt i Nāṣirī p. 913/4 n.
④ 阿布尔-哈齐作"伊利克突厥蛮"（Ilig i Turkmān），拉施特和密尔宽德（Mīrchōnd）（译按：1433—1495 年，波斯史家）同，据拉维蒂译本，Raverty l. l. p. 909 n：Ilig i Tarākima。

到，志费尼提到了八剌沙衮周边两个不受羁縻的部落 —— 葛逻禄和康里。我们现在能够对这一说法的来源做一番澄清了。根据伊本·阿西尔①的叙述，在萨图克·布格拉汗（Satoq Bogra）王朝时期，突厥斯坦地区不同的汗都曾收编了大量从契丹来的人群（الاتراك الخطا）作为雇佣军，而这是在菊儿汗从中国逃出之前发生的。撒马尔干的汗 —— 阿尔斯兰汗·穆罕默德（Arslān-Chān Muḥammad）下令16000余帐（这些人驻扎在与中国分界的关隘上），让他们戍边维稳。②某日，他对边境部族动怒，禁止他们与他们的妻子交媾，这样他们就再也不能生育，他们的人口也就不会变多。这一措施沉重打击了他们。在一位路过的商人的建议下，他们把目光投向了八剌沙衮，将其视作一座富有草料和活动空间的城市，足以供给他们和他们的牲畜。于是，他们袭击身边看守他们的人（这些人是为了阻止他们与他们的妻子接触），然后堵住戍边者的嘴，他们带着自己的妻子去进攻八剌沙衮了。阿尔斯兰汗对他们发动了一场惨烈的战争，他们对他恨之入骨。就在他们的情况变得十分严峻之际，菊儿汗从中国抵达了，于是他们都投到菊儿汗的麾下。由于他们的势力变强、人数倍增了，所以他们在突厥斯坦占据了统治地位。

阿尔斯兰汗的军队也是来源于雇佣军，且几乎都是葛逻禄和古兹突厥语人群。他对葛逻禄人采取了残酷的暴行，导致后者拒绝服从他的领导。阿尔斯兰汗故伎重演，他再次向他的雇主 —— 塞尔柱苏丹桑加尔求助。桑加尔于伊历524年（公元1129/30年）渡过阿姆河，兵临撒马尔干城外，葛逻禄人为了躲他，在城内避祸。③苏丹桑加尔

---

① Ibn al Aḇīr XII ٥٥-٥٦，系于伊历522年 = 公元1128年。
② 他们负责叶密立地区城市的筑建，志费尼将之归功于菊儿汗 —— 在他前往八剌沙衮之前。
③ Ibn al Aḇīr XI ٥٤-٥٥.

在伊历535年12月（公元1141年7月8日—8月5日），在马哈穆德汗（Maḥmūd Chan）的催促下率领一支劲旅前往河中地区，去追击契丹人，①力图弥补他的藩属国君马哈穆德汗在伊历531年的斋月（公元1137年5月23—6月21日）所遭受的失利，他再次有理由抱怨葛逻禄突厥人的犯上不羁了。桑加尔准备对付他们，但是他们却向菊儿汗及其手下的异教徒们寻求帮助。桑加尔留在撒马尔干。菊儿汗给他写了一封信，在信中为葛逻禄人求情，并要求桑加尔宽恕他们。苏丹桑加尔没有买账，要求菊儿汗接受伊斯兰教，并用他的庞大军队和精良武器来恫吓对方。在接下来发生的合塔完（Qaṭawān）（离撒马尔干有5帕勒桑，时间是伊历536年2月5日［公元1141年9月10日］）战役中，站在菊儿汗这边的葛逻禄突厥人表现出了非凡的英勇，经过此役契丹在河中的统治得以牢牢建立。②

根据伊本·阿西尔的叙述，在这场战役之后，塞尔柱人在河中的优势中断了，而撒马尔干的汗似乎成为哈喇契丹菊儿汗的藩属了。合

---

① 根据另一版本（Ibn al Aḅīr XI ０٣），花剌子模沙阿即思为了报仇，怂恿苏丹桑加尔王国去攻打契丹，A写本和B写本（وتزوج البهم）告诉我们，他甚至与他们和亲了。
② Ibn al Aḅīr XI ０٦-٥٧. 我们都知道，伊本·阿西尔关于哈喇契丹（西辽）历史的记载，尤其是西辽王朝创建的年代，甚至还有诸多史实，都与汉文史籍诸如《辽史》和《金史》不吻合。把不同语种甚至写本的史料放在一起，对西辽这一具有重要历史意义的王朝的历史做一番梳理，是十分必要的。
奥古斯特·缪勒（August Müller）（Der Islam im Morgen- und Abendlande II, 1886, S. 172）的处理稍显粗糙，他对有关西辽的汉文史料（Bretschneider, Notices of the Mediaeval Geography and History of Central and Western Asia, Journal of the Royal Asiatic Society 1876; Mediaeval Researches from Eastern Asiatic Sources, reprint 1910, vol. I p. 208 ff.）置之不理。从其他地方（例如关于穆拉比特王朝［Almoraviden］，参拙作 Benin S. CCXX ff.）也可以看出来，他的这部作品不具备代表作的特征。更糟糕的是，他竟然以穆斯林的视角来向德国读者讲述伊斯兰教的历史。人们在读到以下内容时，简直不敢相信自己的眼睛："即便如此（哈喇契丹秩序井然），他们对当地的征服，对于当地甚至整个伊斯兰世界来说都是一个灾难。"这样的历史著作很容易写，因为它不需要严谨的判断，虽然很时髦，但却是建立在信口雌黄之上的。

§ 8. 康里、基马克和钦察　193

塔完之役实际上可以与寻思干（撒马尔干）战役相媲美。据《辽史》记载，"（耶律大石）至寻思干，西域诸国举兵十万，号忽儿珊①（即阿拉伯语القتل意思是按照安拉的旨意展开屠杀），来拒战"，不过不是发生在 1141 年 9 月，而是 1123 年的晚秋。② 伊本·阿西尔没有指明具体是八剌沙衮的哪一位汗，但是从他的叙述来判断，那座城市应该属于撒马尔干汗的疆域。很明显，在伊本·阿西尔看来，不受羁縻的葛逻禄实际上扮演了志费尼书中葛逻禄和康里的角色。不过，一般文献中都把该民族称为القارغلية，这一令人困惑的名称往往被当成康里（القانقلية）。在已知的手抄本中，该族名的写法只在一个地方被特别加以说明，③ 其正确的写法应该是القارلغية。④ 志费尼使用了伊本·阿西尔编年史的两个抄本，把两种异文都标注出来了，然后将其与他手头上单薄的蒙古史料汇校。把葛逻禄误作康里的现象，在志费尼的书中也有所体现。根据志费尼的叙述，在屈出律篡权的过程中夺取阿力麻里城及其领地的强盗斡匝儿（Ozar），来自于葛逻禄（از قرلقان），但实际上那时占领那一地区的只有قنقليان，在舍里甫丁（Šaraf addīn）的《胜利之书》（Çafar-nāma）中同样记载了。⑤

没有材料能够证明康里成为"喀喇汗人"的假设，无论是撒马尔干的支系还是可失哈儿（译按：即喀什噶尔）的支系。

---

① 此据格鲁特的说法。薄乃德把这个名字误作官号了。
② 据《辽史》，"驻军寻思干凡九十日，回回国王来降，贡方物。又西至起儿漫（Karmīnī），文武百官册立大石为帝，以甲辰岁二月五日即位。"（译按：《辽史·天祚皇帝四》，中华书局标点本，第 356 页）耶律大石即位于二月五日，即公元 1124 年 2 月 21 日（格鲁特的换算）。那么，该战役应该发生在 1123 年 11 月 24 日。
③ Cod. Paris. 740 bis (aus Konstantinopel) = A bei Tornberg.
④ 《千年史》（Tārīch i Alfī）的作者（拉维蒂所据），也给出了正确的读法；Raverty, Ṭabaqāt i Nāṣirī p. 907 n. 925 n.
⑤ 可疾维尼（Mīrzā Muḥammad i Qazwīnī）校注志费尼《世界征服者史》vol. I ٥٧, 3；参考 W. Barthold, Туркестанъ I ١٠٧, 12. W. Barthold, Zur Geschichte des Christentums in Mittelasien S. 64 A 1.

志费尼进一步叙述，菊儿汗在夺取了八剌沙衮的统治之后，在所有省份都安置了执政官，从 كحك مQum kunčak①（读作 Qam kämčik，قم كمچك 谦谦州）到 نارسرجان，从塔拉兹（Tarāz）طراز 到 نامج。一段时间之后，他征服了康里人。他的一部分军队占领了可失哈儿和忽炭（译按：即和田），另一部分报复性地出征乞儿吉思人。他夺取了别失八里，他的军队为他占领了费尔干纳和河中地区，（撒马尔干）算端乌思蛮（Oþmān）的先祖是他的藩臣。最后，他征服了花剌子模沙阿即思（Atsyz）。②

因为对康里的征服是发生在对可失哈儿和忽炭的征服之后，所以有可能这里的康里也是葛逻禄的讹误，对葛逻禄的征服实际上应该在可失哈儿之前。从汉文史料中可知，康里是被耶律大石征服的。在"大定之治"的金世宗完颜雍在位期间（1160—1190 年），随着西辽的势力开始增强，"粘拔恩君长撒里雅、寅特斯率康里部长孛古及户三万余求内附，乞纳前大石所降牌印，受朝廷牌印"。③这里所谓的"粘拔恩"明显指的是乃蛮。乃蛮部的境域包括阿尔泰的核心区域和哈拉和林的山区，以及سراس الوی 山区，蓝色④也儿的石河——那里也有康里人群——包括也儿的石河流域以及也儿的石河与乞儿吉思边界之间的疆域。在北边与乞儿吉思接壤，在东边与克烈部为界，在南方与畏兀儿人的沙漠搭界。⑤也就是说，乃蛮的疆域包含了一部分古代基马克的疆域，而康里的活动范围应该在今天的塞米巴拉金斯克省

---

① 拉维蒂如此读，Raverty 译，Ṭabaqāt i Nāṣirī p. 951 n. 959 n. 981/2 n.。
② D'Ohsson, Hist. des Mongols I² 442 s. Raverty l. l. p. 923 n. 参考 Abū 'l Ġāzī p. 50。
③ 《金史》卷 121《粘割韩奴传》，转引自 Bretschneider, Mediaeval Researches I 223。（译按：《金史》，中华书局标点本，第 2636 页）
④ 多桑作"也儿的石河（斋桑泊 [Saissan]）"，似乎读成了 اریش كول。
⑤ D'Ohsson, Hist. des Mongols I² 56 n. 2. 贝勒津校注拉施特《史集》，Труды восточнаго отд Императорскаго Археолоческаго Общества Часть VII, С-Пбргъ 1861, S. 136-137.

（Semipalatinsk），阿克莫林斯克（Akmolinsk）（译按：今阿斯塔纳，旧名努尔苏丹）和图尔盖（Turgai）。花剌子模沙帖乞失（Täkäš）在位期间（1172/3—1200年），娶了（康里巴牙兀惕[Bajawut][译按：又译"伯岳吾"]部的汗）"敞思"的女儿为妻，[1] 而他儿子穆罕默德在位期间（1200—1220年）有不少也灭克（Jimäk）的首领——与巴牙兀惕部所属的是同一个康里帐落，与他们的部落一起来到了花剌子模，为算端效力。[2] 阿布尔-哈齐说有五万到六万。这些康里人在蒙古到达之际，占据了重要的关塞。在成吉思汗到达时，已经有上万帐的康里人居住在怛罗斯河和楚河流域，[3] 他们与篡位者屈出律（1208—1218年掌权）（他是被成吉思汗砍头的乃蛮部首领）一起前往。

现在已经很明显了，康里这个名称（康里人很晚才作为雇佣兵来到药杀水/锡尔河的），与伊本·胡尔达兹比赫（Ibn Chordādbih）所提到的锡尔河下游的康嘎尔人（Kangar, نهر كنكر）没有关系，后者是西突厥部落 Kängäris 或者 Κάγχαρ 或 Κάγγαρ，以及佩切涅格的三支部落名称的来源。[4] 它与古代的康居（塔什干地区）更没有关系，康居后来扩张到整个粟特地区（康国）。同样，将康里与上文提到的康

---

[1] Muḥammad an-Nasawī, Histoire du Sultan Djelal ed-din Mankobirti publiée et trad. par O. Houdas p. ٤٢, 4 = 72. ٢٥, 16 = 44. ٥٧, 1 = 96. 汉文"长史"是一个名号，自贞观元年（627年）回鹘中就有此名号。参考 Gust. Schlegel, Die chinesische Inschrift auf dem uigurischen Denkmal in Kara-Balgassun S. 56. F. W. K. Müller, Festschrift für Vilh. Thomsen S. 211 Z. 10. 213。按：此处"长史"文义欠安。或许کشی（写本کشی）应该读作جيكشی Čigši。这也是一个从中原进入回鹘的官号——"刺史"，仅次于"都督"。参考前引 Schlegel 文, F. W. K. Müller 文 S. 211 Z. 8. 212. F. W. K. Müller, Ein Doppelblatt aus einem manichäischen Hymnenbuch (Maḥrnâmag) S. 5 Z. 27. 30: Abh. der Berliner Akad. 1912. Vilh. Thomsen, Dr. M. A. Stein's Mss. in Turkish "Runic" script from Miran and Tun-huang: JRAS. 1912 p. 186 l. 3. 5. 17. p. 219 l. 12.

[2] 至于他们曾皈依伊斯兰教一事，志费尼没有提。参考 W. Barthold, Zur Gesch. des Christentums in Mittelasien S. 59 f.。

[3] Abū 'l Ğāzī, Hist. des Mogols et des Tatares I ٣٨, 11 f. = II 38.

[4] 参考拙作 Chronologie der alttürk. Inschriften S. 5 A 5. 10, 上文第 35 页。

嘎尔（Kangar）勘同的做法也要抛弃，因为康嘎尔人没有留在乌古斯人的统治下，早在9世纪末就已经从咸海和乌拉尔河之间的地方迁往黑海草原了。硕特犯了致命的错误，他不仅把"康里"与君士坦丁七世《帝国行政论》中的 Kangar 勘同，而且将其与汉文史料中的［伊朗语的］康居在历史和语言上进行勘同。① 他认为："在很大程度上依然不清楚，康里人究竟何时在上述三处水域首次定居的——或许是在公元前，这倒是很有可能，他们那被匈奴人赶到西方的祖先在伊犁和广袤的吉尔吉斯草原逗留了很长一段时间，再往西北方向迁徙，来到了这里，正是在这里张骞碰到他们的。康里人或许在伊斯兰教传入之前以及塞尔柱的统治之前，就已经成为河中地区的一个繁荣和富强的民族了。"② 这位汉学家（译按：硕特）犯了大错，他把《北史》中关于康国［嚈哒］王朝起源的叙述（见上文第75页注2），与此民族联系起来了。③ 多桑的《蒙古史》对此没有讨论。施密特（Issak Jakob Schmidt）（译按：德国东方学家，1779—1847年，主攻蒙古史）认为，Kanggar 或者 Changgar 这一名称至今仍然在中亚地区的突厥人和蒙古人中使用着，不过指的是奥斯曼人，硕特已经指出，用此名称来指代奥斯曼人的用法，也见于乾隆四十年刊行的《西域闻见录》。

回鹘文《乌古斯可汗传》中提到的康里（Qangly）的语源来自于突厥语 qang "车"④，很可能是正确的。这很容易让人联想到汉文中对铁勒的称谓，即北魏时期回鹘的称谓"高车"或者"高车丁零"。但还有另外一个问题，我们能否从这种名号上的相似性来推断出两个民

---

① 拉德洛夫也犯了同样的错，W. Radloff, Kudatku bilik I, Einleitung S. VII b.
② Wilhelm Schott, Chinesische Nachrichten über die Kanggar und das Osmanische Reich. Abh. der Berl. Akad. 1844. Phil. und hist. Cl. S. 154 f.
③ 同上，S. 151 f.
④ 回鹘文乌古斯可汗传说，W. Radloff, Das Kudatku bilik I S. XII b/XIII, 拉施特《史集》，前引 W. Radloff, XIX, 阿布尔-哈齐《突厥蛮世系》，前引 W. Radloff, S. XXXII.

族之间在世系上的联系呢。实际上,两者之间的联系,可以从《元史》卷130《不忽木传》中找到依据。① 任何一位熟稔历史文献的中国人,都会这么认为的。但是值得注意的是,就我们所知,汉人对回鹘人的常见称谓在北魏灭亡后就消失得无影无踪了。除此之外,再也找不到另外一条线索能够证明康里人——即便不是全部,哪怕只是其中的一小部分是从古代的铁勒部落派生而来的。② 假如我们按照诺依曼(Karl F. Neumann)(译按:1793—1870年,德国汉学家)、万伯里(H. Vámbéry)和吉伯特(H. Kiepert)(译按:1818—1899年,德国地理学家)的做法,从名称及生活方式的相似性来推导出族裔上的结果,那么可以认为康里人也可能是从欧洲的斯基泰人派生而来,希罗多德称之为 φερέοιϰοι,其他历史学者称为 ἁμαξόβιοι 或 ἁμάξοιϰοι,③ 甚至也可能源于达契亚的西金尼人(Sigynnen),他们是在由小鬃马拉的车上行进的。④ 不过,如果是带蓬的车,它的使用当然要从其他民族中溯源了,他们也有可能根据他们生活环境的特点或根据他们的自然条件,向游牧的生活方式转变了。《隋书》中提到室韦人"乘牛车"。⑤ 佩切涅格人也把他们的妻子和孩子放在牛皮帐篷车上,他们围

---

① Bretschneider, Mediaeval Researches I 302.
② 拉德洛夫(Radloff, Kudatku bilik I S. VII b)否定了康里与高车之间的亲缘关系,因为他错误地将康里与康居扯上了关系。巴托尔德先生反驳:"关于康里与回鹘之间的关系,当是没有疑问的",但没有妨碍他自相矛盾地把族名"康里"与"钦察"进行勘同。(W. Barthold, Zur Gesch. des Christentums in Mittelasien S. 60 und A. 1)
③ Her. 4, 46. Steph. Byz. s. v. Βουδινοί etc. Vgl. Ukert, Skythien S. 300 f. 342. 346. 415. 419.
④ Her. 5, 9. Strab. ια 11, 8 p. 520.
⑤ 《隋书》卷84,《北史》卷94,根据格鲁特的译文。《新唐书》卷219关于室韦的记载"率乘牛车,蘧蒢为室"(W. Schott, Älteste Nachrichten von Mongolen und Tataren: Abh. der Berl. Akad. 1845, philol. und hist. Cl. S. 463)。不过,该说法与《旧唐书》卷199下"或为小室"相矛盾。硕特据《太平寰宇记》卷199进一步提到,在古代乌桓人以北有一个部落叫"大车室韦"(S. 465),但是唐代的原始史料《旧唐书》却只提到了"大室韦","其部落傍望建河",其源出俱轮泊。(译按:《旧唐书》卷199下《北狄传》,中华书局标点本,第5357—5358页)

170 在行囊周围，彼此靠紧，然后弄成了一个密不透风的"车营"。米海尔主教为我们提供了一份基于当时人观察的有趣记载，不过他把佩切涅格人与库蛮人弄混了。他提到：①

在同一年（1433 Sel. = 公元 1123 年）（译按：此处的 Sel. 即塞琉古 Seleucid 的缩写，指代亚述人［即叙利亚］的历法，该历法从塞琉古王朝开始算起，始于公元前 312 年），希腊人的皇帝约翰二世（Iwannē/Joannes Komnenos）（译按：1118—1143 年在位）与库蛮人作战，从那以后库蛮人就从属于希腊人了。

奥尔海伊（Orhāj）②的主教巴西莱奥斯（Basileios）记载了有关库蛮人的情况，因为他曾经去过那里，他说：

在库蛮人向君士坦丁堡挺进时，皇帝约翰二世［某日］与他们谈和。后来随着他们与希腊人彼此交融，并开始出现在城市中时（包括君士坦丁堡和皇帝的御所），皇帝立刻下令，无论在哪里只要遇到库蛮人就攻击他们。在皇帝的御所就有三千左右库蛮人被攻击，而其他城市也有或多或少的人被袭击。就在同一天，由于要袭击库蛮人，皇帝和他的军队去进攻库蛮人的辎重。但是库蛮人的习惯是把辎重放在车上，携带到战场上。希腊人打了许多天，还是没有办法冲入库蛮人的"车营"，于是，皇帝从马背上下来，并命令所有人下马作战。经过鏖战，他们终于冲破了库蛮人的车营，消灭了大量库蛮人，攻击了他们的首领并把他们中的许多人都俘虏到君士坦丁堡。③经过此役之

---

① Chronique de Michel le Syrien publ. par J.-B. Chabot S. 600, 41-601, 13 = III 206.
② 自 1142 年起担任奥尔海伊主教的，要么是 Basileios bar Cabūnī，要么是 Basileios bar Šumana（先任 Kaišūm 的主教）。（Chabot）
③ 关于此战役，参考 Lebeau-Saint-Martin, Hist. du Bas-Empire 16, 11-13. 佩切涅格人的"车营"在他们与阿莱克修斯一世（Alexios Komnenos）的决战中发挥了重要的作用；参考 Lebeau XV, 215. 223-225. 235. 247.

后，希腊皇帝清净了好一阵子。

　　库蛮人是突厥人的一部，他们的语言也是突厥语。不过他们既不知道摩西和先知，也不知道我们的主耶稣，甚或穆罕默德。① 无论他们到哪里，都带上他们的妻子、孩子和家当，放在木车上。这些木车就像一堵墙把他们的辎重围着，自我防御。

　　他们从多瑙河（Dōnabīs）河岸来到了这里，要攻下君士坦丁堡，但是希腊皇帝打败了他们。从此以后，他们就被希腊帝国征服了。

　　前文已经提到，仅从名称上来看，我们还是弄不清楚康里人的起源。现在我们把注意力转到他们的地理方位上，据此可以推断他们究竟是如何与古代的基马克人有联系的，也可以坐实我们上面的假设。在我看来，对这个观点非常有力的证据是，根据纳萨维（他是为摩诃末儿子札兰丁 [Ğalāl addīn] 作传的人）关于摩诃末的记载可知，突尔干哈屯（Turkān-Chātūn）公主（即花剌子模沙摩诃末母亲）所属的巴牙兀惕部，是也灭克的一个支系（عشيرة）。② 而也灭克本身一定也是康里的一支。至于族名巴牙兀惕（Bajawut/باووت），应该是一个蒙古语复数 *-t* 加突厥语词尾 *-gu*（参古代突厥语 *alpugu, jylpagu, jabgu, orungu*）的形式，这种形式在古代突厥语中已经出现了，缪勒（F. W. K. Müller）在一件回鹘文佛教文书中找到了一个年代更早

---

① 尚不能确定的是，作者在此处是否真的是指库蛮（在当时库蛮是草原上的主导民族），还是指被阿莱克修斯一世消灭的佩切涅格人。
② 参见上文第 167 页第 27—28 行。D'Ohsson, Hist. des Mongols I² 197 n. 1. 与这段明确的传记史料比起来，术兹贾尼的相关记载（Raverty trans., Ṭabaqāt i Nāçirī p. 240）就要含糊的多。术兹贾尼提到，算端帖乞失（Täkäš）的妻子、算端摩诃末的母亲是钦察汗阿克兰（Aqrān）的女儿，另一处又说是钦察卡迪尔汗（Qadyr-Chan）的女儿。志费尼（Barthold, Туркестанъ I ١١٠, 13）提到，突尔干哈屯出自所谓"康里"的突厥部落。

的例证，即作为籍帐专名的 bajagut（意思是"有产者"）。① 同一名称的还有一支蒙古部落，蒙古家族迭列斤（Durligin）的支系，其中最有势力的两支是者台-巴牙兀惕（Čida-Baja'ut）和客赫邻-巴牙兀惕（Kähärun-Baja'ut），前者位于者台（Čida/جدى）河，后者住在草原上。② 至于隶属于也灭克的巴牙兀惕是否是同一蒙古部落的支系，是很难讲的。历史学家根本不能下定论，只能推测他们早在13世纪就已经突厥化了。 在被拔都征服的部落中，有"钦察、康里、也灭克、亦勒贝里（البرى Ilbäri，或作 Alp-äri）、罗斯、察尔喀斯（Čarkas）（译按：即切尔克斯）和阿速（阿兰人）一直到深色的海"。③《纳西尔大事记》（Ṭabaqāt-i Nāçirī）的作者术兹贾尼（Gōzgānī）在一则名为"亦勒贝里汗和也灭克沙"的颂文中提到，④ 印度苏丹兀鲁汗阿扎姆（Ulug Chān i A'çam）来自于突厥斯坦亦勒贝里部的可汗家族⑤，在蒙古人入侵之际，他一定和其他钦察的首领一起离开了他们的故乡和旧部。⑥ 上文提到的"亦勒贝里"和"也灭克"一定是康里，也就是钦

---

① F. W. K. Müller, Uigurica II 36 Z. 37. 97 A. 1: *iliglär bäglär buiruq-lar pütrüklär qunčui qatun-lar tigit-lär ynal-lar ulug bai bajagut-lar*. F. W. K. Müller, Ein Doppelblatt aus einem manichäischen Hymnenbuch (Maḥrnâmag) S. 31 A. 1 (Abh. d. Berl. Akad. 1912, Philos.-hist. Kl. Nr. V). tigit-lär 来自 *tigin*, bajagut-lar 来自 *bajagu*，都是加了双复数词尾。
② 贝勒津校注拉施特《史集》, t. VII, 1861, S. 233. 阿布尔-哈齐·把阿秃儿汗 S. ٥٧= 60.
③ Ṭabaqāt i Nāçirī ed. Nassau Lees S. ٤٠٦, 8-9 = 1169-70 transl. Raverty.
④ Ṭabaqāt i Nāçirī, p. 796. 598. 791. 800 transl. Raverty.
⑤ 同上，٤٥٣, 2 = 1295.
⑥ 参考纳萨维（Nasawī ١٧٢ = 286 s.）："钦察部落积极与算端家族缔结姻亲，无论是古代还是现代算端家族都没有出生过这样的一个孩子——他的母亲不是通过定亲或联姻的方式从钦察首领的女儿中挑选进入算端王室的。所以成吉思汗及其诸子在消灭钦察的势力时，花了最大的力气，因为他们（算端家族）是钦察力量的源泉、权力的根底、人丁兴旺的原因。"算端札兰丁（Sultan Ğalāl addīn）在伊斯法罕战役（伊历624年=公元1227年）失利之后，曾向钦察部落寻求援助。他派遣了高级别的敞思（سرجنكشى）作为使者（他起源于钦察部落），请求钦察向他派遣援兵，并晓谕钦察人，他们的幸福是建立在 [与算端] 同仇敌忾的基础之上的，如果他们分裂，那么他们就会有两国俱亡和两军俱灭的危险，于是钦察集结了约5万帐的部队向打耳班出发。由于他们过不了关

察的部落或部落群。[①] 这里几乎没有办法把康里和钦察全然分开。不难在也灭克（یماك/Jimäk）中识别出基马克七个部落中排名第二位的 ایماك，这个名号后来成为整个部落联盟的名称了。（见上文第 90 页第 7 行、93 页第 2 行和 96 页第 29 行）

我们可以进一步推测，在昆（库蛮）和凯伊的入侵下，基马克没有毫发无损地留在原地，我们发现后来基马克的一支，即巴音都尔（Bajandur）（处于禹乞兀克/"三箭"的顶端），似乎是乌古斯部落中第二主要的部落，他们与撒鲁尔（Salur）及其他部落一起来到小亚细亚。（见第 190 页注 7）当他们脱离了本民族的大迁徙浪潮之后，又吸收了从其他地方迁来的民族成分。于是出现了一个新的部落联盟，它所处的政治语境也是与先前截然不同的。这一观点能够很好地解释鲁布鲁克所突出的康里与库蛮之间的近亲关系，巴托尔德先生的判断应该是对的，他说："康里和钦察的族名似乎是一回事。"[②]

隘，他们就驻扎在附近，其中的一位首领古尔该（Gürgä كورك）带着 300 名亲属（读作：من قرائبه وقرابته）乘船渡海，到达了位于穆罕（Mūqān）的舍里甫木勒克（Saraf al mulk）面前。""在初春，他在此见到了算端，算端对他待之以礼，并承诺他，要打通打耳班的大道。在临终前，他还建议算端去征讨罗姆（小亚细亚）并征服它：如果算端要征服罗姆，便可以倚赖钦察，因为钦察是算端的朋友，且（在他抵达之后）更加热切地期望做算端的朋友。一旦鞑靼人来威胁算端，他便能处在上风了。"（Nasawī S. ٢٤٢, 12-14 = 404）关于名号"敞思"，参考上文第 167 页注 6。

① 关于此亲缘关系，或许一份 13 世纪初的世系史料能够提供一丝解决的曙光，该史料由 M. A. G. Ellis 所持，我们通过罗斯（Denison Ross）可以了解到更详细的情况。参考 Journal Asiatique, mai-juin 1913 p. 521 s.。

② Wilh. Barthold, Zur Geschichte des Christentums in Mittelasien. 由 Rud. Stübe 译成德文，Tübingen und Leipzig 1901 S. 60 A. 1.

附录1：对"法尔本"与"库蛮"关系的若干澄清[*]

德语和罗曼—南斯拉夫语中对库蛮的称谓——Valwen 和 Κόμανοι，没能避免俄语里的名称"波罗维茨"的境遇——被好事之徒进行了语源分析。据我所知，见于下述文献中：

1. 由亚当·冯·不莱梅（Adam von Bremen）译，《汉堡主教行状》（Gesta Hammaburgensis ecclesiae pontificum IV 19）（上文第29—30页）："有白皙的、碧绿的和长寿的人，他们称为'**胡思**'。"（Ibi sunt homines pallidi, virides et macrobii, quos appellant ***Husos***.）[①]（译按："胡思"指乌兹人[Uzen]，系拜占庭史家和亚美尼亚史家对该民族的称谓。）

2. 由奥托·冯·弗莱辛（Otto von Freising）拉丁语化，Gesta Friderici; M. G. SS. XX 368："在剌玛的南边和东边之间，在佩切涅格和**法罗恩**的北边和东边之间，有大量的狩猎，但是几乎没有犁和耙。" Inter austrum et orientem Rama, inter aquilonem et item orientem Pecenatorum et ***Falonum***, maximam venationum copiam habente, sed vomere ac rastro pene experte campania. 氏著：《编年史》（至1146年为止）："在那些天里，匈牙利这个民族被佩切涅格人从斯基泰赶

---

[*] 附录1是针对本书第27页的延伸讨论。
[①] K. Müllenhoff, DA. II 72 A. 没有展开讨论这一点，尤其是 *Husi* 的名称。

出来之后，把阿瓦尔人赶走了，于是就在潘诺尼亚定居了下来。据说他们那时候非常野蛮和残忍，吃生肉，嗜人血。任何人听说后都不必讶异的是，佩切涅格人（我们称之为**法罗恩**）至今仍然吃生的脏肉，比如马肉。"Ders., Chronicon (bis 1146), ib. p. 233: His diebus gens Ungarorum ex Scythia egressi ac a Pezenatis pulsa, Avaribus eiectis, Pannoniam inhabitare coepit. Haec eo tempore tam inmanis et tam beluina fuisse dicitur, ut crudis carnibus utens, humano quoque sanguine potaretur. Quod ne cui incredibile videatur, audiat, quod Pecenati et hi qui **Falones** dicuntur, crudis et immundis carnibus, utpote equinis, catinis, usque hodie vescuntur.①

鲁布鲁克书中提到的 *Valani*（*v* 是弗莱芒语中的音节），D'Avezac, Recueil de Voyages et de Mémoires, publié par la Société de Géographie t. IV, Paris 1839, p. 246（陶玛舍克［Tomaschek］在 Die Goten in Taurien 第 50 页，把第 246 页写作第 426 页，系笔误）："从我们离开这个可萨利亚省之时起，我们是向正东行走，南面是海，北面是一片大荒野……条顿人把他们叫作瓦伦人，把该省叫作瓦伦尼亚。不过，据伊西多鲁斯说，阿兰尼亚从塔赖思河绵延至迈俄提斯沼泽和多瑙河；而这个从多瑙河延伸到塔赖思（它是欧亚大陆的分界），并且鞑靼人要艰苦骑行两月才能通过的省份，到处都居住着钦察库蛮人，从塔赖思到也的里，情况也一样。两河之间足足要走上十天。"（译按：参考中译本《鲁布鲁克行纪》第 203 页，略有改动。"塔赖思河"，一般译作"塔奈思河"，即顿河。）Et tendebamus recte in orientem ex quo exivimus predictam provinciam Gasarie, habentes mare ad meridiem et vastam

---

① Ilie Gherghel, Zur Frage der Urheimat der Romänen. Wien 1910 S. 45 A. 4.

solitudinem ad aquilonem … In hac solebant pascere Commani[①], qui dicuntur Capthat[②]; a Teutonicis vero dicuntur Valani, et provincia Valania. Ab Ysidoro vero dicitur, a flumine Tanay usque paludes Meotidis et Danubium, Alania, et durat ista terra in longitudine, a Danubio Tanayn, qui est terminus Asie et Europe, itinere duorum mensium velociter equitando, prout equitant Tartari, que tota inhabitabatur a Commanis[③] Capthat[④], et etiam ultra a Tanay usque Etiliam, inter que flumina sunt .X. diete magne.[⑤]

3. 罗曼语化：*Phalagi* (*Falagui = *Valawi)，见于戈弗雷（Gottfried von Viterbo）的《编年史》（截至 1186 年）：在这些天里，被佩切涅格人从斯基泰赶跑的匈牙利人，第一次来到了潘诺尼亚，然后，随着阿瓦尔人从那里赶走之后，匈牙利人就永久地留在了那里。匈牙利这个民族据说在那个时候非常残忍和不文明，他们把生肉当食物吃，把人血当饮料喝，就跟"**法拉吉**"人一样，佩切涅格人至今还会喝动物的血，吃马和狐的生肉，甚至是狼和猫的肉都吃。Chronicon (bis 1186) pars XVII: His diebus gens Ungarorum ex Scythia egressa, et a Pincenatis propulsa, in Pannoniam primitus venit, et ejectis inde Avaribus, perpetualiter ibi permansit. Ista gens Ungarorum illo tempore tam belluina, tam inculta fuisse narratur, ut carnibus crudis ad cibum, humano vero

---

① ABCE 诸本读作 *Comani*。

② 或作 *Capchac*；C 本和 Hakluyt 本作 *Capchat*，似乎对应于汉文音译形式 "钦察"，其中 *ch* 代表 č，如同古法语一样。会不会蒙古人把这个外来词当作了复数形式 *-t*？

③ ABC 诸本作 *Comanis*。

④ ABC 诸本和 Hakluyt 本作 *Capchat*。

⑤ 库蛮部落的名称 *Ulan* < 突厥语 اوغلان *oglan* "男孩"，W. Tomaschek, Die Goten in Taurien (Wien 1881) S. 50 和 Géza Kuun, Relat. Hungarorum cum Oriente historia antiquissima I 84 将其与 *Valani* 并举，当然它与这个德语名称没有什么关系。关于 *Ulan* 这个名称，库恩让读者参考他的 Additamenta ad codicem Cumanicum, nova series (Budapest 1883) p. 23，可惜我手上没有。

sanguine uterentur ad potum, quemadmodum et ***Phalagi***. Pincenates usque hodie sanguinem bestiarum appetunt, et carnibus equorum et vulpium, luporum etiam et cattorum crudis utuntur.[①]

4. 中古低地德语：*Valewen, Valwen*，见于《萨克森世界编年》sächsische Weltchronik a. 1123. 1241: M. G.,《德意志编年史》Deutsche Chroniken II 243, 254；Arnoldus Lubecensis, Chronica Slavorum. M. G. SS. XXI p. 216；在一份纪年1241年的教士作品中有一段话："库蛮人，我们在日耳曼语中称为'**法尔温**'。"Comani quos Theutonice **Valwen** appellamus: Hurmuzaki-Densusianu, Documente privitoare la istoria Românilor I, Bucuresci 1887, p. 192；拉丁化形式 ***Valvi***: Henricus, Chronicon Lyvoniae a. 1222; M. G. SS. XXIII p. 316. 参考伊利·戈尔格勒（Ilie Gherghel）：《关于罗马尼亚人故乡的问题》（Zur Frage der Urheimat der Romänen, Wien 1910），第43页注2。

罗马尼亚学者伊利·戈尔格勒在文森特·卡德乌贝克（Vincentius Kadłubek）的书中发现两处提到 Valwen，谈的是基辅城的金门（*aureae valvae*）。[②] 关于库蛮人在巴尔干半岛地区的存在，康斯坦丁·伊雷切克（Konstantin Jos. Jireček）的文章很重要，即《关于佩切涅格人和库蛮人（以及关于今天保加利亚所谓的加告兹和苏尔古赤）遗存的几点观察》（Einige Bemerkungen über die Überreste der Petschenegen und Kumanen, sowie über die Völkerschaften der sog. Gagauzi und Surguči im heutigen Bulgarien. SB. der k. böhm. Ges. d. Wiss.

---

① 参考 Géza Kuun l. l. II 112 n. ***. 几乎是逐字从奥托·冯·弗莱辛那里摘录的。
② Chronicon Polonorum, Mon. Pol. II 279: Nam ab oriente in aureis Kioviae valvis metarum alteram impegit; p. 291: ⋯ in valvis ense reformaret. 可见，以暴君图拉真后裔自居的瓦拉几亚人，显然已经荒废了拉丁语。

1889. Prag 1890）。（位于古塞尔维亚的库曼诺沃［Kumanovo］，因为奥斯曼人的致命失败而名噪一时［译按：1912 年第一次巴尔干战争中，塞尔维亚部队在库曼诺沃取得了对奥斯曼的一场决定性胜利］，也会让人联想到"库蛮"，而奥斯曼人则是库蛮人敌对兄弟的后裔［译按：一般认为奥斯曼人出自昆汗的长子凯伊，他们与库蛮人是竞争关系］。）

根据我在上文中（第 55 页第 22—29 行）关于"法尔本"名称起源的观察，为了能够更加有效地在汉文史料中钩稽出真正的库蛮民族，前提条件是（尤其是从罗斯或匈牙利编年史中）搜集关于库蛮人外形，特别是发色和肤色以及他们的风俗和习惯的更详细的记载。可惜，这些材料笔者还没有见到。为了促使俄国和匈牙利的历史学家以及汉学家们去做更详细的考察，我暂且引用《契丹国志》中一段关于东亚黄发人群的记载，硕特在他的文章《关于真正的黠戛斯人》中已经提到了。有关契丹人最早的史料《契丹国志》[1] 载："金国谓之黄头女真，髭发皆黄，目睛多绿，亦黄而白多，因避契丹讳，遂称黄头女直"，硕特认为这是一群东亚的"狂暴战士"，因为他们的英勇而被契丹人用作前锋部队，并认为他们是一支日耳曼人部落（硕特在含沙射影地批判雷慕莎的观点）。[2] 作为契丹或辽的继任者——女真（蒙古语 *Gürčit*），是后来满族的祖先，并且在汉文史料中追溯到靺鞨。曾经的金发即日耳曼人部落或哥特人种在亚洲出现的这一理论（自从柯儒恒和雷慕莎以来就被视为荒诞的说法），我对此的看法已经在上文第 67 页中详细交代了。

---

[1]《契丹国志》卷 26。
[2] Wilh. Schott, Über die ächten Kirgisen. Abh. der Berliner Akad. 1864 philos.-hist. Klasse, Berlin 1865 S. 444.

卡斯帕尔·泽斯（Kaspar Zeuss），作为德国民族学的不朽奠基人，认为 *Valwen* 源于 *fal* "平原"，例如德语中的地名"西法伦"（Westfalen）（译按：音译威斯特法伦，即威斯特伐利亚）和"东法伦"（Ostfalen）（译按：音译奥斯特法伦），意思是"平原上居住的人"。根据他的观点，*Valwen* 的意思对应于 *Polowci* "波罗维茨"，*pole* 的意思就是"平原"。[1] 不过，单词 *fal*，较早的形式是 *falh-*, *falah-*（例如 *Westfalahi*），早在公元 400 年就已经存在于名称 *Falchovarii* 中了，罗马《百官志》（*Notitia Dignitatum*）将该部与其他日耳曼部落列为派驻东方的罗马辅助军团，[2] 实际上与形容词 *falb* 和 *falo* 没有关系。

匈牙利学者格拉夫·库恩（Graf Géza Kuun）自认为是这个文化民族的后裔，也就是说他认为库蛮人和马札尔人（库蛮人的残部存续于马札尔人中）可能来自于同一个源头。他的整个学术生涯就是以此为目标展开的。不过，根据既有的历史语文学方法，以及科学和严谨的研究而得出的结果，对他是很不利的。[3] 因此，对于他的工作，我们不能当回事。格鲁伯（Gruber）就已经把 *Valwen* 的称谓

---

[1] Die Deutschen und die Nachbarstämme, S. 390 A. 744.
[2] Gust. Kossinna, PBB. 20, 299-301. Rud. Much, ZDA. 40, 295-301. O. Bremer, Ethnographie der germanischen Stämme. Grdr. der germ. Phil. III^2, 1900, S. 892. Kossinna 把 Falchovarii 与 Westfalen 勘同，不莱梅（Bremer）认为他们是 *Veluwe* 的居民。
[3] 作者的阿拉伯语水平，足以参阅诸如此类的转写：*bah'ru 'l hindu* (Relat. Hungarorum I 37), *Kitâbu murûgi al ðahabīn* (ib. n. *)。他的阿拉伯语和波斯语文本 ［(a) *Keleti Kútfők*，收在匈牙利语的建国千年纪年文集的第二部；(b) 加尔迪兹关于突厥的记载，见 Keleti Szemle II 1-3, 168-175, 260-270, III 32-44, 81-91, 253-260, IV 17-40, 129-134, 139-140, 257-272］充满了错误，我自己不能检验匈牙利语的译文是否准确。《库蛮语汇》（Codex Cumanicus）的版本，已经得到了恰如其分的赞赏。他给《库蛮语汇》（Codex Cumanicus, Budapest 1880）所撰写的导论，及其作品 Relationum Hungarorum cum Oriente gentibusque orientalis originis historia antiquissima (Claudiopoli 1892, 1895) 是杂乱的、不严谨的，充满了不准确和粗心大意。

与德语中对凯尔特人和罗马人的称谓 Walh（例如 walahisc, welsch, Welschland，古称 Vealh, Valas, Vealas 等）联系起来了。[①] 库恩只是沿袭了这一观点。[②] 不过，Walh（复数形式 *Walhôs）也被借入了斯拉夫语，作 Wlachõ，复数是 Wlasi，时而用来指代古代罗马人和意大利人，时而用来指代达尔马提亚和巴尔干半岛的东部罗马人。[③] 这个词显然是来自最早的凯尔特人沃尔卡部（Volcae），日耳曼人在向西南进军的时候吸收了这一部凯尔特人，而沃尔卡部中的一支特克托萨季人（Tectosages）在凯撒的时代仍然住在摩拉维亚（Mähren）（Gall. 6, 24）[④]，与德语的"法尔温"（Valwen）没有关系。

另一位马扎尔人保罗·匈法维（Paul Húnfalvy），是在学术上为马扎尔人对瓦拉几亚人（Walachen）的压迫做辩护的人，他认为该名号可分析成 fal, falawa 和 valve，也是哥特语，然后把君士坦丁七世（Konstantin Porphyrogennetos）《帝国行政论》中对南部高加索马扎尔人的称谓（Σαβάρτοι ἄσφαλοι）联系起来，并沿袭泽斯的观点，解释成"黑色的法伦人"，[⑤] 但是它的意思其实是"在 Sevordik 之下"

[①] Gruber im Chronicon Livonicum, Lipsiae 1740 p. 151 A. a: Gentem autem illam a Tartaris deletam Noster vocat gentem Valuorum more Germanis consueto, qui populos, quorum linguas non intelligunt, nec certo alio nomine distinguere didicerunt, Valwos [他以为是 Walen!], tamquam homines peregrini oris, olim solent appellare. 参考前引 S. Gherghel, S. 43 A. 4。

[②] Relat. Hungarorum cum Oriente hist. antiquissima II 112 n. ***。

[③] 尤其请参考 Konstantin Jireček, Die Romanen in den Städten Dalmatiens während des Mittelalters I. Denkschriften der Kais. Akad. d. Wiss., Phil.-hist. Cl. Bd. 48 Nr. 3, Wien 1902. Müllenhoff, DA. II 279 Anm. ***。

[④] 参考 W. Tomaschek, Zur Kunde der Hämus-Halbinsel I 46 = SBWA. Bd. 99, 1882, S. 480. Die alten Thraker I 111 = SBWA. Bd. 128 Nr. IV, 1893. Müllenhoff, Deutsche Altertumskunde II (1887), 276 ff. Rud. Much, Die Südmark der Germanen. Beiträge zur Gesch. der deutschen Sprache und Literatur XVII, 1892, S. 10 ff. Otto Bremer, Ethnographie der germanischen Stämme. Grundriß der germ. Phil. III^2 (1900) S. 778 f。缪伦霍夫的作品，对于罗马尼亚学者哈斯德乌（Hasdeu）和戈尔格勒（前引 Gherghel, S. 44 A. 3）来说，仍然是未知的。

[⑤] Die Völker des Ural und ihre Sprachen: Ungarische Revue VI, 1888, S. 395, 转引自 Géza Kuun l. l. I 91***。

（源于亚美尼亚语 **Սևորդիք**、阿拉伯语 السَاوَرديّة, السياورديّة 以及阿拉伯—波斯语 أَسْفَل）。参考拙作《东欧东亚纪程录丛》（*Osteuropäischen Streifzüge*, S. 36-40）。

库恩在普林尼和托勒密的地理志中找到了"法尔温—库蛮"（Valwen-Komanen）。托勒密书中的内容是（V 8, 13 p. 919, 4-S ed. Karl Müller）：μεταξὺ δὲ τῶν Κεραυνίων ὀρέων καὶ τοῦ ῾Ρᾶ ποταμοῦ Ὀρινεοὶ καὶ Οὔαλοι καὶ Σέρβοι。其中的 Σέρβοι，库恩认为是斯拉夫人（塞尔维亚人），Οὔαλοι 是匈人即库蛮人。[1] 然而，长期以来学者们都认为，托勒密和马里诺斯（Marinos）把那些在地图上找不到的高加索地区的部落，统统归置平原上。[2] Οὔαλοι 对应于普林尼书中的 *Valli*（h. n. 6, 30[3]），以及《波伊廷格地图》（*Tabula Peutingeriana Segm.* X 5）中的 *Divali*，位于今天高加索中部的 *Dwalet'i*。[4] 库恩进一步引用了普林尼（Plinius h. n. 6, 19），转引自 Detlefsen（1866）的校勘本：*A Cimmerio accolunt Maeotici, Hali, Sernis, Serrei, Scizi, Gnissi*。对于 *hali sernis*，文艺复兴时期威尼斯学者埃尔莫劳·巴尔巴罗（Hermolaus Barbarus，1492 年）就已经根据托勒密书中的 *Vali*，推断为塞尔维亚（*Serbi*）了。他的这一观点又被托勒密地理志的最新校注者卡尔·梅霍夫（Karl Mayhoff）（1906 年）所继承，指的是缪勒（Müller）注释中的波西米亚村民。在德特勒弗森（Detlefsen）对普林尼地理志的校

---

[1] 前引 Kuun, I 84。
[2] Müllenhoff, Über das Sarmatien des Ptolemaeus. Monatsberichte der Berl. Akda. 1866 = DA. III 95 ff.
[3] A Portis Caucasis（达里尔峡谷）per montes Gurdinios Valli, Suani, indomitae gentes auri tamen metalla fodiunt.
[4] 参考 W. Tomaschek, Kritik der ältesten Nachrichten über den skyth. Norden II 40 = SBWA. Bd. 117 Nr. 1, 1888. Karl Müller zu Ptol.。

勘本中，他写成了 *Haliserni*。① 对于文献中的 *serrei scizi*，巴尔巴罗根据斯特拉波和普林尼的书比定为 *arrechi zingi*。事实上，这无疑是正确的：在托勒密书（Ptol. V 8, 12 p. 918, 1）中也是分开写作 Ἄριχοι καὶ Ζίγχοι，其中前者实际上属于迈俄提斯人的部落，即便我们不能更详细地确认他们的活动范围。他们出现在斯特拉波书（Strabon ιɑ 2, 11 p. 495）中的一串族名中，分别是：τῶν Μαιωτῶν δ'εἰσὶν αὐτοί τε οἱ Σινδοὶ καὶ Δανδάριοι καὶ Τορεάται（写本中如此）καὶ Ἄγροι καὶ Ἀρρηχοί②, ἔτι δὲ Τάρπητες, Ὀβιδιακηνοί, Σιττακηνοί, Δόσκοι, ἄλλοι πλείους。这里的 Τάρπητες（碑铭中写作 Τάρπειτες, Latyschev II 36 Z. 3），我认为是托勒密书中位于普萨提斯（Psathis）和瓦尔达涅斯（Vardanes）之间（E 69º, N 48º 30′）的城市 Μαπήτα③。(Ptol. 5, 8, 2 p. 904, 1) Δόσκοι（碑铭中写作 Δόσγοι, Latyschev II 347 Z. 5, Σινδῶν, Μαϊτῶ, [Θ]ατέων, Δόσχων）与托勒密书中的 Τοῦσκοι（Ptol. 5, 8, 13 p. 919, 7），即高加索中部的 *T'uš*（亚美尼亚语作 *Ɵnɩʒp*，复数形式）没有关系，但是却存在于《波伊廷格地图》（DIVALI<·>MVSETICE Segm. X 5）中的地名 Musetice（或可读作 *THusetice*？），即 *T'ušet'i*。关于 Σιττακηνοί，缪勒（Ptol. p. 918a）认为里面含有 Ψησσοί，前提预设是 Σιττακηνοί 指的是 Ψιττακηνοί，而他认为 ὈβιΔιακηνοί 是 ὈβιΝακηνοί 的讹误。至于 Ἄγροι，到目前为止还没有弄清楚，但是要与托勒密（Ptol. 5, 8, 12 p. 918, 3）的 Ἀγροῖται 区别开来，有可能对应于普林尼书中的

---

① Halisarna 是一个卡里亚语（Karisch）（译按：卡利亚语是古代安纳托利亚西部卡里亚人使用的语言，属于印欧语系，相关文献为公元前 7 至前 3 世纪）的名称：科斯（Kōs）岛上的一处地方就是此名。德特勒弗森（Detlefsen）的这段引文用意何在，我搞不清楚。读者在 Müllenhoff, DA. 3, 49 和 Müller zu Ptol. V 8, 12 中找不到，Tomaschek "Misc." 703 明显指的是 Zeitschr. für österr. Gymn. 1867 S. 703。
② Steph. Byz. s. v., 引斯特拉波的文字；写本作 ἀρριχοί。
③ 绝大多数写本如此；缪勒据 BEZ 作 Μάτητα。或许可读作 Τα<ρ>πήτα？

Epagerritae。① 而缪勒则推测，对应的是坐落于普萨提斯河（E 70º 40′, N 49º 40′）的城市 Αγχίς（Ptol. 5, 8, 14 p. 921, 5），由 ΑΡΙχίς 讹变而来。因此，缪勒在他复原的托勒密地图（第 32 张）中把 Ἄρριχοι 放置于赫尼奥赤（Heniochi）部落后面山峰的北缘，津赤（Zinchi）的东南方向，即便加了个问号，也还是要受到尖锐批评的。其他部族名称，已经通过文献和碑铭的记载都弄清楚了。

在一定程度上，Ζίγχοι 对应的是斯特拉波（Strabon β 5, 31 p. 129. ια 2, 12 p. 495. 13 p. 296）笔下的 Ζύγοι，位于亚该亚人（Achaier）和赫尼奥赤人（Heniocher）之间，也就是说不在高加索北缘，而是在黑海沿岸。不过，Ζίγχοι 是一个更加宽泛的概念，囊括了古代亚该亚人、凯尔克特人（Kerketen）、托勒特人（Toreten）和其他小部落的总称，并且把古代的高卢诸部族名（Gaunamen）取代了。古希腊史家阿利安的书中写作 ΖιΛχοί（读作 ΖιΓχοί），② 佚名《佩里普拉斯》（Periplus c. 42, 15. 20）写作 Ζιχοί，③ 拜占庭史家普罗柯比（Prokopios，公元 6 世纪）也是以阿利安的写法为依据，作 Ζήχχοι。④ 此民族的疆域在整个早期中世纪都被称为 Ζιχία，格鲁吉亚语是 *Gik'et'i*。根据阿利安（Arrian §. 27）的描述，在南边它到达 Ἀχαιοῦς 河（今 Chasi-Aps），10 世纪时北部边境到达 Οὐκρούχ 河，汇入黑海的库班河支流（Kubanarm）的南缘，距离 Ταμάταρχα（俄语 *Tъmutorokan*，来自 *Tъmǫtorokán，今塔曼半岛 [*Taman*]，根据一名哈扎尔显贵 *Tamgan

---

① A tergo eius (Pityuntis) Epagerritae, Sarmatarum populus in Caucasi iugis, post quae Sauromatae. ΕΠΑΓΕΡΙΤΑΙ 可以读成 ΕΙΤ ἈΓΟΡΙΤΑΙ，但是 Ἀγορῖται 也可理解成 <Π>αγορῖται。
② Periplus Ponti Euxini §. 27 bei Karl Müller, Geogr. Gr. min. I 393.
③ Karl Müller, FHG. V 1, 180. 181.
④ 洛伦佐（Laurentianus）图书馆藏写本 ὑπὲρ τῶν πολέμων VIII 4, 12 vol. II 500, 14 ed. Haury。编者写成了 Ζῆχοι。

tarqan 命名，就像阿斯特拉罕 [Astrachan] 来自 حاجّى ترخان 一样）有 18—20 里。既然君士坦丁七世《帝国行政论》中把它的南部边境从 Νίκοψις 河（在佚名的《佩里普拉斯》中写作 Ψάχαψις），即今天的沙普索河（Schapsucho）开始，那么它就占据了曾经的阿布哈兹（ap'chaz）帝国的广阔疆域了，说明那不是一条族群边疆，而是一条政治边疆。他们的郊外是 Νίκοψις，位于同名的 Νίκοψις 河流域，即古代的 Παλαιὰ Λαζική，那里有一个教区。① 如果 Ζυγοί（与其他本土的族名不同，它的含义不是很清晰）确实是一个用来命名本民族（切尔克斯语称为 *zug* 或 *cug* "人"，复数 *cug-xé*）的称谓的话，② 那么它的正确形式应该是 Ζίγχοι。

总之，把 Ζιγχοί 和 Ἀρρηχοί 并列的做法，在地理上肯定是错误的。托勒密表明这是古老的做法，普林尼早就如此做了。可能是因为把 Ζίγχοι（写成拉丁语是 *Cizi）与 Cissi 混淆了，参 Mela 1, 13; Plin. 6, 35, Tab. Peut. Segm. IX，在 Lacus salinarum (See Aftanis) 下写作 CHISOE。职是之故，我以前就将 [s]cizi 改为 Zici。③ 那么，serrei 就应该写作 [s]Erre\<ch\>i 了。

此外，同一部落在几行之后又再次出现在了一段从其他史料植入的族名枚举中，这一现象在普林尼的书中并不罕见。这里列举的是所谓萨尔马特人（在萨乌罗马特人 [Sauromaten]〔译按：系萨尔

---

① Anon. Peripl. Ponti Euxini c. 42, 17 bei K. Müller, FHG. V 1, 180. Basilii notitia 67 bei Gelzer, Georgii Cyprii descriptio orbis Romani p. 4. Anania Širakac'i, Geogr. S. 25, 21 ed. Soukry. Constantin. Porphyrog. de administr. imp. c. 42 p. 181, 11 ff. 参考拙作《东欧东亚纪程录丛》第 57 页。

② Schora Bekmursin Nogmow, Die Sagen und Lieder des Tscherkessen-Volks，由 Adolf Bergé 整理并撰写前言，Leipzig 1866 S. 3. W. Tomaschek, Die Goten auf Taurien. Wien 1881 S. 3.

③ 拙作《东欧东亚纪程录丛》S. 55 A. 2. 3. 参考 Müllenhoff, DA. III 49*。

马特之异称]之后）的部落：Naevazae,①Coite,②Cizici,③Messeniani, Cotobacchi,④Caetae,⑤Zigae, Tindari, Thussegetae, Tyrcae 等。或许有人会把第一个名称 Naevazae 与人名 Νάβαζος 相比较，后者我们在奥尔比亚（Olbia）和塔奈斯（Tanais）的碑铭中见到过三次，⑥因为对于黑海城市内的非希腊语居民来说，族名往往会被当作人名使用。Νάβαζος 可以用阿维斯塔语 navāza（亦作 nāvāza）"水手"，亚美尼亚语 նաւապ 来解释。⑦普林尼的写本中该族名的首音节对应于 ae（F 写本作 naeuaezae），所以最好还是放弃这一比勘。或许可以通过古代伊朗语 *naibazǎ "出身高贵的人"来解释，以及吕基亚—米底语的 Spəṇtaza = 阿维斯塔语 *Spənta-za- "高贵的出身"。⑧如果这样的话，就可以佐证我在前文中把 Naeuazae 与 Ναβιανοί（Strabon ια 5, 8 p. 506）联系起来的看法了，⑨斯特拉波把迈俄提斯与里海之间的游牧部族进行列举时将该部置于首位。接下来的 Πανξανοί 这个族名毫无疑问（系一个伊朗语词，来源于 Πατιξανοί 或 Παριξανοί）地表明，斯特拉波的枚举有误。那么，它应该是北部伊朗语 *pati-xšān 或 *pari-xšān，而其中的 *xšān 正好对应的是亚美尼亚语中一个伊朗语借词 իշխան išxān "首领"。⑩萨尔马特语 *Πατι(παρι)ξανοί 应该是古代波斯语 *pati-xšājaþija

---

① So **DEadTp**. uaeuazae **R**¹. aeu-**R**². naeuaezae **F**².
② So die Hss. corte **R**¹. cottae *vulg*. Coitae Sillig Detlefsen.
③ So DE. zizici czici **R**¹. zici **R**². cizi **F**. cizimeni vulg.
④ So die Hss. chottobocci *vulgo*.
⑤ caetae **DF**. cetae **d**. cete **E**² ap. cezete **E**¹. zete **R**. choatae *vulgo*. choatrae Barbarus nach Val. Flaccus VI 151.
⑥ 参考 Justi, Iran. Namenbuch S. 218b。
⑦ *Vifra navāza* "睿智的船员"出现在 jt. 5, 61. 23, 4. 24, 2，作为 Paurva 的别名。参考 Bartholomae, ZDMG. 46, 294 A. 3. Altiran. Wb. Sp. 1047. 前引 Justi。
⑧ Untersuch. zur Gesch. von Eran I 68. II 105 A. 1.
⑨ 拙作《东欧东亚纪程录丛》S. 55 A. 2。
⑩ 参考 R. von Stackelberg, Fünf ossetische Erzählungen in digorischem Dialekt. St. Petersburg 1891 S. 80/81。

（Πατιζείϑης, Πανξούϑης = μελεδωνὸς τῶν οἰκίων），中古波斯语 *pat-xšāh*，*pat-šāh*，*paššāh*，*pāsāh*，词源作 *pāt-xšāh*，意思是"统治者"。① 这里的介词，让人联想到粟特语中的介词 *par*（相当于中古波斯语中的 ⅡƟ *pat*），更让人联想到族名 Περιέρβιδοι（Ptol. V8, 10 p. 916, 1）：Πανίαρδοι（Ptol. VI 14, 4）与城市 Πανιαρδίς（Ptol. V 8, 2 p. 902, 2），以及人名 Παιρισάδης 与简写形式 Παιρίσαλος。② 尽管如此，在我看来，NABIANOI 是 NABIAZOI 之讹误的假设还是有点离谱。倒不如说，它是 Ναιβανοί 的误写，可能是 Naevazae 的简写形式，就如同 *Mihrān* 是 *Miþradāta* 的简写一样。③

虽然 Naeuazae 实际上属于北高加索的草原地带，正如他们的萨尔马特—伊朗语名称所显示的那样，但是下面的族名却是黑海东岸的民族。在 *coite cizici* 这个复合名称中隐藏着希腊文献中所记载的 Κερκέται 和 Ζίχοι，今天我比 13 年前要更加肯定这一点了。④ 其中 R¹ 作 *corte*，也就是说 *coite* 的 *i* 应该写作 *r*，这样的话首音节又可以与 *corteci*（来自于 *corcite）联系起来了。这一名称来源于罗马时期的地图，与梅拉地图（Mela 1, 13）中的 *corsitae* 吻合。

从方位上讲，Κερκέται 刚好与其吻合。根据托名司盖拉克斯（Skylax）的《佩里普拉斯》（Periplus）§ 73（Karl Müller, Geogr. Gr.

---

① 与此相对，*Satarchae* 或 Σαταρχαῖοι（碑铭中如此，Latyschev I 244, 3）是以他们位于克里米亚上的根据地 Σατάρχη（Ptol. III 6, 5 p. 440, 1 Müller）来命名的，其含义不是陶玛舍克（Tomaschek, Die Goten in Taurien S. 6）所认为的"统治的、皇家的" = 阿维斯塔语 *xšaþrja + ka*，而是"节庆" = 阿维斯塔语 *staxra*，加上斯基泰语中的辅音换位和中古伊朗语字首辅音群 *st* 的消失。
② 阿兰—奥赛梯语中从 *ri* 到 *li* 的语音转换（据 Andreas 的观点，从 *rja* 到 *la* 的转换）在此处，不太适用于古代斯基泰语的名称（Ἀριαπείϑης, Ἀριαντός 等）
③ Beiträge zur Geschichte und Sage von Eran. ZDMG. 49, 634.
④ 《东欧东亚纪程录丛》S. 55 A. 3.

min. I 60），他们的疆域达到 Σινδικὸς λιμήν，今天的阿纳帕（Anapa）。在东南方向是 Τορέται、Ἀχαιοί 和 Ἡνίοχοι。狄奥尼修斯（Perieget Dionysios）从古代文献摘录的 v. 681f.，也将其紧随萨尔马特人之后：

Σινδοί, Κιμμέριοί τε καὶ οἱ πέλας Εὐξείνοιο
Κερκέτιοι Τορέται τε καὶ ἀλκήεντες Ἀχαιοί

可以确定的是，赫西丘斯（Hesych）（译按：公元 5—6 世纪的希腊学者，编纂过一部词典）指代的是辛德尔人（Sindern）（Κερκέται, Σινδικὸν ἔθνος），参考 Argonautik v. 1049: Κερκετικῶν ἀνδρῶν φῦλον Σίνδων τ᾽ἀχερώχων。阿尔特米多鲁斯（Artemidoros，公元前 120 年）对他们也有所了解，位于亚该亚人北部的是：ἀπὸ δὲ τῶν Βατῶν（距离港口有 400 个球场的距离）ὁ μὲν Ἀρτεμίδωρος τὴν Κερκετῶν λέγει παραλίαν, ὑφόρμους ἔχουσαν καὶ κώμας ὅσον ἐπὶ σταδίους ὀκτακοσίους καὶ πεντήκοντα, εἶτα τὴν τῶν Ἀχαιῶν σταδίων πεντακοσίων, εἶτα τὴν τῶν Ἡνιόχων χιλίων, εἶτα τὸν Πιτυοῦντα τὸν μέγαν τριακοσίων ἑξήκοντα μέχρι Διοσκουριάδος（Strabon ια 2, 14 p. 496）（在梅拉的地图 Mela 1, 110 关于海滨的叙述中也有所记载：reliqua eius ［黑海的东岸］ ferae incultaeque gentes vasto mari adsidentes tenent, Melanchlaena, Cercetaea[①]，

[①] A menenclea terrestrea sexsolicae coraxi cleptyrophagi. 该名称首先是由缪勒（Karl Müller, FHG. V 1, 180）确定的。Gronovius 早就已经推测，terrestrea 中隐含了 Toretae，缪勒写作 Toretica。只不过，Τορέται 的地理方位不吻合，且字符的识别也不同寻常。相反，Κερκέται 后来的方位则是非常契合此处的。向南方的迁徙，是古代高加索人群的特征，正如我们自最黑暗的古代以来所看到的阿布哈兹人（Ap᾽chazen）的祖先赫尼奥赤人（Heniocher）在科尔基斯（Kolchis）王国和拉兹人（Lazen）境内定居的一样，作为劫掠者的切尔克斯部落（具体来说，就是凯尔克特人［Kerketen］）也渗入赫尼奥赤人（即阿布哈兹人）当中了。关于名称的形式，参考赫拉尼库斯（Hellanikos）和帕莱法托

sex Colicae: Coraxici, Phthirophagi, Heniochi, Achaei, Cercetici et iam in confinio Maeotidis Sindones. 不过根据晚期的史料，他们都是在美兰克拉伊诺伊人［Melanchlänen, 黑衣族/Schwarzmänteln］之后列举的）。其他的史料（一直到叙述米特里达梯战争的史家）基本都与此吻合，即凯尔克特人在亚该亚人以北。他们无疑是源于一个切尔克斯部落，尽管他们的名称与自蒙古时代以来出现的族名 جهاركس *Čahārkas*, چاركس *Čārkas*[①]（意思是"Kas 的四个部落"），与年代稍早的阿兰语 كشك *Kašak*, 古代罗斯语 *Kásogi*, Κασαχία, [②] 亚美尼亚语 Կարշք *K'arš-k*[③]——现在的切尔克斯人就是起源于此族——没有关系，[④] 而是属于斯基泰—伊朗语的复数形式 -ta 反映在族名上是 -ται。

文献中的 *cotobacchi*，巴尔巴罗在《普林尼著作校订》中写成了 *Costobocci*，他参阅了 Pausanias 10, 34, 5. Capitolinus, vita Marci

---

斯（Palaiphatos）（前引 Steph. Byz. Χαρμάται）中的 Κερκεταῖοι。弗里克（Frick）在他的校注本（Lipsiae 1880）中令人匪夷所思地把 sex Colicae (gentes) 后面的两个点用逗号取代了，这样一来，读者就不清楚梅拉所依据的史料来源把后续的部落统统算作 Κῶλοι（Hekat. fr. 186）了。

[①] 乌玛里（Ibn Faḍl allāh al 'Umarī），كتاب التعريف بالمصطلح الجهاركس. S. ٤٣, 4 伊本·萨义德（Ibn Sa'īd bei Abū'l fidā, Geogr. p. ٢٢٣ nr. ٣٥ = II 2, 321. ed. Reinaud）写作 اركشتة，而非 جاركشتة，并将其与伊德里西（Idrīsī）的突厥语形式 اذكش *Ādgüs*（上文第 97 页第 20 行）混淆了。

[②] 参考拙作《东欧东亚纪程录丛》S. 479. 175。

[③] Anania Širakac'i, Geogr. S. 25, 26-28 ed. Soukry: "在 *Pulgark'* 和黑海之间住着 *Garšk'*、*K'ut'k'* 和 *Svank'* 民族，直到 *Pityun*（读作 Պիտիւն 而非 Պիտիւնի）, 系 *Avaz(g)ōn*（读作 Ըաղզոն 而非 Ըաղնի）境内的沿海城市，即 *Ap'šilk'* 和 *Ap'chazk'*。" Կարշք 和 Գութք 当读作 Կարշք *K'aršk'* 和 Գութք *Gut'k'*（指克里米亚的哥特人［Krimgoten］）。

[④] 前引卡尔巴达（Kabardiner）学者 Schora-Bekmursin-Nogmow 认为切尔克斯是凯尔克特的古称。狄尔（A. Dirr）亦持此观点，Die heutigen Namen der kaukasischen Völker Sp. 3 a. SA. aus Petermanns Mitteilungen 1908 Heft 9, 但是他推测词尾是地名词缀 *-et'i*。R. v. Erckert 在他那部几乎没有任何价值的书《高加索及其民族》（*Der Kaukasus und seine Völker*, Leipzig 1888）中提供了两种鞑靼语的词源解释：*čara-syz* = "松散的、居无定所的" 或 *Čeri-kess* "部队人员"，即 "战士、士兵"，来自突厥语 *čäri* "军队"，波斯语 *kess* "人"（他指的是不定代词 کس "某人"）。

22, 1. Ammianus Marcellinus 22, 8, 42。不过，这一主观的改动，最近由西格林（Sieglin）告知德特勒弗森（Detlefsen），而后者和梅霍夫（Mayhoff）在校勘本中都接受了，这是一个彻底的错误。因为 Koistoboken 是一个达契亚部落，他们住在喀尔巴阡山，他们当中有一帮匪徒在罗马皇帝马可·奥勒留（M. Aurelius）统治的时代一直向希腊的福基斯（Phokis）进攻。参考 W. Tomaschek, Die alten Thraker I 107f. = SBWA. 127 Nr. IV, 1893。至于这一个部族究竟是如何被在地图上标注于高加索西北角的，我们不得而知。不过不能排除的一种可能性是，这个名称中隐含了 Achei。字母 cotob 里可能隐藏着的是 COLOE。

接下来的族名，缪勒将其与托勒密书（Ptol. V 8, 10 p. 915, 6）中的 Ζακάται 相勘同，而德特勒弗森和梅霍夫的校勘本写作 Zacetae。不过，托勒密书中的 Ζακάται 的所指和方位都不清楚。[①] 在 cezete 中肯定再次隐含了 Κερκέται，[②] 而 Zigae 已经由巴尔巴罗正确地与斯特拉波书中的 Ζύχοι 和托勒密书中的 Ζίγχοι 相勘同了。巴尔巴罗已经将 Tindari 识别为迈俄提斯东面的 Δανδάριοι（译按：一个斯基泰部落）了，这一点赫卡泰厄斯（Hekataios）就已经知晓了。[③] 对于至今没有解释清楚的 Messeniani，我想猜测它是 Messemiani 之讹，从中可以看到拜占庭史家阿嘎塞阿斯（Agathias）书中的 Μισιμιανοί，他们隶属于科尔基斯

[①] 不能排除以下可能性，即 Ζακάται 与 Ζαράται 可勘同，据 Ptol. VI 14, 11 的记载，后者把"伊玛奥斯山（Imaos）（译按：指帕米尔高原）另一侧的斯基泰人"赶到了 Μασσαῖοι 和阿兰山区内，并与 Σάσονες 为邻，陶玛舍克（Tomaschek, Die Goten in Taurien S. 44）视 Σάσονες 为北部高加索的车臣（Čečen）。如果 Μασσαῖοι 对应于跟 Ζακάται 相结合的 Ασαῖοι 的话，那么这一推测的可能性会更高，Ασαῖοι 的名称在中世纪以族名 Ās（也是俄语中和格鲁吉亚语中对阿兰人的统称）继续存在着。

[②] 参考拙作《东欧东亚纪程录丛》S. 55 f.。

[③] Hekat. fr. 161 ed. Rud. Henr. Klausen, Berolini 1831. Strab. ια 2, 11 p. 495. Plut. Luk. 16.

(Kolchis) 王国（萨梅格列罗 [Mingrelien]），但是拥有一种独特的语言和一套不同的法律，居住在 Αψίλιοι 以北、阿布哈兹（Ap'chazen）以南。① 弥南德（Menander Protektor）称之为 Μινδιμιανοί，② 他们的国境称之为 Μινδιμιανή。在此情况下，普林尼的书中，尤其是其中地理志部分，也不能排除会有所讹误。Messeniani 可能是 melancleni 的讹误（译按：具体而言，就是 Messeniani 的第 3—6 个字母 ssen 与第 7—9 个字母 ian 位置颠倒一下，且第 6 个字母 i 讹误作 l，第 3 个字母 s 讹误作 e，第 4 个字母 s 讹误作 l，便成了 melaneleni），而 menancleni 在梅拉的地图（Mela 1, 110）中讹误成 menanclea。③ 总之，这些枚举的部落都属于黑海东岸，而尚未解释清楚的 Cotobacchi 也是如此。在梅拉（Mela 1, 116-117）的书中，涉及 Thussegetae, Tyrcae 和 Arimphaei 的原始叙述还保留着，毫无疑问，这些史料来源于希罗多德，普林尼将他们联系在一起，没有人知道这一关联有何意义。

现在让我们再回到普林尼的部落名单上来，从上文的论证来看，再清楚不过的是，†hali 与托勒密书中位于中部高加索的 Οὔαλοι 没有关系。（Mela 1, 114）: oram quae a Bosphoro ad Tanain usque deflectitur Maeotici incolunt, thae taes erachi phicores et ostio fluminis proximi <I>xamatae。缪伦霍夫（Müllenhoff）于 1873 年在梵蒂冈写本

---

① Agath. III 15 ed. Dindorf, Hist. Gr. min. II 264, 21. 16 p. 265, 4. IV 12 p. 310, 11. 13 p. 311, 25. 312, 21. 28. 15 p. 315, 27. 316, 1, 10, 18. 16 p. 317, 23. 318, 3. 17 p. 319, 26. 320, 14. 19 p. 322, 23. 323, 24. 20 p. 324, 1. 325, 4.
② Menander Prot. fr. 22 ib. p. 55, 30. 56, 2. 8.
③ Der Liber generationis I § 80, 15 (Adolf Bauer, Die Chronik des Hippolytos im Matritensis Graecus 121 S. 59 = Texte und Untersuchungen zur Gesch. der altchristlichen Literatur N. F. XIV 1, Leipzig 1905) 写作 *Malanceni*。艾特库斯·伊斯特尔（Aethicus Ister）（译按：系一部公元 7—8 世纪的《寰宇志》的虚构作者，该作品是以古代地理志为依据的）沿袭了他的写法，Kosmographie c. 62 p. 41 s. ed. H. Wuttke, Leipzig 1853 (*Malanchini, Malancini*)。

中的 *thaetaes* 正确地识别出迈俄提斯碑铭（CIG. 2, 109 ff. nr. 2119，参考 Latyschev, Inscriptiones Graecae orae septentrionalis Ponti Euxini II 8, 5. 15, 4. 346, 4. 347, 5）中的 Θατεῖς[①]，布克赫（Böckh）推测是托勒密（Ptol. V 8, 12 [p. 917, 5 ed. C. Müller]）书中的 Θεμαιῶται, Θεμεῶται, Θαιμεῶται。梵蒂冈本 Vat. 191（缪勒书中编号为 X）中含有正确的写法，即 Θεταιμαιῶται，其原文是 Θαῖται Μαιῶται。这一与梅拉记载的吻合只能说明，马里诺斯（Marinos）使用了一份与罗马航海图（译按：指佚名的《佩里普拉斯》，Periplus 是古代的一种文体，载有航行途中的港口和海程，是船员的实用手册）非常相似的拉丁语史料。*Thaetaes* 可能是指 *thaetes = Θατεῖς，其碑铭体形式更接近普林尼写本中的 *hali*(s)，后者无疑应该作 <T>*hatis*。缪伦霍夫已经指出这一勘误了，但是却错误地认为来自于托勒密的 Οὔαλοι。从《波伊廷格地图》（Tab. Peut. IX 2/3）可知，普林尼已经发现他地图上错讹的形式了。后半部分的字母 *ernis* 显然对应的是梅拉书中的 *erachi*，而不是托勒密书中的 Σέρβοι：它来自于 *er<ac>hi*。只是人们不禁疑惑，在这个名号中究竟隐藏的是斯特拉波和托勒密的 Ἀρρηχοί 或 Ἄριχοι（缪伦霍夫持此观点），还是伊朗语的塞拉克人（Siraken）（译按：系萨尔玛提亚族，英文作 Siraces）——卡罗鲁斯·弗里克（Carolus Frick）在他校注的梅拉书中，以及缪勒在他校注的托勒密书（Karl Müller, Ptol. V 8, 2 p. 904a, 917a）中持此观点。考虑到第一种意见提到的族名（Ἀρρηχοί 或 Ἄριχοι）已经隐藏在后续的 *serrei* 中了（上文第 177—179 页），那么第二种意见（指塞拉克人）的可能性更大一些。[②] 托勒

[①] DA. III 49*.
[②] 我早前对 hali sernis serrei 这三个名称的推测是错误的（《东欧东亚纪程录丛》S. 55 A. 2）。在 Plinius 6, 16 有以下记载：in intimo eo tractu Pityus oppidum opulentissimum ab

密书中的 Σέρβοι，不可能是指塞尔维亚，而应该是阿尔巴尼亚北部的 Silvi，亚美尼亚语的 **Ծիղբք** Čiłbk'；参考 Plin. 6, 29: rursus ab Albaniae confinio tota montium fronte gentes Silvorum ferae et infra Lupeniorum （Tab. Peut. XI 5 Lupones, 亚美尼亚语 **Լփինք** Lp'ink'），Mox Diduri（= georg. *Dido-uri，地名 Dido-et'i）et Sodi（Tab. Peut. X 4 Suedi Hiberi）。Σέρβοι 或许是伊朗语化的形式（r 取代了 l），例如 Thriare Plin. h. n. 6, 29 = T'rial-et'i 或者亚美尼亚语 **Ծոր** Čor 对应的是 Čol，阿尔巴尼亚语 **Ջոր** Čol，阿拉伯语صول。

这组名称中的一个，我可以有把握地说，指的是托勒密书中的 Κοναψοί 部落（Ptol. V, 8, 12 p. 918, 2, Müller Κοναψηνοί），也作为人名出现在碑铭中。① 缪勒也得出了同样的结论。不过，手稿中的写法还需要一些澄清。里卡迪图书馆（Riccardianus）（译按：位于佛罗伦萨的图书馆，藏有大量手稿）为我们的理解提供了锁钥，其中的手稿经人校订为 gneapsasi。导致该写法的原因是在普林尼的地图上两个名字杂乱地写在了一起，就像我们在《波伊廷格地图》中经常遇到的，

Heniochis direptum est. a tergo eius Epagerritae, Sarmatarum populus in Caucasi iugis, post quae Sauromatae. ad hos profugerat Mithridates Claudio principe narravitque Thalos iis esse confines, qui ab oriente Caspii maris fauces attingerent; siccari eas aestu recedente. 据此可知，*Epagerritae* 居住在乌鲁普河（Urup）、大小泽连丘克河（Selenčuk）和库班河（Kuban）的源头，理当延伸至捷列克河（Terek）以东。符合条件的就是塔利人（Thali），一直抵达捷列克河的入海口处。高加索的 *Valli*（Plin. 6, 30）、《波伊廷格地图》（Tab. Peut.，见上文第 177 页）中的 DIVALI、普林尼的 †thali（读作 <T>hatis），应当与此有所区别。相反，Thali 这个名称应该与阿玛宗女王 Θαληστρία 有关系，据克来塔卡斯（Kleitarchos）的记载：ἀπὸ Κασπίων πυλῶν καὶ Θερμώδοντος ὁρμηθεῖαν ἐλθεῖν πρὸς Ἀλέξανδρον（Strab. ια 5, 4 p. 505），他和后来书写米特里达梯战争的史家一样，都把古代传说中的阿玛宗河考证为一条高加索河流，很可能就是捷列克河，亚美尼亚语 *Armn*（gen. Armanj），*Arm*（Anania Širakac'i, Geogr. ed. Soukry p. 26, 28. 27, 4)，格鲁吉亚语 *Lomek'is-mdinare*。参考拙作《东欧东亚纪程录丛》S. 169 f.。

① 拙作《东欧东亚纪程录丛》S. 55 A. 2. 那个时候（1899 年），缪勒校注的托勒密著作第 2 卷尚未出版。

甚至在今天的地图也会见到这种情况。在《波伊廷格地图》上，碰到这种情况时，往往是由于用某个（红色标注）名称去修改一个错误的名称（黑色标注）。有一个典型的例子可以说明，因为这种更正行为而造成了多么荒唐的名称，让人摸不着头脑的 **CRHEPSTINI.** vaRii, der Tab. Peut. Segm. II 2，是来自 <f>RESI I 和 CHaTvVARII 的叠加（译按：原文的排版是两行文字上下排开，造成了上下两行文字的错位叠加）。[①] 同样的情况在普林尼书中也有。GNEAPSASI 就是由 <P>SESI 和 G<o>NAPSA<e> 错位叠加而造成的。在 *gnispsi p, gnissi* 的读法中，只保留字母 IS 和 GoNa(P)SI。通过这一思路，我们也可以解释词群 s]erni[s s]errei [s]cizi 中衍出的三个字母 *s*，位于单词边界的两个 *s* 是字母重复（Dittographie），相当于 *Psessi* 中的第一个音节 *p*。巴尔巴罗（Barbarus）和西利格（Sillig）想确定为 *Psesii*，准确地说是 *Psessi*，也不是完全没有道理。Κοναψοί 和 Ψήσσιοι，与 Ser<a>chi 一样，居住在高加索的北缘，靠近迈俄提斯湖，都属于切尔克斯部落。

如此看来，*Vali* 是完全不见于普林尼的部族名单之上了。完整的段落如下：

A Cimmerio accolunt Maeotici, <T>hatis, <S>er<ac>hi, [s]Erre<ch>i, Zici, G<o>napsi, (<P>sessi). dein Tanain amnem gemino ore influentem incolunt Sarmatae, Medorum, ut ferunt, suboles, et ipsi in multa genera divisi: primi Sauromatae Gynaecocratumenoe, Amazonum conubia; dein

---

[①] 参考 S. Muller Hzn, De Germaansche Volken by Julius Honorius en anderen. Verhandelingen der Kon. Akad. van Wetenschappen, Afd. Letterkunde Deel I No. 4, Amsterdam 1895, blz. 14. ——Zeuss, Die Deutschen und die Nachbarstämme S. 380. 382 und Müllenhoff, DA. III 216, 314, 认为这个名称是 Cherusci。——可笑的是，我们看到，诸如鲁道夫·穆赫（Rud. Much）这样的人居然把托勒密书中所有因错讹和误读而造成的稀奇古怪的地名及其错误的地望当回事，然后再比附成具有褒义的古代日耳曼语形式。对于这个怪名，他也煞有介事地给出了日耳曼语的形式。（Deutsche Stammsitze. PBB. XVII. 1892, S. 223）

Naevazae, Corcitae, Zici, Messemiani (Melanc<h>leni?), †Cotobacchi, Ce<r>cetae, Zigae, Tindari, *Thussagetae, Tyrcae usque ad solitudines saltuosis convallibus asperas, ultra quas Arimphaei, qui ad Ripaeos pertinent montes.① Tanain ipsum Scythae Sinum② vocant, Maeotim Temarundam, quo significant matrem maris.③

我们暂且告别"法尔本"（Falben）的问题，进入"库蛮"（Komanen）的问题。格拉夫·库恩④已经在普林尼书中（Plinius 6, 47）找到"库蛮"了：sub eo tractu gentes Orciani, Commori, Berdrigae（读作 Derbigae），⑤ Harmatotropi, Comare, Comani, Murrasiarae etc.。由于笔者在别处对这份族群名单做了详细讨论，所以在此仅指出，最后四个族名在梅拉的书中（系普林尼的史源）次序相同，但是保留了最初的形式：Pharmacotrophi (φαρμακοτρόφοι), Chomarae, Choamani, <Pa>ropanes<adae>⑥。其中的族名 *Choamani* 可以追溯到克忒西阿斯（Ktesias）书中的 Χωραμναῖοι，这一点我早在1896年就已经指出来了。⑦ 阿兰国境内要塞的名称（达里尔峡谷[Darial]），在伊朗传说中作"阿兰堡"，据普林尼（Plinius 6, 30）作 *Cumania*，与"库蛮人"

---

① 参考 Mela 1, 116: iuxta Thyssagetae Turcaeque vastas silvas occupant alunturque venando. tum continuis rupibus late aspera et deserta regio ad Aremphaeos usque permittitur.
② 参考拙作《Καρμπαλούχ——迈俄提斯（Maiotis）的"斯基泰语"形式》(Καρμπαλούχ, der "skythische" Name der Maiotis) Keleti Szemle XI, 1910, S. 3 A. 2.
③ 参考拙作《Καρμπαλούχ——迈俄提斯（Maiotis）的"斯基泰语"形式》(Καρμπαλούχ, der "skythische" Name der Maiotis) Keleti Szemle XI, 1910, S. 4-6.
④ Codex Cumanicus ed. comes Géza Kuun, Budapestini 1880 p. LXIV. Relat. Hungarorum I 74. Ilie Gherghel, Zur Geschichte Siebenbürgens. Wien 1892 S. 14 A. 2.
⑤ 参考拙作 *Wehrōt und Arang* S. 72.
⑥ 关于 Murrasiarae 系来自 Paropa<ni>sadae 的观点，我会在《托勒密所见粟格底亚那》(Sogdiana des Ptolemaios) 一文中论证。
⑦ Unters. zur Gesch. von Eran I 31 A. 136. II 136 A. 5.

当然没有关系。① 就我所知，"库蛮"在格鲁吉亚语文献中没有留下痕迹。

罗马尼亚人伊利·戈尔格勒（Ilie Gherghel）在伊尔久斯（Hirtius）的《高卢战记》（*bellum Alexandrinum* 35, 3）中找到了一个 *Comani* 民族，"居住在黑海和里海之间"，并认为（对原文有一些误读）"与当前的认知有所不同，即库蛮人是一个位于第聂伯河与伏尔加河之间的原生［原文如此！］民族"。② 不过伊尔久斯（bellum Alexandrinum 34, 5）解释到，被凯撒的执政官卡尔维努斯（Cn. Domitius Calvinus）紧急派去镇压本都国王帕尔纳克斯（Pharnakes）的部队，在本都的库曼纳（Komana）集合（公元前 48 年）。在此期间，帕尔纳克斯从由他控制的卡帕多奇亚（Kappadokien）撤走了，而卡尔维努斯也坚持从"小亚美尼亚"（译按：古代由亚美尼亚人居住的地方，位于黑海岸边，安纳托利亚东北北部，在西边和南边分别与本都王国和卡帕多奇亚王国为邻）撤出。His responsis datis cum iis copiis, quas supra scripsi, profectus est in Armeniam locisque superioribus iter facere instituit: nam ex Ponto a Comanis［从本都的库蛮纳起］iugum editum silvestre est, pertinens in Armeniam minorem, quo Cappadocia finitur ab Armenia. 要么是作者的拉丁语水平极低（见上文第 174 页）——无论他是在锡本比根（Siebenbürgen）（译按：德语的意思是"七堡"，历史上指喀尔巴阡山的东南地区，今罗马尼亚中部）还是在罗马尼亚学的，要么是作者马虎粗心，否则不可能从这段拉丁文中读出一个"库蛮"的民族。

最近，不会有人把库蛮的历史追溯的更久远。一位马札尔学者亚瑟·马尔默斯坦因（Arthur Marmorstein）联想到 *Qumanī* 人，他们

---

① 我不清楚库恩（见前引库恩）是不是第一个想到这种关系的学者。
② Ilie Gherghel, Zur Geschichte Siebenbürgens. Wien 1892 S. 14 f.

被亚述国王提格拉特帕拉沙尔一世（Tiglat-Pileser I）征服了。[1] 当他准备征讨 *Muzri* 国时，他要与 *Qumanī* 的战士打仗，他们在山区和峡谷内与他激烈地对抗。[2] *Mu-uz-ri* 这个名称应该含有"绵延山区"的意思，在公元 9 世纪指代的不只是亚美尼亚行省"高地亚美尼亚"（Hocharmenien，亚美尼亚语 Մզուր *Mzur*，希腊语 κλίμα Μουζουρῶν）的一块地方，而是指整个亚美尼亚和卡帕多奇亚境内的前托鲁斯山脉（Antitauros），在幼发拉底河（Euphrat，阿拉伯语 جبل مزور）的东岸和西岸。[3] 但是，不容易确定 Qumanī 山区要塞的具体方位[4] 以及他们的故地，在此期间是凯伊的后裔（昆人［即库蛮］的敌对同族兄弟们）统治着这里。我们没有把握的是，他们究竟是在幼发拉底河的东侧还是西侧。即便如此，很有可能的是，这两个历史上有名的"库蛮纳"（Komana），一个是在卡塔奥尼地区（Kataonien）（译按：今卡帕多奇亚）的萨罗斯河（Saros）（译按：位于小亚细亚，今土耳其），一个是在本都地区伊利斯河（Iris）（译按：位于土耳其北部的河流，今名"绿河"Yeşilırmak），是根据他们命名的，前提是他们最初住在更西方的地方，在提格拉特帕拉沙尔一世时才被迫渡过幼发拉底河，他们是在提格拉特帕拉沙尔一世的追击下向西的。马尔默斯坦因把他们的要塞名称 *Ḫu-nu-sa* 与位于达吉斯坦高加索阿瓦尔人的地名 *Chunsach*［Xunzak］联系了起来。[5] 库恩直接将其与匈牙利境内库蛮人的地名

---

① Marmorstein Arthur, Keleti Szemle V, 1904, S. 288 f.
② Tiglat-Pileser I, Prisma-Inschrift V 67-VI 38: Keilinschriftliche Bibliothek hg. von Eb. Schrader I, 1899, S. 34-37.
③ Untersuch. zur Gesch. von Eran II, 1905, S. 101 ff.
④ 原文如此：*Arini* 城在 *A-i-sa* 山脚下，*Ta-la* 和 *Ḫa-ru-sa* 山，*Ḫu-nu-sa* 要塞，*Kib-šu-na* 都城。
⑤ 参考 R. v. Erckert, Der Kaukasus und seine Völker S. 262 ff.。据艾克尔特（R. v. Erckert）的说法，参考上文第 75 页第 10—13 行。

Kún-ság 勘同起来。① 萨拉维乐先生（S. Salaville）在《东方回声》（Echos d'Orient Sept. 1911 p. 281）中提到："库蛮人确实起源于突厥斯坦。作为一个民族，他们有引以为豪的历史。如果没错的话，他们似乎就是提格拉特帕拉沙尔一世（约公元前1118—1093年）亚述碑铭中提到的 *Koumani*。" C'est en effet, du Turkestan que les Comans sont originaires. Ils peuvent se glorifier, comme peuple, d'une belle antiquité, si ce sont eux, comme il semble bien, qui sont désignés sous le nom de *Koumani* par une inscription assyrienne de Téglatphalasar I (1118-1093 environ avant J.-Ch.)!

此附录对于读者和作者本人来说，都是一份煎熬。在瓦拉几亚人与马扎尔人在历史—政治方面的争议和诉求中，库蛮人具有重要的意义。有民族主义倾向的瓦拉几亚人理所当然地把马扎尔人视作仇敌，并企图在锡本比根（如今这里的民众被视作马扎尔的一个少数民族而被压迫）和被哈布斯堡王朝抢走的布科维纳（Bukowina），而不是巴尔干半岛②，来寻求他们真正的利益空间。不过，他们的学术水平并没有比对手高出一截。

---

① Relat. Hungarorum I 111.
② 本书是在第一次巴尔干战争期间印刷的。

附录2：关于奥斯曼人的起源[*]

事实上，毋庸置疑的是，奥斯曼人起源于凯伊（Qajy）。据巴耶济德二世（1481—1512年在位）的一位学者纳什利（Näšri）的记载，凯-阿尔普（Qai-Alp）的儿子苏莱曼沙（Sulaimān-Šāh），来源于凯伊氏族，系乌古斯的一支，率领一支5万人的部队从呼罗珊（在那里，他与他的部落盘踞在马汉［Māhān］[①]）向亚美尼亚进军，在亚美尼亚他

---

[*] 附录2是针对第53页的讨论。
[①] 关于此"马汉"的地望，笔者没有头绪。当然要排除起儿漫（Kermān）的 Māhān（位于起儿漫和刺津［Rājīn］之间），也不可能是 بر ماهان Bar-Māhān = "马罕之门"（Ist. A u. B ٢٦٠, 9; vgl. ٢٥٩, 3）或梅尔夫（Marw）的 میر ماهان（Muqadd. ٣٣١, 10）。Muḥammad an Nasawī, Histoire du Sultan Djelal ed-din Mankobirti p. ٢٢٥, 1. 4. 9 = 374. ٢٢٩, 5 = 381 提到阿塞拜疆（Āḏarbaigān）有一处充满野生动植物的平原 Māhān，位于阿拉斯河（Aras）以南，那里是落荒的算端为了躲避鞑靼人的追捕而避难的地方，侯迭思（Houdas）将其与阿拉伯语名称الماهاين（gen. الماهَين）"两个马赫（Māh）"（指的是吉巴尔［al Gibāl］，亦称"波斯的伊拉克"［al 'Irāq]）的纳哈万德［Nihāwand］和迪纳瓦［Dīnawar］）相勘同！Jāqūt IV ٤٠٥ 只提到الماهاين, Qaʻqāʻb. ʻAmr (Saif) 诗句中的阿拉伯语也是الماهات = 纳哈万德和迪纳瓦，以及起儿漫的ماهان; Samʻānī, Ansāb, Leiden 1912 f. 504 v. 只认得人名 Māhān。为我们考证凯伊部落在向亚美尼亚和小亚细亚迁徙之前的居住地提供启示的是，奥斯曼人给哈伊莫斯（Haimos）（译按：哈伊莫斯是古希腊文献中对巴尔干山区的名称）所赋予的另一个名称（译按：即 Balkan "巴尔干"，这无疑就是克拉斯诺沃茨克海湾（Bai von Krasnowodsk）以东的外里海（Transkaspien）的"大巴尔罕城"（Großer Balchān）（译按：此系土库曼斯坦境内的地名，马夸特认为其与"巴尔干"同源，今英文版维基百科即采此观点）一名向东南欧半岛山区内（译按：指巴尔干山区）的位移。外里海山区在历史上初次得到这个名称，是因为位于其山脚下的"巴尔罕城"（Prisko Βαλααμ），位于所谓的古阿姆河河岸，在公元468年以后就被废弃了。（参考 Ērānšahr S. 58. 214，更多相关的讨论，参考拙作 Sogdiana des Ptol.）后来奥斯曼人把 Balqan 这个名称赋予了"陡峭的山林"的内涵。据此我们可以得出结论，凯伊部在很久以前曼格什拉克（Minqyšlaq）（即乌斯秋尔特高原［Ust-jurt]）以及大巴尔罕城附近定居了，今天则是土库曼约穆德部落（Jomud-Turkmenen）的营地。

定居在埃尔津詹（Arzingān）和阿赫拉特（Achlāṭ）（1224年）。七年之后，在成吉思汗去世以后，花剌子模沙札兰丁被塞尔柱苏丹阿拉丁［凯伊库巴德一世］[①]击败并消失之后，苏莱曼沙的部落才得以踏上归途，先是沿幼发拉底河朝着阿勒颇（Ḥalab）（译按：系阿勒颇的阿拉伯语形式）的方向前进。当他们要在加贝尔（Ǧaʻber）（译按：阿拉伯语قلعة جعبر，Qalʻat Jaʻbar，土耳其语 Caber Kalesi，在今叙利亚境内）要塞渡河的时候，苏莱曼所骑的马滑入了陡峭的河岸，他淹死在幼发拉底河的激流之中（1231年）。至今在加贝尔要塞中，他的墓还被称为"突厥墓"（Türk mäzāri）。于是，曾经在他领导下的家族分裂了。一部分留在了叙利亚，一部分前往小亚细亚，在那里他们的后裔至今仍然作为"叙利亚的突厥蛮人"和"罗姆的突厥蛮人"，夏天在山区，冬天在平地季节性地放牧。

苏莱曼四个儿子（耸可儿特勤［Sonqor-tigin］、君土赫迪［Kün-togdy］、敦达尔［Dündar］、埃尔图鲁尔［Är-togrul］）中的前两个回到了故乡呼罗珊，后两个带着400户迁到了坐落于埃尔祖鲁姆以东的大山谷苏尔梅里—楚库尔（Sürmäli Čuqur，意思是"苏尔梅里的坑"）和帕辛—奥瓦斯（Pasyn owasy，意思是"帕辛的山谷"，即古代的法斯亚纳［Phasiana］）。他们从那里向西，向阿拉丁的国家（译按：即罗姆塞尔柱）寻求侨居和保护。这样的话，埃尔图鲁尔应该在阿拉丁苏丹与鞑靼（蒙古人）作战的时候支持过他，正是在他的帮助之下才

---

① 此突厥氏族（译按：指塞尔柱）名称的读音（以阿拉伯语的写法سلجوق为前提），实际上是通过13世纪亚美尼亚史家乞剌可思·刚扎克赛（Kirakos von Ganźak）确定的，他笔下亚美尼亚语的形式是Սալջուխիք Salčʻuxi-kʻ（Kirakos Ganźakecʻi, Geschichtskompendium, Venedig 1865, S. 214），参考另一形式Սալջուկ Salčʻuk（同上书，S. 47）。究竟是谁首次给出了几乎没有可能的 Seldschuken 这一形式，我搞不清楚。

取得了胜利。① 作为酬谢，他从苏丹那里获赠图曼尼只（Tumaniğ）和艾尔曼尼（Ärmäni）的牧场作为夏营，瑟于特（Sögüd）的平原作为冬营。②

根据以上的叙述可知，奥斯曼人的先祖是在成吉思汗攻破花刺子模王国并灭绝呼罗珊（1219—1224 年）之后，才从呼罗珊迁出来的。还需注意的是，他们是作为札兰丁算端的随从迁到亚美尼亚的。算端札兰丁在伊历 626 年底（公元 1229 年底）③ 征服了阿尤布王朝的阿什拉夫（Aijubiden al Malik al Aschraf，系美索不达美亚的君主）治下的阿赫拉特（Chilāṭ/Achlāṭ/Chlath），而埃尔津詹则属于罗姆塞尔柱苏丹阿拉丁·凯库巴德一世（'Alā'u 'ddīn Kai-Qobād），只受到过算端札兰丁的一次侵扰。④ 札兰丁的传记详细地叙述了，苏丹札兰丁在攻下阿赫拉特之后是如何把该城的辖区（الكوز = gavark'）作为采邑在汗廷和异密之间进行瓜分的（S. ٢٠٢, 7 ff. = 337 ss.），但是却没有提到凯伊或其他的乌古斯部落。所谓返回呼罗珊的计划，需要一个前提，即凯伊部落已经与蒙古人和解并向蒙古人表示臣服了。后期的史料把迁徙的时间往前提了 5 年（Ğannābī 甚至提前了 10 年），也就是直接放在蒙古人的入侵之前，尽管其可能性要更大一些，但是没有史料的支撑，只是基于推测。

此间，笔者有机会把上述两种涉及小亚细亚塞尔柱人的历史著作（分别是波斯语节本和奥斯曼土耳其语译本）进行了详细的比较研究。胡茨玛（Houtsma）校订的奥斯曼土耳其语译本，只对应于波斯语节

---

① 一定发生在伊历 634 年（公元 1236/7 年）。参考 Aug. Müller, Der Islam im Morgen- und Abendland II 227。
② Jos. v. Hammer, Geschichte des Osmanischen Reiches. 2. Aufl., Pesth 1834, Bd. I S. 61-63.
③ Muḥammad an Nasawī, Hist. du Sultan Djelal ed-din Mankobirti p. ١٨٠-٢٠٩ = 299-350.
④ 同上，p. ١٩٦, paen. = 327. ١٩٧, 2. 4 = 328. ٢٠٦, 13 = 344. ٢٣٩, 6 = 398.

本一半的内容（到 S. ١٦٠ 为止）。胡茨玛是不知道德累斯顿写本的存在，也没有注意巴托尔德先生在他《突厥斯坦》(Туркетанъ II S. 30 f.) 一书中提示的内容。

"凯伊"(Qajy，意思是"强壮的")在奥斯曼土耳其语文献中首次出现，是在苏丹吉亚斯丁·凯-霍斯鲁一世（Ģijāþu 'ddīn Kai-Chosrau I，伊历 601—607= 公元 1205—1211 年在位）时期，在武装征讨安塔利亚（Attaleia）的部队时提到了凯伊[1]："左翼和右翼的全体部队，凯伊、巴雅特、巴音都尔和撒鲁尔的部队，所有的［乌古斯］二十四部，以及其他的库尔德、阿拉伯等民族的部队，布满了沙漠和平原。"[2] 根据拉施特的《史集》，凯伊和巴雅特是乌古斯右翼（"卜阻克"）的头两支，巴音都尔和撒鲁尔是左翼（"禹乞兀克"）的第一支和第五支。波斯语版本相应的部分（S. ٣٣, 19-20），只是简短地说："在诸王朝终结之际，他下令部队集合，并在很短的时间内，集结了大量的部队。"苏丹鲁克努丁·苏莱曼沙（Ruknu 'ddīn Sulaimān-Šāh，1193—1203 年）征讨格鲁吉亚之际，在来自门格切克（Banū Mängüčäk[3]）王朝的埃尔津詹君主法赫鲁丁·巴赫拉姆沙（Fachru 'ddīn Bahrām-Šāh，伊历 622 年 = 公元 1225 年）的部队中就已经出现过"撒鲁尔"和"巴音都尔"了[4]。吉亚斯丁·凯-霍斯鲁一世决定对拜占庭皇帝狄奥多尔一世（Theodoros Laskaris）发动圣战之后，他与王朝的支持者和帝国的领导者们召开了一次秘密会议，于是右翼的"侯中侯"（Bäglärbäg）——来自凯伊族的阿术特伯（Ašut bäg），左

---

[1] 感谢来自东方学席明那上的同事吉斯（Giese）（译按：当指 Friedrich Giese，德国语言学家和突厥学家，1870—1944 年）为我们逐字翻译以下的内容。
[2] ٨٢, 21. ٨٢,13 - ٨٣, 4 的整个段落在 Recueil IV ٣٢, 19/20 阙如。
[3] 参考 Th. Houtsma, La dynastie des Benu Mengučék: Keleti Szemle V (1904) 277-282。
[4] S. ٥٧, 15-16, Rec. IV ٢١, 19 阙如。

翼的"侯中侯"——来自巴音都尔族的易卜拉欣伯（Ibrāhīm bäg），还有帝国的其他栋梁，都在会上发言了。① 他派整个帝国的右翼和左翼的伯克，以及其他的库尔德和突厥部队都去武装起来。"所有的埃米尔和军队指挥官，还有凯伊、巴雅特、撒鲁尔和巴音都尔各部的英雄和好汉，以及其余的［乌古斯］部落都集结了起来，个个装备精良地来到他在科尼亚（Qōnija）的驻地。"② 在他去世之后，帝国的大人们召开了一次忽里台（Quryltai）讨论继承人的问题："右翼和左翼的伯克，凯伊、巴雅特、巴音都尔和撒鲁尔各部的大人们聚集在一起讨论，究竟从三位（去世苏丹的三个儿子）中选哪一个继位。"③

在开塞利（Qaiçaria）之围结束之后，"凯考斯一世（'Izzu 'ddīn Kai Kāōs，伊历 607—616 年 = 公元 1211—1219 年）召集右翼和左翼的所有伯克，凯伊、巴雅特、巴音都尔和撒鲁尔各部的大人和英雄们，赐宴"。④ 在凯考斯一世决定去围攻他在安卡拉（Angora）的兄弟凯伊库巴德（1213 年）之前，他在御所后召开了一次帝国会议，"在他的御座边簇拥着成群的诸侯和国王，他招呼右翼和左翼的伯克，凯伊、巴雅特、巴音都尔和撒鲁尔的首领，与他们在他的宫殿内交谈"。⑤ 在他打算去夺回沦陷的安塔利亚时（1214 年），他让全国的部队和埃米尔们都紧急聚集起来。"小亚细亚所有右翼和左翼的伯克都得到消息。在很短的时间内，凯伊、巴雅特、巴音都尔和撒鲁尔各部，以及其他的部落、军队和人员，尘土飞扬般地聚集到科尼亚平

---

① S. ٨٩, 20-21. ٨٩, 15 - ٩٠, 7 的段落在 Rec. IV ٣٦, 16 上阙如。
② S. ٩١, 7. 13-15. Rec. IV ٣٧, 18 作：كافة لشكر كشان وسروران وسپه داران.
③ S. ٩٧, 9-10 vgl. IV ٣٩, 16-17.
④ S. ١٠٥, 15-16 vgl. IV ٤٤, 4-5.
⑤ S. ١١٥, 2-3 vgl. IV ٤٧, 19.

原，在那里休整。"①

凯库巴德一世（'Alā'u 'ddīn Kai-Qobād，伊历 616—634 年 = 公元 1219—1237 年）继位之后，一定按照乌古斯部的习俗大宴、赐封诸部，这是乌古斯可汗本人确定下来的传统。"右翼'侯中侯'（*Bäglär-bäg*）的尊号归于凯伊和巴雅特的伯克，左翼'侯中侯'的尊号归于巴音都尔和查瓦氏尔部（Čawundur）②的伯克。"（S. ٢٠٤, 8）接着根据拉施特的《史集》，用土耳其语的韵律讲述了乌古斯的二十四部。③

接着说："埃米尔胡萨姆丁·乔班伯（Ḥusāmu 'ddīn Čōpān bäg）的诸侯和埃米尔赛义夫丁·克孜尔伯（Saifu 'ddīn Qyzyl bäg）的诸侯④，系凯伊和巴音都尔部的大伯克，也是右翼和左翼的'侯中侯'，带着诸多礼品来了。"⑤在关于他执政期间的一段叙事中提到："他把边疆交给胡萨姆丁的儿子和凯伊部的埃尔图鲁尔（Ärtogrul）、昆都孜·阿尔普（Kündüz Alp）和库柯·阿尔普（Kök Alp）守卫。"⑥右翼的"侯中侯"——胡萨姆丁·乔班伯，"在凯伊部内，没有比他更富有的了，追随他的伯克也是最多的，他出自京师内古老的大人和伯克家族"（S. ٣٢٠, 13-15），后来作为军事指挥官被派去出征钦察和苏达克城市了。来自凯伊和巴雅特部的强悍年轻人参与此役，尤其得到了强调（S. ٣٢٠, 21）。

鉴于上文中提到的埃尔图鲁尔，即奥斯曼的父亲，属于凯伊部，所以毫无疑问有可能的是，按照［《塞尔柱史》一书］奥斯曼语译者

---

① S. ١٢٤, 15-16 vgl. IV ٥١, 13-15.
② 拉施特作 جاولدور Čawuldur，根据万伯里（Vámbéry）的说法，是今天土库曼的部落 Tschaudor。
③ S. ٢٠٤, 11-٢٠٥, 17 在波斯语节本中（S. ٩٠, 20, 21）阙如。
④ S. ١١٩, 16-17 = IV ٤٩, 18-19.
⑤ S. ٢٠٨, 4-5, 在 IV ٩١, 14 后阙如。
⑥ S. ٢١٨, 1-2. 段落 ٢١٧, 12-٢١٨, 4 在 IV ٩٤, 3 中阙如。

的想法，奥斯曼王朝起源于凯伊部，且凯伊部构成了奥斯曼王朝的权力根基。除了凯伊部之外，还有来自乌古斯"卜阻克"支系的巴雅特部，来自"禹乞兀克"支系的巴音都尔①和撒鲁尔部落及其首领，他们被认为对罗姆塞尔柱帝国具有深刻的影响力。这些部落及乌古斯的全体 24 部，其中一部分早在鲁克努丁·苏莱曼沙（1193—1203 年）时代就已经定居在亚美尼亚和小亚细亚了，至少在吉亚斯丁·凯-霍斯鲁一世（1205—1211 年）时代已经全部定居，也就是说要比奥斯曼语史料中说他们从呼罗珊迁出来要早整整一个世代。这一迁徙本身在纳西尔丁·叶海亚（Nāçiru 'ddīn Jahjà）（译按：即伊本·毗毗）一书（译按：《塞尔柱史》）奥斯曼土耳其语译本中没有被提及，但是根据胡茨玛针对同一部书的土耳其语节本发表的评论中得知，它在《塞尔柱史》尚未发表的部分被提及了，还有关于奥斯曼苏丹祖先的详尽细节。② 不过，可以明确的是，把乌古斯部落与小亚细亚塞尔柱人的历史生硬地牵扯在一起，这些内容是奥斯曼语译者所添加的，在波斯语节本中并不存在，其目的是为了美化奥斯曼人的祖先，把他们历史的起点再往前追溯几十年——这种趋向在作者纳西尔丁·叶海亚本人身上是没有的。奥斯曼语译者把埃米尔胡萨姆丁·乔班伯和埃米尔赛义夫丁·克孜尔伯都说成是凯伊部和巴音都尔部最显赫的家族，这就跟被誉为"亚美尼亚的克忒西阿斯"（Ktesias）（译按：克忒西阿斯系公元前 5 世纪的历史学家、阿契美尼德王朝的御医）的摩夫西斯·克伦纳克西（Ps. Moses Chorenac'i）（译按：公元 5 世纪的亚美尼亚历史

---

① 巴雅特（*Bajat*，至今仍然是你沙不儿的一个部落）是蒙古语巴彦（*bajan*）的复数形式。巴音都尔（*Bajundur*）似乎是基马克的一个同名部落，或者是其一个支系。参考上文第 172 页第 10 行。
② Th. Houtsma, Recueil III p. IX.

学家，著有《亚美尼亚史》）的手法一样，把"犹太牧师"（译按：指基督）写成了巴格拉提德家族的人（Bagratuniern）（译按：巴格拉提德家族兴起于公元 4 世纪早期，后逐渐壮大，在 9—11 世纪建立了亚美尼亚历史上的巴格拉提德王朝），把"埃德萨国王"（译按：指阿布加尔五世，Abgar V）写成了亚美尼亚人。这种倾向无疑在尚未发表的《塞尔柱史》第二部分中应更加明显。此中玄奥，胡茨玛似乎并不洞悉，至少他既没有在第 3 卷前言中，也没有在第 4 卷按语（p. X s.）中提到这一现象，本来读者非常期待在这里能够了解到更多关于奥斯曼语译本和波斯语节本之间关系的内容。

奥斯曼人起源于凯伊族的叙事，不见于通俗作品中，即便是在哈默的《奥斯曼史》中，既没有在第 1 卷的总序，也没有在后面的内容中有何体现。只要我们洞察了凯伊族真正的民族本性之后，就能理解奥斯曼家族和奥斯曼民族在历史上血腥、灭绝兄弟的做法了，甚至可以预言，奥斯曼人有望在将来会成为一个（即便仍然是原始的）文化民族，通过谦逊、正直和诚恳，微不足道地为他们所造成的血腥、犯罪和暴力所汇成的汪洋大海而赎罪——他们把小亚细亚、亚美尼亚、东南欧和叙利亚的文明淹没在这汪洋内长达 600 多年，并通过这种方式，来证明他们存在的正当性，并把他们迄今为止顺从真主的"文化成就"从记忆中抹掉。

奥斯曼人不承认自己是"突厥人"，是有道理的，但如果他们自以为是地认为"因为突厥人只是愚昧的部落和野蛮的民族"[①]，那就大错特错了。真正的突厥语人群，至少是回鹘人，绝不是对文明没有兴趣的，他们信仰了泛神论的摩尼教和佛教，甚至还通过耶稣的教义

---

① 前引 v. Hammer, S. 33。

（聂斯托利派）拔除了毒牙（译按：拔除毒牙，喻指皈依基督教），例如高昌（Čīnāngkat）回鹘；伏尔加河的不里阿耳人，更是发展成为了当时非常瞩目的"文明民族"，即便他们接受了反文明的伊斯兰教。沾满鲜血的蒙古人，也依靠佛陀的戒律忘却了游牧民族破坏和掠夺的天性。奥斯曼人在550年历程中（在此期间他们有幸踏上欧罗巴的领土）的"文化成就"，在世界历史的秤砣上有何分量呢？即便是那些狂热的、坚定的"友突人士"（译按：指对突厥语人群友好的人士），戈尔茨帕夏（Goltz-Pascha）（译按：原名科尔玛·戈尔茨，系普鲁士军事家，曾担任奥斯曼军队的顾问）不在例外，也会将其理解成——不是一张白纸，而是一部沾满了血迹，留着大火和废墟痕迹的厚厚一本书（译按："大火"和"废墟"喻指奥斯曼人犯下的罪行）。但愿，刽子手阿卜杜勒·哈米德二世——用亚美尼亚古代史家的话来说，这就是"嗜血的野兽"（*արյունախումբ*）——无愧于他的名字（'Abdu'l Laʿīn）（译按：阿卜杜勒在阿拉伯语里的意思是"真主的奴仆"），当选世界历史上最为恶劣和城府最深的卑鄙之徒，并继苏拉、尼禄、曼苏尔（al Mançūr）、埃尔南多·皮萨罗（Hernan Pizarro）和罗伯斯庇尔（Robespierre）之后，是所谓"英雄时代"的最末一任。当我们的后代在历史中读到或者从邻居口中听说，这么一个人间"极品"竟然声称是德意志民族的朋友，那不啻于一个响亮的耳光抽在脸上。（译按：奥斯曼帝国与德国曾经是盟友）

真正的突厥人所具有的另一名声，在奥斯曼人看来并不难堪，野蛮人凭借此名声也能赢得尊重。突厥设（系突厥汗国大汗室点密之子），曾经对罗马使臣厉声说："谎言对于一个突厥人来说是陌生的事物。"他责难他们："难道每个罗马人都要十根舌头，来扯一个谎吗？"于是，他把十根手指头塞进了他的嘴里。接着说："就像现在我嘴里的十根手指头一样,你们罗马人也是用很多的舌头;你们用这根舌头糊弄我,用其他的舌头糊弄我的奴仆,你们既用迷惑性的语言,也用叵测的心机,既用包藏的祸心,也用花巧的言语,去欺骗嚈哒人(Warchoniten)和其他所有的民族。你们如此地蔑视他们,他们因为蒙受损害而栽了跟头,而你们却只知道为己所用。你们的使臣也是心怀鬼胎地来到我这里,他给你们带回去的,完全是一个弥天大谎。"① 这段话听上去难道不是与奥斯曼帝国巧舌如簧的外交手腕一样犀利吗?而这段从公元6世纪一位突厥君主口中说出的话,的确如实地概括了东罗马帝国的外交政策!实际上,奥斯曼人(译按:指奥斯曼人的祖先乌古斯部凯伊的支系)也被证实是蒙古人真正的亲属和先行者,而蒙古人与罗马人一样,"诈"才是军事和政治之根本。蒙古

---

① Menander Prot. fr. 43 bei Dindorf, Hist. Gr. min. II 86, 18-87, 4 = Excerpta de legat. p. 205 ed. de Boor:

"ἆρα οὖν οὐχὶ ὑμεῖς" ἔφη "οὗτοι ἐκεῖνοί ἐστε Ῥωμαῖοι, δέκα μὲν γλώσσαις, μιᾷ δὲ χρώμενοι ἀπάτῃ;" καὶ ἅμα λέγων ἐπέβυσε τοῖς δέκα δακτύλοις τὸ στόμα τὸ ἑαυτοῦ · εἶτα ἔλεξεν αὖθις "ὥσπερ νῦν ἐπὶ τῷ κατ' ἐμὲ στόματι δάκτυλοί εἰσι δέκα, ὡσαύτως δὲ καὶ ὑμεῖς οἱ Ῥωμαῖοι πλείοσι κέχρησθε γλώσσαις · καὶ ταύτῃ μὲν ἐμὲ ἀπατᾶτε, τῇ δὲ ἄλλῃ τὰ κατ' ἐμὲ ἀνδράποδα τοὺς Οὐαρχωνίτας, καὶ ἁπλῶς ἅπαντα τὰ ἔθνη ῥημάτων τε ποικιλίᾳ καὶ τῷ δολερῷ τῆς διανοίας εἰρωνευόμενοί τε καὶ ὑποθωπεύοντες. <εἶτα δ'> αὐτὰ μὲν ὥσπερ ἐπὶ κεφαλὴν ὠσθέντα (据 Her. 7, 136) τῇ βλάβῃ περιφρο- νεῖτε ὑμῖν δὲ αὐτοῖς τὸ λυσιτελὲς ἐκπορίζετε. ἀλλὰ γὰρ καὶ ὑμεῖς οἱ πρέσβεις ἠμφιεσμένοι τὸ ψεῦδος ἥκετε ὡς ἐμέ, καὶ ὁ στείλας ὑμᾶς οὐχ ἥκιστα πέφυκεν ἀπατεῶν. καὶ ὑμᾶς μὲν διαχειρίσομαι παραχρῆμα καὶ οὐκ ἐς ἀναβολήν. ὀθνεῖον γάρ τι καὶ ἔκφυλον ψεύδεσθαι Τούρκῳ ἀνδρί."

我在 Οὐαρχωνίτας 之后加了一个逗号,在 ὑποθωπεύοντες 之后我加了一点补文,脱漏的只是一个小品词 εἶτα δ'。拜占庭皇帝君士坦丁七世(Konstantin Porphyrogennetos)治理理政百科全书最新校本的出版,首次为[我们校勘]那些在此书中所引用史家之文本,提供了一个经验基础,但是历史文献学的工作必须要重新做起。当然,如果这项工作要得出比雅各布·豪瑞(Jacob Haury)对普罗柯比(Prokopios)的校注本更好的结果,并且淘汰早期的校本,包括波恩版和丁多夫(Wilhelm Dindorf)(译按:1802—1883年,德国著名的古典文献学家)版,以及缪勒的残片缀合版本,那么自然就不能被所谓"术业有专攻"的教条所束缚。(译按:原文 in der Beschränktheit zeigt sich der Meister,这句话是歌德的名言,直译是"大师在某个领域内表现突出"。马夸特的意思是,做文献学的研究不能过于教条。)

式的欺诈和东罗马—法那尔式（Phanarioten）（译按：法那尔人是指君士坦丁堡的希腊裔居民）的两面派，在奥斯曼人身上得到了完美的结合，在过去几个月内的形势发展中，每一个阅读报纸的人都有充分的机会感受到他们的反复无常、诡计多端、拐弯抹角和毫无底线的欺诈，辅之以妄自尊大和无节制越权的奥斯曼外交手腕，竟然让柏林的报纸低头默许了，并信誓旦旦地说，这些手段"是他们的权利"。问题是：在今天，就跟克鲁姆汗（Krum）（译按：保加利亚大公，803—814年在位）和西美昂大帝（Symeon des Großen）（译按：保加利亚沙皇，913—927年在位）时代一样，不是奥斯曼人，而是保加尔人（且不管那些传言的或实际发生的残忍行径）才是巴尔干半岛上（从莱塔河[Leitha]和德拉瓦河[Drau]算起）唯一的诚实民族，①但他们已经被碾压在车轮之下了，因为他们孜孜不倦地追求与生俱来的权利，且不愿去相信瓦拉几亚人侵略的严重性。操突厥语的保加利亚人的直率和尚武的品性，与斯拉夫式的忍耐和对农事的热衷，在保加利亚人身上有幸得到了融合。

在普鲁士军官和部分法国作家当中流行一种看法，认为突厥人的坦诚和慷慨要优于"信仰基督教的رعايا"（译按：reaya，指奥斯曼帝国境内的非穆斯林子民）身上稍微欠缺的乐观品性"。对于真正意义上

---

① 关于希腊人的虚伪和不忠（我们上个世纪的亲希腊分子都曾为此而抱怨，就像我们参加十字军东征的祖辈们所做的那样），如果我们多提一个字，那就叫"带猫头鹰到雅典去"（Eulen nach Athen tragen）（译按：此谚语的意思是"多此一举、画蛇添足"）。自从一位克里特人主导他们的政治以后，他们便很难改善这种状况。瓦拉几亚人自从在历史舞台上出现以来，就以对朋友和敌人的欺诈和背叛而臭名昭著，他们最近对保加尔人的侵略（这是自路易十四重盟战争以来的极端暴行，竟然罕见地有幸在德国报纸上被冠之以"和平行动"），再次刷新了他们的恶名。更为糟糕的是受那些奥地利（或者匈牙利）和意大利青睐的阿尔巴尼亚人，尤其是"信仰天主教的"北部阿尔巴尼亚人，只要想想他们反反复复滥举白旗的行为，就可知他们的德行了。关于哈布斯堡王朝这条变色龙，克利欧（Kleio）蒙住了她的头。（译按：克利欧是希腊神话中的女神，主管历史书写。）

乌古斯的后裔来说，此评价在一定程度上也是允当的。不过，如果人们罔顾（无论是出于无知，还是故意为之）历史的发展及其所形塑的统治者和被统治者之间的社会、经济和政治关系，那么其流露出的就不仅是极端的轻率和对历史的无知，还有对真理和正义的不屑。作为"幸福的占有者"（*beatus possidens*）的奥斯曼土地拥有者，可以轻而易举地对外人摆出一幅慷慨的宿主形象：他只不过是保留了游牧祖辈的遗产。保加利亚的基督徒，甚至亚美尼亚的基督徒（他们的生命、尊严和财产不能保证带来公平的公民权利）则是难以相提并论的：如果他表现得慷慨，就会引起猜疑他是不是积累了隐性的财富，会诱发奥斯曼官员或者库尔德强盗的贪婪之心。如果说保加利亚人和亚美尼亚人对德国人来说尤其显得多疑的话，这一心态是很好理解的，也是很合理的。奥斯曼帝国内的非穆斯林（Gjaur）（译按：指奥斯曼帝国内的基督教人群）生活在憧憬之中：西欧人也是基督徒，会理所当然地把他们当作天然的盟友。可惜，这一想法在事实面前被击得粉碎。在此期间，戈尔茨与他率领的德国军事顾问团，着实将矛头对准了保加利亚人。在这场战争中，不仅整个德国传媒界为亲密的土耳其方站台，就连被无良报纸误导的"德意志米歇尔"（译按：德意志米歇尔是德国的拟人化形象）对新月旗（译按：喻指伊斯兰教）的同情也展露无疑。但是，亚美尼亚人心知肚明，如果"尊贵的"哈米德二世不是有恃无恐地认为，在遇到麻烦问题甚或大国采取行动时德国会支持他的话，那么他绝不敢实施他那把苏拉和皮萨罗对犬儒主义者（Kynismus）施加的行径远远甩在身后的暴行。现在，亚美尼亚人再次从战局中看到了形势的好转，即俄国抽出部队来攻打埃尔祖鲁姆和库尔德斯坦了，可惜受到德国的盲目抵抗。

附录3：札记[*]

在汉文史料中爬梳有关靺鞨—昆（Murqa-Qūn）和凯伊（Qajy）以及关于伊本·阿西尔提到的契丹及其属部西迁的更详细的内容，该愿望到目前为止还没能落实。辽代的最早史料——《契丹国志》，于1180年修成，[①] 可惜笔者手上没有。[②] 在《辽史》中，格鲁特教授受笔者之托，迄今也只是找到了以下的资料：

《辽史》卷15《圣宗纪六》：

[开泰元年十一月]甲辰，西北招讨使萧图玉奏七部太师阿里府因其部民之怨，杀本部节度使霸暗[③]并屠其家以叛。阻卜执阿里底以献，而沿边诸部皆叛。

《辽史》卷93《萧图玉传》：

开泰元年十一月，石烈太师阿里底杀其节度使，西奔窝鲁朵城，

---

[*] 附录3是针对第57页第13行的讨论。
[①] Schott, Älteste Nachrichten von Mongolen und Tataren. Philol. u. hist. Abh. der Berliner Akad. 1845. Berlin 1847 S. 457 f.
[②] 此段话写于1910年。
[③] 据《辽史》卷70，阻卜部的首领是"乌八"。（译按：《辽史》，中华书局标点本，第1153页）

盖古所谓龙庭单于城也。已而，阻卜复叛，围图玉于可敦城，势甚张。图玉使诸军齐射却之，屯于窝鲁朵城。明年，北院枢密使耶律[①]化哥引兵来救，图玉遣人诱诸部皆降。

《辽史》卷94《耶律化哥传》：

开泰元年，伐阻卜，阻卜弃辎重遁走，俘获甚多。

《辽史》卷15《圣宗纪六》：

［开泰二年春正月己未］乌古、敌烈叛，右皮室详稳延寿率兵讨之。是月，达旦国兵围镇州，州军坚守，寻引去。
秋七月壬辰，乌古、敌烈皆复故疆。

在《辽史》"本纪"开泰九年（1020年）以后的记载中再也找不到任何有关西迁的有价值的史料了。

---

① "耶律"是辽代国姓。

附录4:《列王纪》的历史地理学价值*

在此我打算举一个内涵丰富的例子,来详细说明《列王纪》的历史地理学价值。我们在《列王纪》(Vullers 1283 v. 214-222 = IV 23 v. 219 Mohl)中读到关于皮兰(Pīrān)失利之后的情况:"突厥的军队首领在拜依干(Baikand),与 30 名武士以及他的属下和亲戚们在一起。所有秦和马秦的显贵,都住在土兰沙的这边。世界充满了圆形的穹庐和国王的穹庐,地上都没有放置储物穹庐的地方了。志在四方、充满智慧的阿夫拉西亚伯在昆都士(Kunduz)起居。于是,他让人在这片边区① 盖起他的住宅,因为昆都士是费里顿(Frēdūn)建造的:费里顿在昆都士造了一座火房,在里面用针把桑德(Zand)和阿维斯塔(Awestā)绣成金字[在锦缎上]。② 他起的名字昆都士③ 是帕列维语——如果你懂得帕列维语的话。现在的名字成了拜依干,可见岁月误导了众生。费里顿的孙子——阿夫拉西亚伯不着急从昆

---

* 附录 4 是针对第 110 页第 9 行的讨论。
① Mohl 本如此;一般作 شهر "城市",早期的"行省"。
② 原文是:درو زند ووستا (或 زند اوستا) بزر آزده,همه زند واستا بزر آزده,语义不同。应当读作:درو زند ووستا (زند اوستا) بزر آزده。
③ 菲尔多西(或者是抄写者)在这里把 کندز (古代形式 کهندیز "城塞") 和 گنگدژ "冈格堡"(*Kang-diž*)混淆了。布哈拉(具体来说,就是它一系列的都城 *Būmič-kap*, *Arjāmēpan* [*Rāmēpan*] 和 *Paikand*)是一处不同于神话中冈格堡的地方。所以,费里顿在这里建造的应该是一座火庙بردسورن(Mas. IV 73)。但是,说火庙里已经装饰有《曾德阿维斯塔》(Zend-Awestā)(译按:即《阿维斯塔注释本》,《阿维斯塔》系拜火教之经典),则纯属诗人的轻率之言。参考拙作 Wehrōt und Arang S. 140 Anm.。

都士迁出。"

我无惧任何反驳地认为，v. 215 بر شاه توران زمین 的表达，不只是沉闷和呆板，而是彻底的老掉牙。莫尔（Mohl）给出的读法则是：بمرز کشانی زمین "他们住在贵霜边区的境内"。下文中我们将要表明，这无疑就是最初的形式。

在上述这段引言之前还有一段内容（v. 210-213），显然是前后矛盾的，因此也是不正确的：

突厥的军事首领安逸地坐在赭石（Čāč）① 那边的象牙椅上，与几个彻底的刽子手和屠夫② 住在古尔札里濬（Gul-zarrijūn）③。两条战线④ 计有成千上万的人，是一支装备精良的部队。在山地⑤ 边区内，他吃掉了那里所有的东西，树叶、种子和庄稼，还有所有的玉米和叶子。死亡吞噬着全世界。⑥

کهسار 这一表述指的是 کوهستان，阿拉伯语化的形式是 قهستان，至今还用来指称以撒马尔干为都城的粟特地区。不过，在莫尔的译本中（v. 212a）：بمرز کروشان زمین هرجه بود "在库鲁苦（Kurūšān）（译按：即呼罗珊）国的边区内"，同一名称我们在 S. 531 v. 140（= III 163，莫尔的译本）再次遇到，那里提到凯·卡乌斯（Kai Kāōs）把库希斯坦（Kuhistān）赐给了他的儿子夏沃什（Sijāwuš）：

---

① 位于塔什干以东。
② 仅见于 Mohl。
③ 关于这条河流的方位所在，这段诗文的作者本人估计也没谱。
④ Vullers باره, Mohl 译本作 باهٔ. 笔者猜测是 دوبه, "两条战线（分别是骑兵和步兵）"。
⑤ بران مرز کهسار بر هرجه بود.
⑥ 据 Mohl 译本。

زمین کهستان ورا داد شاه   که بود او سزای بزرگی وگاه

چنین خواندندش همی پیشتر   که خوانی کنون ما وراء النهر

国王把库希斯坦赐给了他，因为它配得上大人和王位：这是人们早年给它起的名字，现在叫"河中地"。

莫尔和波斯宫廷诗人梅赫兰（Mähräm）在给莫尔《列王纪》译本所作的评论中，没有写成کهستان，而是给出了کورشان的写法，这一被沃勒斯（Vullers）斥为"绝对错误"的写法实际上非常接近其本来的面貌，应该稍作变通地读作：ورا مرز کوشان زمین داد شاه "国王把贵霜（Kūšānland）边区赐给了他"，对应于上文中的بمرز کشانی زمین الخ或بران مرز کوشان زمین هرچه بود کشانی的形式，不是行政区کشانیة Kušānija，新波斯语کشانی Kušānī 或قج Qaj，位于粟特[①]的中心，而仅仅是کوشان的诗化用法。

到目前为止，我们可以把 Marzbān i Kūšān 这个名称（以及 Marz i Kūšān 的表述）在波斯语方面进行落实，不过它只是指代一个与贵霜相对的边区。（参考拙作 Ērānšahr S. 52）我们还可以确定的是，波斯人把阿姆河邻近的地区称为"土兰边区"Marz-i Tūrān，意思是"突厥人的边界"，而呼罗珊的居民则被称为"伊朗边区"Marz-i Ērān。（参考 Ērānšahr S. 156）现在，我们通过菲尔多西了解到，粟特人和突厥人，从粟格底亚那的立场出发，也称为"贵霜边区"（Kūšānmark），意思是"与贵霜国相对的边区"。

就这个名称而言，就像在婆罗米文字书写的印度碑铭中的形式一样，它似乎最初有一个短元音（"贵霜"在梵语和印度俗语中写作

---

① 拙作 Chronologie der alttürkischen Inschriften S. 59 f.。

Kuṣana），这一点也可以从叙利亚语的形式 ܟܘܫܢ 中得到印证（Ērānšahr S. 208），就当读作 Qešān——见于巴尔德萨学派（Bardaicānschüler）（译按：巴尔德萨是叙利亚或帕提亚的诺斯底派［灵智派］的代表人物，也是巴尔萨德学派的创始人，公元154—222年）的菲利普斯（Philippos）关于命运的谈话。钱币上佉卢文和希腊文的写法（参考拙著 Chronologie der alttürkischen Inschriften S. 66 ff.），也当如是理解。与此不同的是，伊朗人很早就把这个名称类比地名转化为复数形式，读成 Kūšān。这也可以解释亚美尼亚语 Քուշանք K'ušank' 中保留了非常不规则的非重读 u。私以为，这一衍变的开端，可以在狄奥尼修斯（Dionysios）的 Βασσαρικά（译按：狄奥尼索斯是古希腊史诗作家，他著有14卷的《巴萨里卡》[Βασσαρικά]，惜已佚，只在拜占庭的斯蒂芬诺斯 [Stephanos von Byzanz] 的书中留有残篇。）中找到，起源于 Κάσπειροι（Kaśmīra）的 Κοσσαῖος 无疑就是贵霜民族的代表：

> Κοσσαῖος γενεὴν Καοπειρόθεν, οἵ ῥά τε πάντων
> Ἰνδῶν, ὅσσοι ἔασιν, ἀφάρτερα γούνατ' ἔχουσιν.
> ὅσσον γάρ τ' ἐν ὄρεσσιν ἀριστεύουσι λέοντες,
> ἢ ὁπόσον δελφῖνες ἔσω ἁλὸς ἠχηέσσης,
> αἰετὸς εἰν ὄρνισι μεταπρέπει ἀγρομένοισιν,
> ἵπποι τε πλακόεντος ἔσω πεδίοιο θέοντες,
> τόσσον ἐλαφροτάτοισι περιπροφέρουσι πόδεσσιν
> Κάσπειροι μετὰ φῦλα, τά τ' ἄφθιτος ἔλλαχεν ἠώς.[①]

---

① Steph. Byz. s. v. Κάσπειρος. 参考 Karl Müller, Geogr. Gr. min. II p. XXVII no. 16. 值得注意的是，可将 Κοσσαῖοι 定位于 Κάσπειροι（Kaśmīr）境内，对应于迦腻色伽统治时期。

Κοσσαῖος 这个名称很明显是 *Kušān（仍然是短元音 u）的希腊语隶定形式，作为族群词尾的 -ān 被希腊语词尾 -αῖος 替换了。格鲁吉亚人在中世纪（在瓦克唐［Wachtang Gurgasar］［译按：瓦克唐是公元 5—6 世纪格鲁吉亚的国王］的小说中）把亚美尼亚语的 K'ušank'，比定为《旧约》中的地名כוש *Ըmչ* = 埃塞俄比亚（Aethiopien），它被阿拉伯语 حبش（Habaši, Habašet'i）所取代。

综上所述，可以确定的是，实际上莫尔所用的写本才是善本。遗憾的是，他的毕生之作在现实中鲜有人问津，因为它的价格昂贵，而图书馆中的馆藏又因其厚重而无法外借，所以始终没有得到很好地利用——更为重要的原因是，他所设想的《〈列王纪〉注疏》在他生前和身后都没有能够出版。

勘误与补正[*]

针对第 35 页第 25 行等，第 59 页第 1 行等：

"十姓回鹘"（On Ujgur）现在可以通过新发现的磨延啜可汗纪功碑（Bojun Čur，即 Il itmiš bilgä Chagan，746—759 年在位）确定就是回鹘文的称谓，非常感谢赫尔辛基的拉姆施泰德教授（Ramstedt）提供有益的资料。不过，On Ujgur 在碑文中只出现过一次，且是在历史叙事的导论部分（北面第 3 行），而北面的残缺非常严重，原文是：*su[b...]nda qalmyšy budun on ujgur toquz oguz özä jüz jyl olurup* "留在 [河岸地区] 的民众统治着十姓回鹘和九姓乌古斯一百年"。[①] 在此处，"十姓回鹘"与"九姓乌古斯"并列，但是它们指代的却是同一个人群。"十姓回鹘"的名称在实际使用中的前提是，它仅适用于回鹘建国以前的时代，也就是回鹘的史前。换句话说，"十姓回鹘"是古称，"九姓乌古斯"是同一民族的新名称，不过我认为它们不是并列的关系，而是从属的关系，因为正如我们下文要说明的，从拉施特的《史集》就可以看出"十姓回鹘"是一个更宽泛的概念，包括了年代稍晚的"九姓乌古斯"，所以它们之间的关系是"十姓回鹘下面的九姓乌

---

[*] 译按：文中页码和行数都是指德文原书中的页码和行数，原页码见本书边码，原行数在中译本中没有标出，敬请留意。

[①] G. H. Ramstedt, Zwei uigurische Runeninschriften in der Nord-Mongolei S. 12-13: Journ. de la Société finno-ougrienne XXX, 3. Helsingfors 1913.

古斯"。此外，在碑文中（北面第 11 行，见第 16 页，参第 47 页）还出现过一次"十箭"（on oq），即西突厥，在其他地方（南面第 5 行，第 27—28 页，西面第 1 行，第 33 页）则称为"突骑施"。

人们不禁要问，究竟在回鹘历史上的哪一个阶段适用"十姓回鹘"这个称谓呢？我只能想到一个阶段符合条件。在北魏初期，高车六部中有"袁纥"（这是"回鹘"之异译），仅次于狄氏之后，而整个高车部落联盟"初号为狄历"。时或，"袁纥"在更广泛的涵义上指代整个高车部落（例如在 390 年和 403 年）。在 487 年，高车还有 12 部（见《北史》卷 98），但是后来却不再见于史载。与此相对，《隋书》从西海（即黑海）和里海以东一直到土拉河的所有操突厥语或非突厥语的游牧民族都算在一起（但并不包括真正意义上的突厥），总称"铁勒"，其中主要有 10 个部落，他们的活动范围在很大程度上与后来回鹘人的地方重合。下面我们引用《隋书》卷84[①]，根据格鲁特的译文，原文曰："铁勒之先，匈奴之苗裔也，种类最多。自西海之东，依据山谷，往往不绝。独洛河北有 1. 仆骨、2. 同罗、3. 韦纥、4. 拔也古、5. 覆罗[②]并号俟斤[③]、6. 蒙陈、7. 吐如纥（译按：马夸特断句是蒙陈吐、如纥）、8. 斯结、9. 浑、10. 斛薛[④]等诸姓，胜兵可二万。"

上述第 1 号、2 号、4 号、8—10 号部落可以在唐初铁勒 15 部中找到对应（Fr. Hirth, Nachworte zur Inschrift des Tonjukuk S. 133 f.），对应于第 7 至第 12 部，也与回鹘汗国建国初期（744 年）[⑤] 的 6 部重合。

---

① 参考《北史》卷 99。在纸张 5 号和纸张 8 号印刷之际，我还未能参考此段材料。
② 不见于《北史》。
③ 原文作"并号俟斤"。（译按：马夸特正文中用的是德语译文，所以他有必要注出汉文原文。）
④ 参考 E. H. Parker, The Early Turks: China Reviews XXV, 72a (Peh-ši)。
⑤ 前引 Hirth, S. 36。

我相信,"十姓回鹘"的表达在公元 6 世纪就已经出现了,反映了隋朝时期的政治关系。它指称的应该是一个政治联盟,这个联盟是根据最著名[①]、最具有影响的回鹘部命名的,尽管"韦纥"在《隋书》铁勒诸部中仅名列第 3。可以进一步认为,"十姓回鹘"与"十箭"(西突厥)一样都是严格地分成两翼,每翼各有五部,每部各有首领,其中一翼的首领号"俟斤",就像十姓("十箭")右翼(西侧)的弩失毕一样。至于另一翼的首领号是什么,《隋书》没有交待。可能是 *iltäbär*,即汉文中的"颉利发"或"俟利发"。

"乌古斯"的名号,似乎要比作为政治意义上的、持续时间较短的名号"十姓回鹘"年代更为古老。因为,塞奥非拉克特·西摩卡塔(Theophylaktos Simokattes)书中有关突厥的章节里已经出现了 *r* 音化(rhotazisitisch)(译按:语言学概念,指 *z* 音向 *r* 音的转化,不同于汉语中的儿化现象)的 Ὀγώρ 形式。这个名称的范畴要比"十姓回鹘"宽泛得多,在内涵上基本等于汉文史料中的"狄历"和"铁勒",与塞奥非拉克特笔下的 Οὐὰρ καὶ Χουννί 重合。我甚至认为,"十姓"("十箭")或西突厥的别称"十姓乌古斯",也可以在公元 6 世纪塞奥非拉克特(Theophylaktos VII 8, 13)书中 *r* 音化的 Οὐννουγοῦροι 所证实,正如我在上文第 72 页注释 4 提到的关于西突厥起源的文章中所表明的一样。我们需要区别以下几个概念:

1. *Oguz* (<*oq-uz "箭人") = Ὀγώρ,是一个指称一系列突厥语(或许还包括非突厥语的)游牧民族的古老总称。

2. *On Oguz* "十姓乌古斯",Οὐννουγοῦροι,或 *On Oq* "十箭",系西突厥之正式称谓。

---

① 参考上文第 66 页第 9 行。

3. On Ujgur "十姓回鹘"，指称包括回鹘本身在内的一个联盟，年代是隋朝（581—617 年）。

4. Toquz Oguz "九姓乌古斯"，是指代 646 年以后才出现的新联盟的政治性称谓，其中多数的部落应该是早期的 "十姓回鹘"，而其中回鹘部落应该是处于领导地位的。

接下来，我们用这块新发现的碑铭来重新检讨我对拉施特《史集》中传说的分析。

第 37 页第 28 行：在 "Ibn Chord. ١٦, 7-8" 后面添加："关于贝鲁尼书中的古兹突厥人，参考 Chronologie S. ١٠١, 2 = 109 ed. Sachau, 读作 جَبُّويه。"

第 37 页第 40 行：法语中的 *jade* 与突厥语的 تاش جده 没有关系，而是西班牙语 *piedra de hijada* "肾结石" 的缩写。参考 P. Pelliot, T'oung Pao 1913 p. 436 n. 1。根据伯希和的说法，阿尔泰人的陨石（يده，جده تاش）是一种硫黄，要与软玉区别开来。后者在东部突厥语中叫 *qāš*，可以追溯到古代 Vrddhi 形式（译按：Vrddhi 是语言学术语，指印欧语中语音变化最强的级别）*khaśa* "来自迦娑国 *Khaśa* = Κασία 的石头"。

第 40 页第 11 行，第 41 页第 13 行：读作 اكنجى بن قجقار Äkinči b. Qočqār；参考第 49 页第 30 行。

第 41 页第 4 行：在突厥人起源叙事（拉维蒂 [Raverty] 根据不同版本的新波斯语编年史摘录，并最终可追溯到加尔迪兹在他的编年史中所采信的穆卡法 ['Abd allāh b. al Muqaffa] 的记载）中，古兹的长子名为بيغر或بيغون。他在一场陨石（该陨石由古兹诈取而来，参考加尔迪兹 [Gardēzī]，转引自 W. Barthold, Reisebericht S. 81, 5 ff.）争夺战中被杀了。突厥蛮人根据他而自命名为بيغو。（Raverty, The

Ṭabaqāt-i Nāçirī p. 871 n. 878 n.）这里毫无疑问就该读作 يغور = Uigūr。也就是说，被归类为古兹部的突厥蛮，自视为畏兀儿人。同样的写法，我们也在术兹贾尼的书中（al Gōzgānī, Ṭabaqāt-i Nāçirī S. ۱۰۹,۱۱ = p. 433, Raverty 译）遇到，那里讨论的是古耳王朝的算端——巴米扬（Bāmijān）的巴哈丁·沙木（Ǧalālu 'ddīn 'Alī b. Bāhā'u 'ddīn Sām）：ولشكرهای غوری وغز وبیغو از اطراف ممالك خود جمع کرد "他集结了其国家周边戈里斯（Gōrīs）、古兹和贝古（Bēgū）的军队"。不过，"贝古" بیغو 在年代最早的写本作 بیغور，即 يغور = Uigūr，无疑是正确的写法。① 类似的，S. ۱۳, 1 = p. 494 Raverty 译，谈论的还是巴哈丁·沙木：بار دیگر سلطان جلال الدین بجهت مدد برادر خود علاء الدین حشمهای ملك بامیان وافواج حشمهای بیغو از وخش وبدخشان جمع کرد "巴哈丁·沙木算端为了支援他的兄弟阿拉丁（'Alā'u 'ddīn），再次集结巴米扬异密的帐下部落，以及来自镬沙（Wachš）和巴达赫伤（Badachšān）的贝古（بیغو，当读作 يغور Uigūr）的战斗力量"。拉维蒂在术兹贾尼书中唯一一处提到畏兀儿名称的是写作 يغر Jugur（p. 270）。而 يغور 的写法见于书中，是作为异密可失哈儿的毗伽畏兀儿卡迪尔汗（بیلكا نحور قدر خان ［其中的 نحور 当读作 يغور］Bilgä Uigur Qadyr Chān von Kāšgar）的名号。参考拙作：Ǧuwainī's Bericht über die Bekehrung der Uiguren: SBBA 1912 S. 493 A. 4。

第 41 页注 2，第 52 页第 4—6 行：在编完索引之后，把这里提到的地方 ساری 与塔巴里斯坦的都城相勘同的最初想法，又得到了深化。此处提到的萨里一定位于突厥蛮疆域的东边，而据穆卡达西（al Muqaddasī）和贝鲁尼（第 29 页第 20 行）的记载我们可知，其方位

---

① 其他的写法 سارار 指的是地区 سیقوران（Guwainī I ۱۰۸, 7）或 سنقران（Ṭabaqāt-i Nāçirī ۱۱٦, 5-8 = 450 f. ۱۲۷, 9 = 491. ۱۳۰, 7 = 495. ۱۳۲, 18 = 498），显然是根据某个古兹部落命名的。

在突厥斯坦穆斯林边境要塞附近。根据我们所掌握文献的字面意思，昆人最初住在萨里人以东，而萨里的居民受到昆人的压迫逃往突厥蛮的境域。我能联想到的只有 ساری کهر Sari Kähär，系铁木真在斡难河附近的驻地（D'Ohsson, Histoire des Mongols I^2 41. 58. 60. Bretschneider, Mediaeval Researches I 157 n. 417. Rašīd addīn ed. Berezin, Труды Восточнаго Отдѣл. Имп. Археол. Общества t. XIII, 1868, S. 190），以及萨里回鹘（"黄头回鹘" Sary Uigur），系甘州西南 1500 里的安定卫（Bretschneider l. l. I 263. II 205）。

后来的花剌子模沙艾肯齐（Äkinči b. Qočqar）属于昆族，并不说明昆人迁徙到了花剌子模，他也可能跟其后继者或者其他的马穆鲁克国王一样都是买来的奴隶，就是所谓"马穆鲁克"（mamlūk 或 غلام）（译按："马穆鲁克"在阿拉伯语里的意思是"奴隶"。又，غلام 在阿拉伯语里的意思也是"奴隶"，音译"古拉姆"）。待考。

第 43 页，第 48 页：在伊本·豪卡尔（Ibn Ḥauqal ۳۹۳, 7）的 ومن فاراب علی عشرین مرحلة 这段文字中一定有一个错误。豪卡尔显然把缩写 فر = فرسخ 误作为 مر = مرحلة 了。同样的误写，在 S. 188, 3-4 (منازل 作 فراسخ) 和 S. 236 A. 7 (مراحل 作 فراسخ) 得到了确认。养吉干（Jangykent）距离法拉卜（Pārāb）有 20 帕勒桑（=3 天行程）。根据巴托尔德的说法（Barthold, Туркестанъ II 179），它对应的是蒙古时代的 Šahrkänd，位于今天锡尔河南岸的贾肯特（Ǧankent）（译按：即养吉干之异译）废墟之上，早期希瓦的要塞 Ǧanqualʿa。

第 49 页第 30 行：巴托尔德先生（Barthold, Туркестанъ II, St. Petersburg 1900 S. 346）把这位花剌子模沙称为 Ikinği b. Kočkar (اکنجی بن قچقار)，显然是根据志费尼的写法，他能够使用志费尼的手稿，但是没有想到将其身份与他摘录自奥菲内容中提到的人物勘同起来。有个波罗维茨人名叫 Kočkar，意思是"山羊"，Karamzin III 47。

第 53 页第 15—17 行：当作"在苏丹穆拉德二世在位期间（1421—1451 年）编纂的所谓《塞尔柱史》（Salčūq-nāmä），其第二部分包括了拉文迪（Abū Bakr Muḥammad b. ʿAlī ar Rāwandī）伊朗塞尔柱史的奥斯曼语译文"。

第 54 页第 4 行："日子"（Tagen）当作"方面"（Dingen）。（译按：译文已作相应修改）

第 54 页第 8—9 行：当作"其构成了奥斯曼语《塞尔柱史》的第一部分"。

第 57 页第 6—8 行：Guten 或 Kuthen 对于俄罗斯人来说，叫 Kotjan，不利于将其与契丹（Qytañ）联系起来的观点。

第 57 页第 20 行：伊德里西书中把库蛮人称为 القمانين（al Idrīsī, II 395 trad. par Jaubert），其国家为 قمانية（II 399-401. 434 s.）。

第 64 页第 15—17 行：Ong 部的境域与蒙古克烈部的疆域完全重合，位于鄂尔浑河和土拉河流域，在哈拉和林山区附近居住（D'Ohsson, Hist. des Mongols I² 48）。① 此 Ong 部一定得名于王罕（即传说中的长老约翰）。唯一一个可证实具有该名号的就是脱斡邻勒（Togrul）王罕，他是马儿忽思不亦鲁（Marquz Bujuruq）之孙，曾为金朝皇帝所执。脱斡邻勒与铁木真之父也速该是盟友（译按：即"按答"），并于 1203 年被铁木真击溃，在逃亡途中身亡（前引 D'Ohsson I 51 ss. 80-82）。在 Ong 部之内，应该有信仰基督教的克烈部，根据拉施特的传说，可排除凯伊部。那么，这当是 12 世纪下半叶的事情。但，究竟谁是 Qoman aty 人呢？现在必须要放弃将其与库蛮人联系起

---

① Rašīd addīd ed. Berezin, Труды Bd. VII, S. 120, 5 ff. 意见有所不同："他们的驻地在斡难河和怯绿连河，蒙古的地方。其境域接近契丹的边界。"

来的观点了。就如同其与柏朗嘉宾书（Johannes de Plano Carpini c. V, 5 p. 651 ed. D'Avezac①）中 *Comana* 的关系一样。柏朗嘉宾的原文如下：

Inde（出征畏兀儿 [Huiur] 之后，其中 *huiur* = Ujgūr）procedens contra terram Sari-Huiur [*Saryg-Ujgur*], et contra terram Karanitarum②, et contra terram Voyrat [*Oirat*], et contra terram Comana③, quas terras omnes bello devicit, inde est in terram suam reversus.

他又发大兵进攻撒里畏兀儿人地区，进攻哈剌尼惕人地区，进攻斡亦剌惕人地区和 Comana 人地区。他用武力征服了所有上述疆土。（译按：参考中译本《柏朗嘉宾蒙古行纪》，耿昇译，中华书局 2013 年版，第 42 页，略有改动）

Cap. VII, 2 p. 707: Terrarum nomina quas vicerunt sunt haec: Kitai, Naimani, Solangi [*Tolangat, Teleut*], Karakitai sive nigri Kitai, Comana, Tumat [*Tümät*], Voyrat [*Oirat*], Karaniti, Juyur, Su-Mongal [= *Tatar*], Merkiti, Mecriti, Sari-Huiur, Bascart id est magna Hungaria etc.

下面就是鞑靼人所征服地区的名字：契丹、乃蛮、肃良合、哈喇契丹或黑契丹、Comana、秃马惕、斡亦剌惕、哈喇尼惕、畏兀儿、速蒙古、蔑儿乞、蔑克里、撒里畏兀儿、巴什基尔即大匈牙利等。（译按：参考中译本《柏朗嘉宾蒙古行纪》，耿昇译，中华书局 2013 年版，第 64 页，略有改动）

可见，Comana 这个地方，一次与斡亦剌惕并列，一次与秃马惕

---

① 达维扎克校注的《柏朗嘉宾行纪》在莱顿没有。
② 一作 Karatnitarum。
③ 一作 Canana、Chanana。

并列。根据拉施特的记载（Труды Bd. VII S. 100, 11-101, 4），斡亦剌惕住在八河流域（Säkiz mürän），诸河汇成剑河（叶尼塞河），早期则是秃马惕所在地。这里离于都斤应该不远。达维扎克（D'Avezac）的推断（p. 541）则是不成立的。拉施特《史集·部族志》（前引 S. 130）提到：

واز آنجا که اورا بکشتند پسرش سنگون بگریخت با چند کس وبسرحدّ ولایت مغول شهریست نام آن اینشان [1] آنجا بگذشت وبولایت تبت رفت وخواست که آنجا باشد مردم تبت اورا بدوانیدند ونوکران او پراگنده شدند واز آنجا بگریخت وبحدود چین وکاشغر ولایتی است نام آن کوشان [2] ودر آنجا سلطان بوده قلج قرا نام سنگونرا در آن ولایت بموضعی که آنرا چهار که‌ه [3] گویند یافته وکشته وزن وبچهٔ اورا گرفته وبعد از مدّتی بخد مت چنگیز خان فرستاده وایل شده

[在王罕被杀以后（1203 年）] 王罕儿子鲜昆，带了一些人从其 [父] 被害之处逃出。在蒙古地区边境上有一座城，名为因善（Inschan）[4]。[鲜昆] 经过那里前往吐蕃地区，并想在那里住下来。吐蕃居民驱逐了他，他的那可儿们四散，于是他从那里逃了出来。在中国（或作忽炭）和可失哈尔境内有个苦散国（Kūšān）。那里有个算端名叫乞里赤–合剌（Qylyč 或 Qalač Qara）。他在该国中一处名为察合儿–客赫（Čahār kaha）的地方，搜索到鲜昆，杀掉了他，捕获了他的妻子和孩子。过了一些时候，[乞里赤–合剌把他们] 送到了成吉思汗陛下处，并归顺了他。（译按：参考汉译《史集》第一卷第一分册，

---

[1] D 写本作 الیاق Alai-tag。
[2] D 写本作 کسان。
[3] D 写本作 کهنه。
[4] 参考第 203 页注 5。

第 222 页，略有改动）

在《史集·成吉思汗纪》中讲述得更为详细（Труды Bd. XIII S. 237/8）：

وسنگون پسر اونگ خان در آن حال که پدرشرا گرفته اند وی کشته گریخته است وبیرون جسته وبدیهی که آن نام اشق بلغسون است وبسرحدّ چول حدود ولایت مغولستان افتاده گذر کرده وبولایت بوری تبت یعنی ولایت تبت در رفته وبعضی از آن ولایت را غارت کرده ومدّتی آنجا مقیم شده وخرابها می کرده اقوام واهل تبت جمعیت کرده اند واورا در موضعی پیچیده تا بگیرند تا آنجا بیرون جسته واز دست آن اقوام نیز گریخته وبهزیمت می رفته در حدود ولایت ختن وکاشغر بموضعی رسیده نام اوکوساقو جار کشه وامیری از امرا قوم قلج قلج قرا نام که امیر وحاکم آن موضع بوده اورا گرفته است وکشته ومیگویند که آن امیر بعد از آن زن وبچه سنگونرا گرفته بود وبیبندگی چنگیز خان فرستاده وایل ومطیع او شده

当王罕被抓住杀死时，王罕的儿子鲜昆逃出。他经过蒙古地区无水原野边界上一个名叫亦失黑-巴剌合孙（Ašyq balgasun）的村子，逃到了波黎吐蕃（Büri Tübät）地区。他洗劫了那些地区的一部分地方，在那里住了一段时期，大肆蹂躏。吐蕃的部落和居民们集合起来，将他包围在一个地方，要抓住他。[但]他于战败后安全地从那里突围，从那些部落手中逃脱出来。他逃到了忽炭①和可失哈尔境内一个名叫曲薛居-彻儿哥失（Kusqu-Čār-Kuša[?]）②的地方。当地异密和长官、合剌赤部（Qalač）的一个异密乞里赤-合剌（Qalač [Qylyč]

---

① A 写本作 جين，B 写本作 جين（原文如此！）。
② A 写本作 كوساقو جار كشمه，B 写本作 كوساوحا وجارتمه，C 和 D 写本作 كوساقو حار كاشمهم，E 写本作 كوساقو چار كماشته。

Qara）将他抓住杀死了。据说，后来这个异密将他擒获的鲜昆的妻子和儿子送到了成吉思汗处，［他自己也］归顺了成吉思汗。（译按：参考汉译《史集》第一卷第二分册，第201—202页）（参考 D'Ohsson, Hist. des Mongols I2 82. Raverty, Ṭabaqāt i Nāçirī, p. 944 n.，其中کوشان 即کوساقو，多桑错误地理解为"复走可失哈尔、忽炭接界之忽蛮[Couman]"）（译按：参汉译本《多桑蒙古史》第62页，冯承钧亦指出多桑将"曲先"误作"忽蛮"。）

第78页第33—34行：删除"后者的领地主要还不在顿河东岸，而应在第聂伯河流域"。

第79页第16—17行：据《元史·曷思麦里传》（《元史》卷120，译文见 Bretschneider, Mediaeval Researches I 299）没有提到康里的具体地望，反正与宰子八里城不是一回事。原文曰："又招降黑林城，进击斡罗思于铁儿山，克之，获共国主密只思腊，哲别名曷思麦里献诸术赤太子，诛之。寻征康里，至宰子八里城，与其主霍脱思罕战，又败其军，进至钦察亦平之。军还，哲伯卒。"（译按：中华书局点校本《元史》，第2969—2970页）

据此可知，康里的地望距离术赤的驻地应该不远，且似乎应该在其东北方向。彼时术赤负责的是钦察草原（Dašt i Qypčaq）的狩猎。[①] 为了征服钦察，曷思麦里必须要再次向西返回。似乎要对史文中简短的文字做如下的阐释：他在完成了任务以及康里投降之后，回到了他的部队并参与了对北部以及伏尔加河以东钦察部的征讨。

第90页第28行：数字27当作17。数字17对于古代突厥人来

---

① Ğuwainī bei Charles Schefer, Chrestomathie persane II, Paris 1885, p. ١٤٦, 14 ff.

说是一个具有象征意义的数字，这一点也可以从《周书》关于突厥起源的叙事中看出来，其部落大人曰阿谤步，有兄弟 17 人。《北史》作 70 人。参考 E. H. Parker, The Early Turks: China Review vol. XXIV, 120 b. 164a.。

第 91 页第 17—20 行：该段文本在两个写本中都有所错简。原文：

وازانجا برودى① رسد که آنرا سفوق② گویند و< چون> ازوى بگذرى شورستان آید هم اندرین رودبار همیرود اندر③ میان سبزى وگیاه ودرختان شود تا بدانجا رسد که منبع این رود است وازانجا بکوهى رسد که آن کوه راکنداور تاغى خوانند وآن کوهى بزرگ است الخ

他从那里抵达了一条河流，名曰 Subuq——人们渡过该河就来到了盐地。他向前穿过这片流域，在绿色、草地、树林中穿梭，直到他抵达该河的源头。从那里他抵达了一个地方，人们称之为 Kundāwar Tagy。那里是一座大山。

道路延伸到河岸的西侧（当是北侧），抵达河流的源头，他渡过了河。对其行程当如此理解：从法拉卜（Pārāb）到养吉干（今废墟贾肯特），人们使用了锡尔河沿岸的水路，④ 那时候锡尔河的河道与今天不同。从那里，道路往北延伸，会跨过一条河流，似乎是锡尔河的一条支流——可能就是今天锡尔河的河道。所谓的"兀鲁库姆"（Uluqum）沙碛，应该就是今天的阿里思库姆（Arys-Qum）沙漠，位于巴卡里库帕（Bakaly-kopa）沼泽以北。这条所谓的سفوق河只能是萨雷苏

---

① 写本作بزودى，根据巴托尔德先生的修改。
② O 写本作سقوق。
③ O 写本作واندر。
④ 参考拙作《东欧东亚纪程录丛》，S. 339。

河（Sary-su），汇入锡尔河以北的几汪湖泊，而 كنداور تاغى[①] 一定是位于喀剌肯吉尔河（Kara-Kingir）（系萨雷苏河的主要源流）以西的山谷，该山沿着垂直的方向到达特勒阿坎（Tere-akkan）源头地区的克科柴套（Kökčä-tau），该河是伊希姆河（Ischim）的南岸支流，并构成了兀鲁套（Ulu-tau）（译按：位于今哈萨克斯坦境内，意思是"大山"）的中心（631 米）。

朝北方向穿过兀鲁套的道路，抵达莫云库姆（Mojun-qum）沙碛以西的萨雷苏河的河曲处，但是没有跨过萨雷苏河，而是把位于萨雷苏河此岸的盐地置于右侧，并沿着萨雷苏河的右岸，一直到喀剌肯吉尔河的入河口处，然后顺着喀剌肯吉尔河及其右侧的支流喀剌吉兰河（Qara-Džylan），一直到兀鲁套的山峰，然后穿过兀鲁套，经过塔姆津斯克吉（Tamdinskij）、阿尔干纳津斯克吉（Arganatinskij）、库车津斯克吉（Kučekinskij）等驿站，抵达特勒阿坎的河谷，沿着今天的驿站卡普塔狄尔斯克吉（Kaptadyrskij）、科克车塔夫斯克吉（Kokčetavskij）、吐谷施肯斯克吉（Toguškenskij）、查布达塔津斯克吉（Čabdartaginskij），抵达特勒阿坎，今天的道路废弃了特勒阿坎，然后直接向北朝伊希姆河延伸，抵达了札尔库尔斯克（Ğarkulsk）。旧路从那里沿着伊希姆河的上游往东抵达阿克莫林斯克（Akmolinsk）（译按：即阿斯塔纳），今天的道路避开了伊希姆河，然后转向朝东北偏东的亦儿的石河，抵达巴甫洛达尔（Pawlodar，北纬 52°）。这样的话，اسس 这条河只能比

---

① 巴托尔德先生转写的就是 Kendir-tagy，解释为"麻山"，他想的是 كندر kändir，俗语 كنور känäwär "麻"，كنوير känäwir "麻"（Zenker）。Kuun, Keleti Szemle II 180 读作 Kend-Ortaghi，并写то：keleti törökül „a falu köyepe"［村中心］。他把这个名称分解成 orta "中间"和［粟特语的！］ كند kand "城镇"，在奥斯曼语中的意思是"村落"。但是并不能确定该名称的前半部分就一定是突厥语。中古波斯语 *kundākvar（叙利亚语 ܩܘܢܕܩܘܪ，在 Ps. Kallisthenes p. 203, 10 解释为 سردار），新波斯语 كنداور，意思是"首领、英雄"。

定为伊希姆河（Ischim）了，就像我在十年前所考证的。[1] 或许，اسس 是نيين或اشيم之讹误。道路经过伊希姆河河曲以北 2°，这也能解释人们在伊希姆河主干河道的东北偏北方向找不到相关信息，只能推测伊希姆河在其上游先是朝北、然后朝西南方向朝里海汇流，而后与札牙黑河（其上游河道同样不清楚）合流。[2] 伊希姆河与也儿的石河连成一条河系，与古今地理学的传统认知是一致的。

河流的名称سفوق，可能就是突厥语"冷"*soguq*，即便不是其直接形式，也会是某种方言形式（参考喀喇汗突厥语 *subux*，奥斯曼语 *sovuq*）。

第 159 页第 29—31 行：回鹘语词组 *qut qyb*，是押头韵的叠音词，类似于德语里的 *Glück und Glas*（译按：该谚语的全称是 Glück und Glas, wie es leicht bricht das，直译是"运气和玻璃，如此易碎"，意思是"运气很容易会消失"），*Roß und Reiter*（译按：该谚语的全称是 Roß und Reiter nennen，直译是"指出马和骑马的人"，意思是"明确地说出你所指的对象"），*gang und gäbe*（译按：该谚语直译是"走和有"，意思是"普遍的、到处的"），*kurz und klein*（译按：该谚语的全称一般是 kurz und klein hauen 或 kurz und klein schclagen，直译是"短而精地打击"，意思是"有效地打击"）等，对此卡尔·弗伊（Karl Foy）在 1904 年就已经确定了。[3] 参考 F. W. K. Müller, Uigurica II S. 36 Z. 46/47. A. v. Le Coq, Dr. Stein's Turkish Khuastuanift from Tun-huang: JRAS. 1911 p. 285 l. 45/46. Le Coq, Türkische Manichaica aus Chotscho I, Berlin 1912, S. 28 Z. 15. 参考 W. Radloff, Nachrichten über die von

---

[1] 拙作《东欧东亚纪程录丛》，S. 339 A. 6.

[2] 同上。

[3] Karl Foy, Die Sprache der türkischen Turfan-Fragmente in manichäischer Schrift S. 9 f. = SBBA. 1904 S. 1397 f.

der Kais. Akad. der Wiss. zu St. Petersburg im Jahre 1898 ausgerüstete Expedition nach Turfan, Heft I, St. Petersburg 1899, S. 69/70 Z. 32. 75. Nachträge zum Chuastuanit: Извѣстія Имп. Акад. Наукъ 1911, S. 875. Alttürkische Studien VI: Извѣстія 1912, S. 771. 776. 拉德洛夫对 *qyb* 的解释是"命运"。

跋

本书是笔者在生命中暗淡的日子里撰写的，于1910年1月动笔，7月份完稿寄给邦格教授。对于他的催稿，我的内心虽有所抵触，但还是让步了，并对自己提出要求，不仅要考虑到此课题在实质上肯定是学术的最前沿，更要让它成为精湛、高水准的作品，例如对库蛮民族起源的问题——他们一只脚踏在中国，另一只脚踏在匈牙利的土地上——力图获得一个终极的答案。尽管我深知，囿于天时地利，尚未做到这一点。只有当汉文史料中关于辽（契丹）、金（女真）、元（蒙古）各朝的文献能够被充分使用时，才能做到这一点。薄乃德对汉文史料的节译，对于历史学者来说只是杯水车薪；比丘林的译文则因为他对专有名词的转写不尽如人意而导致其质量大打折扣。对于那些挑剔的读者而言（即用高标准来审视的人，他们肯定又会说，"不少重要的东西被忽视了"，甚至他们自认为比笔者更能胜任此项工作），再也没有必要强调，笔者既没有翻检罗斯和匈牙利的史料（编年史和档案），也没有参考俄国和匈牙利学者的相关研究，尽管他们的成果十分丰硕，例如 M. Florianus《匈牙利国史汇编》(*Historiae Hungaricae fontes domestici*) 的头两卷。此外，贝勒津刊布的拉施特《史集》部分，也是俄式漏洞百出。在柏林也看不到在贝勒津去世后出版的有关成吉思汗纪的那一卷（Труды Восточнаго Отдѣленія Имп. Археол. Общества t. XV）（译按：贝勒津自1858年起把《史集》的部分内容校勘注释出版，发表在《帝俄考古学会东方部丛刊》上，1888年在该刊第15册上发表的是成吉思汗即位以后的历史。贝勒津于1896年去世，不知何故马夸特此处说是在贝勒津去世后出版的）。由于该书已经绝版，所以实际上有关蒙古时代和前蒙古时代的丰富波斯语文献至今仍然没有原文刊布。吉布丛书的第一套中收录了志费尼的《世界征服者史》，去年夏天笔者从该丛书的董事罗斯教授处获赠一册，所以在书稿的后半部分仍然可以参考该书。伯劳舍刊布的《史集》，是从成吉思汗去世之后开始的。以当下的学术标准来衡量，多桑的那部漏洞百出的《蒙古史》也不堪遣用了，尽管在当时它是一部力作。在柏林这种地方，只有在占有上述这些重要文献的前提下，才能深入研究蒙古以及相关民族的历史。

笔者深知此项工作有多么艰难，真是如履薄冰、战战兢兢。经过慎重考虑，笔者在开头避免去详细讨论一个棘手的问题，即基马克与钦察和康里，以及它们三者与库蛮之间究竟是何种关系。（参第78页）在第二部分（参97页），笔者也只是对基马克和钦察与库蛮的关系一笔带过。（参第162页）此外，笔者后来发现第102页第31行—第111页第17行需要返工修改，并且在最后一刻把格鲁特的重要部分的译文在第114页及以后转引了过来，我觉的有义务尽可能地说清楚，当然我也借助了许多外力。附录1、附录2和附录4也都是新加的。于是，现在的规模已经是原书的两倍了。第72页的注释3关于西突厥起源的内容，必须要拿掉，因为它的内容已经超出了这本书的范畴了。

与这项棘手工作一样令人感到沮丧的是文中涉及的那些民族。昆人（库蛮）在历史上一开始就与另一支游牧民族凯伊捆绑在一起，这两支民族被我们视为奥斯曼人的祖先。根据我们的历史叙事，这两个民族都是蒙古人的亲属和先祖，由于他们的出身，他们在历史上都被当作了文明世界的掠夺者。在被"世界征服者"蒙古人武装起来对付马札尔人之后，库蛮人就已经不再有危害了，而且作为一个民族已经消亡了好几个世纪，但奥斯曼人却至今仍然是那些文化底蕴深厚的国家再度复兴的绊脚石，而且支援那些被压迫的、但斗志昂扬的古老基督教民族的反抗（特别是极具天赋的亚美尼亚人，他们热忱地拥抱着西欧文明），对于德国来说，也是具有切实利益的。1912年底发生的事情，似乎给人以即刻的希望——终于要冲破黎明开始新的日子了（译按：指1912年底奥斯曼与保加利亚等国家签订停战协议）。然而在让人罹遭厄运的第二次巴尔干战争之后，在瓦拉几亚人对保加利亚人没完没了的骚扰之后，奥斯曼人居然完全以蒙古人和罗马人的方式再次打破了谈妥的和平，这是穆斯林圣战者的又一次得逞，我们要采取一切必要措施来远离它。

对于文化史而言，本项工作或许意义有限，因此我殷切希望，对于区域史和民族史学者而言，本书尚不至于一无是处。此外，关于波斯文《列王纪》的阐释和批判，希望也能有所价值。本书让那些偏僻的边缘地区重新焕发光彩，尤其是至今仍没有引起足够重视的哈喇契丹文化。假如我手头的那些更为重要的工作没有阻碍这项工作的进行，那我会更加欣慰。我也不会吝惜那些花费的时间和精力，因为在史学进步面前这些都不值一提。

本书中汉文史料的译文，如果不作特别说明，都是引自格鲁特。此外，这项工作得以完成，我还要感谢鲁汶的邦格先生、柏林的吉思先生、加尔各答的罗斯先生以及格拉茨的穆尔克（Murko）和佩斯克尔（Peisker）先生。

哥廷根皇家科学院能够接受一份内容如此生僻的书稿，而且书中各种字符的排版大大提高了印刷的成本，对此笔者深表感激。

约瑟夫·马夸特
1914年1月5日于柏林威尔姆尔斯多夫

索 引[*]

210 希腊语、亚美尼亚语、叙利亚语、阿拉伯语和波斯语的专名索引见后。

A-hoan 阿缓，城市 74

Å-huan 乌桓，部落 169 注 6

Å-kå 乌古，部落 195

Å-kiet 乌揭，部落 65，参 Hu-kiet

A-li-č'ut 阿里出，蒙古部将 120

A-li-kië(t) 阿里吉，钦察境内河流 152, 156

A(O)-li-ti 阿里底 195

A-ši-no 阿史那 76 注 2

A-pang-pu 阿谤步 205

A-so(k) 阿速，民族 153, 156

A-su 阿速 79 注 3，参 A-so(k)

Å-sun 乌孙，民族 65 f. 68-71, 77

Å-tik-ken 乌德健，山 61, 63

Ābasgūn 阿巴斯衮 52

'Abd allāh b. Al Muqaffa 穆卡法 32, 37, 67 加尔迪兹书中涉及اصول的史

---

[*] 译按，索引词条后页码为原书页码，即本书边码。

索 引 265

料，93 注 1, 201

'Abd allāh al Qāšānī 哈沙尼 64

Abir Sibir 亦必儿-失必儿 135 注 7

Abū Bakr b. Waḥšīja 阿布·巴卡尔·瓦希失牙 112

Abū Dulaf Misʻar b. al Muhalhil 阿布·杜拉夫·穆哈勒黑勒 100 注 3

Abū'l Gāzī Bahādur Chān 阿布尔-哈齐·把阿秃儿汗 160, 164, 168

Abū Ḥāmid Muḥammad b. ʻAbd ar Raḥīm al Garnāṭī 阿布·哈米德·加纳蒂 56, 103, 111 注 3

Achlāṭ 阿赫拉特 187 参 Chilāṭ

Adam von Bremen 亚当·冯·不莱梅 29-30, 173

Ädil müran 亦的勒河 142 注 1, 145 注 1, 参 Itil müran

Ädir，畏兀儿境内的河流与部落 58

Āđarbaigān 阿塞拜疆 45, 146

Afrāsijāb 阿夫拉西亚伯 104 ff, 146. 巴拉沙衮伊利克汗（Ilig-Chane）的祖先 164

Aḥmad b. ʻAlī Qarā-Chān, Qarachanide 喀喇汗王朝艾赫迈迪汗 48

Aḥmad aṭ Ṭīnī al Warrāq 阿赫迈德·惕尼·瓦剌克 157

Aḥmad aṭ Ṭūsī 阿赫迈德·图西 79

A-i-sa，山的名字 186 注 4

Äkinči b. Qočqār, Chwārizm-Schāh 花剌子模沙艾肯齐 41, 48-51, 201-202

Akmolinsk 阿克莫林斯克 167

Akuta 阿骨打，女真帝国的肇建者 137

Ala Tag 阿拉山，山 146 注 1

Alanen 阿兰人 39, 78-79, 141, 142, 147, 155, 162. 阿兰人的宗教 142

Alanenburg 阿兰堡 107-108

Alanenmeer 阿兰海 106-108

Alanenschloß, Alanentor 阿兰人城堡，阿兰人门户 107, 185

Alanische Berge 阿兰山区 182 注 1

'Alā' addaula b. Kākōi 伽库伊之子阿拉 45

'Alāu 'ddīn Kai-Qobād 阿拉丁·凯库巴德，罗姆国苏丹 187-188, 190

Albani = Wizzi 阿尔巴尼人或维茨人 29

Aleksandr von Dubrowo 杜布罗沃大公亚历山大 150

Aleški 阿列什基 148 注 7

Alexander der Große 亚历山大大帝 146 f.

Alexios Komnenos 阿莱克修斯一世 27, 170 注 3

'Alī tigin 阿里特勤，伊利克的兄弟 45-46

Almalyq 阿力麻里，西辽的城市 122, 125, 128, 134, 166

Alp Arslān b. Dāūd 达兀德之子阿尔普·阿尔斯兰 46

Alp Qarā 阿尔普·喀喇 46

Alp-tigin 阿尔普特勤（译按：正文中作 Alb-tigin）49

Altai 阿尔泰 167

Altūn Chān 金朝皇帝 121-122, 142 注 1

Alxon, 民族名 72

Amazonen in Kvenland 女儿国的阿玛宗人 29

An-kü-kut 安车骨，靺鞨的部落 83

An-sik 安息 68

An-ta(p)-han 按答罕，山 114

An-ting 安定，卫所 202

Anapa 阿纳帕 180

Andalal 安达拉 75

Andiğān 安集延，城市 163

Andrěj 安德烈，基辅大公密赤思老·罗曼诺维奇的女婿 150

Angara 安加拉，河流 135

Angora 安卡拉 189

Anōš-tigin i Ġaršača 阿诺施特勤·噶尔沙察，花剌子模奴隶王朝的先祖 49, 51

Antchogli, 钦察某部落 157 注 16

Anten 安特，民族 162

Antitauros 前托鲁斯山脉 186

Antropofagi = Mordwa 莫尔多瓦 30

Aorsen 奥斡斯人，处于上层 108

Apʻchazen, Apʻchazkʻ 阿布哈兹人 180 注 4, 181 注 3, 182

Apʻšilkʻ 181 注 3

Araber 阿拉伯人 189

Arachosien 155 注 7

Aralsee 咸海 26, 35, 98-102, 139, 146 注, 168

Aras 阿拉斯 187 注 1

Argun 额尔古纳河 88

Arimphaei 182

Arini 186 注 4

Arjāmēḅan (Rāmēḅan) 196 注 3

Ärmäni 艾尔曼尼 188

Armenien 亚美尼亚 147, 187-188, 190

Armn 某河流名 183 注 1

Arrān 阿阑 146

Arslān 阿尔斯兰，塞尔柱之子 44, 45

Arslān al Gāđib 阿尔斯兰·贾迪卜 45

Arslān Chān Muḥammad 阿尔斯兰汗·穆罕默德，撒马尔干汗 164-165

Är-togrul 埃尔图鲁尔 188, 190

Artyš 阿图什，地名 117 注 2

Arys-qum 阿里思库姆 205

Arzingān 埃尔津詹，城市 187-189

Ās 阿速，奥赛梯 171, 182 注 1

Asprōz 埃斯帕鲁兹，神话中的山 104, 106

Astrachan 阿斯特拉罕 178

Ašqun-luq tängrim 兀失浑-鲁黑-腾里木，山 58

Ašut bäg 阿术特伯 189

Ašyq balgasun 亦失黑-巴剌合孙 204

Atil 亦的勒河，即伏尔加河 25, At'l 35，参 Itil

Atsyz 阿即思，花剌子模沙 51, 118 注 6, 165 注 3, 167

Attaleia 安塔利亚 188-189

Avàrdašura 75

Awaren 阿瓦尔人（柔然）69 第 39 行，70, 73, 88. 高加索阿瓦尔人 74 f., 78, 186

Awaren 欧洲阿瓦尔人（伪阿瓦尔人）71-74

Awarna，复数 Awar-by 75

Bāb al abwāb 146，参 Darband 打耳班

Bačman 八赤蛮 116 注 1, 146 注, 154 注 2

Badachšān 巴达赫伤 202

Badar 畏兀儿境内的某河流和部落名 58

Badr addīn Ḥasan ar Rūmī 哈桑·鲁米 158

bagatur 84 注 1

al Baiḍā' 拜达，哈扎尔人的都城 106

Baikand 参 Paikand

Bäilük 蒙古某部落名 135

bajagu-t 巴牙兀惕 171

Bajāndur 巴音都尔，基马克部落 90, 172, 190 注 7

Bajawut 巴牙兀惕（又译"伯岳吾"），也灭克部落 168, 171；蒙古部落 171

Bajat 巴雅特，乌古斯部落 43 注 , 189-190

Bajundur 巴音都尔，乌古斯部落 90 第 31 行 , 189-191

Bajyrqu 拔野古，九姓部落 59, 61

Bākū 巴库，城市 159

Balāsagūn, Bālāsāqūn 八剌沙衮 47, 48, 101, 122-123, 125, 134, 164-166

Balch 巴里黑 / 必里罕 50, 132 注 6

Balchān 巴尔罕，大巴尔罕 187 注 1；巴尔罕城 70, 187 注 1

Balchasch-See 巴尔喀什湖 66, 134

Balkā-Tigīn 巴尔喀特勤 49, 51 注 2，参 Bilgä bäg

Bāmijān 巴米扬 201, 202

Banū Mängüčäk 门格切克 189

Baqatʿar 155

Baqxlulau, Bakxlulal 巴克希鲁拉勒 75

Barbar, Barbaristān 柏培拉（埃塞俄比亚王国）105

Barčula 巴尔楚拉 162

Barčuq 巴而术，畏兀儿亦都护 118

Barkul 蒲类海，巴里坤湖 66

Barqyjaruq 巴科雅鲁克 49-51

Barsil-tʻ 巴尔思尔特 162

Bascart 巴什基尔 203；Bascarti 巴什基尔人 79

Basileios 巴西莱奥斯，奥尔海伊的主教 154, 170

Basty 巴斯特伊，波罗维茨首领 148, 151

Bašgirt, Bāšqirt, Bāšqyrd 巴什基尔人 67, 98, 158, 162

Batu Chan 拔都汗 139, 145 注 1, 171

Baz Chagan 九姓的首领 62 注 1

al Bekrī 贝克里 100 注 1

Berdrigae (Derbigae) 185

Berendiči 贝任第奇人 27, 28, 157

al Bērūnī 贝鲁尼 39, 101

bi "弥"，乌孙人的语言 = 突厥语的 bäg 69

Bihišt Kang 109

Bileri 必列儿 79

Bilgä bäg 异密名号 49, 51

Bilgä Igur (Uigur) Qadyr Chān von Kāšgar 可失哈尔的毗伽畏兀儿卡迪尔汗 202

Biographie des Bah-rh-ču《元史·巴而术传》117 注 4, 118

Biographie des Bu-hu-mu《元史·不忽木传》169

Biographie des Ka(t)-sse-mi(k)-li《元史·葛思麦里传》79, 204

Biographie des Subutai《元史·速不台传》79, 119, 128, 130, 132, 133,

136, 152, 155, 156

Biographie des T'u-t'u-k'a(p)《元史·土土哈传》130, 136, 137, 139, 161

Bisermini 木速蛮 163

Biš-balyq 别失八里 31 第 30 行 , 64, 117, 167

Blaue Augen der Kien-k'un 坚昆（黠戛斯）的蓝眼睛 67, 77；乌孙的蓝眼睛 68；钦察人中的蓝眼睛 79, 140 注 8。

Blondheit der Kien-k'un 坚昆（黠戛斯）的金发 67, 77；女真的金发 175；钦察人中的红发 79, 140 注 8。据此，"欧伊伦堡"新波斯语诗人（译按："欧伊伦堡"新波斯语诗人，指德国著名诗人格拉夫·普拉滕 [Graf Platen]，全名 Karl August Georg Maximilian Graf von Platen-Hallermünde，以擅长临摹波斯诗人哈菲兹 [1315—1390 年] 的诗句而著称。普拉滕曾被海涅公开攻击是同性恋，导致他流亡海外，这就是轰动德国文坛的"普拉滕案"。"欧伊伦堡"的典故则出自德国皇帝威廉二世与欧伊伦堡亲王菲利普 [Philipp zu Eulenburg）之间的同性绯闻。后来，"欧伊伦堡"便成为同性恋的代名词] 笔下苗条金发的突厥人，Friedrich Veit 在普拉滕的 Nachbildungen aus Hafis' Diwan III (: Studien zur vergleichenden Literaturgeschichte VII 4, 1908, S. 419) 中曾提到，理解为诗人凯末尔·霍艮第（Kamāl i Chuǧandī）笔下（位于钦察）萨莱的"偷心贼"（Rückert-Pertsch, Grammatik, Poetik und Rhetorik der Perser 92 A. 1)。（译按：据查所引文献，此处所指波斯语诗歌中"突厥"奴隶的形象，往往都是同性恋。）在 13 世纪唯一没有改宗伊斯兰教的突厥语人群就是钦察和康里，他们作为奴隶买卖，据伊本·法德兰的亲眼所见，在蒙古统治时代还没有摆脱买卖自家孩子的陋习。

Bo-gu 字古 167

Bo-ta-rh 拔都儿 155

boan-tut 瞒咄 84

Boat-kat 靺鞨，民族 80, 82

Bogra-chan 布格拉汗 44, 参 Hārūn 哈伦；样磨首领的名号

Bojun Čur 磨延啜，回鹘可汗 136 注 2

bok-ho-tut 莫贺咄，参 bagatur；bok-ho-tut jep-hu 莫贺咄叶护 43 第 38 行

Bok-lo 覆罗，铁勒部落 200

Bok-to-hoe 莫多回，国家 86

boljare 26 注 2

Bong-tan-t'å 蒙陈吐，铁勒部落 200

Bonjak (Μανιάκης) 博恩雅克，库蛮首领 28

Bourdj Ogli 钦察部落名 157 注 16

Brodnici 布罗德尼奇 150

Buchara 布哈拉 44, 45, 50, 109 注 3, 121, 123 注 2, 128, 131-133, 196 注 3

al Buḥaira in Dehistān 位于达吉斯坦的布海拉岛 107

Bujuruq Chan 不亦鲁汗，乃蛮部首领 117, 126 注 1, 132 注 6, 135

Bulgār 不里阿耳（伏尔加河的不里阿耳）78-80, 98, 101, 141, 144, 145 注 1, 147, 158, 162

Bulgaren 保加尔人 26, 27, 84 第 29 行

Bulgaren, Schwarze 黑不里阿耳人 162

Būmič-kaþ 196 注 3

Bumyn Chagan 土门可汗 95

Buqratu buzluq 不黑剌秃-不思鲁黑，山 58

Buqu-tigin (Buqu-chān) 卜古特勤（卜古汗）31 第 14 行, 32 第 25 行, 59, 62

Burdās 布尔达斯，民族 98

Burgar, Burgārē 不里阿耳人 84

Burgut (Bargut) 蒙古某部落名 135

Büri Tübät 波黎吐蕃 204

Burqučin Tüküm 巴儿忽真-脱窟木 135 注 7

burxan 神、佛 83 第 34 行

Burxan Xaldun 不儿罕合勒敦，山 84

Bušxk' 布失 162，参 Bxux

but, *bur = Buddha 佛 83 注 5

But-kan 圣山，参 burxan

Buzuq 卜阻克 33 第 12 行（译按：原文 12 误作 42），38 第 12 行, 189 f.

Bxux 族名 35

Caetae (cezete, *Cercetae) 179, 182

Cangitae 139, Cangle 163，参 Qangly

Capchat, Capthat = 钦察 79, 116 注 3, 139, 173

Cara-beurkli 钦察某部落名 157 注 16, 158

Cercetaea gens 180, Cercetici 181

Chagan 可汗，哈扎尔人的名号 71 第 26 行；阿瓦尔人和伪阿瓦尔人的名号 73

Chalač 卡拉赤，民族 97, 111, 155 注 7

Charluch 葛逻禄 26, 37 第 28 行, 42 第 4 行, 54, 93f., 97-99, 103, 110f.,

162, 167；与康里混淆 164

Chāwar-chuđah = 罗马统治者 108

Chazaren 哈扎尔人 25, 34（宗教）, 39, 56, 67, 70, 71 第 26 行, 78, 97 f., 111, 147, 162

Chazarenmeer 哈扎尔海 = 黑海 143

Chijōn, Chionitae, Archaismus = Hjaona 匈人 71

Chilāṭ (Achlāṭ) 阿赫拉特 188

China 中国、秦 47, 164, 204

Chirchīz 黠戛斯、吉尔吉斯、乞儿吉思 39, 42, 54；源自于斯拉夫人 67，参 Qyrgyz

Chisoe 179

Chiṭā, Chiṭāi, Chyta 契丹 122, 124, 126-128, 164 f.，参 Qytai 和 Qara Qytai

Choamani 185

Chokand, Chanat 浩罕汗国 163

Cholač 111，参 Chalač 卡拉赤

Chomarae 185

Chorasan 呼罗珊 187 f., 190

Chorol 霍罗尔，河流 154

Chortica 霍尔蒂恰河 149, 151；霍尔蒂恰岛 151 注 3

Chosrau Anōšarwān 库思老一世 110 注 2

Chotan 于阗、和田、忽炭 109 注 3, 167, 204

Christentum, Ausbreitung 基督教的传播 153 注 7

Chumdān 长安 60

Chunz, Chunzak 洪扎赫 75, 186

Chwāra 花剌，城市 43 注 2

Chwārizm 花剌子模 49-51, 80, 146, 158, 168, 202

Chwārizm-Schāh 花剌子模沙，参 Muḥammad 摩诃末，Atsyz 阿即思

Chyṯāi 47，参 Qytai

Cissi 178

Cizici 179 f.

Coite (*Corcite) 179 f.

Colicae (sex) gentes 180

Comana 203

Comania 163

Comari 185

Commani 139, 173，参 Komanen 库蛮

Commori 185

Coraxici 180

Corsitae 180

Cotobacchi 179, 181 f.

Coungour ogli 钦察某部落名 157 注 16

Crhepstini. varii 184

Cumania 185

Cuni 27, 38

Cynocephali (Hundingas) 犬头人 29

Çābier 112

Canark' 74 注 5

Čāč 赭石 109 注 3, 110, 127, 196

*čagan qūn 71

Čagānijān 蒙古语词 71 注 2, 135

Čagatai-persisches Wörterbuch《察合台语-波斯语字典》158

Čagyry tigin 察格鲁特勤 41；Čagyry bäg Dā'ūd 察格鲁伯·达兀德 42, 44-46

Čahār kaha 察合儿-客赫 204

Čam, Č'am, Čam mürän 蟾河 117 注 3, 118, 133, 136

Čamuqa Sačan 札木合别号薛禅，札只剌部首领 132 注 6

Č'ang č'ing 长城 119

Čang K'ien 张骞 168

Čangšy, Bajawut 敞思，巴牙兀惕汗 167

察合台语 čapčaq = qapčaq(?) 160

Čarkas 察尔喀斯 171，参 Čerkessen

Čau-wu 昭武，康国所谓的故土 75 注 2

Čawundur, Čawuldur 查瓦氏尔，乌古斯部落 190

Čebe nojan 哲别诺颜，蒙古将领 126 注 1, 136, 146 注 1, 204

Čečen 车臣，民族 182 注 1

Čegyrkań 切葛尔干 150

Čeh-lin 哲琳 114

Čerkessen 切尔克斯人 141 注 5, 181, 184

Černigow 切尔尼戈夫 149, 151

Černyi klobuki 158

Čida-Baja'ut 者台-巴牙兀惕，蒙古汗 171

Čiëm 蟾 119 f., 133，参 Čam

Čigil 炽俟，部落 42, 97, 114 注 1

Čik 族名 136

索引　277

Čilawun 赤剌温，脱黑塔别乞之子 117, 131

Či-lu-ku 直鲁古，末任菊儿汗 122 注 4, 125

Čin 秦，中国，菲尔多西《列王纪》中非常宽泛的地理概念 104 f., 108 第 32 行, 109, 110 第 39 行（指西突厥）, 196

Čīnāngǩat（吐鲁番）64

Č'ing 成王 83 注 5

Č'ing-tsung 承宗，畏兀儿首领 61 注 5

Čingiz-Chān 成吉思汗，所谓的鞑靼汗 121 f.

Čingiz-Chan 成吉思汗 115-118, 120-123, 125f., 128f., 131, 133f., 136, 142 注 1, 145, 146 注 1, 154 注 2, 168, 171 注 6, 187 f., 204

Čingiz-Chān Timürči 成吉思汗铁木真 128

Či-pie(t) 只别 132，参 Čebe nojan 哲别诺颜

Čiqir 炽俟，突厥部落 97

Či-ši 刺史，中国名号 167 注 6

Čōl, 梵语 Čōla, 白匈奴部落 70, 107 f.

Čōl = Darband 打耳班 70, 183

Čolman 楚尔曼 158

Ču-čen (Dzu-čin) 女真，黄头的 175

Čugai-qozy 总材山 62

Čui, Č'ui, Čui märän 楚河 35, 118, 133, 136, 162, 164, 168

Dād Ḥabašī b. Altūn-tāq 阿勒敦塔克之子阿米尔·达德·哈巴什，呼罗珊的异密 50 f.

Dāha 古地名 71

Dahān-i šēr 106

Danilo Kobjakowič 丹尼勒·忽巴科, 波罗维茨首领 148, 153

Danilo Romanowič 丹尼勒·罗曼诺维奇 149-151

Darband 打耳班 78, 147, 152 注 3, 171 注 6

Darband Šarwān 失儿湾的打耳班 141, 157

Dā'ūd b. Mançūr b. Abū 'Alī al Bādgēsī 达兀德·曼苏尔·阿布·阿里·巴德曷思 42 注 5

Dehistān 德希斯坦 52 注 107 f.

Dēlum 德鲁人，民族 52

Deržikraj Wolodislawič 德尔兹克拉吉·弗罗迪斯拉维奇 149, 151

Dido-eti', Diduri 国家和民族名 183

Dih-i nau 养吉干，城市 91

ad Dimašqī, Šams addīn 迪马什基 157

Dīnawar 迪纳瓦 187 注 1

Divali 民族名 177, 183 注 1

Djeznan 钦察部落名 157 注 16

Dněpr 第聂伯河 75, 79 f., 139-141, 148-152, 156-158, 185

Dněstr 德涅斯特河 80, 149, 151, 158

Cn. Domitius Calvinus 卡尔维努斯 185

Don 顿河 25, 54, 80, 98, 139 f., 142 注 1, 148, 154, 163

Dōnabīs 多瑙河 170

Donec 顿涅茨河 154；顿涅茨城 155

Dourout 钦察部落名 157 注 16

Drachenhof 龙庭，单于城 195

Dranka 106 注 2

Dündar 敦达尔 188

Dunkles Meer 深色的海 111, 171

Dūsī Chān 拙赤汗，所谓鞑靼首领 121

Dūsī Chān 朮赤，成吉思汗之子 122-124, 128

Dwalet'i 177

Dzu-čin 女真 80, 81 注 1，参 Ğürčit

Dzu-gut 如纥，铁勒部族 200

Dzuan-dzan 柔然 69 第 39 行, 70, 76，参 Dzut-dzut 蠕蠕

Dzut-dzut 蠕蠕（柔然），民族 36, 73, 76, 87 注 6, 88, 96

Elberli 钦察部落名 157 注 16

Emba 鄂毕河 102

Epagerritae 177, 183 注 1

Erachi 183 f.

Ermi 不里阿耳贵族名号 26 第 31 行

Erzerum 埃尔祖鲁姆 188

Ethrib (Jaþrib, al Medīna) 雅士里布 147 注 4

Fachru 'ddīn Bahrām-Šāh, Arzingān 法赫鲁丁·巴赫拉姆沙，埃尔津詹的首领 189

Faḍlūn 法德伦，甘加的异密 56

Fagfūr von Čīn 中国天子 104, 109 注 3

Falbe, 法尔本人, 55, 157, 173

Falchovarii 175

ahd. falh-, falah- 175

ahd. falo 'falb' 175

Falones 法罗恩 29, 34, 173

Fārāb 法拉卜 39, 43, 48，参 Pārāb

Fargāna 费尔干纳 127, 167

Felana ogli, 钦察部落 157 注 16

Firabr 费拉卜，城市 132 注 6

Fraðāxšti Xumbja 61 第 17 行

Frauenland 女儿国 29，参 Kvenland

Frēdūn 费里顿 196

Gabeth, Gābīthā 基遍 147 注 1

al Gaihānī 贾伊哈尼 54, 67

Galič, Galizier 加利西亚人 149, 151

Gang 黄河，中国境内的河流 122

Gardēzī 加尔迪兹 54, 91, 98 f., 112, 201

Gargarkʻ 部落名 74 注 5

Gasaria (Krim) 可萨利亚（克里米亚）173

Gelen 革拉人 153 注 7

Gemjabĕk 哲别 149

Gherghel 戈尔格勒 174, 185

Gneapsasi 184

Gnissi 177, 184

Go-balyq 虎八里（虎思斡耳朵）164

Goat-si 大月氏 65 f., 75-77

Göktai 阔客歹 146 注

Gold im Lande der Kīmāk 基马克境内的金子 100 注 3, 112

Goldgebirge 金山（阿尔泰山）69 第 33 行 阿尔泰山，嘛哒人的故乡 76

Göq ṭangrī 天神 34 第 1 行

Gottfrid von Viterbo 戈弗雷 174

al Gōzgānī (Abū ʿOmar ʿOþmān b. Muḥammad) 术兹贾尼, 128, 130 f., 134, 171

Grabinschrift des Bojun-Čur 磨延啜碑 199

Grigoris 格里高利斯，"启蒙者格里高利"（Gregors des Erleuchters）之孙 74 注 5

Grigorjew 格里戈里耶夫 112

Gruber 格鲁伯 176

Gul-zarrijūn 古尔札里潴河 196

Gūrchān der Qara Qytai 西辽菊儿汗 118, 120, 122-126, 128, 130, 134, 164-166

Gurgān 古尔干，城市 52 f., 106 f.

Gurgāng̊ 玉龙杰赤，城市 125, 玉龙杰赤海 = Aralsee 咸海 26

Gustahm i Nōđar 古斯塔姆·努扎尔 109

Gutan 203

Ġazna 哥疾宁，城市 146

Ġijāþu 'ddīn Kai Chosrau I, Salčuqe von Rūm 吉亚斯丁·凯-霍斯鲁一世 188, 190

Ġōrīs 戈里斯 201

Ġuzen 古兹人 26, 33 ff., 42, 43 注 2, 46 注 1, 52-54, 56, 67, 97-102, 165, 201, 参 Oguz 乌古斯

Ǧaʻber 加贝尔 187

Ǧalālu ʼddīn ʻAlī b. Bahāʼu ʼaadīn Sām, Bāmijān 巴米扬的巴哈丁·沙木算端 201

Ǧalālu ʼddīn Mängübirti 札兰丁 121, 125，算端 171 注 6，花剌子模沙 187 f.

Ǧand 毡的，城市 43 第 46 行 , 44, 121, 158

Ǧan-kent 贾肯特 202, 205

Ǧijuq 赤只黑，脱黑塔别乞之子 117, 131

Ǧikʻetʻi 178

Ǧuči 朮赤，成吉思汗之子 80, 131-133, 136, 205

Ǧuči Kassar 拙赤哈撒儿，成吉思汗胞弟 121 注 6

Ǧürčen 女真 80, Ǧürčit 女真 113, 137

Ǧuwainī 志费尼 133, 164, 166

Habaši, Habašetʻi = Kʻušankʻ 198

Hå-han-sie 呼韩邪单于 65

Hå-lik-kui 侯力归 86

Hå-ni-ki 侯尼支 85

Hak-sit 斛薛，铁勒部 200

Ḥalab 阿勒颇 187

Hali, Hale 177, 182 f.

Halisarna 177 注 5

Haliserni 177

Hāmāwarān, Hamāwarān 哈马瓦冉 105

Hang-kin 杭斤 152 f.

索 引　283

Harmatotropi 185，参 Pharmacotrophi

Hārūn b. Ilig al Chān 伊利克汗之子哈伦 44，Bogra-Chān 布格拉汗 44 第 34 行

Ḫa-ru-sa，参 Xa-ru-sa

He (Hi) 奚，民族 74, 80, 96, 117, 137, 162

Hephthaliten 嚈哒 70 f., 75, 77, 94, 110 注 2, 135，与月氏混淆 75 注 2

Hēṭālen 93，参 Hephthaliten 嚈哒

Hidatleu 来自希达特林的人 75

Hien Tsu 宪祖［宗］（蒙哥合罕）115

Hiet-ko 颉哥 82

Hik-lien Toh 赫连铎 81

Hik-sui 黑水部，靺鞨部落 83

Hiok-u-ling 郁羽陵，国家 86

hip-hau 叶护 69

Hirschkuh als Führerin der Hunnen 雌鹿作为匈人的领路者 31 注 9

hit-li-bat 颉利发 200

Hjaona 古族名 71

Ho-lam 和林（哈拉和林）62 f., Hoh-lim 和林 120

Ho-long 和龙，地名 82, 85

Ho-tu 火都，蔑里乞部首领 115, 119

Ho-sik 号室，靺鞨部落 83

Hok-tsiong 覆锺，国家 86

Ho(k)-to(t)s'-Han 霍脱思罕，康里部首领 205，参 Qutuz Chan

Ho(k)-tu 霍都 120, 136，参 Ho-tu 火都

Hu-jen 呼衍，匈奴王 75

Hu-kiet 呼揭，Ấ-kiet 乌揭，部落 65-67

Hu-lu-hun 忽鲁浑 119

Hu-rh-šan = غزاق 忽儿珊 166

Hu-su 护输，骨力裴罗（Kutlik Bojla）父亲 61 注 5, 63 注 7

Hu-tik 呼得 66，参 Hu-kiet 呼揭

Hui-hui 回回 132, 166 注 2

Hui-li 灰里河 132 f.

Hun 浑 59，参 Un

Hun-jo 荤粥 64

Hūṇa 70 f., sita H., hāra H. 70

Húnfalvy, Pál 保罗·匈法维 176

Hung-nu (Kung-nu) 匈奴 64 ff., 168, 200

Hunnen 匈人 176；高加索匈人 34（宗教），74；白匈人 74, 77

Ḫu-nu-sa，参 Xu-nu-sa

Huo-tu 火都，脱脱之子 117 注 4，参 Ho-tu 霍都

Ḥusāmu 'ddīn Čōpān bäg 胡萨姆丁·乔班伯 190, Bäglär-bäg des rechten Flügels 右翼的"侯中侯" 191

Husi = Οὔζοι 胡思 30, 173

Hut-han 忽汗河 88

Hu(t)-lu-hun 虎鲁浑 119，参 Hu-lu-hun 忽鲁浑

Hu(t)-lu-so(k)-man 忽鲁速蛮 115, 154 注 2

Hut-nip 拂涅部，靺鞨部落 83

Huyur 畏兀儿 203，参 Uigur

Hwang Č'ao 黄巢 81, 95

I-å 伊吾（哈密）67

I-li 伊犁 168

Ibn al Aþīr 伊本·阿西尔 42, 47, 50, 52, 56, 123 注 2, 126, 141, 156, 164, 166

Ibn Baṭūṭa 伊本·白图泰 153

Ibn Bībī 伊本·毗毗 53，参 Nāçir addīn Jaḥjà b. Muḥammad 纳西尔丁·叶海牙·本·穆罕默德

Ibn Faḍl allāh al ʿUmarī 乌玛里 137 f.

Ibn Faḍlān 伊本·法德兰 131, 141

Ibrāhīm bäg 易卜拉欣伯，Bäglärbäg des linken Flügels 左翼的"侯中侯" 189

al Idrīsī 伊德里西 102 f.

Igor Swjatoslawič von Nowgorod, Fürst von Sěwer 谢伟亚宁的大公伊戈尔·斯维亚托斯拉 153-155

I(k)-na(p)-s(u) 亦纳思，钦察首领 114 f., 137

Ili 伊犁 / 伊列 66

Ilig al Chān 伊利克汗 45 f. Illig-Chān 伊利可汗，巴拉沙衮首领 164

Ilig i Turkān, Tarākima, 伊利克·突尔干，名号 164

iltäbär 颉利发 / 俟利发 200

Iltiris Chagan 颉跌利施可汗 / 骨咄禄 91 第 21 行, 95. 参 Qutlug Iltiris Chagan

Imäk 也灭克，部落 158，参 ایماك

Imäk-jabgu 也灭克叶护，基马克首领的名号 89 注 1, 93, 95, 97

Imil 叶密立 120, 164, 165 注 1

In-schan 阴山 95, 204，参 Jin-Schan 阴山

Inschrift von Qara Balgassun 九姓回鹘可汗碑 61

Inschrift des Tonjuquq 暾欲谷碑 62

Insel des hl. Gregorios 圣格里高利岛 151 注 3

Ip-tat 嚈哒 94 第 36、39 行，参 Hephthaliten 嚈哒

Irdisch 也儿的石，蓝色也儿的石河 167，参 Irtisch

Irdisch-murän 也儿的石河 167，参 Irtisch

Irtisch 也儿的石 90- 92, 99, 113, 117, 138, 146 注, 162, 206；黑色也儿的石河和白色也儿的石河 100- 102

Ischim 伊希姆河 206

Abū Ibrāhīm Ismāʿīl b. Nūḥ 萨曼王朝努赫之子阿布·易卜拉欣·伊斯玛仪 46

Ispahān 伊斯法罕 45, 146

Ispēčāb 城市名 91 第 43 行, 127

Issyk-köl 伊塞克湖 164

Istämi Chagan 室点密可汗 95

Iškül 畏兀儿境内的河流和部落 58

It-baraq 伊特·巴拉克（译按：又译 "亦惕-巴剌黑"），民族 145 注 1, 161

Itil, Itil murän 亦的勒河 / 亦的勒沐涟，伏尔加河 56, 79, 156 注 2, 160；Itil 亦的勒，哈扎尔人的都城 56

It-lik-ki 乙力支 85（译按：原文误作 95）

Ixamatae 182

Jabgu 叶护，乌古斯叶护 37 注 3, 42, 46, 101, 201；葛逻禄叶护 37 注 3, 43 第 21 行；基马克叶护 95, 100；鞑靼叶护 95。参 Daqīqī, Šn. 1510

v. 240: بران نژه دیوان پیغو نژاد von Arğāsp; 1537 v. 734: آن شاه پیغو نژارد von den Kriegern des Arğāsp; 1510 v. 249: 伊朗军队是 ایرجی زاده پهلوی نه افراسیابی ونه پیغوی "都是从 Ērič 来的帕拉维人，既没有阿夫拉西亚伯人，也没有叶护（پیغوی）的人"; 1503 v. 133, 1506 v. 187: Arğāsp 给 Guštāsp 写信是用的叶护体 پیغوی بر خط。由于 Daqīqī（和菲尔多西）认为 Arğāsp 是在葛逻禄（例如 1509 v. 235, 1527 v. 546, 1566 v. 1053, 1580 v. 1460, 1623 v. 2239, 1723 v. 3995），所以在 Daqīqī 的语境中，Arğāsp 是葛逻禄叶护的后裔

jade 玉 37, 40, 201

Jaec 札牙黑河（乌拉尔河）69, 163，参 Jajyq

Jagmā 样磨，国家 42, 93-95, 114 注 1

Jagmā-tutug 样磨都督 94

Jagmur-chān b. Üdäk 札合木汗・本・于歹克 52

Jajyq (Jaec, Ja'ik, Γεήχ, Jajaq) 札牙黑河 79 f., 102, 139, 145 注 1, 146 注 1, 157-159, 168, 206

Ja-lut Hwa-ko 耶律化哥 195

Ja-lu(t) Č'u-ts'ai 耶律楚材,《西游录》130, 140, 158 注 1, 159

Jalta 雅尔塔 140

Jang 隋炀帝 87

Jangy kent 养吉干 43 第 44 行, 46, 101 f., 202, 205

Jāqūt 亚库特 146

Jārkand 叶尔羌 158

Jarmūk, Tag am 雅尔穆克 147 注 4

Jaruń 亚伦 149 f.

Jaruq ṭaš 雅鲁塔什 50

Jasen (Ās) 阿兰人 148

Jaxartes 药杀水（锡尔河）26, 35, 48, 54, 80, 97, 99, 168, 205

Jazīd b. al Muhallab 雅兹迪·穆海莱卜 107

Jehol 热河 114, 117

Jeïch 札牙黑 25，参 Jajyq

Jem Ko-tin 阎膏珍，贵霜王 68

Jen-ki 焉耆 67

Jen Schi-ku 颜师古 68 f.

Jen-šu 延寿 195

Jenissei 叶尼塞 66 f., 135

Jet-pan 悦般，部落 69

Jih-lå 挹娄，国家 83

Jimäk 也灭克，钦察部落 157；康里部 130, 167, 171 f.

Jin-schan 阴山 81, 95

Jin-tuh 印度 140

Jissukei bagatur 也速该，成吉思汗父亲 125, 128 注 1, 203

Jü-jü 玉峪 118，参 Jü(k)-ku(k)

Ju-mei siang-un 有每相温 81

Jü(k)-ku(k) 玉峪，地名（河流名）119 f., 128, 130, 132 f.

Ju(k)-li-kie(t) 玉里吉，钦察首领 78, 152, 155

Ju(k)-li-po(k)-li 玉里伯里，山 114, 138

Jün(-tsiu) 云州 81

Jung-č'ang 永昌，城市 76 注 2

Jūnusgebirge 金山（阿尔泰山）42

Juŕgij Domaměrič 玉里吉·多玛蔑里奇 151 f., Jurij Domarěčič 玉里

吉·多玛列切齐 149

Jurij, Großfürst von Suzdal 苏兹达尔的大公玉里吉 151

Jurij Končakowič 孔查克（维奇）的儿子玉里吉，波罗维茨首领 148,
　　Juŕgij K. 玉里吉·孔查克维奇 150, 153, 155

Jūsuf b. Mūsà b. Salčūq 塞尔柱之孙、穆萨之子的玉苏甫 45 f.

Iwan Dimitriewič 伊万·迪米特里维奇 149

Iwannē (Joannes Komnenos) 约翰二世 170

K'å-hok-tsin 库伏真，国家 86

K'å-lå 库娄，国家 86

Kaffa 卡法，城市 158

Kähärun-Baja'ut 客赫邻－巴牙兀惕，蒙古部落 171

Kai Chosrau 凯·库思老 104 ff.

'Izzu 'ddīn Kai Kāōs 凯卡斯一世，罗姆苏丹 189

Kajala 卡亚拉河 Kagalnik（卡加利尼克）154

Kalec 卡利奇河 156

Kalka, Kalak, 迦勒迦河 78, 147, 149 f., 152, 156

Käm 剑河，Ulu Käm, 河流 135 f., 203

Kämčik 河流名 135

Kamičik Hep't'ałk' 嚈哒的一支 74

Käm Kämči(g)ut 谦谦州，民族 132 注 6, 135

Käm Kämčik bom 谦谦关，关隘 135

Kan Suh 甘肃 65 f.

Kanal von Konstantinopel 君士坦丁堡水道 143

Känd-ör-Tagy 91，کنداور تاغی 参

Kang 康 78, K'ang 康 75 注 2, 168

K'ang-kü 康居 66 f., 69, 70 第 23 行, 168

K'ang-li 康里 167, 205，参 Qangly

Käŋäris 族名 26 注 2, 35, 97, 168

Kan(h)a 古地名 71

Kang diž 冈格堡 104 f., 109

Kanggar 指代奥斯曼人 168

Kao-jang 高阳 87

Kāp-kōh 山名 152 注 2

Ka(p)-la(h)-č'ik 哈剌赤，系 Ka(p)-č'iah-č'ik 哈剌赤，产黑马乳之境 = *qybyč-aq 116 注 3; 参 qybyq

Kara-Kalpaken 喀拉卡尔帕克人 163

Kara-Kingir 喀剌肯吉尔河 206

Karanitae, Karaniti 哈喇尼惕 203

Karpaten 喀尔巴阡山 181

Kāsān 城市名（在费尔干纳）127

Kąsawja 海名 106, 109

Kásogy 切尔克斯人（Čerkessen）148, 181

Kaspisches Meer 里海 54, 79 f., 97, 137, 139, 179, 185, 206. 扎列泊（Āb-i Zirih）106. 阿兰海 106 ff. 吉朗海（Meer von Gēlān）108. 基马克海 106, 111；古兹海 106

Kašak 卡沙克（切尔克斯人）162

Kāšgar 可失哈儿，今译喀什噶尔 121 注 4, 122 f., 166 f., 204

Kat-tat-lo-ki 葛达罗支 155 注 7

Kaukasus 高加索 176f., 181, 184

Kawākat 地名 91 第 38 行

Keluran (Kerulon) 克鲁伦河（译按：旧译怯绿连河）203 注 1

Kem 叶尼塞河 65，参 Käm

Kem ču 谦州 135

Kenen 钦察某部落名 157 注 16

Kerait 克烈部，蒙古民族 125, 128 注 1, 132 注 6, 152 f., 167, 203

Kermān 起儿漫 45

Kerulon 克鲁伦河 118

Khar-lu 葛逻禄（译按：又译哈剌鲁）118，参 Qarluq

Khaśa 迦娑 201

Ki-h(b)ut-hok 具弗伏，国家 86

Ki-li 祁黎，山名 82

K'i-lien šan 祁连山 66

Ki-mo 亟墨，城市 103

Ki-pin 罽宾 (Kaśmīra) 68, (Kapiśa) 155 注 7

K'i-pi 契苾，回鹘部落 59

Ki-rh-man (Karmīnī) 起儿漫，城市 166 注 2

K'i-tan, 契丹 80 f., 86, 88, 96，参 Qytai

Kiang-tu 江都 87

Kib-šu-na 库蛮首都名 186 注 4

Kien-k'un 坚昆 65-68

Kim, Kin 金，女真王朝 113

K'im-ts'at 钦察 78, 114, 116, 119 f., 130, 138, 140 f., 152, 156, 205

Kīmāk 基马克 26, 39, 42 注 3, 67, 89-98, 100-102, 110, 111（见于伊德里西的记载），139, 141, 158, 162 f., 167, 170, 172

Kin-šan 金山 76 注 2

kipčäk = 荒原 160

Kitai 契丹 203，参 Qytai

Kitanopu 57

Kleinasien 小亚细亚 187, 190

Ko-č'ang 高昌 71 注 4

K'o-fu-č'a 可弗叉 140

Ko-kü 高车，民族 59, 66, 72, 74, 76-78, 199. Ko-kü Ting-ling 高车丁零 169

Ko-kü-li 高句丽 82, 85, 88

Ko-li 高丽 83, 85, 87

Ko-šu 哥舒，Nå-sik-pit 弩失毕的两个部落 94 注 4

K'o-tat-lo-ki 诃达罗支 155 注 7

K'o-tun 可敦（蒙古语 Chotun）195

Koa(t)-kan-hu(t)-l(ah)-t'u(t) 阔干忽剌秃，地名 114

Kobjak 忽巴科，波罗维茨首领 153

Kočkar 202

Koistoboken 部落名 181

Kök Alp 库柯·阿尔普 190

Komana im Pontos und in Kataonien 黑海和卡塔奥尼（译按：今卡帕多奇亚）地区的库曼纳 185 f.

Komanen 库蛮 33, 54, 79, 137-140, 153 f., 157, 162, 170, 173-175, 185, 203. 库蛮宗教 32 第 20 行, 170. 名号 57

Končak 孔查克，波罗维茨首领 153-155

Konstantin Porphyrogennetos 君士坦丁七世 25

Konstantinopel 君士坦丁堡 170

Kotjag (Kotjan) 忽滩，波罗维茨首领 78, 148, 203

Ku-li-han (Quryqan) 骨利干 140 注 8

Kü-lun 俱伦泊（Dalai nor）88 f., 169 注 6

Ku-mo 姑墨，城市 103

Ku-su 姑师，Kü-su 车师 64 f., Oat 滑国的部族 75, 77

Kuban 库班河 183 注 1

Kūča 库车 69 注 4, 70 第 26 行

Küčlük 屈出律，太阳汗之子 117 f., 120, 122, 126, 133 f., 136, 166, 168

Kui-tze 龟兹（库车）48

K'ujuk 库裕克 115

K'u(k)-č'u(t) 曲出，钦察国肇建者 114, 137, 139, 154 注 2

Kuma 库马河 57

Kumani 库蛮人 28, 57. 以实玛利后裔 148

Kuman 波罗维茨人 57

Kumanowo 库曼诺沃 174

K'un, 昆河（鄂尔浑河）65

Kun-bi 昆弥，Kun-bok 昆莫，乌孙首领的名号 65, 68f.

Kunduz 昆都士 196

Kündüz-Alp 昆都孜·阿尔普 190

Kunges 巩乃斯，河流 66

Kún-ság 地名 186

Kün-togdy 君土赫迪 188

Kunuj 57

Kurden 库尔德人 52, 189

Kursker 库尔斯克人 149, 151

Kurturgur-Bulgaren 库特里格尔-不里阿耳人 72, 162

Kurze Sommernächte 短仲夏夜 114, 128, 130, 140

Kuşana 贵霜 197

Kūšānmark 贵霜边区 197

Küšlü-Chān 屈失律汗，所谓屈失律二世的父亲 121 f.

Küšlü-Chān II 屈失律汗二世 122-124，126-128，参 Küčlük 屈出律

Kuthen 库蛮首领 57, 79, 203，参 Kotjan 忽滩

Kutlik Bojla 骨力裴罗，回鹘首领 61

Kut-tut-luk hit tat-tu 骨咄禄颉达度 94 注 3

Kuun, Géza 库恩 175, 185

Kwa-ču 瓜州 66

Kwah-č'i(k)-tan 阔赤檀，山名 119

K'wan ting-kiet-s' (teŋiz) 宽定吉思海 = 里海 152

Kvenland 女儿国 29

Kyjew 基辅 148 f., 151. Kyjewer 基辅人 151

Kytan 57

Lacus salinarum 178

Lakz (Lezgier) 拉克济人 78, 141

Lami 剌米人 29 = Jämen

Lawer 剌维尔，波罗维茨人 155

Lazen 拉兹人 180 注 4

Legende von Oguz Chagan 乌古斯可汗传说 142 注 1, 145 注 1, 156 注 2, 160, 169

Leichen als Köder 尸体作为诱饵 85

Li Koh-jung 李克用 81, 95

Li Kwoh-č'iang 李国昌 81

Li Mih 李密 87

Liau-tung 辽东 87, 113

Liet-lok 列六 82

Lik-boat 粟末，靺鞨部落 83, 87

Liu-č'ing 柳城 87

Lok-kå 洛孤水 85

Lok-k'ui 洛瓌水 82

Lok-tan 洛坦，室韦部落 88

Lomek'is-mdinare, 河流 183 注 1

Lu-lå 鲁娄，国家 86

Lu-lan 楼兰，部落 65 f., 77

Lupenii, 部落名 183；Lupones 183

Ma-ča-rh 马札尔, 脱脱之子 117 注 4

ma'àrul mac', Ma'àrulal 75

Māčīn 马秦 196

Maeotici 177, 182

Magna Hungaria 大匈牙利 203

Magog 玛格 = 哈扎尔人 34

Magyaren 马札尔人 26, 98, 162, 186；南高加索马札尔人 176

Māğar 马札尔，城市 158

Māhān 马汉，凯伊的故乡 187

Māhān in Āđarbaigān 阿塞拜疆的地方, 187 注 1；起儿漫的地方 187 注 1

Māhān 人名 187 注 1

Maḥmūd, Chān von Samarqand 撒马尔干的马哈穆德汗 165

Maḥmūd b. Muḥammad Chān 马哈穆德·本·穆罕默德汗古兹人的首领 52 注 1

Jamīn addaula Maḥmūd b. Sübük-tigin 苏布克特勤之子马哈穆德 45

Maiotis 迈俄提斯 162, 179, 184

Malanceni, Malanchini 182 注 6

al Malik al Aschraf 阿什拉夫，美索不达米亚的君主 188

Mälik-Šāh i Salčūqī 塞尔柱的马里克沙 49

Mamdū-Chān b. Arslān-Chān 阿尔斯兰汗之子马穆都汗，海押立和阿力麻里的首领 122, 125, 128

Manču 满洲 80, 175

Mandschurei 满洲（地名）113 f.

Mangu 蒙哥 115 f., 139, 146 注

Manqyšlāg, Min-qyšlāq 曼格什拉克半岛 51, 187 注 1

Mao-tun 冒顿单于 47 注 1, 56

Maqarač = mahārāğa 35 第 23 行, 43

Mār Michael 米海尔 30-33

Marāganī (Margiana) 马尔吉亚纳，所谓突厥人的驻地 30 注 3, 4

Marder (Pelzwerk) 貂，呼揭的貂 66；坚昆的貂 67

Marinos 马里诺斯 183

Marquz Bujuruq 马儿忽思·不亦鲁 203

Martyrium des hl. Abo 圣人阿波 34

Marw 梅尔夫 50；突厥人的城市 30 注 3

Marz i Ērān, Marz i Tūrān = Kūšān 贵霜 197

Marzbān i Kūšān 贵霜边区 197

al Masʿūdī 马苏第 25, 100 f.

Maštocʻ 马什托茨 74 注 5

Matthēos von Urha 乌玛窦 54

Māzandarān 马赞达兰 52

Mecriti 蔑克里, 民族 203

Meer von Čīn 中国海 105, 109

Meer von Gēlān 吉朗海 108, 参 Kaspisches Meer 里海

Meer von Ǥuz 古兹海 106, 参 Kaspisches Meer 里海

Menancleni, Menanclea (gens) 182

Merkit 蔑里乞部 57, 115, 117-121, 123 注 2, 125, 126 注 1, 128, 130-134, 136, 138, 141, 152 f., 203

Messeniani 179, 182

Met in Qypčaq 可弗叉国的蜜酿 140

(Ps.) Methodios von Patara 帕塔拉的主教麦瑟迪乌斯 147

Michael der Große, monophysitischer Patriarch 主教 "伟大的" 米海尔 153, 170; 参 Mār Michael 米海尔

Michael Wsewolodič 米海伊尔·维斯沃罗迪奇 151

Mië(t)-li 灭里 132

Mihrān, Miþradāta 的简称 180

Mīkāīl b. Salčūq b. Toqāq 图喀克之孙、塞尔柱之子米哈伊尔 42, 44

Ming Tsung 明宗 81

Min-qyšlaq 曼格什拉克半岛, 参 Manqyšlāg

Mirkis, Mirgis 参 Merkit 蔑里乞部

Mirri (Merja) 米儿利人，民族 29

Mi(t)-č'i(k)-s'-lao 大密赤思老和小密赤思老 152, 156, 204

Moabiter (=Tataren) 摩押人 147, 150

Mogol 204，参 Mongolen 蒙古人

Moh-hoh 靺鞨，参 Boat-kat

Mohl, Julius 尤里乌斯·莫尔 196-198

Mojun-qum 莫云库姆 206

Mong-ke 蒙哥 79，参 Mangu 蒙哥

Mong-wå 蒙瓦（蒙古）88

Mongolen 蒙古人 82, 88 f., 96, 117-121, 123, 126 注 1, 128-130, 132-136, 138, 140-143, 145, 158, 160, 164, 168, 171, 188

Monotheismus 一神教，突厥人的一神教信仰 33；哈扎尔人的一神教信仰 34 第 10 行；匈人和瓦拉廛人的一神教信仰 34 第 17 行

Mordwa 莫尔多瓦 30, Morduini 79

Moschustiere 麝 112

Mstislaw 密赤思老 79

Mstislaw von Kozelsk und Černigow 科泽里思哥的密赤思老和切尔尼戈夫的密赤思老 151 f.

Mstislaw Mstislawič von Galič 伽里赤的密赤思老 78, 148-152

Mstislaw Romanowič 密赤思老·罗曼诺维奇，基辅的大公 149-152

Mstislaw der Stumme "哑巴"密赤思老 150

Mu'aijid al mulk 穆艾吉德 50

Quṭbu 'ddīn Muḥammad b. Anōš-tigin, Chwārizm-Schāh 花剌子模沙努失（阿诺施）特勤之子库特卜兀丁·穆罕默德 49, 51

Muḥammad i 'Aufī 奥菲 38 f., 53, 57, 93 注 1, 97 注 3, 98 注 3, 注 6, 99

注 2

Muḥammad b. Täkäš 帖乞失之子摩诃末，花剌子模沙 120-133, 167

Mukrān 莫克兰 104 f., 109

Mūqān 穆罕 171 注 6

Murrasiarae 185

Mūsà b. Salčŭq 塞尔柱之子穆萨 44

Musetice (Thusetice?) 177

Muslim b. Abū Muslim al Garmī 穆斯林·贾尔米 97

Muzri 国家名 186

Muz-tag 穆兹塔格，"冰山" 142 注 1, 152 注 2（高加索）

Na 那河（或是嫩河 [Nonni]）88

Nå-sik-pit 弩失毕，西突厥 38, 200

Nachšab 那黑沙不 132 注 6

Nāçir addīn Jaḥjà b. Muḥammad 伊本·毗毗，托名纳西尔丁·叶海亚·本·穆罕默德 53, 188 f.

Naevazae 179

Naiman 乃蛮 117-119, 125, 126 注 1, 132 注 6, 135 f., 152 f., 167 f.

Nàkxbakʻau 75

Nan 难河，河流 85

an Nasawī (Muḥammad b. Aḥmad b. ʿAlī) 纳萨维 121, 128, 130, 133, 171

Näšri 纳什利 187

aw. navāza (*nāvāza) 179

Neper (Dněpr) 第聂伯河 163

Nien-ba-en (Naiman) 粘拔恩（乃蛮）167

Nihāwand 纳哈万德 187 注 1

Nong-kʻi 农奇，车师后王 75

Nūr in Buchara 布哈拉的努尔 44 注 5

Nūš-tigin i Ġarğa 努失特勤·噶尔亚赫 49；参 Anōš-tigin 阿诺施特勤

Nut Tå-liok (*On Türk) 讷都陆（十姓）71 注 4

an Nuwairī 努瓦伊利 157

O-r-to (Ordu) 斡耳朵 195

Oat 滑，嚈哒都城 74

Oat 滑，嚈哒牙帐 74 f.

Ober-Čangši 高级别的敞思 171 注 6

Ober-Kan (tʻai kan) der Hephthaliten 嚈哒太汗 70

Obezy 148，参 Apʻchazen 阿布哈兹

库蛮语 ochus = Strom 激流 36 第 35 行

Ogotai 窝阔台 146 注

Oguz (Uzen) 乌古斯（古兹）100 f., 139, 162 f., 168；= Zehn Oguz 十姓乌古斯 35, 99, 101, 111, 140, 187-191；= Uiguren 回鹘 95；*oq uz 37 第 6 行, 201

Oguz Chagan 乌古斯可汗 142 注 1, 145 注 1, 160, 190

Okà 奥卡河，河流 98

Oleg von Kursk 库尔斯克的奥勒格 150

Olěšie 奥列什叶，城市 148

Oltawa 沃尔塔瓦，河流 153

On Oguz 十姓乌古斯 = Zehn Stämme 十姓 36, 96f, 201

On oq 十箭 / 十姓 36, 201

On Orqon 58

On Ujgur 十姓回鹘 36, 58, 76, 199-201

Önär, Emir 异密厄奈尔 50

Ong 所谓回鹘的部族名 58, 64, 203

Ong-Chan 王罕 118 注 2, 122 注 2, 125, 131, 132 注 6, 134 注 1, 135, 203

Ong tutuq 王都督 94

Onogundur-Bulgaren 乌诺古恩都里-不里阿耳人 162

Onon 鄂嫩河 84 第 25 行, 89, 202 f.

Orchon 鄂尔浑河 59, 61, 65, 76, 203

Orciani 185

Orqon = Strom "河流" 37 第 1 行, 76

Orqundur 回鹘境内的某河流名 58

Oskol 奥斯科尔河 154

Osmanlys 奥斯曼人 187, 191 f.

Ōsch 奥什 163

Otto von Freising 奥托·冯·弗莱辛 173

Ötükän 于都斤山 59, 61, 63 f., 203

'Oþmān, Sulṭān von Samarqand 撒马尔干的算端乌思蛮 167

Oxus 乌浒水 / 阿姆河 45, 50, 165

Ozar 斡匝儿 166

Özbägen 乌兹别克人 159, 163

Ōzkand 讹迹邗 127

Pa Am 霸暗 195

Pa Oat 八滑, 滑之先祖 75

Paikand 派肯特 132 注 6, 196

Pak-san 白山部，靺鞨部落 83, 87

homines pallidi, virides et macrobii = Valwen 29 第 14 行, 173. 亚当·冯·不莱梅（Adam von Bremen）经常把波罗维茨与克忒西阿斯（Ktesias）笔下居住在印度北部的帕达拉耶（Pandarae）部落联系起来，他们天生头发灰白。（Plin. h. n. 7, 28）参考拙文 Benin I S. CCIX-CCXIII

Palócz 29，参 Polowci

Pan Jung 班勇 75

Pan Ku 班固 66, 68

Pan-tu-ts'at 班都察 115 f., 139

Pang Hiun 庞勋 81

Pangkat 城市名 = Biš-balyq 别失八里 32 第 23 行, 64

Pārāb 法拉卜，城市 91, 202, 205

<Pa>ropanes<adae> 185

Parthi = Polowci 28 第 37 行

Pasyn owasy 帕辛-奥瓦斯 188

Pat-huan 钵浣，城市 103

Pat-ta-ho 拔大何，国家 86

Pa(t)-ts'i(k)-man 八赤蛮 115, 139

Pa(t)-tu 拔都 115 f.

ap. *pati-xšājaþija（译按：ap. 是古代波斯语的缩写）179

mp. pātxšāh, pāšāh（译按：mp. 是中古波斯语的缩写）179

Pecenati, Pezenati 佩切涅格人 173. Pincenates 174

Pečenegen 佩切涅格人 25-27, 33-35, 54 f., 97-100, 137, 147, 154, 162 f., 168-170

Pečenegengebirge 佩切涅格山 99 f.

Peh-king 北京 114, 137

P'ei Kü 裴矩 75 注 2

Perejaslawl am Trubež 特鲁贝兹河的佩雷雅斯拉夫 27

Pērōz 波斯王俾路斯 70

Pfeil 箭 = Stamm 部 37

Pfeilgift bei den But-kat 鞑靼的毒箭 85

Pfeilspitzen, steinerne, bei den Hut-nip (But-kat) 鞑靼拂涅部"矢皆石镞" 83

Phalagi 29, 34, 174

Pharmacotrophi 185

Pharnakes 帕尔纳克斯，国王 185

Philippos, Schüler des Bar Daicān 巴尔德萨的一名学生菲利普斯 153 注 7, 197

Photios 佛提乌 153 注 7

Phthirophagi 180

Pik-tsi 百济，国家 85

P'ing-liang 平凉 76 注 2

Pi(t)-li-h(an) 必里罕 132

P'it-li-ni 匹黎尔，国家 86

Plano Carpini, Joannes de 柏朗嘉宾 79, 126 注 1, 139, 163, 203

Plauci 29，参 Polowci

Plinius 普林尼 176, 182

Ploskinja (Ploskyna) 波洛次克 150

Pluralformen, skythische, auf -ta 斯基泰语复数形式 -ta 181

Pluralformen, čerkessische, auf -xé 切尔克斯语复数 -xé 178 (Ζυγοί), 177 (Δόσχοι)

Po-huan 拨换，城市 103

Po-hui 婆非 86

P'o-jun 婆闰，回鹘可汗 62

P'o-sat 菩萨，回鹘首领 61 f.

Poat-ja-kå 拔野古（Bajyrqu），铁勒部落 200

Pok-kut 仆固，回鹘部落 59；铁勒部落 200

Pok-tut 伯咄部，靺鞨部落 83

slav. polje 175

Polowci 波罗维茨 27 f., 33 f., 138-140, 147-155, 162, 173；波罗维茨宗教 153 注 7

Polowcischer Kurgan 波罗维茨的库尔干城 149

Polowcische Welle "波罗维茨海浪" 148

Polyandrie der Hephthaliten 嚈哒的一夫多妻制 76

Ponto 黑海 185；参 Schwarzes Meer

Presbyter Johannes 长老约翰 203

Pseud-Awaren 伪阿瓦尔人 71, 73，参 Awaren 欧洲阿瓦尔人

Ptolemaios 176 f.；在伊德里西书中的相关记载 103

Pu-huan 怖汗，城市 103

Pu-tse-pa-li 孛子八里，康里城市 79, 204 f.

Pulgark' 181 注 3

Put-hai 渤海，民族 81

Pu(t)-han 不罕，河流 = Oxus 阿姆河 132

Pu(t)-tsu 不租河，河流 78, 152, 155 f.

索　引　305

Putiwl 普季夫利 149, 151

türk. *qabuq*, 'hohler Baum' "空心树" 145 注 1, 160

Qadyr Chān von Qybčāq 钦察的卡迪尔汗 130

Qadyr Chān der Tatar 鞑靼的卡迪尔汗 128 f., 131，参 Qudu Chān 忽都汗

Qadyr Chān b. Jūsuf b. Bogra Chān 布格拉汗之孙、玉苏甫之子卡迪尔汗 130

Qaily 海里，河流 121, 132 f.

Qaimyč 海迷赤，河流 121，参 Qamač

Qajalyg 海押立 120, 122, 125, 128, 134

Qajy 凯伊 39 第 19 行 , 41 第 14 行 , 43 第 25 行 , 44, 48, 52-55, 64, 88, 137, 139, 172, 187-191, 194, 203

Qalač 卡拉赤 204，参 Chalač

Qamač 海迷赤，河流 132

Qam käbčik 谦谦州 118, 121

qan 汗，与可汗不同 71 注 1

Qān ṭangrī 参 Göq ṭangrī

Qangly 康里 78 f., 121, 134, 136, 138 f., 158, 163 f., 166-172

Qapčaq 158，参 Qypčaq

Qara-auli 喀喇伊兀里，乌古斯部落 43 第 25 行

Qara-chōğa 哈喇和卓 32 第 24 行 , 118

Qara-qorum 哈拉和林 58, 60 第 18 行 , 167, 203

Qara Qūm im Lande der Osttürken 新疆的卡拉库姆 62；康里的卡拉库姆 , 121 注 3, 134

Qara Qytai 哈喇契丹 / 西辽 48, 118, 120, 121 注 1, 126, 132, 134, 137, 162, 164, 166, 203, 237 ff.

Qarluq 葛逻禄 142 注 1, 164-166, 参 Charluch

Qāren 卡兰 107 f.

al Qarjat al hadīþa 43 第 44 行, 参 Jangy kent 养吉干

qāš 玉石 201

Qaṭawān 合塔完, 撒马尔干境内的地点 165 f.

Qazaqen, Mittlere Horde der 哈萨克中帐 163

Qobād 库巴德 107

uig. qoby（译按：uig. 是回鹘语的缩写）159

Qoman aty 所谓回鹘的某部落名 58, 64, 203

Qōnija 科尼亚 189 f.

Qošu tutuq 94

Qudan 库丹, 呼罗珊异密 50

Qudu 忽都, 蔑里乞部首领 117 f., 123 注 2, 128. 脱黑塔别乞兄弟 131; 脱黑塔别乞的儿子 131

Qudu Chan 忽都汗, 蔑里乞部首领 129-131, 134

Qultuqan Märgän 忽勒秃罕篾儿干, 脱黑塔别乞的幼子 117 f., 131, 134 注 1

Qumanī 民族名 186

Qūmis 火迷失 146

Qumlānču 回鹘境内地名 58-60, 64

Qumyz, schwarzer 黑马乳 116 注 2

Qūn 昆, 39, 41 第 11 行, 46, 48 f., 52-54, 57, 64, 77, 79, 88, 96, 137, 139, 157, 162, 172, 202

Qury 蒙古部落名 135

Qušan 贵霜人 153 注 7

uig. *Qut qyb* 159, 206

Qutađgu bilig《福乐智慧》159

Qutlug Iltiris Chagan 骨咄禄颉跌利施可汗，东突厥汗国可汗, 62 注 1

Qut-tag 忽惕-塔黑，山 58

Qutuz Chan 库图兹汗，康里的首领 79

türk. *qybyq* "酸奶" 116 注 3

türk. *qybčaq*, " hohler Baum" "空心树" 160 = *qabučaq；参 qabuq

türk. *qybčaq* 'Augenblinzeln' = *qyb* + *čaq* "眨眼睛的动作" 162 注 1

Qylyč Arslan 克勒齐·阿尔斯兰 143

uig. *qyp, qyb* 159，参 *qut qyb*

türk. *qypčaq, qapčaq* = dašt？159

Qypčaq 钦察，部落和帝国名 78 f., 97, 100, 102, 109- 111, 113- 115, 117, 120, 130- 133, 136- 143, 145 注 1, 146 f., 155- 163, 171 f., 190；基马克的部落 90；钦察部落 157；现代的分布 163；宗教 142, 153, 154 注 2；钦察草原 153, 205；参 Komanen 库蛮，Polowcer 波罗维茨

Qyrgyz 黠戛斯 / 吉尔吉斯 / 乞儿吉思 65, 97, 121 注 1, 135 f., 167. Qara Qyrgyzen 哈喇吉尔吉斯 163

Qytā, Qytai 契丹 54f., 57, 194; Qytañ 74, 89, 112, 117, 137, 175. Chiṭāi = China 145 注 1, 158f.

剌玛，西伯利亚的地方 173

Rašīd addīn 拉施特 36, 53, 58, 131, 145 注 1

ar Rāwandī (Abū Bakr Muḥammad b. Alī)（阿布·巴卡尔·穆罕默

德·本·阿里·拉文迪）拉文迪 53, 202

Regenstein 陨石 37 第 16 行, 40, 100 第 36 行, 201

Reisschnaps bei den But-kat 靺鞨人的米酒 84

Rhōs 罗斯 153 注 7，参 Russen 罗斯人

Robert, Erzbischof von Gran 格兰的大主教罗拔图 33

Roman 罗曼，基辅大公 153

Roman Mstislawič 罗曼·密赤思老，伽里赤的大公 155

Rostislaw Mstislawič 罗斯蒂斯拉夫·密赤思老 150

Rukn addīn Baibars al Mançūrī 曼苏里 157 注 1

Ruknu 'ddīn Sulaimān Šāh 鲁克努丁·苏莱曼沙 189 f.

Rūm 罗姆（小亚细亚）143, 171 注 6

Russen, Rußland 罗斯人，斡罗恩 78, 80, 99, 140 f., 143 f., 145 注 1, 148-156, 158, 171

Russenmeer 罗斯海（黑海）157

Rustam 鲁斯塔姆 109 注 3

Ruysbroek, Willem van 鲁布鲁克 79, 139, 153, 163, 172 f.

Så-ho 素和，国家 86

Sa-li-ja 撒里雅 167

Sagistān 锡斯坦 146

Saifu 'ddīn Qyzyl bäg, Bäglärbäg des linken Flügels 赛义夫丁·克孜尔伯，左翼的"侯中侯" 190 f.

Sairaq 撒亦剌黑，乃蛮部首领 132 注 6

Sak (Saka) 塞人 68

Säkiz murän 八河，河流地域 203

Sal 萨尔河，河流 154

Salčūq b. Toqāq 图喀克之子塞尔柱 43 f.

Salčūqen 塞尔柱人 42-64, 166；罗姆的塞尔柱人 187, 190

Salčūq nāmä《塞尔柱史》53, 190, 202 f.

Sallām der Dolmetscher 通事萨拉姆 113

Salm 萨勒姆，萨尔马特人和阿兰人的首领 108

Salnica 萨尔尼察河，河流 140

Salur 撒鲁尔，乌古斯部落 189 f.

Salz 盐，基马克境内缺盐 92

Samarkand 撒马尔干 123 注 2, 127, 165f., 197

Sančar, Salčūqensultan 塞尔柱苏丹桑加尔 49-51, 126 注 4, 134, 165

sängün, sangun（汉文"将军"）81 第 38 行, 200

Sängün 鲜昆，王罕之子 204

Saqlāb 萨卡里巴 67, 145 注 1

Saqsyn 撒哈辛 56, 78-80, 102, 111 注 3, 145, 146 注, 147, 158, 162

Sarai 萨莱，城市 138, 158

Sārī in Tabaristān 塔巴里斯坦境内的萨里 41 第 16 行, 52, 54, 108；土库曼境内东部地区 202

Sarmaten 萨尔马特人 179

Sary su 萨雷苏河 205

Sary Uigur, Sari-Huiur 萨里畏兀儿 202 f.

Sasu 萨苏 133 注 2

Satarchae 179 注 12

Satoq Bogra Chān 萨图克·布格拉汗 164

Saurān 扫兰 92 第 33 行, 158

Sauromaten 萨乌罗马特人 179 f.

Schad 设，基马克首领的名号 89-91

Schad-Tutug 设都督，基马克首领的名号 94 f.

Schang-tu 上都 114

Schi Tsu 世祖，忽必烈 116

Schlangen 施朗根人，民族，追逐法尔本人 54 f.

Schwarzes Meer 黑海 143 f., 178, 180, 182

Schweinshaut als Kleidung bei den But-kat 鞑靼人的猪皮衣 84

Scizi (Zici?) 177, 179

Scuti (Čjud') 斯库狄人 29

Sechs Geschlechter der Uiguren 回鹘六姓 59, 77, 97, 200

Selenčuk 泽连丘克河 183 注 1

Selengä 色楞格河 59-61, 63 f., 135

Semeń Oljuewič 西门·奥尔约维奇 149

Semipalatinsk 塞米巴拉金斯克 66, 167

Semirěčie 七河流域 134, 136 f.

Senioratserbfolge bei den Türken 突厥的长子继承制 69 第 35 行

Serachi 184

Serben 塞尔维亚人 176, 183

Sernis 177, 183 (= Er\<ac\>hi)

Serrei 177, 179

Si-kit (Su-kiet) 思结，回鹘部落 59, 77；铁勒部落 200

Si Liao 西辽 125, 126, 167，参 Qara Qytai

Siang-kün Pih-lik-ke 相昆必勒格 81 注 2

siang-un 相温 81 注 2

Siao T'u-juh 萧图玉 195

Sibir 西伯利亚 / 失必儿 158 f.

Sie-juh (Zābul) 谢䫻 155 注 7

Sieben Stämme 七部 195

Sien-pi 鲜卑，民族 69 第 48 行

Siet Jen-t'o 薛延陀 74, 96

Siet King-čung 薛敬忠 81

Siet-liang-ki 薛孃居 82

Sigynnen 西金尼人 169

Sijāhgerd 昔牙黑格尔德 132 注 6

Sijāh kōh 山名 = Min-qyšlāq 曼格什拉克 106

Sijāwaršan, Sijāwuš 夏沃什，粟特国家的肇建者 75 注 2, 197

Sijāwušābād = Sijāwušgerd 夏沃什城 109 第 45 行

Sik-bun-un 石文云 86

Sik-kien 室建河，Argun 额尔古纳河 89

Sik-ui 室韦，民族 88, 113 注 1, 169

Silvi 183

Silzibul 室点密 69 注 4, 110 注 2, 192

Sindh 信德 146

Sindones 181

Sing-kam-si (Iskēmišt) 媵监氏，大夏都城 70

Sinus 河流名 185

Siraken 塞拉克人 183

Skythen 斯基泰人，欧洲斯基泰人 169

Slawen 斯拉夫人 97-99, 162；吉尔吉斯人的始祖 67

225

Slawenfluß 斯拉夫河，顿河 98

Smolensk 斯摩棱斯克 149, Smolensker 斯摩棱斯克人 151

So-mo-na(p) 唆末纳 114

So-pu-tai 速不台 119，参 Subutai 速不台

Sōchurrā/ Sōchrā 苏赫拉 108

Sodi 183

Sögüd 瑟于特 188

Sogd 粟特 197

türk. *soguq*"冷"206

Sok-bi 速未（译按：当作"末"），河流 82

So(k)-po(k)-tai, So(k)-pu(t)-tai 速不台 116 注 1, 119，参 Subutai

Solangi (Tolangat) 肃良合，民族 203

Sonqor-tigin 爭可儿特勤 188

So(t)-pu(t)-tai 雪不台 119，参 Subutai 速不台

osm. *sovuq*"冷"206

lyk. Sppñtaza "出身高贵的人"179

aw. staxra "节庆"179 注 12

Stembis-Chagan 室点密可汗 69 注 4

Stromschnellen des Dněpr 第聂伯河的激流 149, 151

Su-kiet 参 Si-kit 思结

Su-kin 俟斤，名号 200

su-li-bat 俟利发，名号 200

Sü-bašy 苏巴什，名号 43

Sübük-tigin 苏布克特勤 49, 50 注 1

türk. *subux*"冷"206

索 引　313

Subutai bagatur 速不台 78, 118-120, 131-133, 135 f., 146 注, 152 f., 156

Suedi Hiberi 183

Sugdaia 苏格达亚成 140，参 سوداق

Sügürčis 速古儿赤，钦察部落 154 注 2

Suǧa 速札河 117

Suh-sin 肃慎，地区 83

Sui-jep 碎叶，城市 118，参 Sūjāb

Sūjāb 碎叶 35, 118

Sulaimān-Šāh 苏莱曼沙，Qai-Alp 凯-阿尔普之子 187

Su-Mongol 速蒙古，民族（= 鞑靼）203

Süm-s'-kan 寻思干，城市 166

Sung 宋朝 116

Sürmäli Čuqur 苏尔梅里-楚库尔 188. 不要与 Gau Čakatkʻ 中的 *Սուրմառի* Surmaṙi 混淆，其民间词源学的解释是 *Surb Mari*，现在土耳其语中的 Sürmelü, Surmali, Surmalu（Hübschmann, Die altarmenischen Ortsnamen, 468），在纳萨维（Muḥammad an Nasawī）书（١١٤ = 189, ١١٥ = 191, ١٢١, 11. 14 = 202, ١٢٣, 11. 14 = 205, ١٢٤, 1 = 206）中 سرماری Surmārī 位于阿拉斯河（Araxes），在河上有座桥，在阿赫拉特（Chilāṭ）附近（侯达思 [Houdas] 的助手认为 سر من رای = Sāmarrā！）

Súrožь, Súrožьskij 143 注 1，参 Sūdāq

Sutin 苏亭 151 注 3

Swjatoslaw von Černigow 切尔尼戈夫的斯维亚托斯拉夫 154

Šahrkänd 202

Šambarān 105

Šaraf al mulk 舍里甫木勒克 171 注 6

sogd. Šāwuš 75 注 2 参 Sijāwaršan 夏沃什

Šen-jüh-Gebirge 善玉山 82

Šugulchān 地名 92

Šuh-tsiu 宿州 81

śvēta Hūṇa 71

Ta-bok-lu 大莫卢，国家 86

Ta-ha 大夏（吐火罗）69

Ta-li 大理 116

Tå-liok 都陆，部落 = Türk 38, 71

Ta-ning 大宁 114

T'a-put 他钵，东部突厥可汗 72 第 35 行

Ta-tan, Tan-tan 大檀，檀檀 = Awaren 阿瓦尔人 73, 88, 96

Ta-tan 达旦 = Tatar 鞑靼 195

Ta-ting 大定，金朝皇帝完颜雍年号 167

Ta-ting-fu 大定府 114

Ṭabaristān 塔巴里斯坦 52 f., 146

Tabula Peutingeriana 波伊廷格地图 183 f.

Tah-tah 鞑靼，民族 88

T'ai-ho 太和岭 = Kaukasus 高加索 78, 152

T'ai-jak-lå 太岳鲁，河流 82

T'ai-ni 太沵，河流 85

Tai-sik (Ja-lut) 耶律大石，西辽肇建者 48, 126, 166 f.

Tai(-tsiu) 代州 81

T'ai Tsu 太祖（成吉思汗）115

索 引　315

T'ai Wang 太王 126 注 4

Taiči(g)ut 泰亦赤兀惕，蒙古部落 135 注 7

Tajang-Chan 太阳汗（Taj-Buqa 台不花）121 注 6, 122 注 2, 125 f., 132 注 6

Tājang-kōh 西辽宰相 126

Taj-Buqa 台不花，乃蛮王 117，参 Tajang-Chan 太阳汗

Täkäš 帖乞失，花剌子模沙 187

Talasch (Talas) 塔拉斯，河流 35, 92 第 38 行 , 164, 168

Taman 塔曼，城市 178

Tamgač 桃花石（北中国）129, 134

Tammēša（tabaristanisch = تهم ويشه "茂密的森林"）塔米塞，城市 106, 108

Tämürči, angeblicher Vater Čingiz-Chans 所谓"成吉思汗"的父亲铁木真 122 注 1, 128 注 1

T'angri-Chan 腾格里汗 34, 76

Tao-bok-lå 豆莫娄，帝国 82

Tarang-müran 河流名 145 注 1

Ṭarāz 塔拉兹，城市 35, 91 第 37 行、42 行 , 110 f., 121 注 1, 126, 167

Tarbagatai 塔尔巴哈台 / 塔城 66

Tardu 达头可汗 69 注 4, 72

Taschkend 塔什干 196 注 4

Tat-tan (Tatar) 达靼 80 f., 95

T'a(t)-t'a(t)-k'a(p)-'r 塔塔哈儿 78, 152, 155

Tat-t'u 达头 77，参 Tardu

Tataby 奚，民族 88, 96

Tatar 鞑靼 88-90，基马克部族 90，九姓鞑靼 95，三十姓鞑靼 95

Tataren 鞑靼人 90 第 7 行, 95, 126 注；= Naiman 乃蛮 127 f.；= Merkit 蔑里乞部 129, 131；= Mongolen 蒙古 121, 126, 142-153, 188

Taurmeni (Turkmenen) 塔乌尔曼尼（突厥蛮）147 f.

Tekes 特克斯河 66

Temarunda 185

Temučin 铁木真 117, 125, 128 注 1, 132 注 6, 135, 202 f.，参 Čingiz-Chan 成吉思汗

Temučin-Oga 铁木真兀格，鞑靼首领 128 注 1

Terek 捷列克河 183 注 1

Tere-akkan 特勒阿坎，河流 206

Terki 塔尔乞，城市 142 注 1

Tertullian 特土良 153 注 7

Tešukań 忒术干 150

Thaetaes 182 f.

Thali 183 注 1

Theodoros Laskaris 狄奥多尔一世 189

Theophylaktos Simokattes 塞奥非拉克特·西摩卡塔，27 注 1, 72, 200

Thriare 地名 183

Thussegetae 179, 182

Tiet-ki 郅支，北匈奴单于 65 f., 70 第 24 行

T'iet-lik 敕勒 73 f., 77, 97, 169, 200

Tiglat-Pileser I 提格拉特帕拉沙尔一世 186

Tik 狄，高车部落 199

T'ik-ken se-kin 时健俟斤，回鹘首领 62 第 16 行

Tik-lik, T'ik-lik 狄历 72, 74, 77, 169, 199

Tik-liet 敌烈，民族 195

Timür qapu = Darband 铁门 = 打耳班 142 注 1, 152 注 3

Tindari 179, 182

Ting-ling 丁零，民族 36, 65, 67, 69 第 48 行

Ting-tsiu 定州 81

Tochāristān 吐火罗斯坦 83 f. Ober-Tochāristān 上吐火罗斯坦 70

Tochsyn 葛逻禄部族 42

Togān-Chān 托干汗，可失哈儿首领 47

Togla 土拉河 59-64, 76 f., 120, 200

Togrul, torul als Totem 图赫鲁，以鹰隼为图腾 42

Togrul der Ong-Chan 脱斡邻勒王罕 128 注 1, 203

Togrul bäg Muḥammad, Salčuqe 图赫鲁伯·穆罕默德，塞尔柱 42, 45-46, 49, 52

Togrul-tigin, angeblich Beiname des Vaters Čingiz-Chans 脱斡邻勒特勤，所谓成吉思汗的父亲 128 注 1

Togrul-tigin, b. Äkinči 艾肯齐之子图赫鲁特勤 51 f.

Toguzguz 九姓乌古斯 / 托古兹古兹 39, 93, 95, 97, 111, 112 注 2，参 Toquz Oguz 九姓乌古斯

Tok-kai-či 独解支，回鹘首领 62 第 46 行

Tok-lok 独洛水，河流 74, 77, 200，参 Togla

Tokssaba 钦察某部落名 157 注 16

Töküz 脱古思 131

Tola 土拉河 203，参 Togla

Tölür 回鹘境内的某河流和部落名 58

Tong-lo (Tongra) 同罗，九姓部落 59；铁勒部落 200

Tonjuquq 暾欲谷 63

Toqāq 图喀克，塞尔柱之父 42 f.

Toquz Oguz 九姓 36, 42, 59, 62, 67, 77, 97, 111, 199, 201

Toqyr 回鹘境内的河流和部落名 58

Toquz Ujgur 九姓回鹘 36, 58, 76

Torken 妥尔克人，民族 27 f., 157

Torkmen 妥尔克蛮 28, 33，参 Turkmān 突厥蛮

Torquoth bei Fredegar = *Türküt 弗莱德加编年史中的突厥奥特 72 第 30 行

Tʻo-sa-kan 秃薛干，脱脱之子 117 注 4, 131

Tosa 秃撒，脱黑塔别乞之子 131

Transoxiana 河中地 165- 168, 197

Tʻrialetʻi 地名 183

Trubecker 148 注 5

Trubež 特鲁贝兹 148 注 5

Tså-pok 阻卜，民族 195

Tsʻang-Ketten 葱岭 66, 69 第 40 行

Tschaudor 查瓦氏尔，Turkmenenstamm 突厥蛮部落名 190

Tschet-wen-fu 折文甫 81

Tsi-ku(t)-rh, hit-li-bat von Kat-tat-lo-ki 葛达罗支颉利发誓屈尔 155 注 7

Tso (Gāwul, Zābul) 漕 75 注 2

Tsu-ja 朱邪，沙陀部落 81 注 2

Tsu-ja Tsʻik-sin 朱邪赤心 81 f.

Tsü-kʼü 沮渠 96 注 2

Tsü-k'ü Bok-kien 沮渠牧犍 76 注 2

Tsung-t'ai 从太，鞑靼的圣山 84

Tu-kin 都斤山 63

Tu-mi-du 吐迷度，回鹘可汗 62 第 30 行

T'u-t'u-k'a(p) 土土哈 114, 116 f.

Tübät 吐蕃 204

Tugačar nojan 脱哈察儿诺颜 118, 135 f.

Tumaniğ 图曼尼只，地名 188

Tümät, Tumat 秃马惕，蒙古部落 135, 203

T'un-huang 敦煌 66

Tuna 多瑙河 159

Tuq Togān 脱黑脱阿，蔑里乞部首领 120 f., 134

Tuqta bigi 脱黑塔别乞，蔑里乞部王 117 f., 120, 131；Tuqta-Chān 脱黑塔汗 134

Tūrān 土兰 196

Ṭurārband 91 第 35 行, 92 第 31 行，参 اترار

Turci (= Torken) 妥尔其人 29 第 7 行

Turgai 图尔盖，地名 167

Türgiš 突骑施 35, 42, 93, 94, 97, 101, 113, 199

Tuirja 古族名 71

Turkān-Chātūn 突尔干哈屯 171

Türken 突厥 52, 142 注 1, 189, 200

Turkistān 突厥斯坦 47, 93（突骑施），134, 164 f., 171, 202

Turkmān 突厥蛮 / 土库曼 34, 39, 41 第 8 行, 42 第 13 行, 163 f., 201 f.

Turkmān bei Ābasgūn 阿巴斯衮的突厥蛮 52 第 19 行；叙利亚和小

亚细亚的突厥蛮

Türk mäzāri 突厥墓 187

Türk-Schad 突厥设 192

Tuschi 拙赤，成吉思汗长子 120 f., 129，参 Ǧuči 朮赤

T'uš 部落名 177

T'ut-kwat 突厥 = *Türküt, 72 第 28 行, 77; = Osttürken 东突厥 88

Tut-te-ki 突地稽 87

T'u(t)-u-lah 土拉河 120，参 Togla

Tutug, tutuq 都督，突厥人使用的汉语名号 94；基马克的都督 91；回鹘人的都督 167 注 6

Twersche Chronik 特维尔编年史 147

Typische Zahlen bei den Türken 突厥人常用的数字 47 注 1（数字 300000）；71 注 4（数字 10）；90, 91（数字 7, 17, 70）；205（数字 17）

Tyrcae 179, 182

Tzetzes 策泽斯 27 注 1

Tъmutorokan 178

Aþ þa'ālibi 塔阿利比 108, 109 注 3

U-lo-s' 斡罗思（Russen 罗斯人）116, 152, 204

U-oat siang-un 于越相温 81

U-tsin-hå 羽真侯，国家 86

Uč-oq 禹乞兀克，乌古斯部落 33, 38, 189 f.

Üč tabyn 回鹘境内的河流和部落名 58

Ugol 乌戈尔，河流 154

Ui-gut (Ujgur) 韦纥，铁勒部落 200

Uigur 回鹘 / 畏兀儿 41 第 4 行, 42, 66；Uiguren, 回鹘人 / 畏兀儿人 31 第 25 行, 48, 58 f., 61, 63 f., 88, 117, 130, 167, 169, 199-201；参 Toquz Oguz 九姓乌古斯

Uigurenreich von Ko-č'ang 高昌回鹘王国 36, 48

Ükäk 乌凯克，城市 80, 158

Ulan 174 注 3

Ulug Chān i A'cam, Sultan von Indien 印度苏丹兀鲁汗阿扎姆 171

Ulug Tag 兀鲁塔黑，山名 117

Ulu-tau 兀鲁套，山名 206

Un 温, Stammname der Dynastien von K'ang 康国国王本姓 75 注 2

Un 浑，铁勒部落 73-75, 200；回鹘部落 59, 77

Unter-Barsxān 下巴尔思汗 111 注 1

Ural 乌拉尔 99 f., 乌拉尔山 138 f., 141, 162

Urum Chagan 罗姆可汗 142 注 1, 145 注 1

Urup 乌鲁普河 183 注 1

Urus bäg 乌鲁兹伯 142 注 1, 145 注 1

Ust-jurt 乌斯秋尔特高原 187 注 1

Ütigär 回鹘境内的河流和部落名 58

Utikän 回鹘境内的河流名 58，参 Ötükän 于都斤

Utubu 吾睹补，金朝皇帝 142 注 1

Uz 乌兹 55，参 Guzen 古兹；Uzen 乌兹人 137，参 Komanen 库蛮

Uzu = Dněpr 第聂伯河 158, 159 注 1

Valani 瓦伦人 173

Valwen, Valenwen 法尔温 173 f., 176

Veluwe 175 注 4

Vincentius Kadłubek 文森特·卡德乌贝克 28 注 9

Wachš 镤沙，地名 202

Wagen als Wohnung 车营 84 第 42 行, 169

Walachen 瓦拉几亚人 176, 186

Walah, walahisc 176

Valentinos, byzantinischer Gesandter 拜占庭使臣瓦伦提 71, 76

Waliǧ, al Wāliǧa 城市名 74

Valli 177, 183 注 1

Walwāliǧ 城市名 74

Walxon 部落名 72

Wan-gut 袁纥 199，参 Uiguren 回鹘

Wang Kiun-čoh, Befehlshaber von Liang-ču 凉州都督王臬 61 注 5, 63 注 7

Wang Tu 王都 81 f.

Wanqāra 万加拉，地名 113 注 4

Var = Dněpr 第聂伯河 75

War 滑，白匈奴部落 74

Warač'an 瓦拉廛，高加索匈人的都城 74

Warägische Insel 瓦良格岛 148, 151

Warčan 城市名 74

Warwālīz 城市名 74

Wasilko, 'junger Fürst' in Wolodimer 弗洛基米尔"年轻的大公"瓦西利科 151

Wasilko Gawrilowič 瓦西利科·加里洛维奇 150

Wasilko Rostislawič 瓦西利科·罗斯蒂斯拉维奇 28

ags. Vealh, Valas, Vealas 175

Wei liok 魏略 66 f.

Weißes Gebirge 白山 67, 69 注 4

Wen 隋文帝 86 f.

Westfalen 威斯特法伦 175

Westmeer 西海 = Kaspisches Meer 里海 71 注 4, 199

Westtürken 西突厥 199-201，西突厥的起源 69, 71 注 4，参 On Oguz

Wętiči 部落名 98

Vifra navāza 179 注 8

Wizzi (Wesi) 维茨人，民族 29

Wlachъ, Wlasi 176

Wladimir, Sohn des Igor von Nowgorod 伊戈尔诺夫哥罗德之子弗拉基米尔 155

Wladimir, Sohn des Großfürst Wsewolod 弗塞沃洛德大公之子弗拉基米尔 28

Wladimir (der Heilige) 大公，圣弗拉基米尔 27

Wladimir Monomach 弗拉基米尔·莫诺马赫 28, 140

Volcae 沃尔卡 176

Wolf als Totem 狼图腾，突厥的母狼传说 30 第 18 行、43 行, 31, 32, 35 ff., 70 第 2 行、29 行, 71 注 4；灰狼领路 142 注 1

Wolga 伏尔加河 25 f., 80, 139 f., 145 注 1, 156 注 2, 157 f., 160, 162 f., 185

Wolga-Bulgaren 伏尔加河流域的不里阿耳人 131, 153 注 7，参 Bulgār

不里阿耳

Wolodimeŕ Rurikowič 弗洛基米尔·罗利科维奇 149

Wolynier 沃里尼亚人 149, 151

Wong-kien 望建河，东亚的河流 169 注 6

Worskla 沃尔斯克拉河，河流 140, 153

Wourukaša 沃罗喀沙海 108 f.

Voyrat (Oriat) 斡亦剌惕 203

Wsewolod, Großfürst 弗塞沃洛德大公 27

Wsewolod Mstislawič von Kyjew 基辅的弗塞沃洛德·密赤思老 151

Wu-p'ing 武平 114

Wunderbücher als Quellen Idrīsī's 伊德里西书中引用的奇书 103, 111 f.

Xa-ru-sa 山名 186 注 4

Xivar, Xivaran 75

Xu-nu-sa 堡垒名 186

Xúnzakxeu 75，参 Chunzak 洪扎赫

Ydyqut der Uiguren 畏兀儿的亦都护 31 第 33 行 , 117 f., 126

Yetia, Qypčaqstamm 钦察的某部落名 157 注 16

Ynanč bilgä Buqu Chan 亦难赤·必勒格·卜古汗，乃蛮部首领 126 注 1

Ynāq Ichtijār addīn 伊纳克 52

Yrgyz 伊尔吉兹河，钦察境内的河流 123, 128, 130, 132

Zābul 扎布尔 155 注 7

Zarub 扎鲁伯 148

Zehn Pfeile 十箭 199-201

Zehn Stämme 十姓 35，参 On Oguz 十姓乌古斯

Zeuss, Kaspar 卡斯帕尔·泽斯 175

Zigae 179, 182

Zirih 扎列泊 104 f. = See von Sīstān 锡斯坦海 106

Znamenka 兹纳缅卡 148 注 7

Zopf als Tracht der Awaren und Pseud-Awaren 阿瓦尔人和伪阿瓦尔人的辫发风俗 73

Zranka 106 注 2

čerk, zug, cug 切尔克斯语"人" 178

Ἄγροι 177

Ἀκάτιροι 26 注 2

Ἄριχοι, Ἀρρηχοί 177 f., 183

Ἀσαῖοι 182 注 1

Αὐχίς (Ἀριχίς) 178

Ἀχαιοί 178, 180

Ἀχαιοῦς 178

Ἀψίλιοι 182

Βαλαάμ 70, 187 注 1

Βαρούχ = Dněpr 75

Βασσαρικά, des Dionysios 198

βοιλάδες, βολιάδες 26 注 2

Γεήχ 25

Δανδάριοι 177, 182

Δόσκοι, Δόσχοι 177

Ἐκτάγ 69

Ἔρας 156 注 2

Ἑρμιάρης 26

Ζαβενδέρ 72

Ζακάται 181 f.

Ζαράται 182 注 1

Ζίγχοι, Ζιχοί, Ζήκχοι, Ζιλχοί, Ζιχία 177f, 180, 182

Ζύγοι 178, 182

Ἡνίοχοι 178, 180

Θαῖται Μαιῶται 183

Θαληστρία 183 注 1

Θατεῖς 177, 182 f.

Θεμαιῶται, Θαιμεῶται, Θεταιμαιῶται 182

Θερμώδων, 高加索河流 183 注 1

Κάγγαρ 26, 27, 35 第 18 行, 78, 97, 99, 168

Κασαχία 181

Κασία 201

Κάσπειροι 198

Κεγένης, 佩切涅格人 55

Κερκέται, Κερκέτιοι, Κερκεταῖοι 178, 180-182

Κιδαρῖται 70

Κόμανοι 173

Κοναψοί, Κοναψηνοί 183

Κοσσαῖος 198

Κοτζαγηροί 92

Κουαρτζι-τζούρ 35

Κούγχαν 70

Κούελ 38

Κουρκοῦταν 35 注 3

Κρεβατᾶς, Κρεβατάδες 94 注 5

Κῶλοι 180 注 4

Μαπήτα (Ταρπήα) 177

Μασσαῖοι 182 注 1

Μινδιμιανοί, Μινδιμιανή 182

Μισιμιανοί 182

Μορδία 25

κλίμα Μουζουρῶν 186

Μουκρί 87 f.

Νάβαζος 179

Ναβιανοί 179 f.

Νίκοψις, 河流和城市 178

Ὀβιδιακηνοί 177

Ὀγώρ 72, 200 f.

Ὀζολίμνη 27 注 1

ΟΟΗΜΟ ΚΑΔΦΙΣΗΣ 68

Ὀρινεοί 176

Οὔαλοι 176 f., 182 f.

Οὐάρ = Awaren 73

Οὐὰρ καὶ Χουννί 72 f., 76, 200

Οὐαρχωνῖται 71, 76

Οὖζοι 25 f., 38, 54

Οὐκρούχ 178

Οὐννουγοῦροι 201

Παιρισάδης, Παιρίσαλος 180

Πακαθαρ 155

Παλαιὰ Λαζική 178

Πανίαρδοι, Πανιαρδίς 180

Πανξανοί 179

Πανξούθης 179

Πατιζείθης 179

Περιέρβιδοι = Perierbi(di) 180

Ῥάμναι 65 注 1

Σαβάρτοι ἄσφαλοι 176

Σάσονες 182 注 1

Σατάρχῃ, Σαταρχαῖοι 179 注 12

Σέρβοι 176, 183

Σινδικὸς λιμήν 180

Σινδοί 177, 180

Σιττακητοί 177

Σκύθαι Καυκάσιοι 27 注 1

στερνόφθαλμοι 29 第 12 行

Ταμάταρχα 178

Ταρνιάχ 72

Τάρπητες, Τάρπειτες 177

Ταυγάστ 88

Τίλ 72

Τορεάται, Τορέται 177 f., 180

Τουρξάθος 71

Τοῦσκοι, 亚美尼亚语复数 Թուզք 177

Τυρὰχ ὁ τοῦ Κιλτὲρ υἱός 55

Φαῦνοι, Φαῦροι, Φοῦνοι 64

Χαβουξιγ-γυλά 35

Χοροχοάδ 155 注 7

Χουννί 73

Χωραμναῖοι 185

Ψάχαφις, 河流 178

Ψησσοί, Ψήσσιοι 177, 184

Աւծք 54

Ալիազբ 74

Երասխ 156 注 2

Թուշբ 177

իշխան 179

Լիկիկ 183

Ծշիղբբ 183

Ծոր 70, 183

Մգուր 186

նատագ 179

Չոդ 70, 183

Սալցուկ, Սալցուխիբ 187 注 2

Սենորդիբ 176

Քարշբ 181

Քույթբ (Գույթբ) 181 注 3

Քուշանբ 198

ian u ea 205 注 6

ea 197

hapai 155 注 7

اترار, 城市 91 第 44 行, 158

اجلاد, 基马克部落 90

اذكش, 部落 97, 181 注 1

اريز, 西辽首领 118 注 6

الارثائيّة, 民族 30

ارغز, 河流 123, 130, 参 Yrgyz

ارغون, 成吉思汗的冬营 128 注 1

ارق طاغ, 山 138

الاركشتية, 部落 181 注 1

ازاق, 城市 158

ازو, 河流, 参 Uzu

ازو جرطن, 钦察部落 157f

اسس, 河流 92, 102, 206, 参 Ischim

اطراقانا = ʼΟττοροκόρρα 103

اقجا كرمان, 城市 158

اكنجى بن قچقار, اكنجى 50, 202

الارس, 钦察部落 157

البرى, 部落 171f

الوى سراس, 山 167

اوار, 名号 74

اوكتاغ, 基马克境内的山 92

اولوقم, 药杀水北岸的沙地草原 91, 205

ایبیر سیبیر 158

ایتبا, 钦察部落 157

ایتل, = Wolga 159

索 引　333

ايما, 西辽的首领 118 注 6

ايماك, 基马克的部落 90, 93 第 33 行, 96f, 172

ايمى, 基马克的部落, 90, 97

اينانج يبغو 42 注 5, 45

باخوان, 城市 103

بارسرجان (= Barsxān, 菊儿汗的驻地) 121 注 1, 167

بانيوكو, طاينكوه

بالقيق بن حيويه 42 第 37 行

بجغرد, 民族 26 = 马札尔人

بجنا, 钦察部落 157f

بجنى, 民族 26 = 佩切涅格人

بخارا 96 注 7

بر ماهان 187 注 1

برت, 钦察部落 157

برج اغلوا, 钦察部落 157

برد سوره 196 注 3

برزين, خَراد و برزين 参

البر طاسى, 黑狐 143 注 1

بركوا, 钦察部落 157

بزانكى, 钦察部落 157

بغاوير 36, 43

بغاير (بغاتر), 名号 155

بلقان 187 注 1

بلكابك 51 注 2

بنجار, 河流 111f

بۇوذه = Mahōdaja 100 第 20 行

بيچنه, 禹乞兀克的部落 158

بيسو (ييسو), 蒙古首领 122 注 2

بيغو بيغون, 古兹之子 43, 201f

بيغو, 鹘作为一种图腾 42 第 34 行, 41, 44 第 14 行

پيغو 202, 参 Jabgu

بيغوخان 43 第 22 行

تانيكو 118 注 6, 126 注 4, 参طايِنكوه

تخسيان, 部落 42 注 2

تقتفان = Tuqta bigi 130

توق تغان 134

توما 118 注 6, 参قرما

تين (Don) 159

ثقفتان يمك 129f, 参تقتقان

چاقر 42 注 5

جاليطة 140

جاناخ بن خاقان الكيماكى 102

جبل الجركس 158

جبل مزور 186

جبّويه 37 第 30 行, 42 第 37 行, 201

جده تاش 201

الجتا 158

جدى, 蒙古境内的河流 171

جنكشى, 回鹘—汉文名号 167 注 6; 康里的名号 167; 参چنگش, 见于《列王纪》II 954 v. 1486 n. 8; 962 v. 34; 978 v. 293

索 引　335

چاركس, چهاركس 181

جيكشى 167 注 6

حاجّى ترخان, 城市 178

خاسكى, 名号 42 注 1

خبلغ, 城市 70

ختن چين 对应于 47 第 30 行

خزّار وبرزين = هرمزد جرابزين 107 注 1

الخفشاخ، خفجاخ 97, 参 Qybčaq

خلّخ 93, 参 Charluch

خدان 60 注 1

هب بلغ = خليخ 70

دشت قبچاق 111, 134, 158, 205

رخوذ، الرخّذ، الرخّج 155 注 7

الرسّ 156 注 2

روتا, 罗斯南部的河流 99

زبدة الفكرة فى تاريخ الهجرة 157 注 1

سارى كهر 202

سمران، سامران, 国家 105

السياورديّة، الساورديّة 176

سبر وابر 158

سوداق سرداق 143 注 3, 157, 参

صاحب السرير 74 名号,

سغداق، سغد 96, 143 注 3, 190

سفوق, 河流 91, 205f

سلجوق 187 注 2

سيريقى سمريقى, 参
سمور تبانكو 126 注 4
سنقران 201 注 4
سنكم, 西辽的贵族 118 注 6
سوداق, 城市 140
سوران 158
سيحون (Jaxartes) 159
سيريقى 103
سيسيان 103
السين 158
شاوكم 118
صغناق, 城市 158
صوداق 143 注 3, 参 سوداق
صول 183
تانيوكو, طاينكوه 126 注 4
طخارا 96 注 7
طرلو (或是第聂伯河) 159
طربا, 河流 159
طربو, 钦察境内的河流 159
طغ يشقوط, 钦察部落 157
طقسبا, 钦察部落 157
طواران, طوران 105
طورلى (Dněstr) 158
طويسى طايفر (耶律大石) 164
عراق, 基马克境内的地名 92

فرهاد = هرمزد جرابزین 107 注 1

فسوق [r. قسوق], 回鹘的圣树 31 第 39 行, 60 第 20 行

فم الاسد 104

القارعلية, 对应 القارلغيّة 166

قتكين, 名号 42 注 2

قچقار باشى, 地名 110

قدوخان = قدر خان 129

قرابوكلوا, 钦察部落 157

قرما, 西辽的将领 118 注 6

قصر باش, 地名 103, 110

قلج قرا 204

قم کبچك 118, 121 注 1, 134-136, 161, 167

القمانيّة، القمانين 57, 203

قمرمیش قولجی 154 注 2

قمنکوا, 钦察部落 157

قهستان 197

قی, Gau in Sogd 197

قیبیق 察合台语 116 注 3

الكرش, 城市 153

كورشان، كروشان 197

كشانى = كوشان 197

كشانى، كشانية, 城市 197

كشك, 民族 181

كشلكخان كشلى خان 126, 参 Küčlük 123 注 2

كشمير 对应 كاشغر 114 注 1

驿站 110f, كصرى باس
كمجيكهود، كم كمجيوت 121 注 1, 135f
كم جهود 136
كميجيان، كميجيّة 135
奥斯曼语 كند 205 注 6
كنداور 205 注 6
كنداور تاغى, 通往基马克途中的山 91f, 205
突厥语 كندر 205 注 6
كندز = كنگدژ 196
كنكر 78
突厥语 كنوير، كنور 205 注 6
كهسار = كوشان 197
كهندذ 196 注 3
كوالين, 部落 40
كوركا, 钦察的首领 171 注 6
كوساقو چاركشه 204
كوشان, 新疆的地名 204
كونجك 154 注 2
كوهستان 197
اكنجى بن قچقار, 48f, 参 كجى مربحماد 40 第 11 行
كيماك 96 第 29 行 ; = Kim 113
كيماك بيغور 100
لنقاز, 基马克的部落 90
الماهات، الماهان 187 注 1
المخامات 114 注 1

索 引　339

مرقه 41 第 11 行, 80, 87, 96, 194

مستناح, 基马克的境内 112

مناهج الفكر 157

منخاز, 吉尔吉斯境内的河流 112 注 1

منكور, 基马克境内的山 101

منكور اغلوا, 钦察部落 157

مير ماهان 187 注 1

نهر غماش, 河流 112 注 1

ندا, 葛逻禄部落 40 第 20 页

نهر كنكر = Jaxartes 药杀水 / 锡尔河 168

نوكرده, 民族 26 = Magyaren 马札尔人

هسكى, 葛逻禄部落 40 第 20 行

وهر اورانشاه 74 注 5

يرغز = يغر 128, 130

يغر = Uiguren 回鹘 202

يغور = Uigur 回鹘 202

يماك يبغو, 参 Imäk-jabgū

يوسف, 卡迪尔汗之父, 对应 توقتقان 128, 130

يامج 121 注 1, 167

سيغور = Uigūr 46 注 1, 201

سع, 九姓的都城 112 注 2

补　遗

在此我想对第 125 页和第 165 页再补充几点。解开哈喇契丹历史纪年谜团的关键其实非常简单。伊本·阿西尔（Ibn al Aṯīr）（XI ٥٧）对［第一位］菊儿汗卒于伊历 537 年七月（公元 1143 年 1 月 20 日—2 月 18 日）的记载，构成了一个重要的参考坐标。它与《辽史》中对耶律大石于其在位第 20 年去世的记载吻合（Bretschneider I 217），同据《辽史》大石即位于 1124 年 2 月 21 日（见上文第 166 页注 2）——按照中国人的算法。① 大石应该在康国十年去世，而康国元年应该是都城虎思斡耳朵肇建的年份，也就是 1134 年。《辽史》将大石的卒年定于 1135 年的算法，明显是矛盾的。这是解释不通的，因为据《辽史》大石最早于 1120 年成为契丹之君主的（译按：指保大二年天祚皇帝播越，大石立耶律淳为帝，后不自安，自立为王。《辽史》卷 30《天祚皇帝纪四》，中华书局标点本，第 355 页），那么到 1135 年至少统治了 15—16 年的时间。据《辽史》，在大石之后他的遗孀塔不烟取代了年幼的儿子夷列，称制，号感天皇后。据伊本·阿西尔的记载，在耶律大石之后是他的一个女儿统治，但是没有提到其具体的统治时长；此后，是她的母亲，也就是菊儿汗的遗孀（同时也是表妹）（A 写本和 B 写本中的زوجة كورخان وابنة عمّه，不能按照格里戈尔杰夫

---

① 与女真或金不同，参考 Éd. Chavannes, Voyageurs chinois chez le Khitan et le Joutchen II p. 79 n. 2: Extr. du Journ. as. mais-juin 1898。

[Grigorjeff] 的读法［甚至被薄乃德接受了］وابنه محمّد，也就是说菊儿汗的儿子居然成了一名穆斯林）。

我们暂且将上述耶律大石的卒年作为一个参考点，然后逐年推算，将会得到以下的世系表：

	名讳	皇帝号	年号	统治时长	统治年份	伊本·阿西尔的记载
1	耶律大石	天佑皇帝	延庆	20 年	1124	1. الاعور الصيني 2. كورخان الصيني 卒于伊历 537 年七月（公元 1143 年 1 月 /2 月）
	肇建虎思斡耳朵		康国		1134	
					1124—1143	
2	塔不烟（大石遗孀）	感天皇后	咸清	7 年	1144—1150	3. 菊儿汗的女儿 4. 菊儿汗的遗孀和表妹
3	夷列（大石子）	庙号仁宗	绍兴	13 年	1151—1163	
4	普速完（夷列妹）	承天皇后	崇福	14 年	1164—1177	
5	直鲁古（夷列子）		天禧	34 年	1178—1211	

这样一来，（第 125 页）不得不接受把穆斯林史料中屈出律两次擒获某位菊儿汗的记载当作同一出戏演绎两次①的勉强解释，问题也就迎刃而解了。巴托尔德先生（Туркестань II, 1900, S. 394, 511）曾把乃蛮首领屈出律对菊儿汗的擒获，比定为札马勒·哈儿昔（Ğamāl al Qaršī）书中 1211 年的一条记载，甚至没有参考《辽史》的任何相关记载。菊儿汗在某次狩猎中被擒获是一种在当时的蒙古史料中十分常见的母题，不能被理解得太实。我们必须要进一步承认发生在撒马尔干的战役、耶律大石军事生涯的高光时刻，在后世的记忆中（《辽

---

① 《辽史》记载："直鲁古在位三十四年。时秋出猎，乃蛮王屈出律以伏兵八千擒之，而据其位。遂袭辽衣冠，尊直鲁古为太上皇，皇后为皇太后，朝夕问起居，以侍终焉。直鲁古死，辽绝。"（译按：《辽史》，中华书局标点本，第 358 页）

史》修于蒙古统治时期）是作为他称帝的先决条件，所以就从他在位的末期（伊历536年二月五日＝公元1141年9月10日）调到了早期（1123年11月24日）。这就导致了，人们只知道耶律大石登基的日期，却不了解《辽史》中对该事件所记载的背景。我们应该更多地依据穆斯林史料，哈喇契丹人首先立足的地方是叶密立（Imil），经过十年的经营之后才在中亚和突厥斯坦（七河流域、突厥斯坦东部和哈喇和卓的回鹘王国）站稳脚跟。直到他们攻下八剌沙衮之后（据伊本·阿西尔 Ibn al Aḫīr XI ᠔᠇ 的记载，系撒马尔干的阿尔斯兰汗·穆罕默德 [Arslān-Chān Muḥammad] 算端在位期间，其于伊历525年＝公元1129/30年被废），在此肇建了虎思斡耳朵（似乎是1134年），然后他们便可以随意地对付河中地区，这让当地的穆斯林君主感受到了威胁。第一次与撒马尔干的君主穆罕默德交锋却迟至伊历531年九月＝公元1137年5月23日—6月21日，发生在苦盏（Chuğand）地区。

我们可以有把握地说，在《辽史》以及相关的史料中，涉及西辽皇帝的纪年大部分都是错误的，所以要彻底推翻所谓西辽王朝覆灭于1201年的说法，在给比较史家和普通读者提供一个具体的说法之前，还要对史料进行严格的甄别。

1914年7月21日

于柏林威尔姆尔斯多夫

图书在版编目（CIP）数据

库蛮民族史证 /（德）约瑟夫·马夸特著；陈浩译.
北京：商务印书馆，2025. --（突厥学研究丛书）.
ISBN 978-7-100-24397-1

Ⅰ．K18

中国国家版本馆CIP数据核字第2025XS9581号

本书是国家社科基金一般项目"察合台文《突厥蛮世系》的汉译与研究"（22BMZ113）的阶段性成果

权利保留，侵权必究。

库蛮民族史证
〔德〕约瑟夫·马夸特　著
陈　浩　译

商务印书馆出版
（北京王府井大街36号　邮政编码100710）
商务印书馆发行
三河市尚艺印装有限公司印刷
ISBN 978-7-100-24397-1

2025年2月第1版　　开本 880×1230　1/32
2025年2月第1次印刷　印张 11 1/4
定价：62.00元